U0689541

第三批國家珍貴古籍名録圖録

第二册

中國國家圖書館
中國國家古籍保護中心　編

國家圖書館出版社

第二册目録

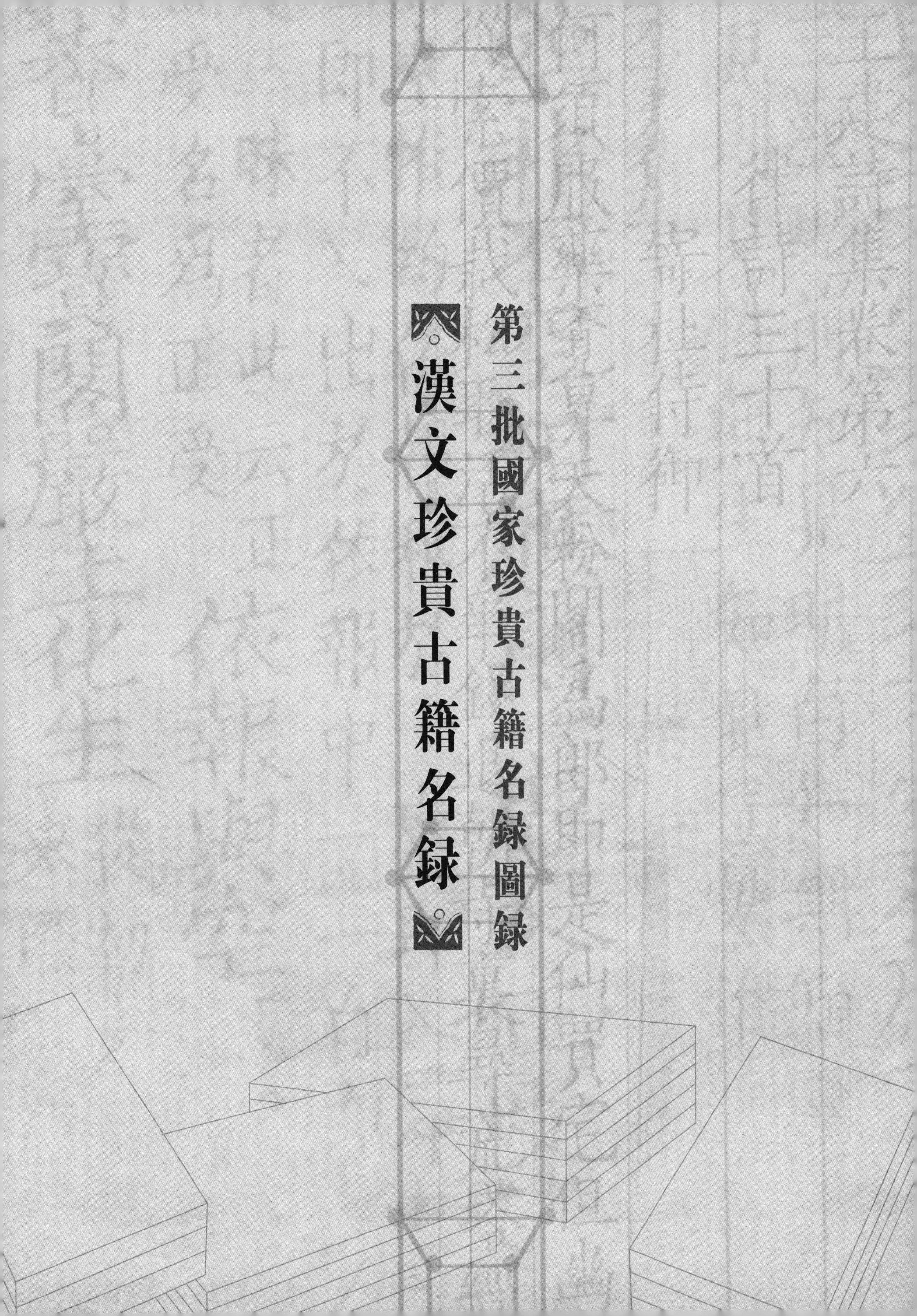

第三批國家珍貴古籍名録圖録

漢文珍貴古籍名録

不得相續此勢力弱何法所作心所作若尒
心所作有覆無記多勢力弱是義不然身口
業昧鈍故依他成故心則不尒此無覆有教
亦由弱力故意所起是故其力最弱於前已
說有人住於不護何法名不護偈曰不護及
惡行惡戒或業道　釋曰如此等是不護衆
人所訶故得非可愛果報故故名惡行善戒
名此中不能禁制惡中身口故名不護聰慧
對治故故名惡戒身口所造故名業根本所
攝故名業道有人與有教相應不與無教相
應此義有四句此中偈曰但與教相應中住
下心作　釋曰若故意弱或作善或作惡此
人住於非護非不護但與有教相應不與無
教相應何況作無記除有攝福德業處及
業道偈曰捨未生有教餘無教聖人釋曰但
與無教相應不與有教相應者若聖人已易
生若未作身口業或已捨身口業與二相應

07155 阿毗達磨俱舍論二十二卷（陳）釋真諦譯　北宋海鹽縣金粟山廣惠禪院寫大藏本

卷軸裝。高29.2厘米，長1167.2厘米。一紙長60厘米。存二十紙，每紙三十行，行十七字。朱絲欄。千字文帙號為“疲”。有“東海徐元玉父”、“蒙泉”、“心畬鑑定書画珍臧印”、“釣鯨魚父”等印。仇遠、王養度、張度等跋。天津博物館藏，存一卷。

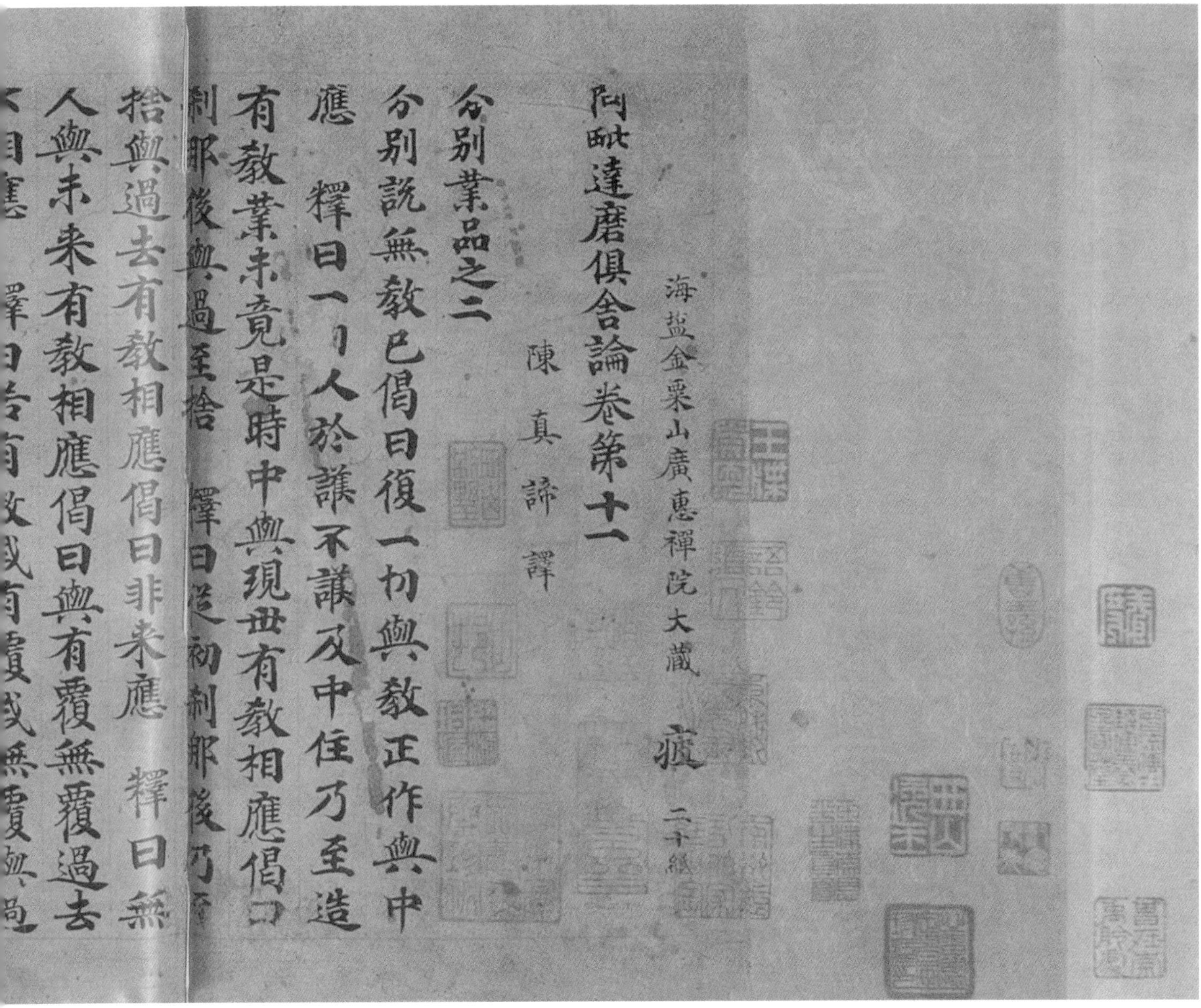

海鹽金粟山廣惠禪院大藏　疲　二十紙

阿毗達磨俱舍論卷第十一

陳真諦譯

分別業品之二

分別說無教已偈曰復一切與教正作與中

應　釋曰一一人於讓不讓及中住乃至造

有教業未竟是時中與現世有教相應偈曰

刹那後與過至捨　釋曰從初刹那後乃至

捨與過去有教相應偈曰非未應　釋曰無

人與未來有教相應偈曰與有覆無覆過去

不相應　釋曰若有教或有覆或無覆無過

藐三菩提道行是道能具足六波羅蜜成就
衆生淨佛國土住是法中得阿耨多羅三藐
三菩提以三乘法度脱衆生亦不著三乘如
是須菩提菩薩摩訶薩以無相法應學般若
波羅蜜

摩訶般若波羅蜜經卷第三十四

皇宋治平四年歲次丁未閏三月初六日起首寫
勾當寫大藏經并建經樓首座沙門　子孫

大元至正癸卯六月二十九日顧阿瑛拜閲于碧梧翠竹堂

07156 摩訶般若波羅蜜經四十卷（後秦）釋鳩摩羅什譯　北宋治平四年（1067）崑山縣景德寺寫大藏本

卷軸裝。高31.3厘米，長696厘米。一紙長58厘米。存十二紙，每紙二十八行，行十七字。朱絲欄。千字文帙號爲“河”。有“乾隆御覽之寶”、“太上皇帝之寶”、“嘉慶御覽之寶”、“秘殿珠林”、“宣統御覽之寶”、“三希堂精鑑璽”、“周暹”等印。顧阿瑛跋。天津博物館藏，存一卷。

若諸法無相無分別云何說是善是不善是
有漏是無漏是世間是出世間是有爲是無
爲須菩提於汝意云何諸法實相中有法可
說是善是不善乃至是有爲是無爲是須陁
洹果乃至阿羅漢果是辟支佛是菩薩是阿
耨多羅三藐三菩提不世尊不可說也須菩
提以是因緣故當知一切法無相無分別無
生無定不可示須菩提我本行菩薩道時亦
無有法可得性若色若受想行識乃至若有
爲若無爲須陁洹果乃至阿耨多羅三藐三
菩提如是須菩提菩薩摩訶薩行般若波羅
蜜從初發意乃至阿耨多羅三藐三菩提應

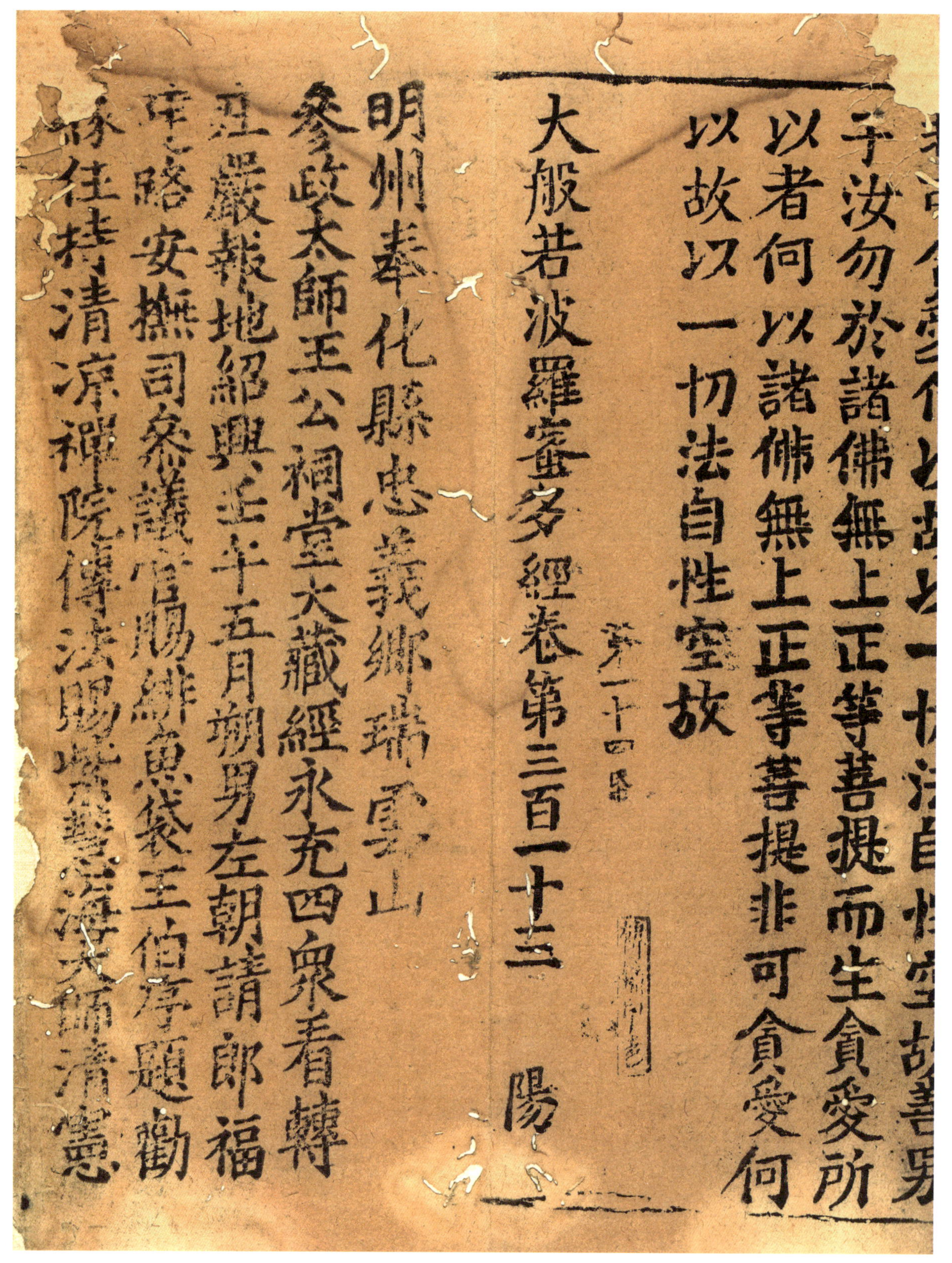

07157 大般若波羅蜜多經六百卷 （唐）釋玄奘譯　宋福州開元寺刻毗盧藏本

經折裝。匡高24.3厘米，廣11厘米。半葉六行，行十七字，上下單邊。千字文帙號爲“陽”。有印造者墨印。遼寧省旅順博物館藏，存二卷。

福州開元禪寺住持傳法賜紫慧通大師 了一 謹募衆緣恭爲
今上 皇帝祝延 聖壽文武官僚資崇 祿位圓成雕造
毗盧大藏經板一副皆紹興戊辰閏八月 日 謹題
阿毗達磨順正理論卷第十八 物
尊者衆賢造 三藏法師 玄奘奉 詔譯
辯差別品第二之十
因離繫果傍論已周本所明今當說於當所
辯異熟等流離繫士用及增上果如是五果
對前六因當言何果何因所得頌曰
後因果異熟 前因增上果 同類徧等流
俱相應士用
論曰於五果中第三離繫非生因得故此不

07158 阿毗達磨順正理論八十卷 （唐）釋玄奘譯 宋紹興十八年（1148）福州開元寺刻毗盧藏本

經折裝。匡高25.2厘米，廣11.3厘米。半葉六行，行十七字，上下單邊。千字文帙號爲“物”。有“天下無雙”、“讀杜草堂”等印。首都圖書館藏，存一卷。

敷文閣直學士左朝議大夫潼川府路都鈐轄安撫使知瀘
州軍州提舉學事兼管内勸農使賜紫金魚袋馮檝 恭爲
今上皇帝 祝延 聖壽 捨俸添鏤經板三十函補足毗盧
大藏永冀流通 勸緣福州開元禪寺住持慧通大師 了一 題

一切經音義卷第二十四 小乘 弁
唐大慈恩寺翻經沙門 玄應 撰
阿毗達磨俱舍論 大唐新譯
第一卷
俱舍
此翻云藏則倉庫藴蒴之摠名也舍
藏義一故以名焉藴音公弥反蒴音
私妙反刀室也藏
有多名斯一稱也
覔經迷定二反蒼頡云諸非一也聲
類云諸詞之摠也小尒雅云冥闇昧
也說文從幽亦夜也字從冖音古
縈反從冥從六日數十六日而月
始虧冥也
字

諸冥

07159 一切經音義二十五卷 （唐）釋玄應撰 宋紹興間福州開元寺刻毗盧藏本

經折裝。匡高23.6厘米，廣11.2厘米。半葉六行，行十七字，上下單邊。千字文帙號爲“陼”、“弁”等。有“金澤文庫”等印。遼寧省旅順博物館藏，存二十二卷。

法苑珠林卷第四十五　漆

大唐上都西明寺沙門釋道世字玄惲撰

納諫篇第四十二此有二部　審察篇第四十三

述意部第一　夫納其理則言語絕乖其趣則諍論興然直言者德之本納受者行之原所以藉言而德顯納受而行全辟目短於自見借鏡以觀形鬓拙於自理必假櫛以自通故面之所以形明鏡之力也鬓之所以理玄櫛之功也行之所以芳蓋言之益也是故身

07160 法苑珠林一百卷　（唐）釋道世撰　宋宣和三年（1121）福州開元寺刻毗盧藏本

經折裝。匡高22.8厘米，廣10.2厘米。半葉六行，行十七字，上下單邊。千字文帙號爲“漆”等。遼寧省旅順博物館藏，存七卷。

福州開元禪寺住持傳法賜紫慧通大師了一謹募衆緣恭爲
今上　皇帝祝延　聖壽文武官僚資崇　祿位圓成雕造
毗盧大藏經板一副時紹興戊辰閏八月　日　謹題
古今譯經圖紀卷第一　二　瑟
唐翻經沙門靖邁撰次後漢劉氏都洛陽
惟孝明皇帝以永平三年歲次庚申帝夢金
人項有日月光飛來殿庭上問群臣太史傅
毅對曰臣聞西域有神号之爲佛陛下所夢
固其是乎至七年歲次甲子帝勅郎中蔡愔
中郎將秦景博士王遵等一十八人西尋佛
法愔等至印度國請迦葉摩騰竺法蘭共還
用白馬䭾經并將畫釋迦佛像以永平十年

林厚

07161　古今譯經圖紀四卷　（唐）釋靖邁撰　宋紹興十八年（1148）福州開元寺刻毗盧藏本

經折裝。匡高24.6厘米，廣11.2厘米。半葉六行，行十七字，上下單邊。千字文帙號爲“瑟”。遼寧省旅順博物館藏。

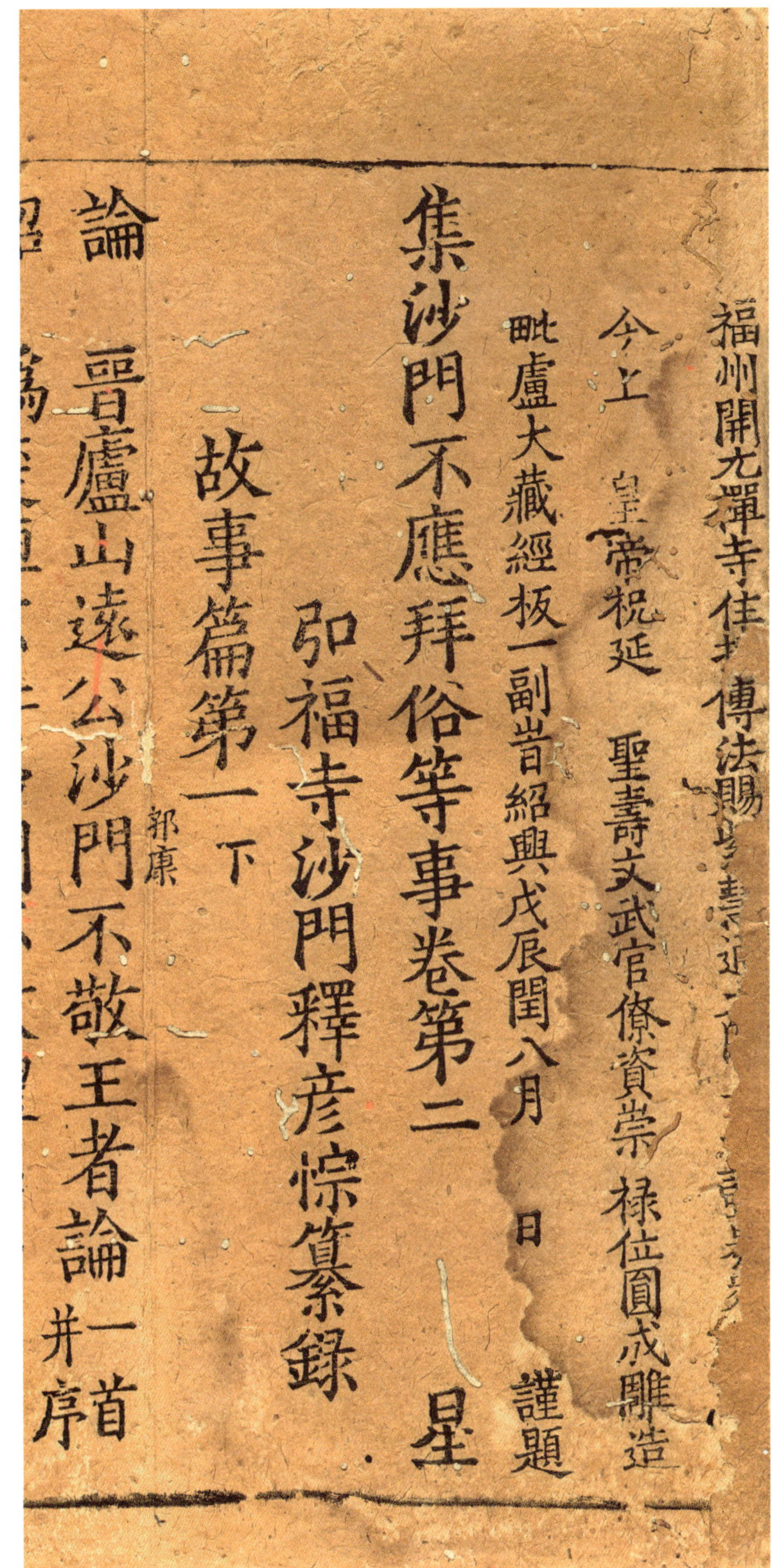

07162 沙門不應拜俗六卷 （唐）釋彦悰撰　宋紹興十八年（1148）福州開元寺刻毗盧藏本

經折裝。匡高24.4厘米，廣11厘米，半葉六行，行十七字，上下單邊。千字文帙號爲“星”。遼寧省旅順博物館藏，存二卷。

承字函 稱音
續高僧傳八卷一袠
第二十四卷
藹烏蓋反 智炫下音縣 滄寢下七錦反 邯鄲寒丹二音 陟岵
下音戶 謂敞下昌兩反 繢玄對反 懲芟上音呈 潰玄對反 堡
土軋反乂音保 譎詐上音決 椹食審反甚 組醢阻海二音 隒語檢反
傷蠹下音妬丨害也 亹音尾字 老聃土甘反老子名 翕然上許及反
被搶七羊反 禔福上田音反 旒音留 酣胡甘反 喬音电 懲音澄
宕徒浪反 逖音迪剔二字 跖音隻 狷古縣反又音絹 渦音戈 㹖音搕
第二十五卷
瑋羽鬼反 琳音林 摻七到反志丨也 暇音夏閑也 綜子宋反總也 丘
墳下音焚孔丘墳典也 欣狎上許斤反下胡甲反丨丨喜戲也 [illegible] 旅音

07163 續高僧傳音義 宋福州開元寺刻毗盧藏本

經折裝。匡高24.3厘米，廣11厘米。半葉六行，行十七字，上下單邊。千字文帙號爲“承”。遼寧省旅順博物館藏，存“承”字函。

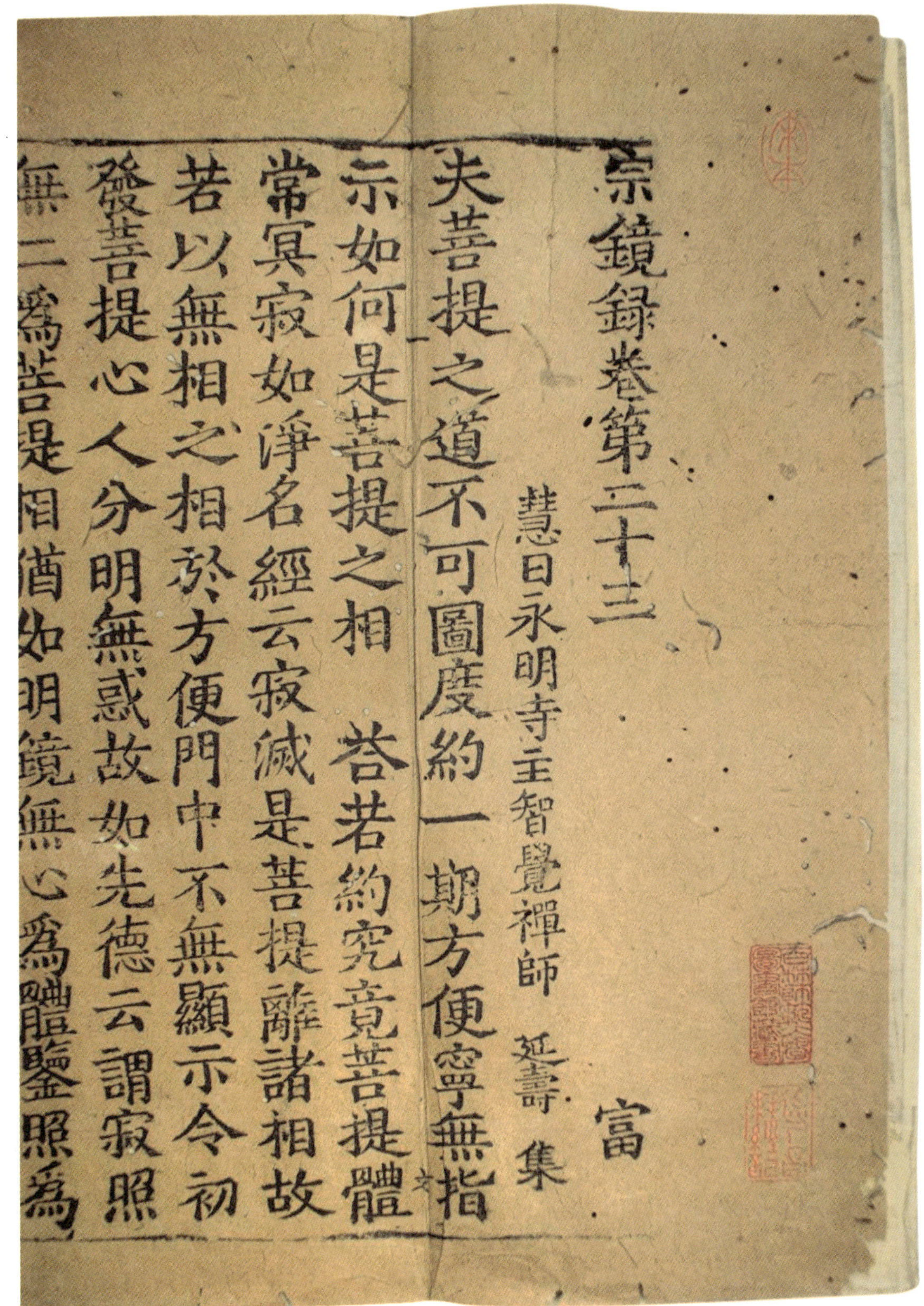

07164 宗鏡録一百卷 （宋）釋延壽撰　宋福州東禪寺刻崇寧藏本

經折裝。匡高23.7厘米，廣11.2厘米。半葉六行，行十七字，上下單邊。千字文帙號爲“富”。有“徐乃昌拜經記”等印。東北師範大學圖書館藏，存一卷。

無所得故菩提薩埵依般若波羅蜜多
故心無罣礙無罣礙故無有恐怖遠離
顛倒夢想究竟涅槃三世諸佛依般若
波羅蜜多故得阿耨多羅三藐三菩提
故知般若波羅蜜多是大神咒是大明
咒是無上咒是無等等咒能除一切苦
真實不虛故說般若波羅蜜多咒即說
咒曰
揭帝揭帝　波羅揭帝　波羅僧揭帝
菩提薩婆訶

般若波羅蜜多心經

07165 般若波羅蜜多心經 （唐）釋玄奘譯　北宋寫本

卷軸裝。高23.9厘米，長73.5厘米。存二十一行，行十五字。烏絲欄。金繪觀世音菩薩居須彌座，金書“般若波羅蜜多心經”首尾題。有扉畫、天竿、尾軸。蘇州博物館藏。

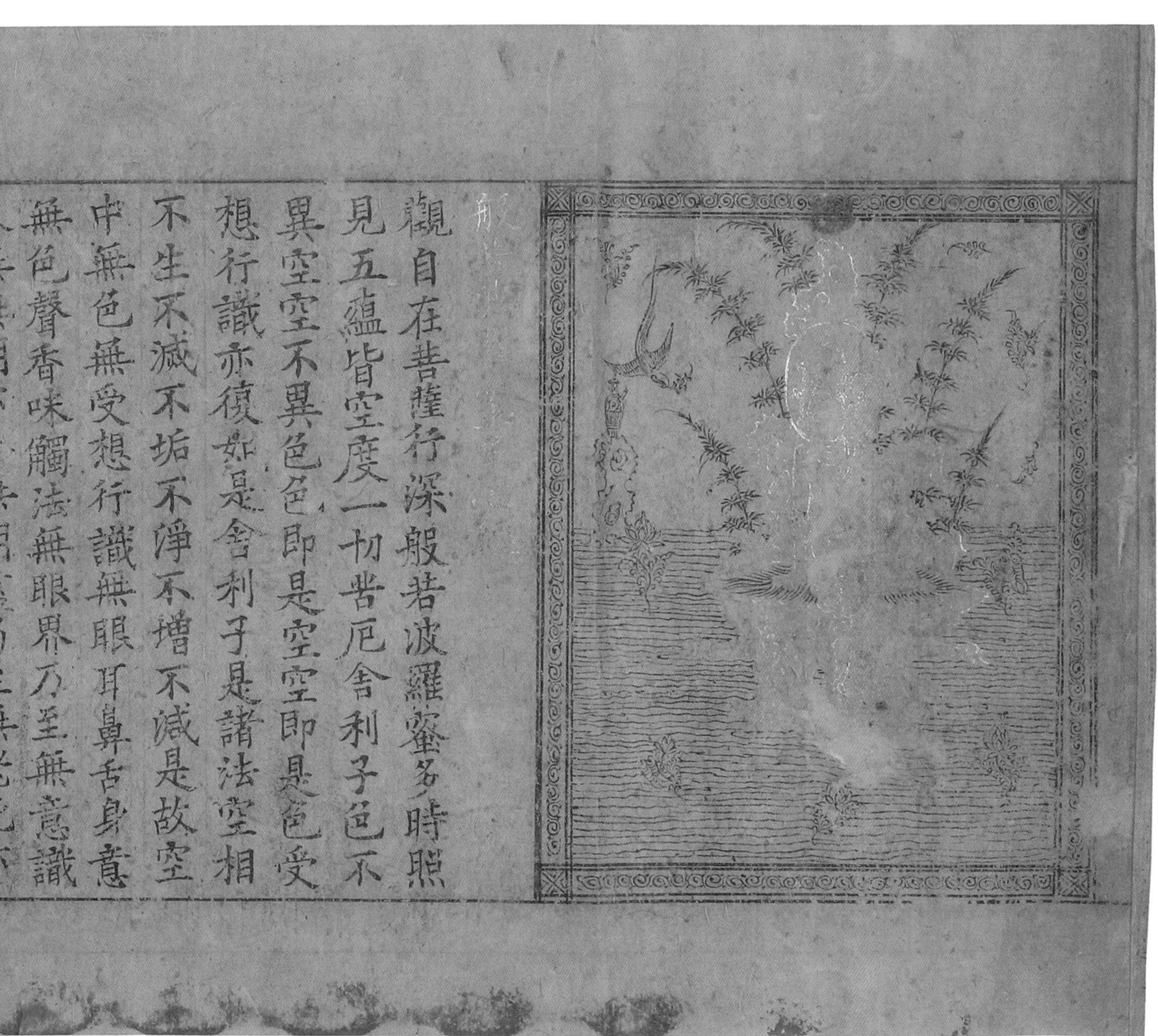

觀自在菩薩行深般若波羅蜜多時照
見五蘊皆空度一切苦厄舍利子色不
異空空不異色色即是空空即是色受
想行識亦復如是舍利子是諸法空相
不生不滅不垢不淨不增不減是故空
中無色無受想行識無眼耳鼻舌身意
無色聲香味觸法無眼界乃至無意識

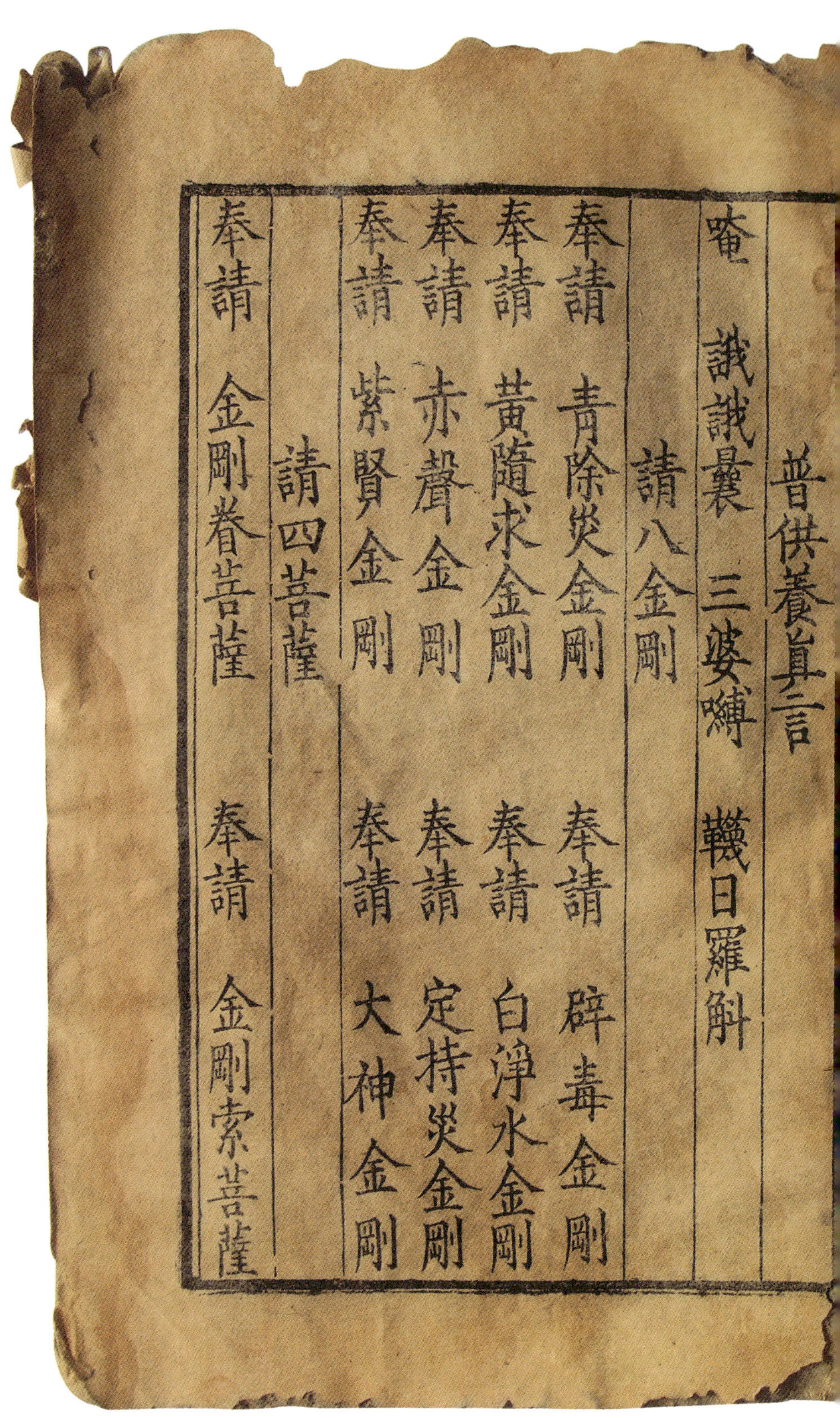

07166 金剛般若波羅蜜經 （後秦）釋鳩摩羅什譯　遼重熙八年（1039）刻本

蝴蝶裝。匡高21厘米，廣12.3厘米。半葉九行，行十八字，白口，左右雙邊。唐山市豐潤區文物管理所藏。

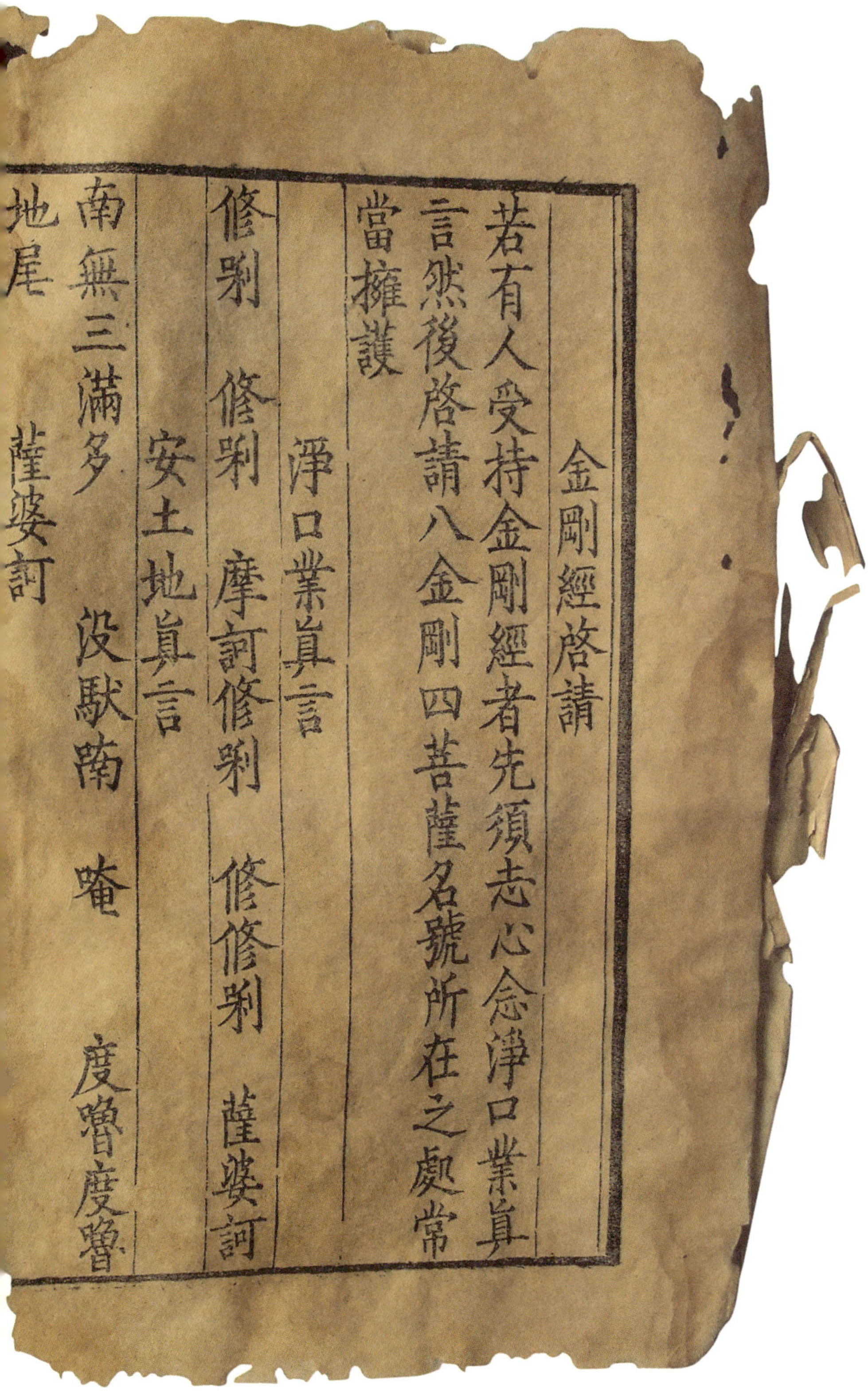

金剛經啓請

若有人受持金剛經者先須志心念淨口業眞言然後啓請八金剛四菩薩名號所在之處常當擁護

淨口業眞言

修唎 修唎 摩訶修唎 修修唎 薩婆訶

安土地眞言

南無三滿多 沒馱喃 唵 度嚕度嚕地尾 薩婆訶

07167 金剛般若波羅蜜經 （後秦）釋鳩摩羅什譯　北宋至和元年（1054）

金銀寫本

卷軸裝。高22.5厘米，長699.6厘米。存十一紙，四百三十四行，行十五至十七字。朱絲欄。包首爲銀線繪纏枝牡丹圖案，金線描雲紋圖案邊框。有扉畫、天竿、尾軸。蘇州博物館藏。

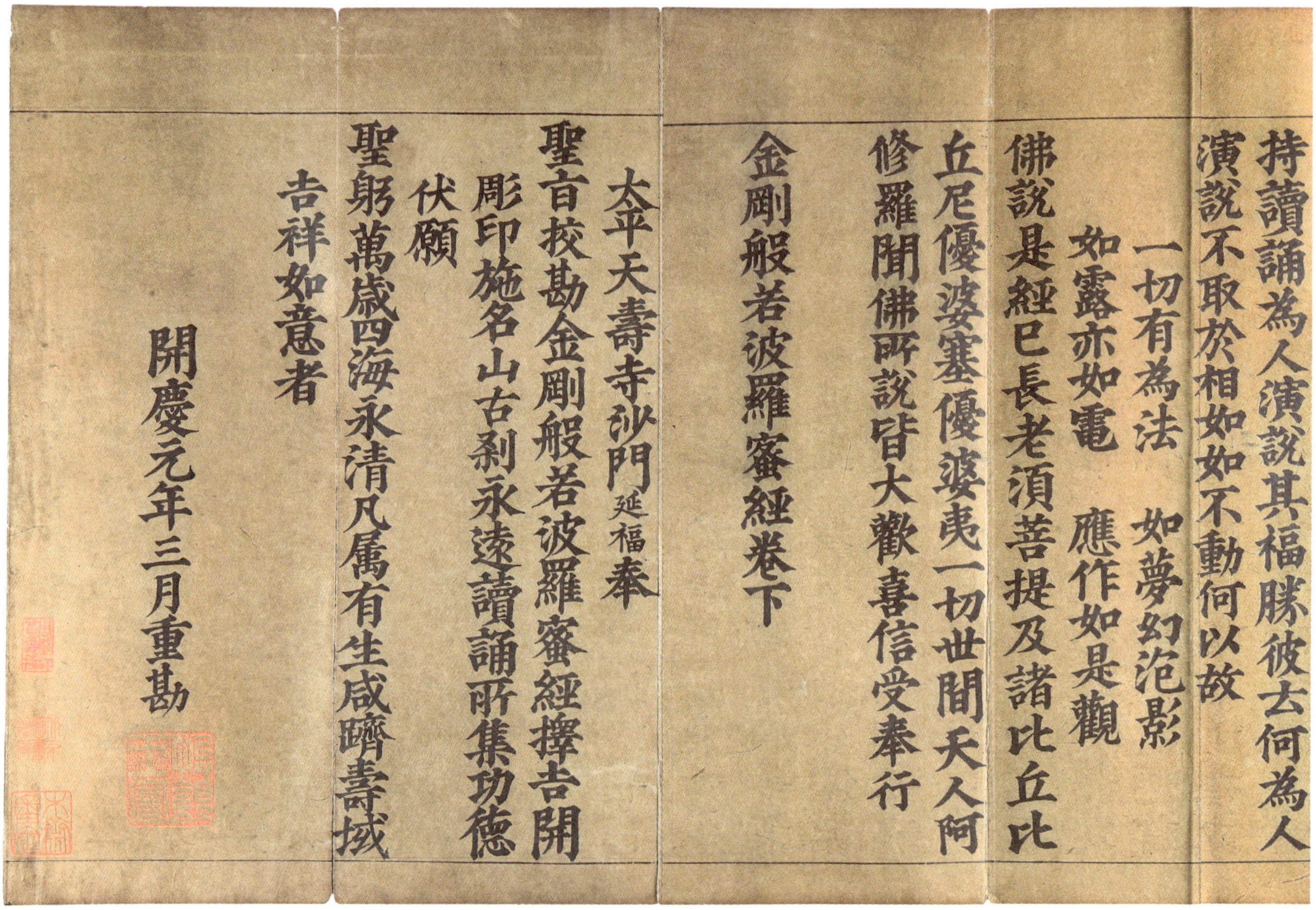

持讀誦為人演說其福勝彼云何為人
演說不取於相如如不動何以故
一切有為法　如夢幻泡影
如露亦如電　應作如是觀
佛說是經已長老須菩提及諸比丘比
丘尼優婆塞優婆夷一切世間天人阿
修羅聞佛所說皆大歡喜信受奉行
金剛般若波羅蜜經卷下
太平天壽寺沙門延福奉
聖旨校勘金剛般若波羅蜜經擇吉開
彫印施名山古剎永遠讀誦所集功德
伏願
聖躬萬歲四海永清凡屬有生咸躋壽域
吉祥如意者
開慶元年三月重勘

07168　金剛般若波羅蜜經二卷　（後秦）釋鳩摩羅什譯　宋開慶元年（1259）太平天壽寺釋延福刻本

經折裝。匡高25厘米，廣11.4厘米。一版五個半葉，半葉五行，行十六字，上下單邊。有“怡親王寶”、“周肇祥曾護持”、“邵章心賞”、“德化李氏凡將閣珍藏”、“木齋審定”等印。張坤厚、曹元忠等跋。國家圖書館藏。

07169 大方廣佛花嚴經八十卷 （唐）釋實叉難陀譯　遼重熙十一年（1042）燕京刻本

蝴蝶裝。匡高24厘米，廣14.5厘米。半葉十二行，行三十字，白口，左右雙邊。千字文帙號爲“平”。唐山市豐潤區文物管理所藏。

大周新譯大方廣佛華嚴經序

天冊金輪聖神皇帝製

蓋聞造化權輿之首天道未分龜龍繫象之初人文始著雖萬八千歲同臨有截之區七十二君詎識無邊之義由是人迷四忍輪迴於六趣之中家纏五蓋沒溺於三塗之下及夫鷲巖西峙象駕東驅慧日法王超四大而高視中天調御越十地以居尊包括鐵圍延促沙劫其爲體也則不生不滅其爲相也則無

07170 大方廣佛華嚴經八十卷 （唐）釋實叉難陀譯　宋朱紹安等刻本

經折裝。匡高25.7厘米，廣11.3厘米。一版五個半葉，半葉五行，行十五字，上下單邊。勞健題款。國家圖書館藏。

便

大方廣佛華嚴經卷第四十六

癡闇 下烏紺切 寂漠 下毋各切 沮壞 上慈呂切

逮十 上唐盖切 暎蔽 下必袂切 譏謗 上居熙切 下補浪切

曽廢 下方吠切 迫隘 下於介切 蹔捨 上藏濫切

武亭縣 安戒師 端禪 海法師 燈闍梨 洽律師 性律師

扶鳳縣 老魏一郎 魏四 小魏 楊毛克 秀法師 邊大夫

何招撫 趙居士 普忠 普順 普堅

衆人句經一卷 丁巳年正月 日工畢 京兆府龍興院記

07171 大方廣佛華嚴經八十卷 （唐）釋實叉難陀譯 蒙古憲宗六至八年（1256－1258）京兆府龍興院刻本

經折裝。匡高23.8，廣11厘米。一版五個半葉，半葉五行，行十五字，上下單邊。國家圖書館藏，存三十卷。

不怯弱聞一切佛不可思議心不怯弱聞衆生
界不可思議心不怯弱聞法界不可思議心
不怯弱聞虛空界不可思議心不怯弱聞涅
槃界不可思議心不怯弱聞過去世不可思
議心不怯弱聞未來世不可思議心不怯弱
聞現在世不可思議心不怯弱聞入一切劫
不可思議心不怯弱何以故此菩薩於諸佛
所一向堅信知佛智慧無邊無盡十方無量
諸世界中一一各有無量諸佛於阿耨多羅
三藐三菩提已得今得當得已出世今出世
當出世已入涅槃今入涅槃當入涅槃彼諸

07172 大方廣佛華嚴經八十卷 （唐）釋實叉難陀譯　元至元二十八年（1291）金銀寫本

經折裝。匡高25厘米，廣11.1厘米。半葉六行，行十七字，上下單邊。有扉畫。四川新都寶光寺藏，存五卷。

大方廣佛華嚴經卷第二十一

于闐國三藏沙門實叉難陀譯

十無盡藏品第二十二

尒時功德林菩薩復告諸菩薩言佛子菩薩
摩訶薩有十種藏過去未來現在諸佛已說
當說今說何等爲十所謂信藏戒藏慙藏愧
藏聞藏施藏慧藏念藏持藏辯藏是爲十佛
子何等爲菩薩摩訶薩信藏此菩薩信一切
法空信一切法無相信一切法無願信一切法
無作信一切法無分別信一切法無所依信
一切法不可量信一切法無有上信一切法
難超越信一切法無生若菩薩

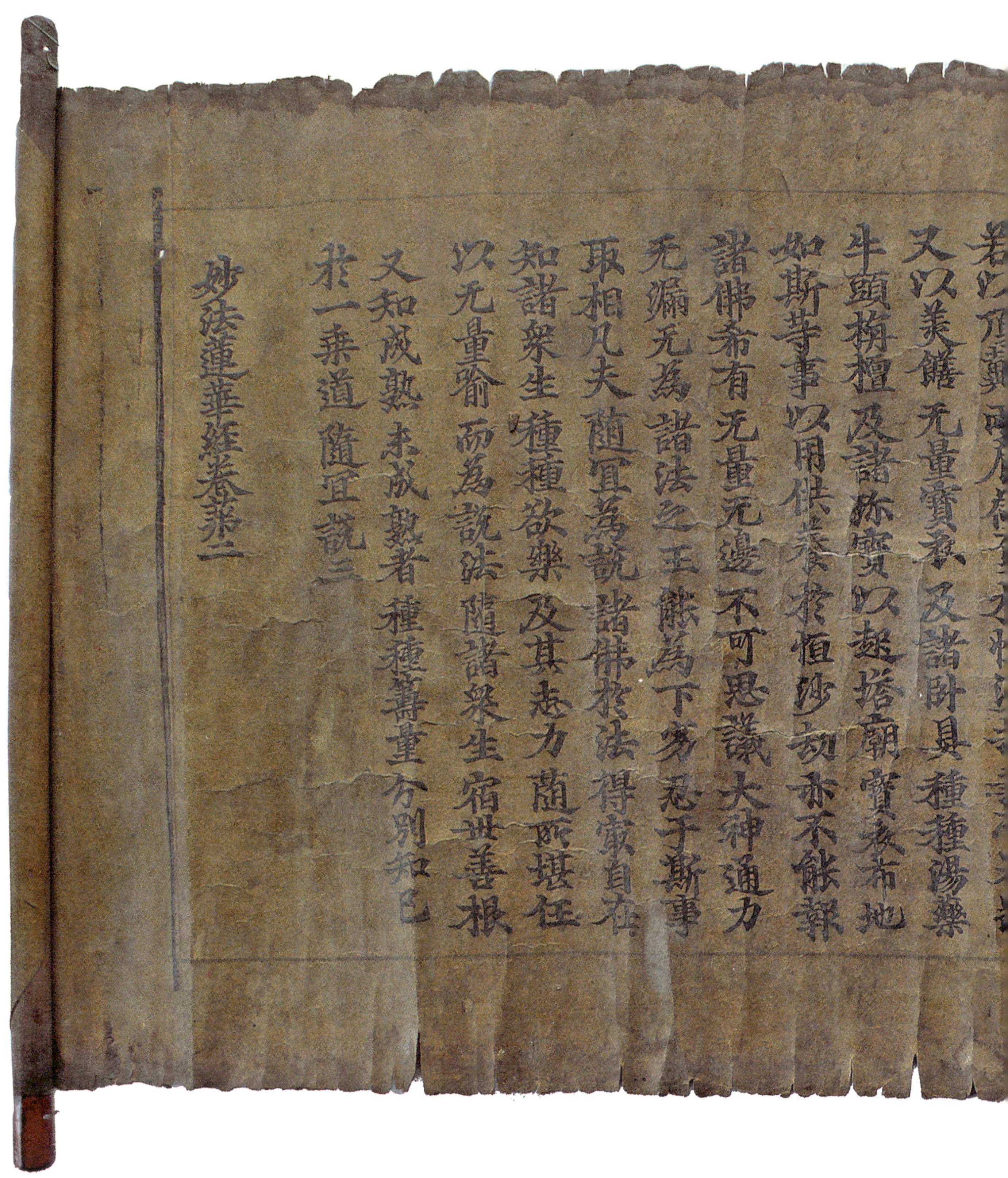
又以美膳　无量寶衣　及諸卧具　種種湯藥
牛頭栴檀　及諸珍寶　以起塔廟　寶衣布地
如斯等事　以用供養　於恒沙劫　亦不能報
諸佛希有　无量无邊　不可思議　大神通力
无漏无為　諸法之王　能為下劣　忍于斯事
取相凡夫　隨宜為說　諸佛於法　得最自在
知諸衆生　種種欲樂　及其志力　隨所堪任
以无量喻　而為說法　隨諸衆生　宿世善根
又知成熟　未成熟者　種種籌量　分別知已
於一乘道　隨宜說三
妙法蓮華經卷第二

07173 妙法蓮華經七卷 （後秦）釋鳩摩羅什譯　五代宋初刻本

卷軸裝。高27.3厘米，長675厘米。存十三紙，每紙二十七行，行十七字，四周單邊。有尾軸，軸頭塗朱漆。緣督室藏，存一卷。

佛所教化得道不虚則為已得報佛之恩
我等雖為諸佛子等說菩薩法以求佛道
而於是法永无願樂導師見捨觀我心故
初不勸進說有實利如富長者知子志劣
以方便力柔伏其心然後乃付一切財物
佛亦如是現希有事知樂小者以方便力
調伏其心乃教大智我等今日得未曾有
非先所望而今自得如彼窮子得无量寶
世尊我今得道得果於无漏法得清淨眼
我等長夜持佛淨戒始於今日得其果報
法王法中久修梵行今得无漏无上大果
我等今者真是聲聞以佛道聲令一切聞
我等今者真阿羅漢於諸世間天人魔梵
普於其中應受供養世尊大恩以希有事
憐愍教化利益我等无量億劫誰能報者

得自在其名曰阿若憍陳如摩訶迦葉優樓頻螺迦葉伽耶迦
葉那提迦葉舍利弗大目揵連摩訶迦旃延阿㝹樓駄劫賓那
憍梵波提離波多畢陵伽婆蹉薄拘羅摩訶拘絺羅難陁孫陁
羅難陁富樓那弥多羅尼子須菩提阿難羅睺羅如是衆所知
識大阿羅漢等復有學无學二千人摩訶波闍波提比丘尼與
眷屬六千人俱羅睺羅母耶輸陁羅比丘尼亦與眷屬俱菩薩
摩訶薩八萬人皆於阿耨多羅三藐三菩提不退轉皆得陁羅
尼樂說辯才轉不退轉法輪供養无量百千諸佛於諸佛所殖
衆德本常為諸佛之所稱歎以慈修身善入佛慧通達大智到
於彼岸名稱普聞无量世界能度无數百千衆生其名曰文殊
師利菩薩觀世音菩薩得大勢菩薩常精進菩薩不休息菩薩
寶掌菩薩藥王菩薩勇施菩薩寶月菩薩月光菩薩滿月菩薩
大力菩薩无量力菩薩越三界菩薩跋陁婆羅菩薩弥勒菩薩
寶積菩薩導師菩薩如是等菩薩摩訶薩八萬人俱尒時釋提
桓因與其眷屬二万天子俱復有名月天子普香天子寶光天
子四大天王與其眷屬万天子俱自在天子大自在天子與其
眷屬三万天子俱娑婆世界主梵天王尸棄大梵光明大梵等
與其眷屬万二千天子俱有八龍王難陁龍王跋難陁龍王娑
伽羅龍王和脩吉龍王德叉迦龍王阿那婆達多龍王摩那斯
龍王優鉢羅龍王等各與若干百千眷屬俱有四緊那羅王法
緊那羅王妙法緊那羅王大法緊那羅王持法緊那羅王各與
若干百千眷屬俱有四乾闥婆王樂乾闥婆王樂音乾闥婆王
美乾闥婆王美音乾闥婆王各與若干百千眷屬俱有四阿修
羅王婆稚阿修羅王佉羅騫駄阿修羅王毗摩質多羅阿修羅
王羅睺阿修羅王各與若干百千眷屬俱有四迦樓羅王大威

07174 妙法蓮華經七卷 （後秦）釋鳩摩羅什譯　北宋初年刻本

卷軸裝。高16.6至16.8厘米。每卷一軸，長度不一，行數不等，行二十四字。引首磁青紙，有捨經文。蘇州博物館藏，存六卷。

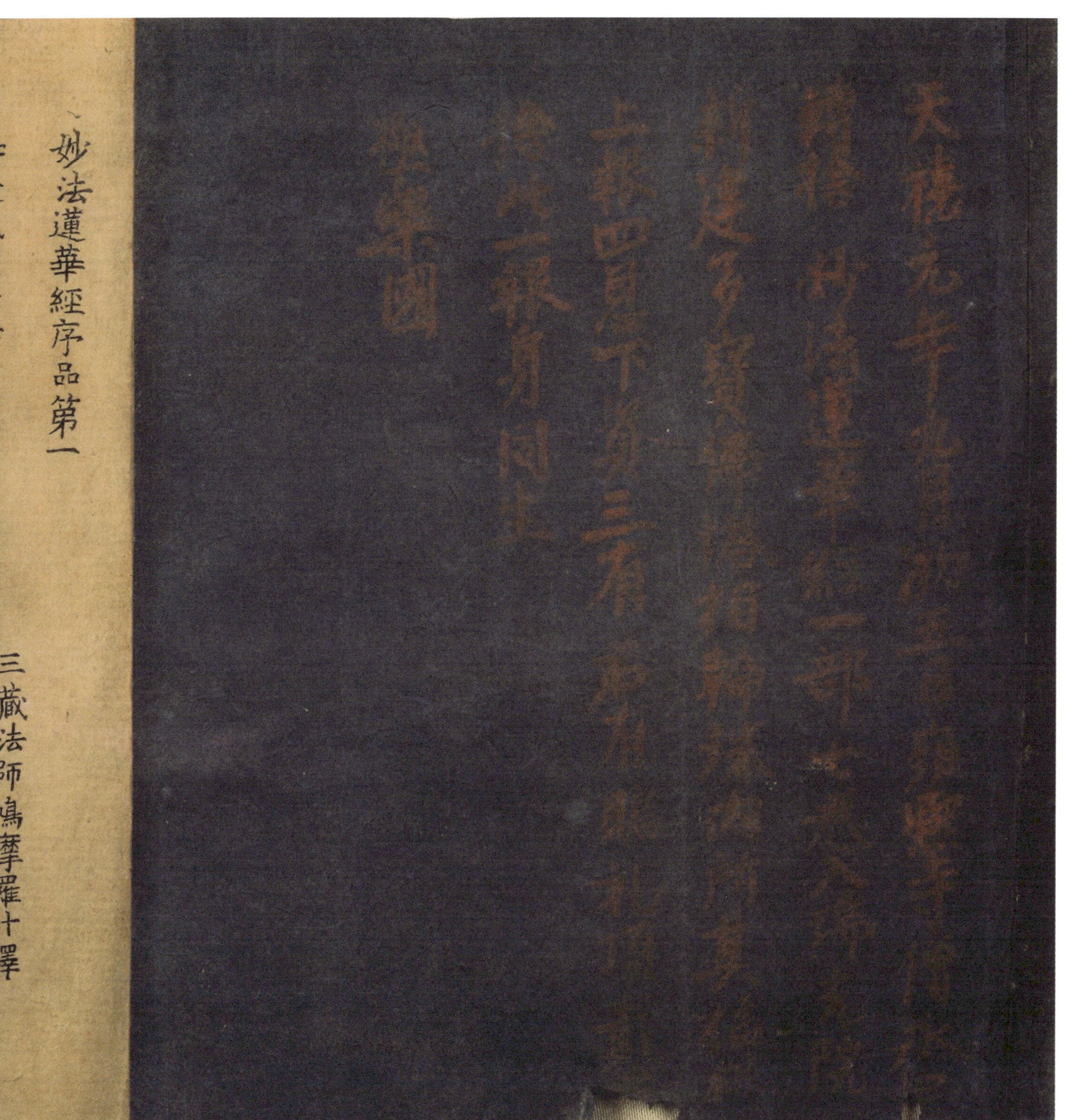

妙法蓮華經序品第一

三藏法師鳩摩羅什譯

妙法蓮華經序品第一
姚秦三藏鳩摩羅什譯
如是我聞一時佛住王舍城耆闍崛山中
與大比丘衆万二千人俱皆是阿羅漢諸
漏已盡無復煩惱逮得己利盡諸有結心
得自在其名曰阿若憍陳如摩訶迦葉優
樓頻螺迦葉伽耶迦葉那提迦葉舍利弗
大目揵連摩訶迦旃延阿㝹樓馱劫賓那
憍梵波提離波多畢陵伽婆蹉薄拘羅摩
訶拘絺羅難陁孫陁羅難陁富樓那弥多
羅尼子須菩提阿難羅睺羅如是衆所知
識大阿羅漢等復有學無學二千人摩訶

07175 妙法蓮華經八卷 （後秦）釋鳩摩羅什譯　遼咸雍五年（1069）

燕京弘法寺刻本

蝴蝶裝。匡高24.5厘米，廣13.6厘米。半葉六行，行十六字，白口，四周單邊。唐山市豐潤區文物管理所藏。

趣是人命終為千佛授手令不恐怖不墮惡趣即往兜率天上彌勒菩薩所彌勒菩薩
有三十二相大菩薩衆所共圍遶有百千萬億天女眷屬而於中生有如是等功德利
益是故智者應當一心自書若使人書受持讀誦正憶念如說修行世尊我今以神通
力故守護是經於如來滅後閻浮提内廣令流布使不斷絶爾時釋迦牟尼佛讚言
善哉善哉普賢汝能護助是經令多所衆生安樂利益汝已成就不可思議功德
深大慈悲從久遠來發阿耨多羅三藐三菩提意而能作是神通之願守護是經我
當以神通力守護能受持普賢菩薩名者普賢若有受持讀誦正憶念修習書寫
是法華經者當知是人則見釋迦牟尼佛如從佛口聞此經典當知是人供養釋迦
牟尼佛當知是人佛讚善哉當知是人為釋迦牟尼佛手摩其頭當知是人為釋迦
牟尼佛衣之所覆如是之人不復貪著世樂不好外道經書手筆亦復不喜親近其人
及諸惡者若屠兒若畜猪羊雞狗若獵師若衒賣女色是人心意質直有正憶念有
福德力是人不為三毒所惱亦不為嫉妬我慢邪慢增上慢所惱是人少欲知足能修普
賢之行普賢若如來滅後後五百歲若有人見受持讀誦法華經者應作是念此人不
久當詣道場破諸魔衆得阿耨多羅三藐三菩提轉法輪擊法鼓吹法螺雨法雨當坐
天人大衆中師子法座上普賢若於後世受持讀誦是經典者是人不復貪著衣服臥
具飲食資生之物所願不虛亦於現世得其福報若有人輕毀之言汝狂人耳空作是行
終無所獲如是罪報當世世無眼若有供養讚歎之者當於今世得現果報若復見受持
是經者出其過惡若實若不實此人現世得白癩病若有輕笑之者當世世牙齒疏缺醜脣
平鼻手脚繚戾眼目角睞身體臭穢惡瘡膿血水腹短氣諸惡重病是故普賢若見受
持是經典者當起遠迎當如敬佛說是普賢勸發品時恒河沙等無量無邊菩薩得百
千萬億旋陀羅尼三千大千世界微塵等諸菩薩具普賢道佛說是經時普賢等諸菩薩
舍利弗等諸聲聞及諸天龍人非人等一切大會皆大歡喜受持佛語作禮而去

妙法蓮華經卷第七

臨安府衆安橋南賈官人經書鋪印

07176 妙法蓮華經七卷 （後秦）釋鳩摩羅什譯　宋臨安府賈官人經書鋪刻本

經折裝。匡高18.8厘米，廣8.5厘米。一版七個半葉，半葉十二行，行二十九至三十五字，上下單邊。有"臨安府衆安橋南賈官人經書鋪印"牌記。勞健、羅振玉跋。國家圖書館藏。

07177 妙法蓮華經七卷 （後秦）釋鳩摩羅什譯　宋刻本

蝴蝶裝。匡高25.2厘米，廣17.5厘米。十五紙，半葉三十六行，行六十九至七十四字不等，白口，四周單邊。有元明釋師訓等三十餘人讚頌題跋。國家圖書館藏，存六卷。

妙法蓮華經卷第一

姚秦三藏法師　鳩摩羅什奉詔譯

序品第一　如是我聞一時佛住王舍城耆闍崛山中與大比丘衆萬二千人俱皆是阿羅漢諸漏已盡無復煩惱逮得己利盡諸有結心得自在其名
曰阿若憍陳如摩訶迦葉優樓頻螺迦葉伽耶迦葉那提迦葉舍利弗大目揵連摩訶迦旃延阿㝹樓馱劫賓那憍梵波提離婆多畢陵伽婆蹉薄拘羅摩
訶拘絺羅難陀孫陀羅難陀富樓那彌多羅尼子須菩提阿難羅睺羅如是衆所知識大阿羅漢等復有學無學二千人摩訶波闍波提比丘尼與眷屬六千人俱羅
睺羅母耶輸陀羅比丘尼亦與眷屬俱菩薩摩訶薩八萬人皆於阿耨多羅三藐三菩提不退轉皆得陀羅尼樂說辯才轉不退轉法輪供養無量百千諸佛於諸佛所
植衆德本常為諸佛之所稱歎以慈修身善入佛慧通達大智到於彼岸名稱普聞無量世界能度無數百千衆生其名曰文殊師利菩薩觀世音菩薩得大勢菩薩常
精進菩薩不休息菩薩寶掌菩薩藥王菩薩勇施菩薩寶月菩薩月光菩薩滿月菩薩大力菩薩無量力菩薩越三界菩薩跋陀婆羅菩薩彌勒菩薩寶積菩薩導師菩
薩如是等菩薩摩訶薩八萬人俱爾時釋提桓因與其眷屬二萬天子俱復有名月天子普香天子寶光天子四大天王與其眷屬萬天子俱自在天子大自在天子與其眷
屬三萬天子俱娑婆世界主梵天王尸棄大梵光明大梵等與其眷屬萬二千天子俱有八龍王難陀龍王跋難陀龍王娑伽羅龍王和脩吉龍王德叉迦龍王阿那婆達多龍王摩那斯龍王優
鉢羅龍王等各與若干百千眷屬俱有四緊那羅王法緊那羅王妙法緊那羅王大法緊那羅王持法緊那羅王各與若干百千眷屬俱有四乾闥婆王樂乾闥婆王樂
音乾闥婆王美乾闥婆王美音乾闥婆王各與若干百千眷屬俱有四阿脩羅王婆稚阿脩羅王佉羅騫馱阿脩羅王毗摩質多羅阿脩羅王羅睺阿脩羅
王各與若干百千眷屬俱有四迦樓羅王大威德迦樓羅王大身迦樓羅王大滿迦樓羅王如意迦樓羅王各與若干百千眷屬俱韋提希子阿闍世王與若干
百千眷屬俱各禮佛足退坐一面爾時世尊四衆圍繞供養恭敬尊重讚歎為諸菩薩說大乘經名無量義教菩薩法佛所護念佛說此經已結加
趺坐入於無量義處三昧身心不動是時天雨曼陀羅華摩訶曼陀羅華曼殊沙華摩訶曼殊沙華而散佛上及諸大衆普佛世界六種震動爾時
會中比丘比丘尼優婆塞優婆夷天龍夜叉乾闥婆阿脩羅迦樓羅緊那羅摩睺羅伽人非人及諸小王轉輪聖王是諸大衆得未曾有歡喜
合掌一心觀佛爾時佛放眉間白毫相光照東方萬八千世界靡不周遍下至阿鼻地獄上至阿迦尼吒天於此世界盡見彼土六趣衆生又見彼土現在諸佛及聞
諸佛所說經法并見彼諸比丘比丘尼優婆塞優婆夷諸修行得道者復見諸菩薩摩訶薩種種因緣種種信解種種相貌行菩薩道復見諸佛般涅槃者復見諸佛般涅槃後以
佛舍利起七寶塔爾時彌勒菩薩作是念今者世尊現神變相以何因緣而有此瑞今佛世尊入于三昧是不可思議現希有事當以問誰誰能答者復作此念是文殊師利
法王之子已曾親近供養過去無量諸佛必應見此希有之相我今當問爾時比丘比丘尼優婆塞優婆夷及諸天龍鬼神等咸作此念是佛光明神通之相今當問誰爾時彌
勒菩薩欲自決疑又觀四衆比丘比丘尼優婆塞優婆夷及諸天龍鬼神等衆會之心而問文殊師利言以何因緣而有此瑞神通之相放大光明照于東方萬八千土悉見彼
佛國界莊嚴於是彌勒菩薩欲重宣此義以偈問曰 文殊師利 導師何故 眉間白毫 大光普照 雨曼陀羅 曼殊沙華 栴檀香風 悅可衆心 以是因緣 地皆嚴淨
而此世界 六種震動 時四部衆 咸皆歡喜 身意快然 得未曾有 眉間光明 照于東方 萬八千土 皆如金色 從阿鼻獄 上至有頂 諸世界中 六道衆生
生死所趣 善惡業緣 受報好醜 於此悉見 又覩諸佛 聖主師子 演說經典 微妙第一 其聲清淨 出柔軟音 教諸菩薩 無數億萬 梵音深妙 令人樂聞
各於世界 講說正法 種種因緣 以無量喻 照明佛法 開悟衆生 若人遭苦 厭老病死 為說涅槃 盡諸苦際 若人有福 曾供養佛 志求勝法 為說緣覺
若有佛子 修種種行 求無上慧 為說淨道 文殊師利 我住於此 見聞若斯 及千億事 如是衆多 今當略說 我見彼土 恒沙菩薩 種種因緣 而求佛道
或有行施 金銀珊瑚 真珠摩尼 硨磲碼碯 金剛諸珍 奴婢車乘 寶飾輦輿 歡喜布施 迴向佛道 願得是乘 三界第一 諸佛所歎 或有菩薩 駟馬寶車
欄楯華蓋 軒飾布施 復見菩薩 身肉手足 及妻子施 求無上道 又見菩薩 頭目身體 欣樂施與 求佛智慧 文殊師利 我見諸王 往詣佛所 問無上道
便捨樂土 宮殿臣妾 剃除鬚髮 而被法服 或見菩薩 而作比丘 獨處閑靜 樂誦經典 又見菩薩 勇猛精進 入於深山 思惟佛道 又見離欲 常處空閑
深修禪定 得五神通 又見菩薩 安禪合掌 以千萬偈 讚諸法王 復見菩薩 智深志固 能問諸佛 聞悉受持 又見佛子 定慧具足 以無量喻 為衆講法
欣樂說法 化諸菩薩 破魔兵衆 而擊法鼓 又見菩薩 寂然宴默 天龍恭敬 不以為喜 又見菩薩 處林放光 濟地獄苦 令入佛道 又見佛子 未嘗睡眠
經行林中 懃求佛道 又見具戒 威儀無缺 淨如寶珠 以求佛道 又見佛子 住忍辱力 增上慢人 惡罵捶打 皆悉能忍 以求佛道 又見菩薩 離諸戲笑
及癡眷屬 親近智者 一心除亂 攝念山林 億千萬歲 以求佛道 或見菩薩 肴膳飲食 百種湯藥 施佛及僧 名衣上服 價直千萬 或無價衣 施佛及僧

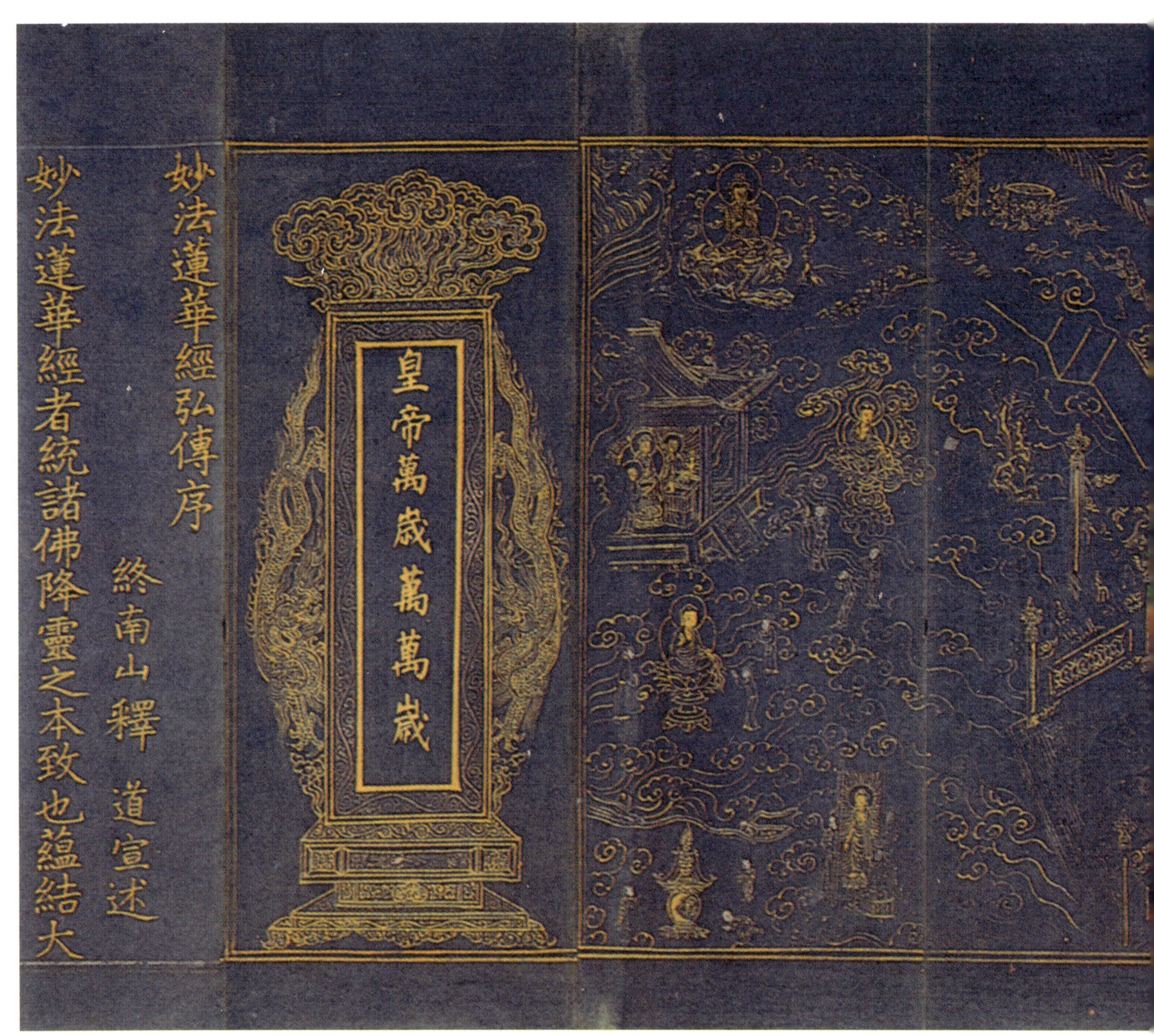

07178 妙法蓮華經七卷 （後秦）釋鳩摩羅什譯　元金銀寫本

經折裝。匡高24.7厘米，廣11.2厘米。半葉五行，行十七字，上下單邊。有扉畫。有惟一等題識、題詩。天津博物館藏。

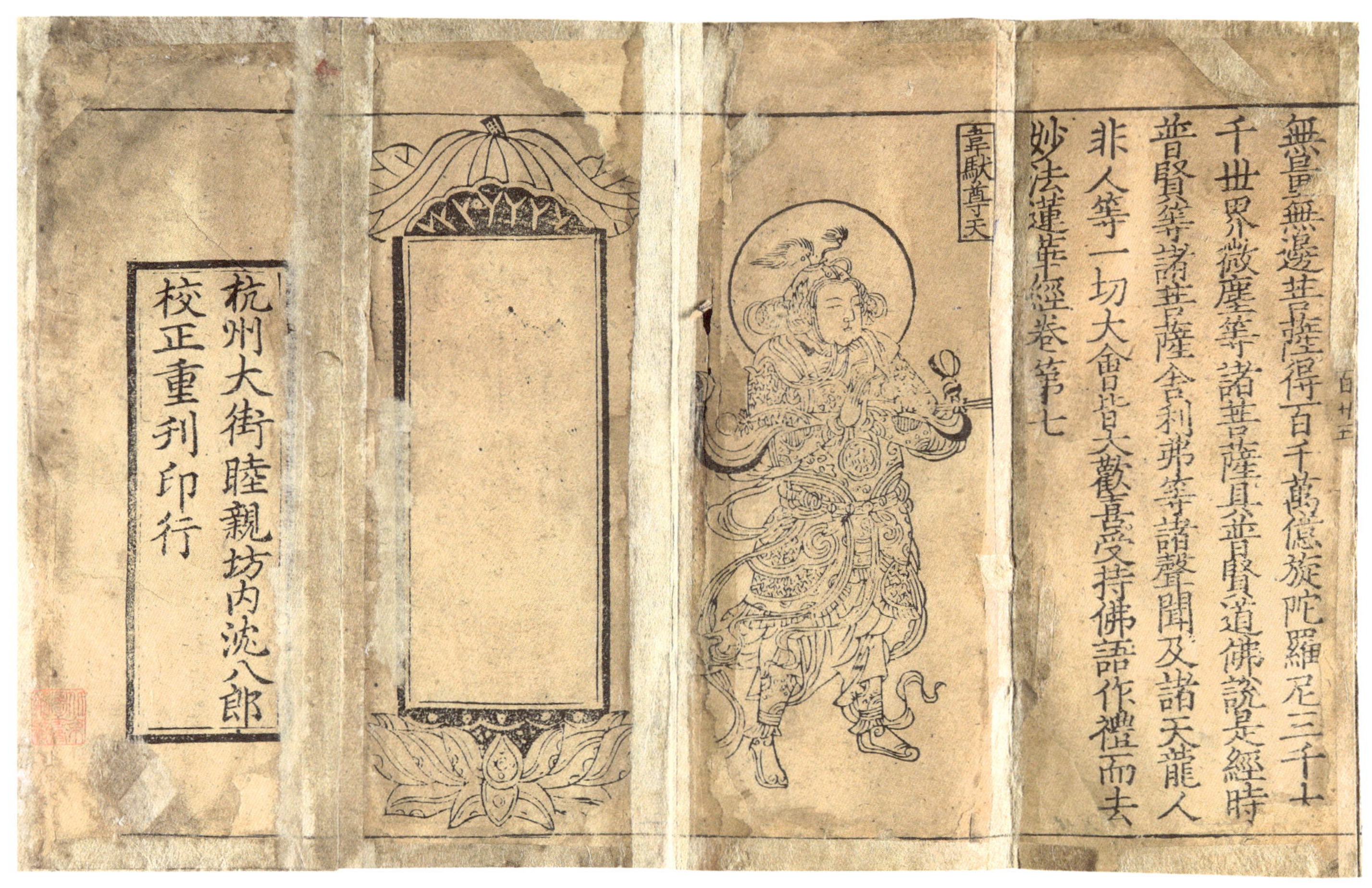
無量無邊菩薩得百千萬億旋陀羅尼三千大
千世界微塵等諸菩薩具普賢道佛說是經時
普賢等諸菩薩舍利弗等諸聲聞及諸天龍人
非人等一切大會皆大歡喜受持佛語作禮而去
妙法蓮華經卷第七

韋馱尊天

杭州大街睦親坊内沈八郎
校正重刊印行

07179 妙法蓮華經七卷（後秦）釋鳩摩羅什譯　元杭州睦親坊沈八郎刻本

經折裝。兩面印刷。匡高17.5厘米，廣8.3厘米。一版七個半葉，半葉五行，行十七至十八字，上下單邊。有“杭州大街睦親坊内沈八郎校正重刊印行”牌記。國家圖書館藏。

大元國浙西道嘉興路嘉興縣勸善東都居奉
三寶信士顧　逢祥　同妻吳氏福七娘男　子文　子行　子忠　子信
合家眷等謹施净財命工刊造
大乘妙法蓮華經第一卷所集
功德上報
四恩下資三有仍薦門代祖禰宗親同成正覺
至順二年　月　日三寶信士顧　逢祥　謹意

嘉興路城南米市街西面南居奉
三寶弟子姚陳道榮同女姚陳妙真親男宗茂與家眷
等特發誠心捨施己財除上年印施外今命工弄行印施
大乘妙法蓮華經典上答四恩下資三有保扶道榮身安
壽永眼目光明家眷平安子孫昌盛者
至正丙戌歲四月吉日姚陳　道榮謹題

07180 妙法蓮華經七卷 （後秦）釋鳩摩羅什譯　元至順二年（1331）嘉興路顧逢祥等刻至正六年（1346）姚陳道榮印本

經折裝。匡高31.3厘米，廣15厘米。一版四個半葉，半葉四行，行十二字，上下單邊。有扉畫。有顧逢祥等刊雕題記及姚陳道榮印施戳記。國家圖書館藏。

金光明經卷第二

三藏法師曇無讖譯

四天王品第六

尒時毗沙門天王提頭賴吒天王毗樓勒义
天王毗留愽义天王俱從座起偏袒右肩右
膝着地胡跪合掌白佛言世尊是金光明微
妙經典衆經之王諸佛世尊之所護念莊嚴
菩薩深妙功德常為諸天之所恭敬能令天
王心生歡喜亦為護世之所讚歎此經能照
諸天宮殿是經能與衆生快樂是經能令地
獄餓鬼畜生諸河燋乾悉令枯竭是經能除
一切怖畏是經能却他方怨賊是經能除穀
貴飢饉是經能愈一切疾病是經能滅惡星

07181 金光明經四卷　金光明經懺悔滅罪傳　（北涼）釋曇無讖譯　北宋端拱元年（988）刻本

卷軸裝。高32.9至34厘米。四軸，長度不一，行數不等，行十七字，上下單邊。有扉畫。蘇州博物館藏。

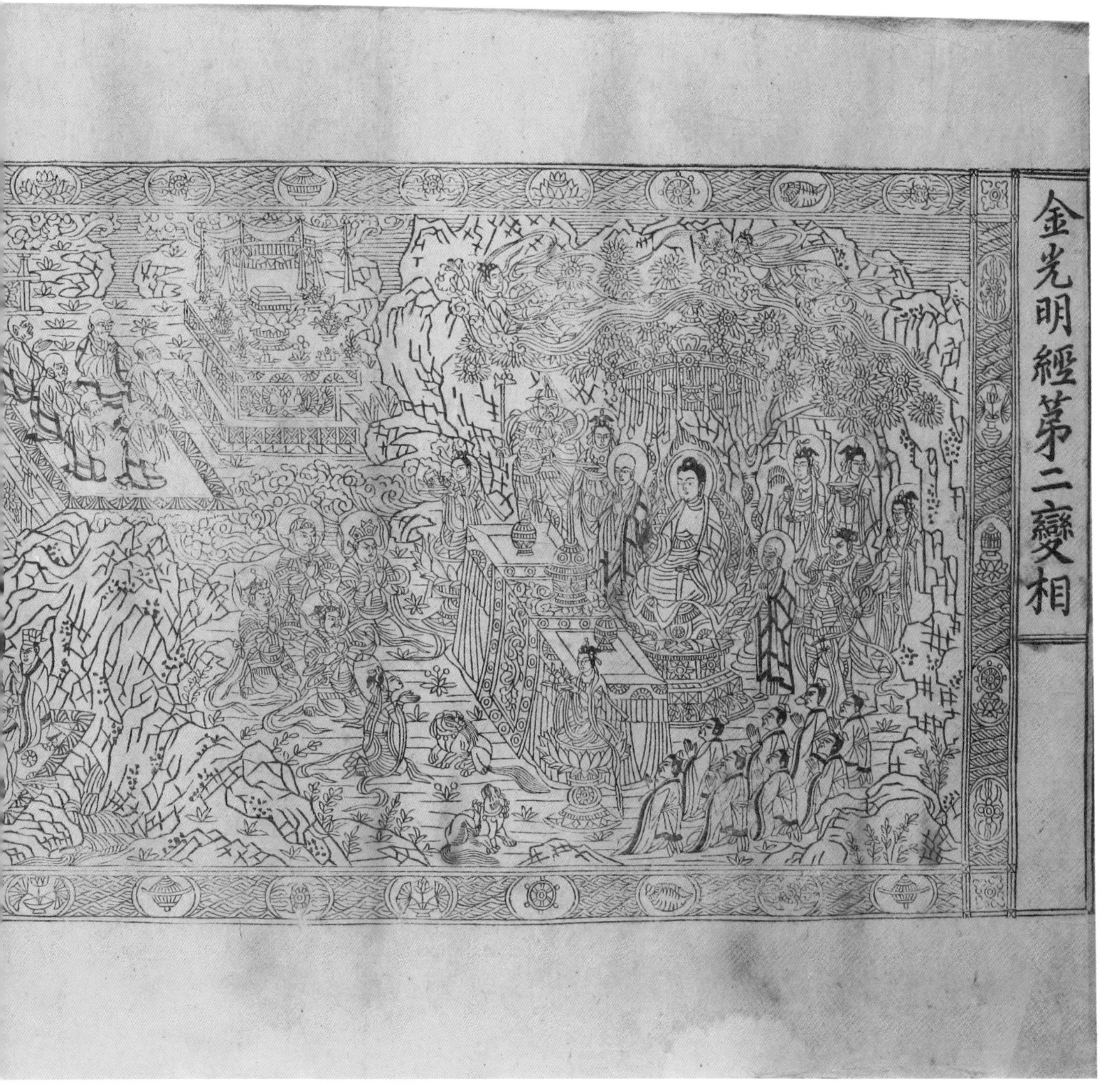
金光明經第二變相

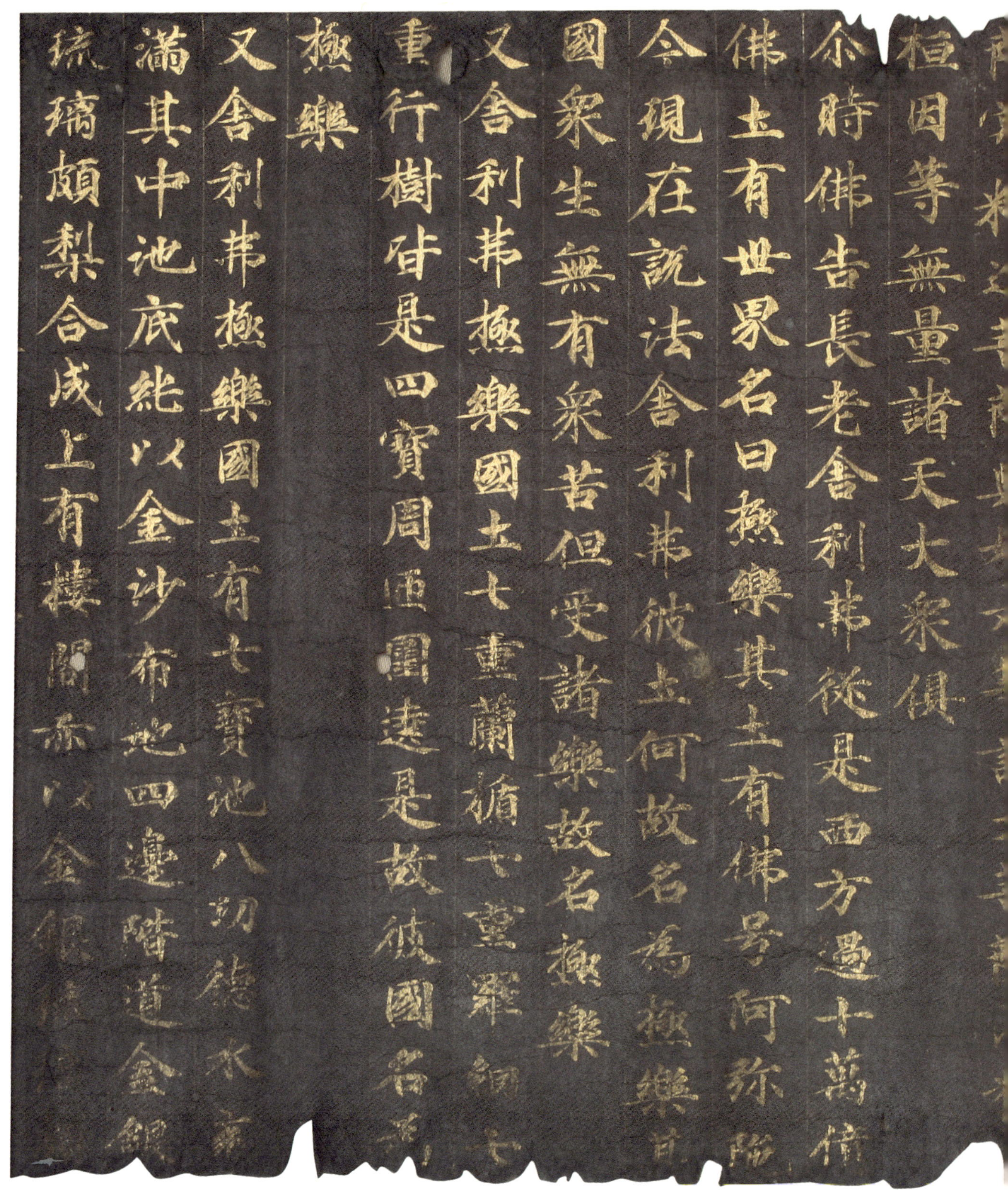

07182 佛說阿彌陀經 （後秦）釋鳩摩羅什譯　北宋初年泥金寫本

卷軸裝。高22.5厘米，長211厘米。一百二十三行，行十七字。金絲欄。蘇州博物館藏。

佛說阿弥陁經
如是我聞一時佛在舍衛國祇樹給孤獨園
與大比丘僧千二百五十人俱皆是大阿羅
漢衆所知識長老舍利弗摩訶目揵連摩
迦葉摩訶迦旃延摩訶俱絺羅離婆多周利
槃陁伽難陁阿難陁羅睺羅憍梵波提賓頭
盧頗羅墮迦留陁夷摩訶劫賓那薄拘羅阿
㝹樓馱如是等諸大弟子并諸菩薩摩訶薩
文殊師利法王子阿逸多菩薩乾陁訶提菩

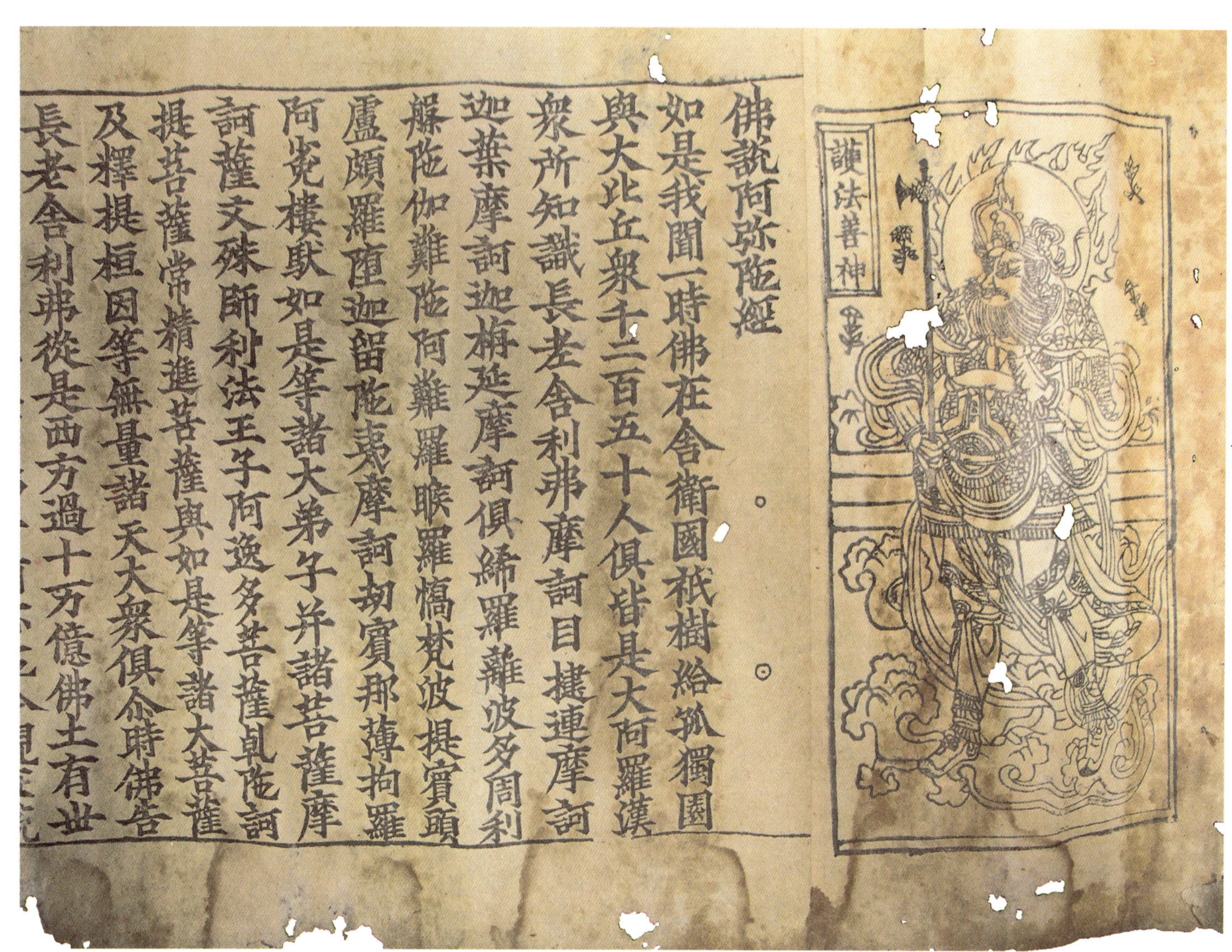

07183 佛說阿彌陀經 （後秦）釋鳩摩羅什譯　遼刻本

卷軸裝。高29.9厘米，長246.4厘米。一紙長53.5厘米。每紙二十八行，行十七字，四周單邊。有扉畫。唐山市豐潤區文物管理所藏。

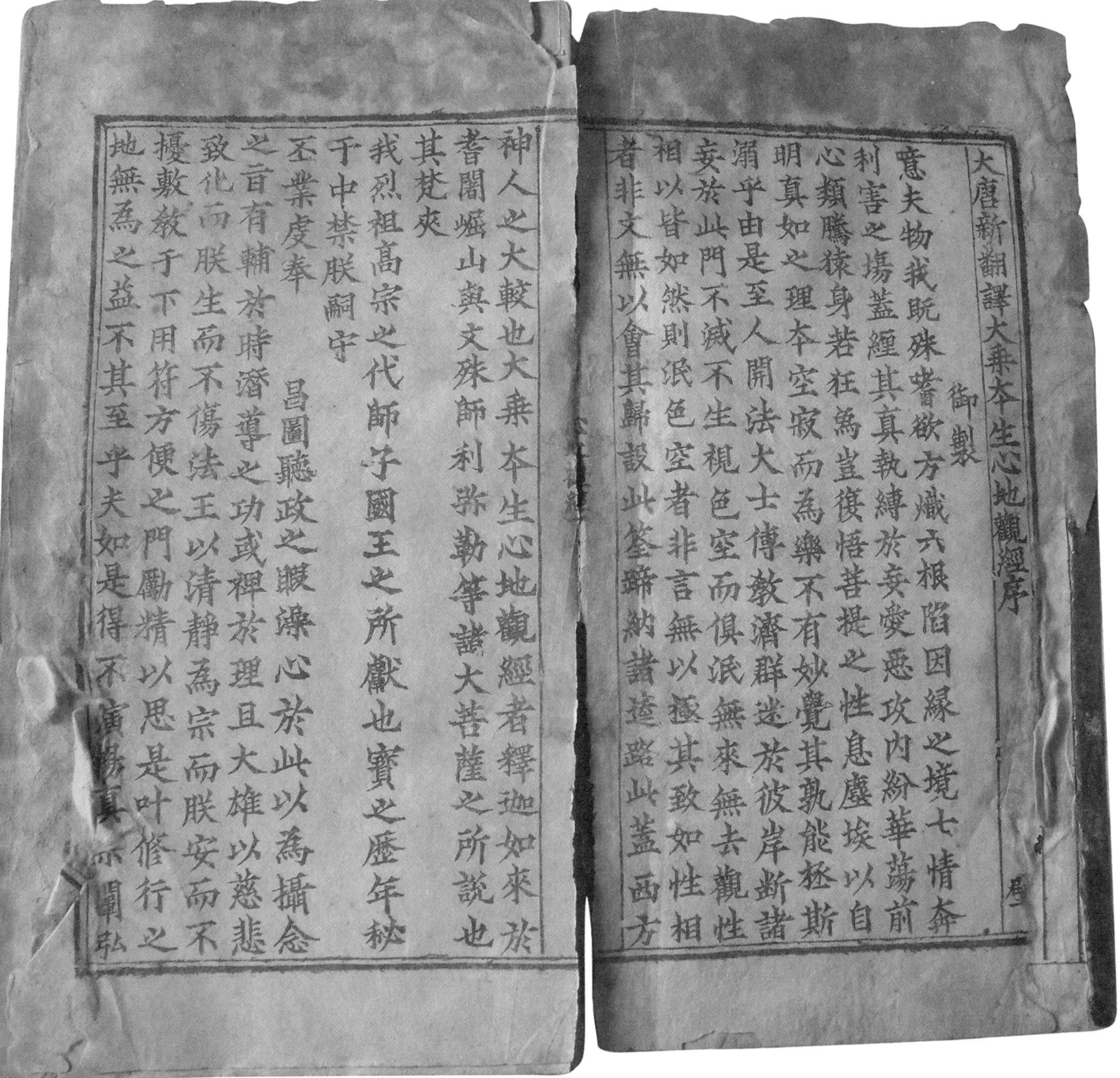
大唐新翻譯大乘本生心地觀經序　壁
御製
意夫物我既殊嗜欲方熾六根陷因緣之境七情奔
利害之場蓋纏其真執縛於妄愛惡攻內紛華蕩前
心類騰猿身若狂為豈復悟菩提之性息塵埃以自
明真如之理本空寂而為樂不有妙覺其孰能拯斯
溺乎由是至人開法大士傳教濟群迷於彼岸斷諸
妄於此門不滅不生視色空而俱泯無來無去觀性
相以皆如然則泯色空者非言無以拯其致如性相
者非文無以會其歸設此筌蹄納諸達路此蓋西方

神人之大較也大乘本生心地觀經者釋迦如來於
耆闍崛山與文殊師利彌勒等諸大菩薩之所說也
其梵夾
我烈祖高宗之代師子國王之所獻也實之歷年秘
于中禁朕嗣守
丕業虔奉　昌圖聽政之暇澡心於此以為攝念
之旨有輔於時濬導之功或裨於理且大雄以慈悲
致化而朕生而不傷法王以清靜為宗而朕安而不
擾敷教于下用符方便之門勵精以思是叶僧行之
地無為之益不其至乎夫如是得不演暢真宗闡弘

07184 大乘本生心地觀經八卷 （唐）釋般若譯　遼咸雍六年（1070）

刻本

蝴蝶装。匡高21厘米，廣11.3厘米。半葉十行，行二十字，白口，四周單邊。千字文帙號爲“壁”。唐山市豐潤區文物管理所藏。

那摩婆伽十六摩罰特豆十七怛姪他十八阿婆
盧醯十九盧迦帝二十迦羅帝二十一夷醯唎二十二摩
訶菩提薩埵二十三薩婆薩婆二十四摩囉摩囉二十五
摩醯摩醯唎馱孕二十六俱盧俱盧羯懞二十七
度盧度盧罰闍耶帝二十八摩訶罰闍耶帝二十九
陀羅陀羅三十地唎尼三十一室佛囉哪三十二遮羅
遮羅三十三麼麼自稱己名某甲受持罰摩囉三十四穆帝隸三十五
伊醯移醯三十六室那室那三十七阿囉嘇佛羅舍
利三十八罰沙罰嘇三十九佛囉舍耶四十呼盧呼盧
摩囉四十一呼盧呼盧醯唎四十二娑囉娑囉四十三悉
唎悉唎四十四蘇爐蘇爐四十五菩提夜菩提夜四十六
菩馱夜菩馱夜四十七弥帝唎夜四十八那囉謹墀四十九
地唎瑟尼那五十波夜摩那五十一娑婆訶五十二悉陀
夜五十三娑婆訶五十四摩訶悉陀夜五十五娑婆訶五十六悉
陀瑜藝五十七室皤囉夜五十八娑婆訶五十九那羅謹
墀六十娑婆訶六十一摩羅那羅六十二娑婆訶六十三悉羅
僧阿穆佉耶六十四娑婆訶六十五波摩阿悉陀夜六十六
娑婆訶六十七者吉囉阿悉陀夜六十八娑婆訶六十九波
陀摩羯悉哆夜七十娑婆訶七十一那囉謹墀皤伽
囉哪七十二娑婆訶七十三摩婆利勝羯羅夜七十四娑
婆訶七十五南無喝囉怛那哆囉夜耶七十六南無阿
唎哪七十七婆盧吉帝七十八爍皤囉夜七十九娑婆訶
八十悉殿都八十一漫哆羅八十二跋陀耶八十三娑婆訶八十四
觀世音菩薩說此呪已大地六變震動天
雨寶華繽紛而下十方諸佛悉皆歡喜天魔
外道恐怖毛竪一切衆會皆獲果證或得須
陀洹果或得斯陀含果或得阿那含果或得
阿羅漢果者或得一地二地三四五地乃至
十地者無量衆生發菩提心

明道二年十二月日

太中大夫尚書兵部侍郎致仕上柱國賜紫金魚袋胡則印施

07185 大悲心陀羅尼經一卷 （唐）釋伽梵達摩譯　宋明道二年（1033）胡則刻本

經折裝。匡高23.8厘米。半葉五行，行十七字，上下單邊。浙江省瑞安市文物館藏。

大悲心陀羅尼經發願文
天竺僧伽梵達摩譯
南無大悲觀世音　願我速知一切法
南無大悲觀世音　願我早得智慧眼
南無大悲觀世音　願我速度一切衆
南無大悲觀世音　願我早得善方便
南無大悲觀世音　願我速乘般若船
南無大悲觀世音　願我早得越苦海
南無大悲觀世音　願我速得戒定道
南無大悲觀世音　願我早登涅槃山
南無大悲觀世音　願我速會無爲舍
南無大悲觀世音　願我早同法性身
我若向刀山　刀山自摧折　我若向火湯
火湯自消滅　我若向地獄　地獄自枯竭
我若向餓鬼　餓鬼自飽滿　我若向脩羅
惡心自調伏　我若向畜生　自得大智慧
經云發是願已至心稱念我之名字亦應專念我本師阿彌陀佛名
南無觀世音菩薩　南無阿彌陀佛稱念訖云
觀世音菩薩白佛言世尊若諸衆生誦
持大悲神呪墮三惡道者我誓不成正
覺誦持大悲神呪若不生諸佛國者我
誓不成正覺誦持大悲神呪若不得無
量三昧辯才者我誓不成正覺誦持大
悲神呪於現在生中一切所求若不果
遂者不得爲大悲心陀羅尼也乃至說
是語已於衆會前合掌正住於諸衆生
起大悲心開顔含笑即說如是廣大圓
滿無閡大悲心大陀羅尼神妙章句陀
羅尼曰
南無喝囉怛那哆囉夜耶一南無阿唎耶
二婆盧羯帝爍鉢囉耶三菩提薩哆婆耶四
摩訶薩哆婆耶五摩訶迦盧尼迦耶六唵七薩
皤囉罰曳八數怛那怛寫九南無悉吉㗚哆
伊蒙阿利耶十婆盧吉帝室佛囉楞馱婆

數量若復有人為此無量壽決定光明王如來陁羅
尼經而能布施之者所得福德亦復不能度量知其
限數若復有人書寫此無量壽決定光明王如來陁
羅尼經礼拜供養者如是之人則為礼拜供養十方
諸佛刹土一切如來而無有異
尒時釋迦牟尼世尊說是伽陁曰
脩行布施力成就　布施力故得成佛　若入大悲精室中
耳暫聞此陁羅尼　設使布施未圓滿　是人速證天人師
脩行持戒力成就　持戒力故得成佛　若入大悲精室中
耳暫聞此陁羅尼　設使持戒未圓滿　是人速證天人師
脩行忍辱力成就　忍辱力故得成佛　若入大悲精室中
耳暫聞此陁羅尼　設使忍辱未圓滿　是人速證天人師
脩行精進力成就　精進力故得成佛　若入大悲精室中
耳暫聞此陁羅尼　設使精進未圓滿　是人速證天人師
脩行禪定力成就　禪定力故得成佛　若入大悲精室中
耳暫聞此陁羅尼　設使禪定未圓滿　是人速證天人師
脩行智慧力成就　智慧力故得成佛　若入大悲精室中
耳暫聞此陁羅尼　設使智慧未圓滿　是人速證天人師
佛說是經已諸大苾芻衆及諸菩薩一切世間天人
阿素囉乾闥嚩等聞佛所說皆大歡喜信受奉行
佛說大乘聖無量壽王經一卷　刻

07186 佛說大乘聖無量壽決定光明王如來陀羅尼經 （宋）釋法天譯　遼刻本

卷軸裝。高29.4厘米，長205厘米。一紙長54.5厘米。行二十一至二十二字。唐山市豐潤區文物管理所藏。

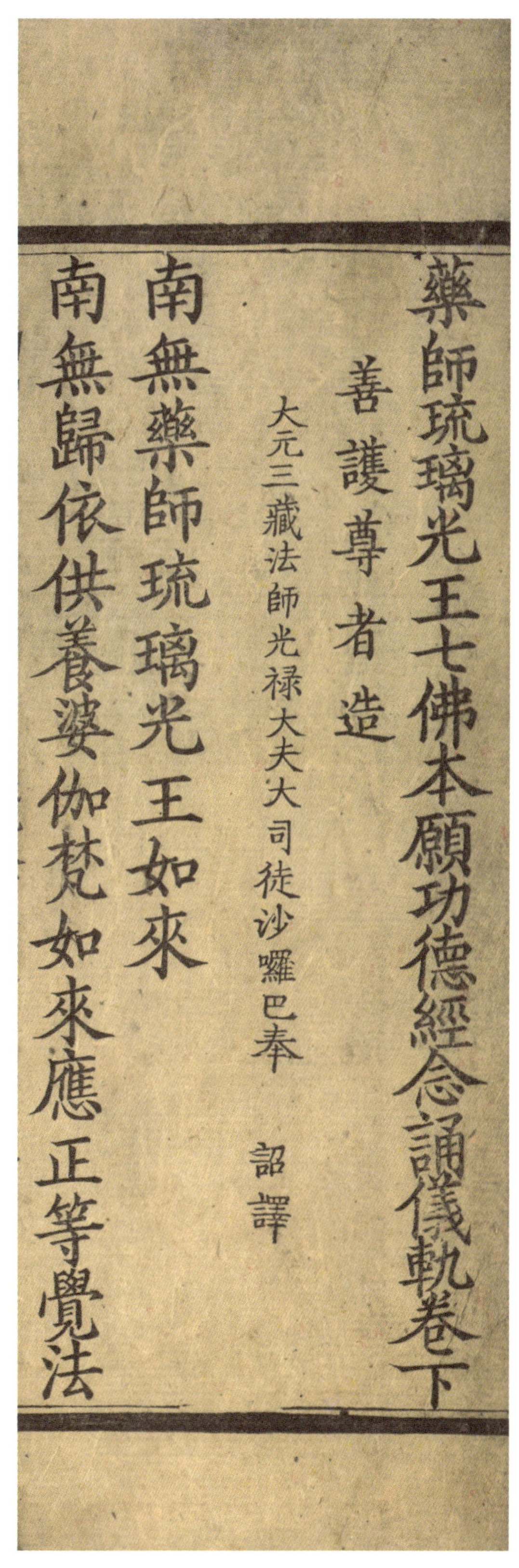

07187 藥師琉璃光王七佛本願功德經念誦儀軌二卷 （元）釋沙囉巴譯　元至大四年（1311）刻本

經折裝。匡高24.1厘米，廣11.1厘米。半葉五行，行十六字，上下雙邊。首都圖書館藏，存一卷。

大方廣佛華嚴經疏卷第一百一十四 入七十六 卷第六紙

清涼山沙門 澄觀述 晉水沙門 淨源録䟽注經

三見友正報二 初結前標後 爾時善財見如是座復有

無量衆座圍繞摩耶夫人在彼座上於

一切衆生前現淨色身 前但明主座今雙結 主伴二別顯身雲二

初身相二初萬類難 思身二初顯別相 所謂超三界色身已出

一切諸有趣故隨心樂色身於一切世

閒無所著故普周徧色身等於一切衆

07188 大方廣佛華嚴經疏一百二十卷 （唐）釋澄觀述 （宋）釋淨源録疏注經 宋兩浙轉運司刻本

經折裝。匡高23.3 厘米，廣10.9厘米。半葉四行，行十五字，小字雙行二十字，上下單邊。有“十無盡院”、“固始張氏所收”、“錢德培海外訪古印章”等印。首都圖書館藏，存一卷。

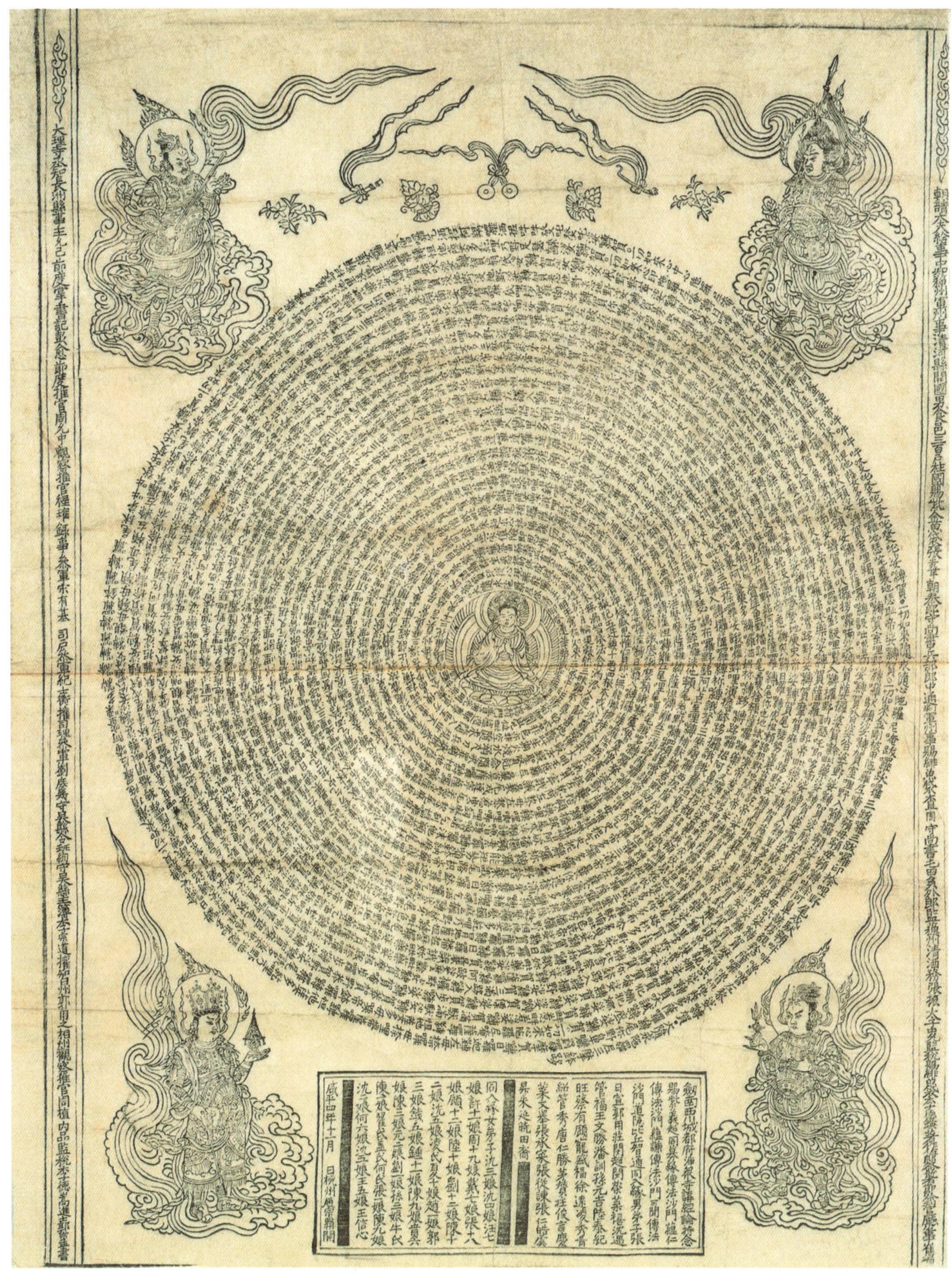

07189 大隨求陀羅尼神咒等經咒 北宋咸平四年（1001）杭州趙宗霸刻本

單葉。高44.5厘米，長36.1厘米。版面下方正中有刊刻牌記。蘇州博物館藏。

世尊為諸邪見衆生說其正見之法令得悟
解免於衆苦
佛言善哉善哉無礙菩薩汝大慈悲為諸
邪見衆生問於如來正見之法不可思議汝
等諦聽善思念之吾當為汝分別演說天地
八陽之經此經過去諸佛已說未來諸佛當
說見在諸佛今說夫天地之間為人最勝最
上貴於一切萬物人者真也正也無虛妄身
行正真左丿為正右乀為真常行正真故名
為人是知人能弘道道以潤身依道依人皆
成聖道
復次無礙菩薩一切衆生既得人身不能修
福背真向偽造種種惡業命將欲終必沉苦
海受種種罪若聞此經信心不逆即得解脫
諸罪之難出於苦海善神加護無諸障礙延
年益壽而無横夭以信力故獲如斯福
佛告無礙菩薩若有男子女人信邪倒見即
被邪魔外道魑魅魍魎鳥鳴百怪諸惡鬼神
競來惱亂與其横病惡腫惡疰受其痛苦無

07190 佛說天地八陽經 北宋初年寫本

卷軸裝。高27.5厘米，長386厘米。存八紙，二百七行，行十六至十八字。朱絲欄。蘇州博物館藏。

弟子樓閣爲自身并家眷保安造此經永充供養

佛說天地八陽經

聞如是一時佛在毗耶達摩城寂廓宅中
十方相隨四衆圍繞尒時無礙菩薩在大衆
中即從座起合掌向佛而白佛言世尊此閻
浮提衆生遞代相生無始已來相續不斷
有識者少無知者多長壽者少短命者多
富貴者少貧賤者多智慧者少愚癡者多
溫柔者少剛強者多念佛者少求神者多
正直者少諂曲者多清慎者少濁濫者多
致使世俗淺薄官法荼毒賦役煩重百姓窮

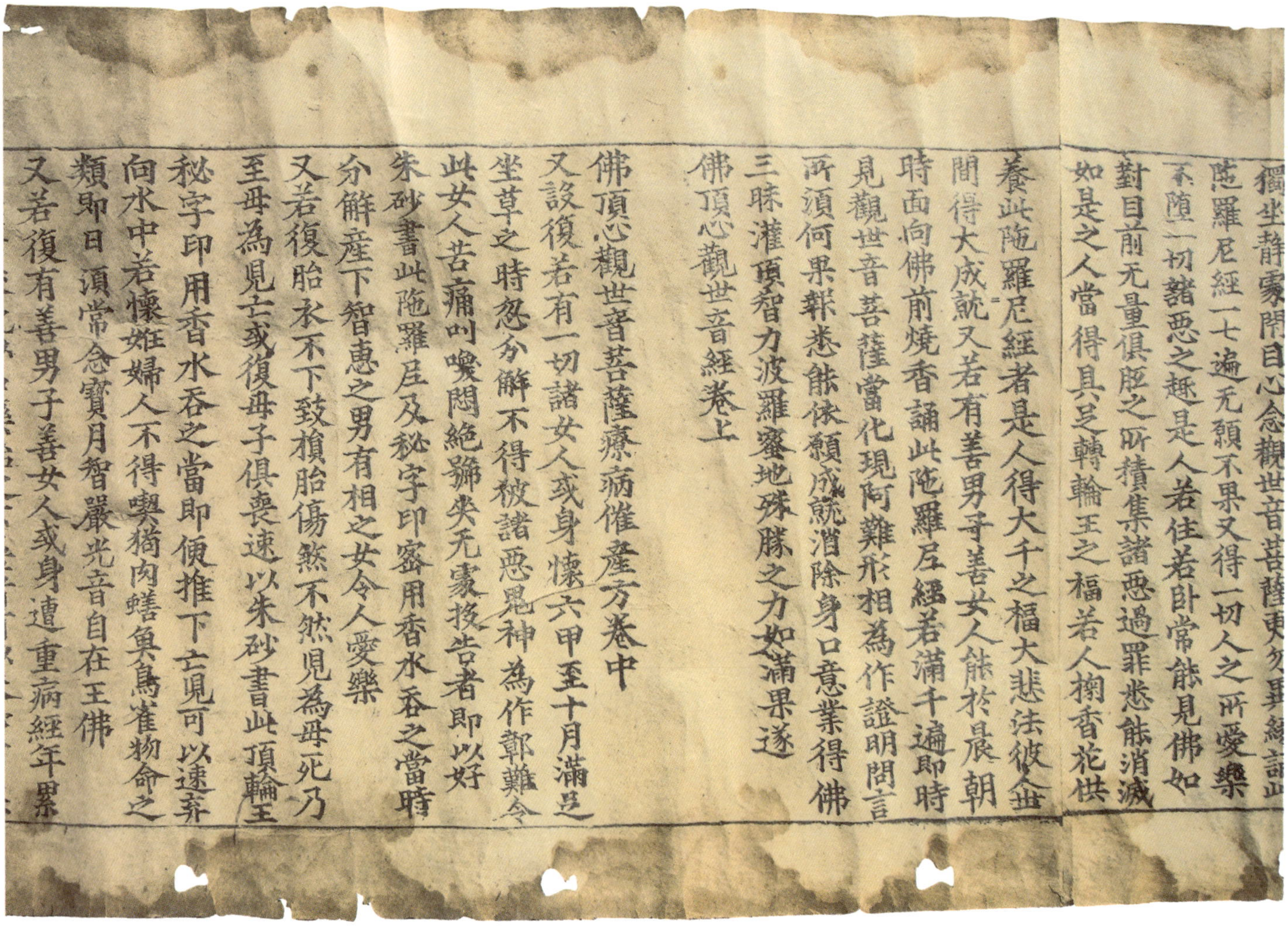

07191 佛頂心觀世音經三卷 遼刻本

卷軸裝。高29.5厘米，長280厘米。存二十九行，行十九至二十一字，四周單邊。唐山市豐潤區文物管理所藏。

佛頂心觀世音菩薩大陁羅尼經上
爾時觀世音菩薩而白釋迦牟尼佛
言是我前身不可思議福德因緣欲
令利益一切衆生起大悲心能斷一
切繫縛能滅一切怖畏一切衆生蒙
此威神悉能離苦[illegible]觀世音
菩薩重白釋迦牟尼佛言我今欲爲
苦惱衆生説消除災厄臨難救苦衆
生無礙自在王智印大陁羅尼法以
用救拔一切受苦衆生除一切疾病
滅除惡業重罪成就一切諸善智速
能滿足一切心願利益安樂一切衆

07192 佛頂心觀世音菩薩大陀羅尼經三卷 北宋崇寧元年（1102）石處道等刻本

經折裝，現改册頁裝。匡高15.5厘米，廣9.2厘米。一版七個半葉，半葉六行，行十四字，上下單邊。有扉畫、年款題記。王棟跋。國家圖書館藏。

苦惱聞是觀世音菩薩一心稱名觀世
音菩薩即時觀其音聲皆得解脫若有
持是觀世音菩薩名者設入大火火不
能燒由是菩薩威神力故若為大水所
漂稱其名號即得淺處若有百千萬億
衆生為求金銀琉璃硨磲碼碯珊瑚琥
珀真珠等寶入於大海假使黑風吹其
船舫飄墮羅剎鬼國其中若有乃至一
人稱觀世音菩薩名者是諸人等皆得
解脫羅剎之難以是因緣名觀世音若
復有人臨當被害稱觀世音菩薩名者
彼所執刀杖尋段段壞而得解脫若三
千大千國土滿中夜叉羅剎欲來惱人
聞其稱觀世音菩薩名者是諸惡鬼尚
不能以惡眼視之況復加害設復有人
若有罪若無罪杻械枷鎖檢繫其身稱
觀世音菩薩名者皆悉斷壞即得解脫
若三千大千國土滿中怨賊有一商主
將諸商人齎持重寶經過險路其中一

07193 佛說觀世音經 北宋寫本

卷軸裝。高23.1厘米，長262.6厘米。存一百四十一行，行十五字，上下單邊。有扉畫。金繪觀世音菩薩坐須彌座，金書題名。包首墨繪纏枝牡丹圖案。蘇州博物館藏。

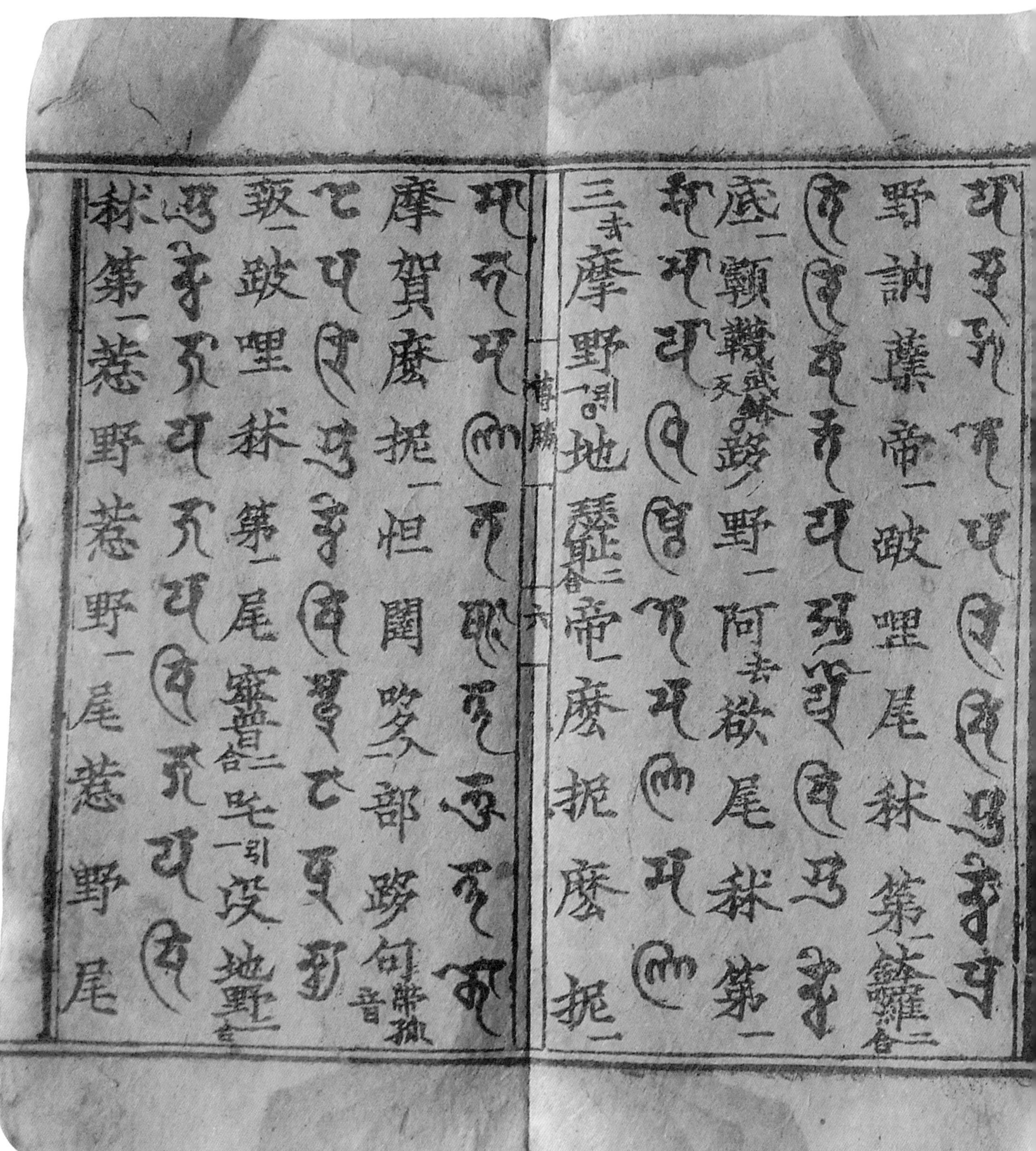

07194 梵本諸經咒 遼刻本

蝴蝶裝。匡高11.6厘米，廣6.6厘米。半葉六行，行十字，白口，四周雙邊。唐山市豐潤區文物管理所藏。

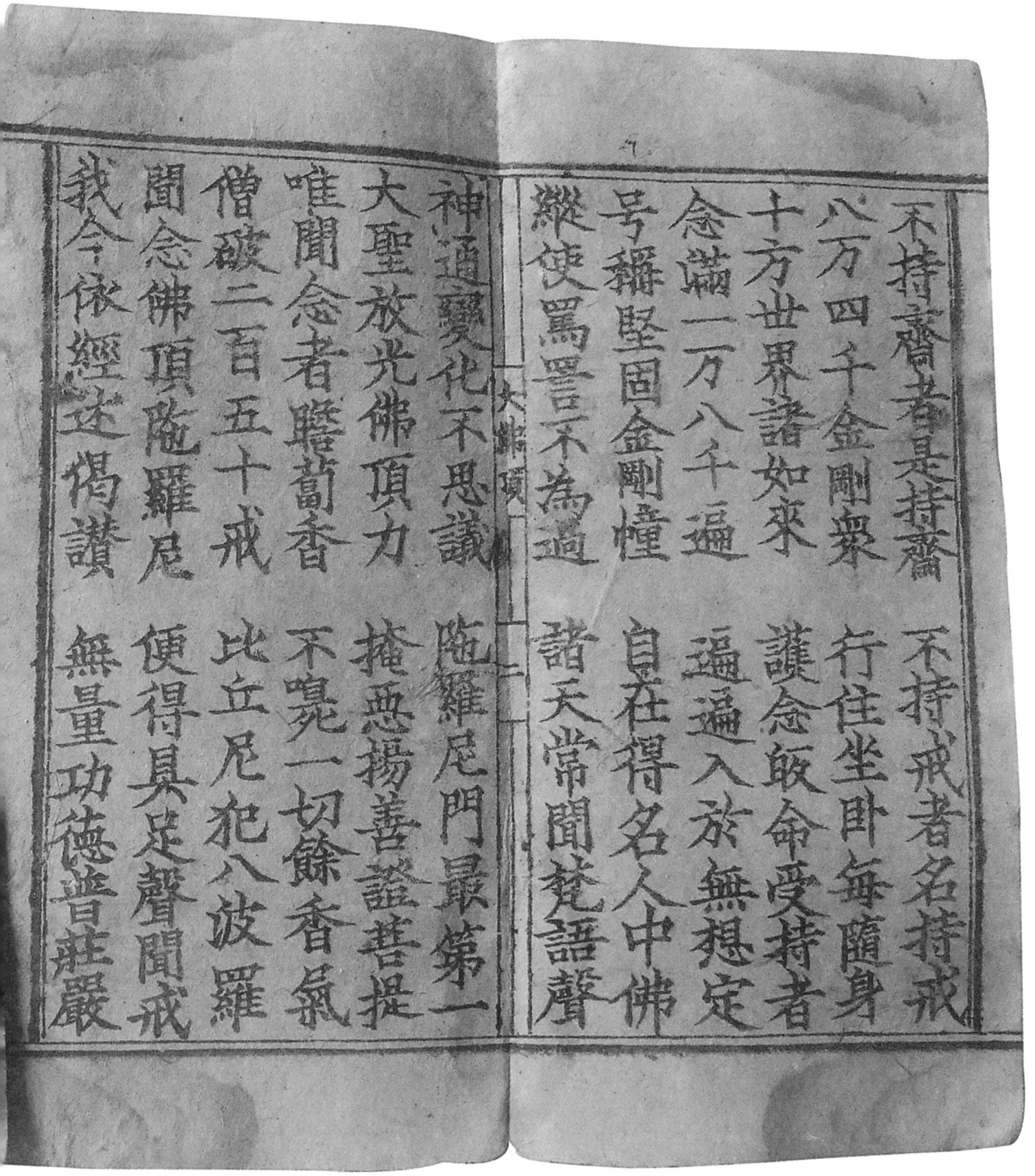

不持齋者是持齋　不持戒者名持戒
八万四千金剛衆　行住坐卧每隨身
十方世界諸如來　護念敢命受持者
念滿一万八千遍　遍遍入於無想定
号稱堅固金剛幢　自在得名人中佛
縱使罵詈不為過　諸天常聞梵語聲

大佛頂　二

神通變化不思議　陁羅尼門最第一
大聖放光佛頂力　摧惡揚善證菩提
唯聞念者瞻蔔香　不嗅一切餘香氣
僧破二百五十戒　比丘尼犯八波羅
聞念佛頂陁羅尼　便得具足聲聞戒
我今依經述偈讚　無量功德普莊嚴

大藏教諸佛菩薩名号集序

覺花島海雲寺崇祿大夫守司空輔國大師賜紫沙門　思孝　奉　詔撰

古者能仁氏之王堪忍也始獲正覺談教法以度僧伽之衆三寶於是乎現焉埋世
霧之六師羲和霜殞麗義天之五教朗若日懸然有樂廣之徒蓋博知而常說尚略
之輩希捷見以勤行人既二類不同法遂兩端亦異為樂廣廣開性相曲示於淵玄
對尚略略啓呪名直增於功德其性也實多詮真理少議俗事其相也權多識俗事
少詮真理其呪也密多從竺語少就支音其名也顯多就支音少從竺語勑陁住世
四十九年年別續演達磨蹤歧一十二分分各無參論夫析奥之幽其間甚衆識乃
拯淪之急唯此為先生死浪由是乎涸乾圓寂峯以之而峭峻
今我聰文聖武英略神功睿哲仁孝皇帝陛下承祧以立為世而來乘宿敎菩薩之
因據現感皇王之位體佛在之正化闡佛後之遺風俯控外泯闕三學於三府高提
內曽傳六明於六宫教既內外齊敷行復自他兼利檢乎自慮名與呪兮雙持謂持

佛菩薩名集上　六

阿蜜哩名及持鉢哩羅呪勵乃他懷呪與名兮迭用謂用呪攜利根及用名接受品
寔可謂空門之墻壍有海之桴航三尊仗以住持兆民賴之慶樂匪唯修文偃武克
宣人主之威抑亦傳教利生聿布法王之令故致洞性徹相五緇繼武於城山諷呪
持名二素差肩於朝野既上行而下効乃迩肅以遠安我境我民獨賀豐年為瑞他
邦他主咸欽明德惟馨豈比夫舞干羽於丹墀但運有為之有道垂衣裳於紫幄空
拘無道之無為者焉以
我皇帝行無為之有道任有道之無為故也奇哉
睿化明敷至教潛合爰有燕京弘法寺校勘諫議大夫昌黎志德進明呪集都三十卷
括一大藏一切明呪上京臨潢府僧録純慧大師沙門非濁進名号集二十二卷撮一
大藏一切名号斯集之為利也莫可得而言之且如一呪之功尚不可以河沙筭況
一藏之明呪乎一名之益猶不可以剎壞籌況一藏之名号乎剪意地之惑根誠為
利斧湧心源之智水實謂方珠行羸者賴以進趍勲倅手杖學寡者憑之富足美類

07195 諸佛菩薩名集　（遼）釋思孝撰　遼刻本

蝴蝶裝。匡高22.5厘米，廣12.6厘米。半葉十二行，行三十二字，白口，左右雙邊。唐山市豐潤區文物管理所藏。

五燈會元卷第一

七佛

毗婆尸佛　尸棄佛

毗舍浮佛　拘留孫佛

拘那含牟尼佛　迦葉佛

釋迦牟尼佛

西天祖師

一祖摩訶迦葉尊者　二祖阿難尊者

三祖商那和修尊者　四祖優波毱多尊者

五祖提多迦尊者　六祖彌遮迦尊者

七祖婆須蜜尊者　八祖佛陀難提尊者

九祖伏馱蜜多尊者　十祖脅尊者

十一祖富那夜奢尊者　十二祖馬鳴尊者

07196 五燈會元二十卷（宋）釋普濟撰　宋刻本（有抄補）

匡高22厘米，廣15.3厘米。半葉十三行，行二十四字，白口，左右雙邊。有“自莊嚴勘”、“曾在周叔弢處”等印。國家圖書館藏。

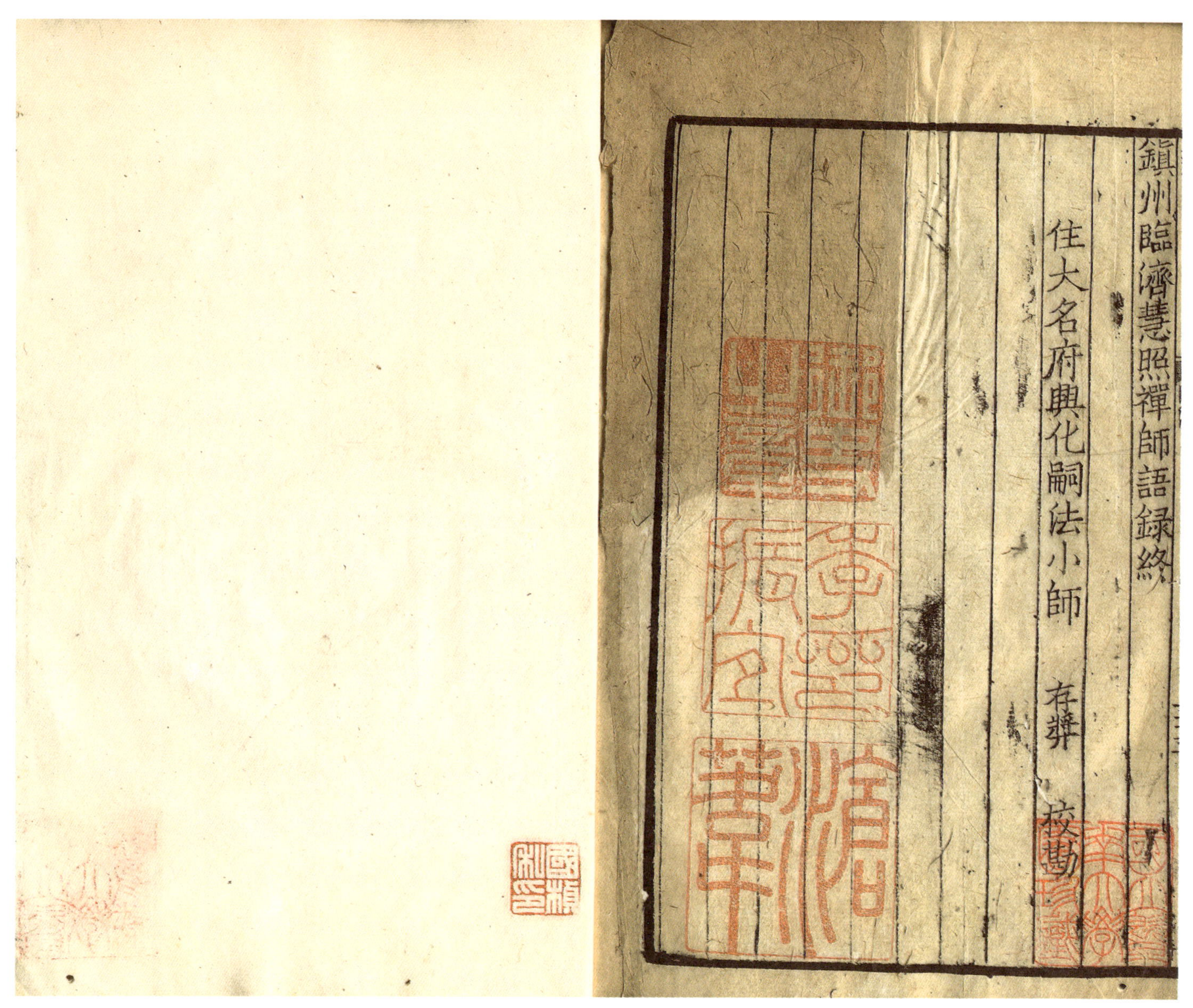

07197 鎮州臨濟慧照禪師語録 （唐）釋惠然輯　宋刻本

匡高17.4厘米，廣12.1厘米。半葉十一行，行二十字，白口，左右雙邊。有“滄葦”、“季印振宜”、“御史之章”、“國楨私印”等印。華東師範大學圖書館藏。

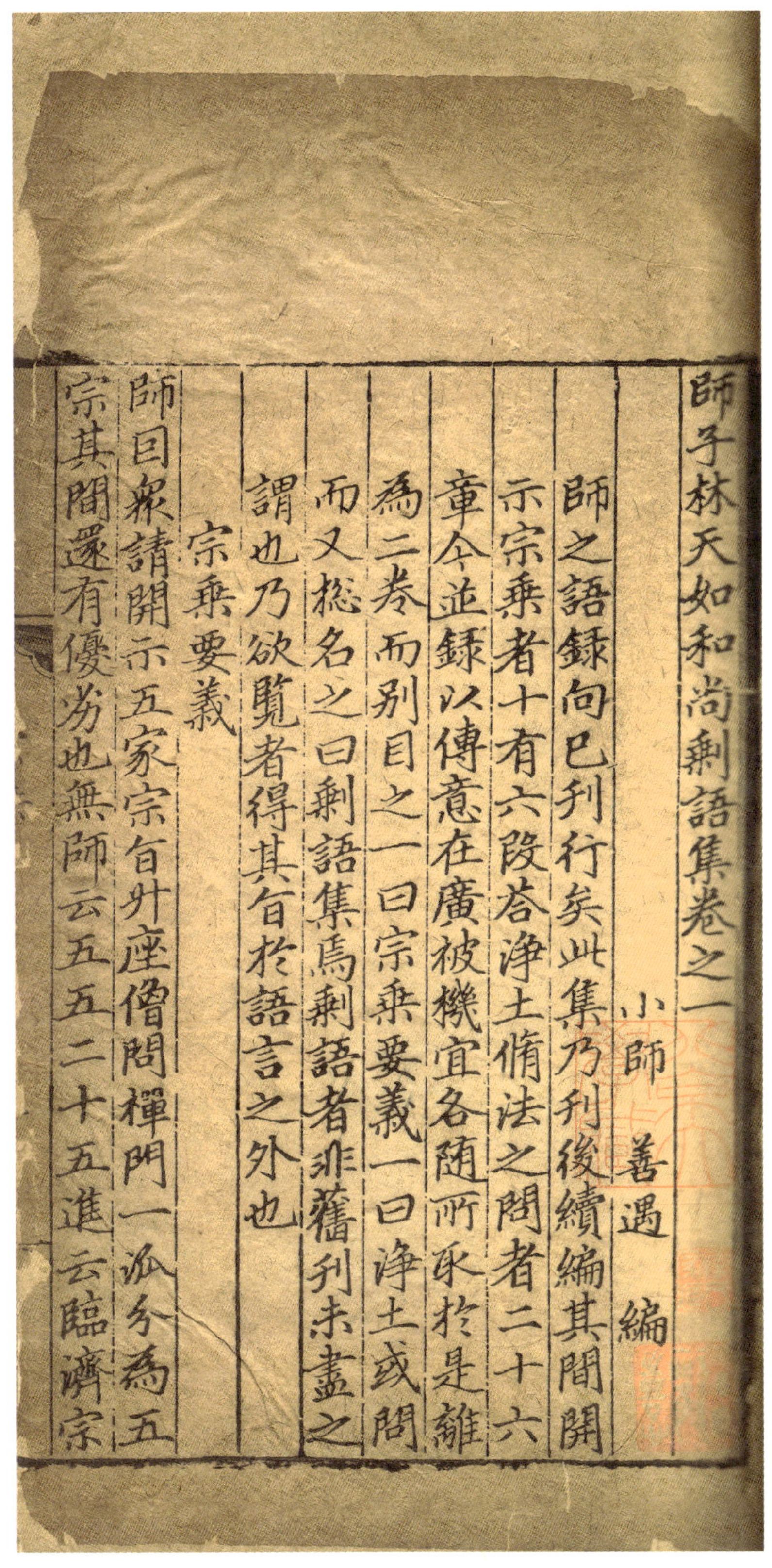

07198 師子林天如和尚剩語集二卷 元至正十二年（1352）釋善遇張善照刻本

匡高19.6厘米，廣13.5厘米。半葉十一行，行二十一字，細黑口，左右雙邊。有“李氏家藏”等印。北京大學圖書館藏。

07199 迴光和尚唱道 元刻本

匡高19.7厘米，廣12.5厘米。半葉十行，行十八字，細黑口，四周雙邊。有“自莊嚴勘”等印。國家圖書館藏。

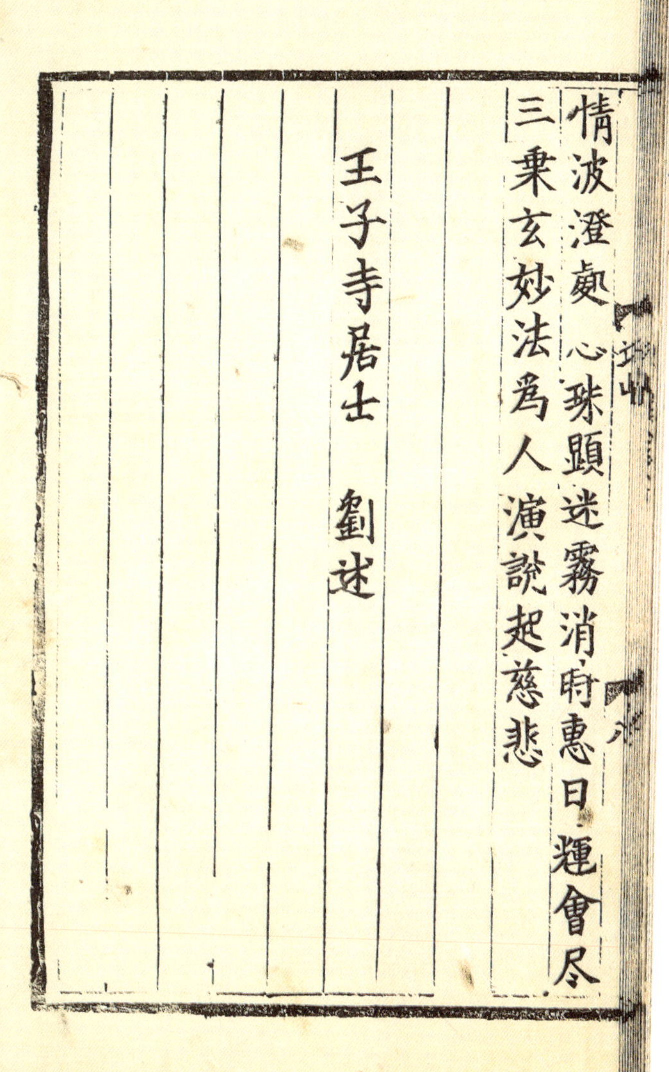

情波澄潔心珠顯迷霧消時惠日輝會尽
三乘玄妙法爲人演説起慈悲

王子寺居士　劉述

觀音偈

御惟覔河湛湛性海滔滔含萬有洞徹三
空融八卦混成一氣縱横皎潔寂知不墮
凡聖之情左右分明實相豈落有無之見
羅千界衆布親依攝六藏群經妙萃發智
焰之深膏騰識浪之洪源印義天敎　注
流波偃邪風魔廻旋跡搜源世表物綿綿
動静至極　空落落類鳴天籟應東風充
滿刹塵彰德用豎窮三際超去來並没始
終横徧十方雖中邊亢絶分量靈靈虛鑒

07200 觀音偈、邙山偈　題山主和尚作　劉公居士傳述　金刻本

匡高19厘米，廣12.5厘米。半葉十行，行十六字，白口，四周雙邊。周叔弢舊藏。國家圖書館藏。

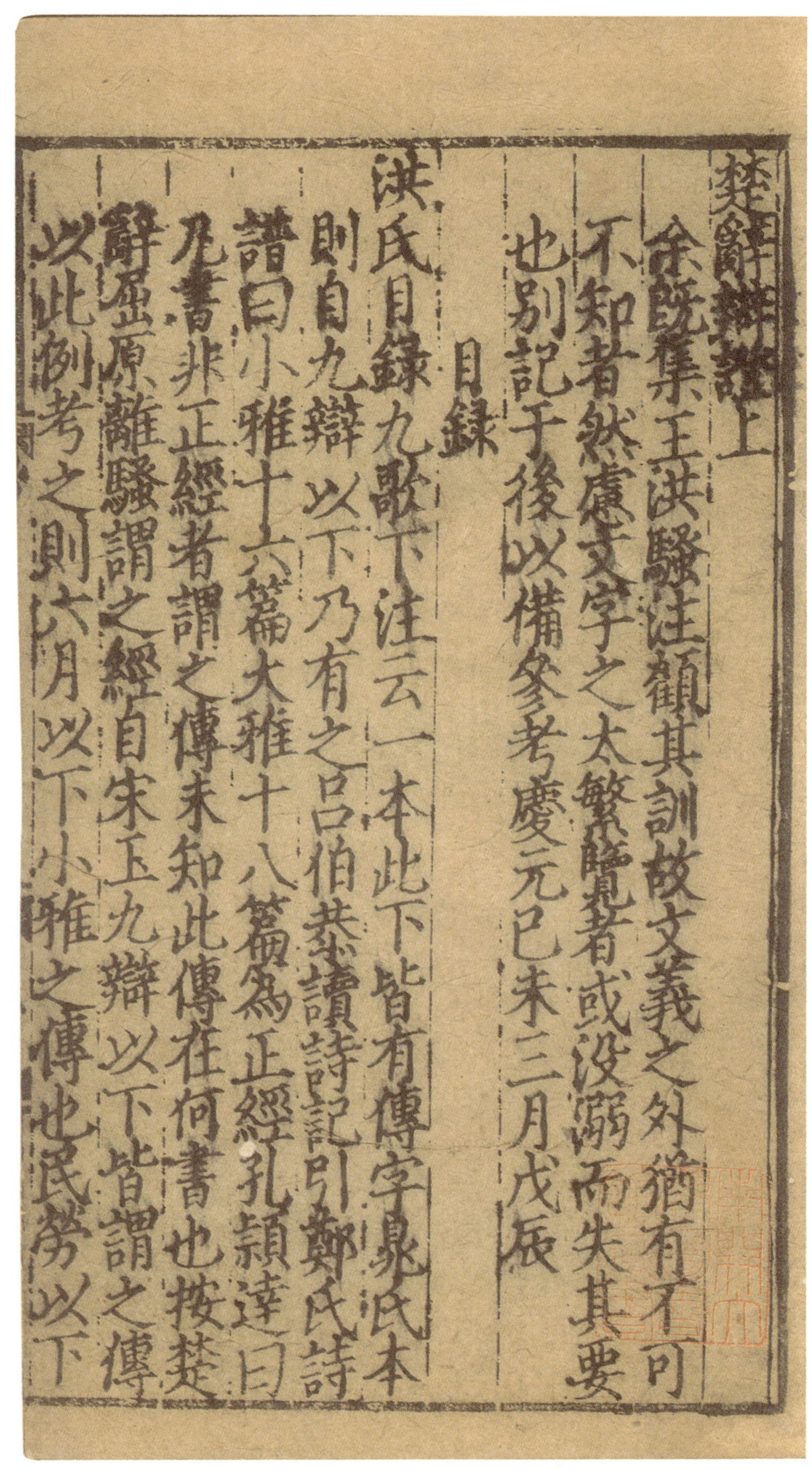

07201 楚辭辯證二卷後語六卷 （宋）朱熹撰　元刻本

匡高20.2厘米，廣12.5厘米。半葉十一行，行二十字，小字雙行二十四字，黑口，左右雙邊。南開大學圖書館藏。

楚辭後語卷第一

成相第一

成相者楚蘭陵令荀卿子之所作也荀卿趙人名況學於孔氏門人馯臂子弓者尤邃於禮著書數萬言少遊學於齊歷威宣至襄王時三爲稷下祭酒後以避讒適楚春申君以爲蘭陵令春申君死荀卿亦廢遂家蘭陵而終焉此篇在漢志號成相雜辭凡三章雜陳古今治亂興亡之効託聲詩以風時君若將以爲工師之誦旅賁之規者其尊主愛民之意亦深切矣相者助也舉重勸力之歌史所謂五羖大夫死而舂者

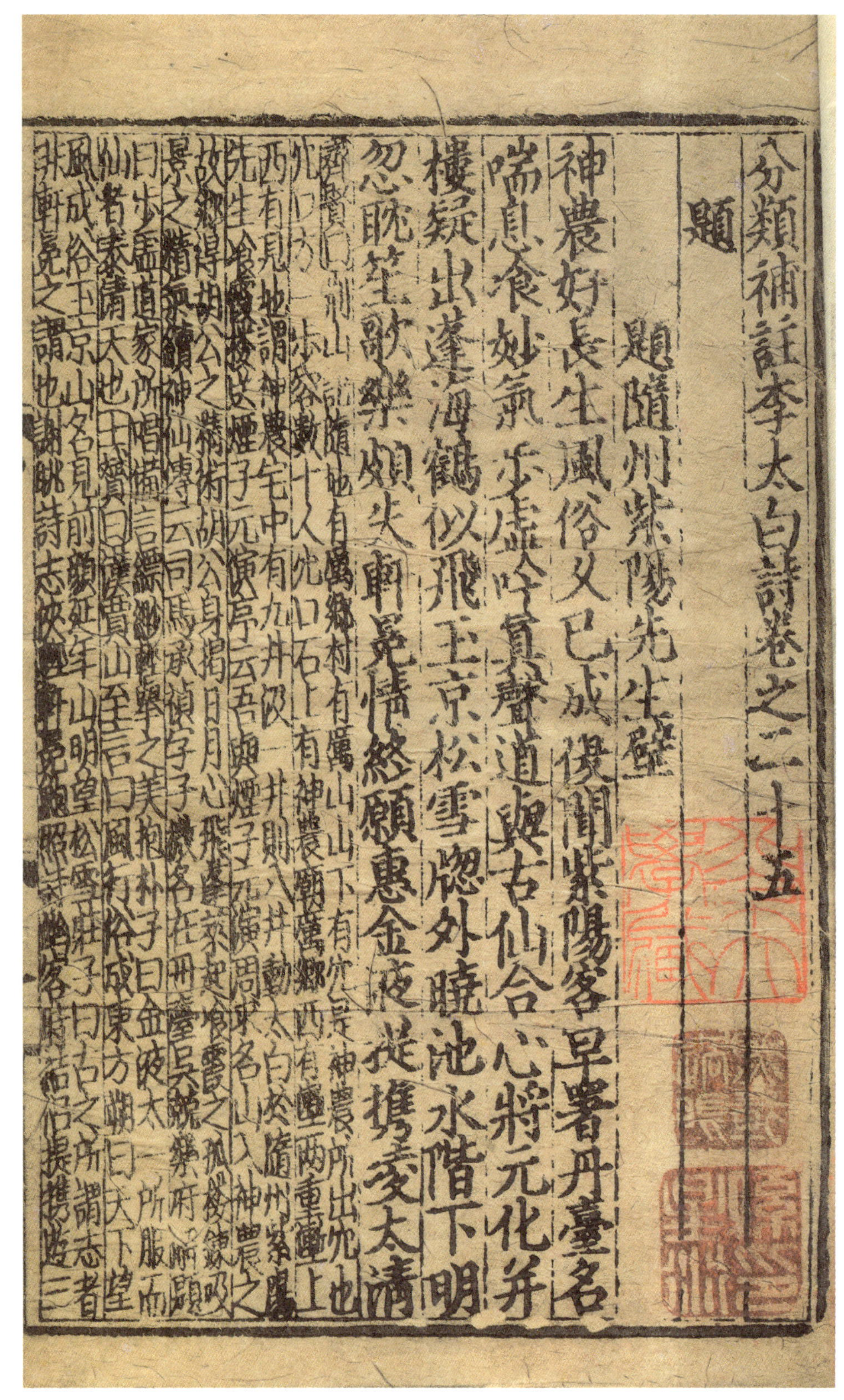

07202 分類補註李太白詩三十卷 （唐）李白撰 （宋）楊齊賢集注 （元）蕭士贇補注 元至大三年（1310）余志安勤有書堂刻本

匡高20.2厘米，廣13.1厘米。半葉十二行，行二十字，小字雙行二十六字，黑口，四周雙邊。有“至大庚戌余志安刊于勤有書堂”牌記。有“孫印星衍”等印。北京大學圖書館藏，存二十四卷。

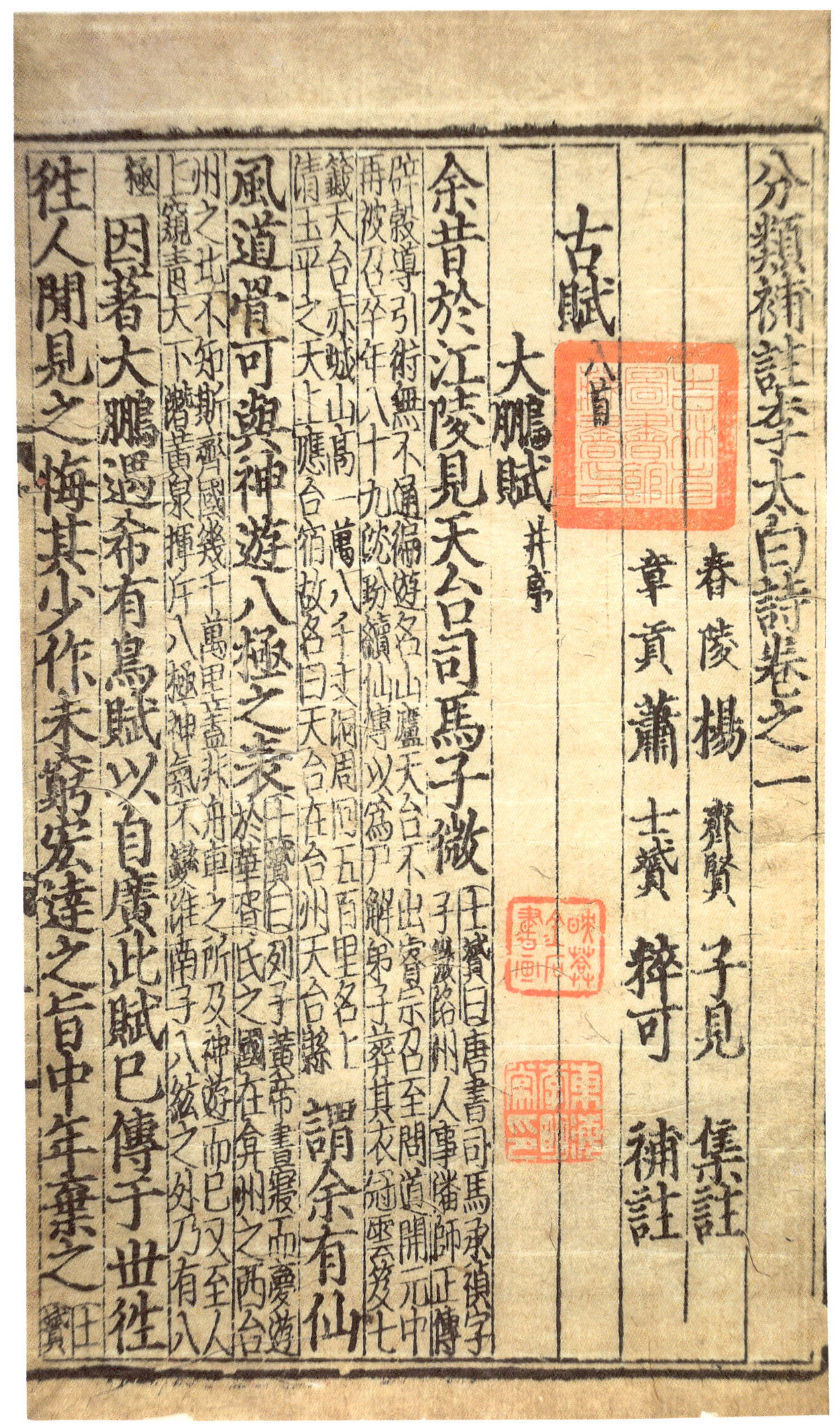

07203 分類補註李太白詩二十五卷 （唐）李白撰 （宋）楊齊賢集注 （元）蕭士贇補注 元建安余氏勤有堂刻明修本

匡高19.5厘米，廣13 厘米。半葉十二行，行二十字，小字雙行二十六字，黑口，四周雙邊。有“建安余氏勤有堂刊”牌記。有“映葊金石書畫”、“東海李明常印”等印。吉林省圖書館藏，存十八卷。

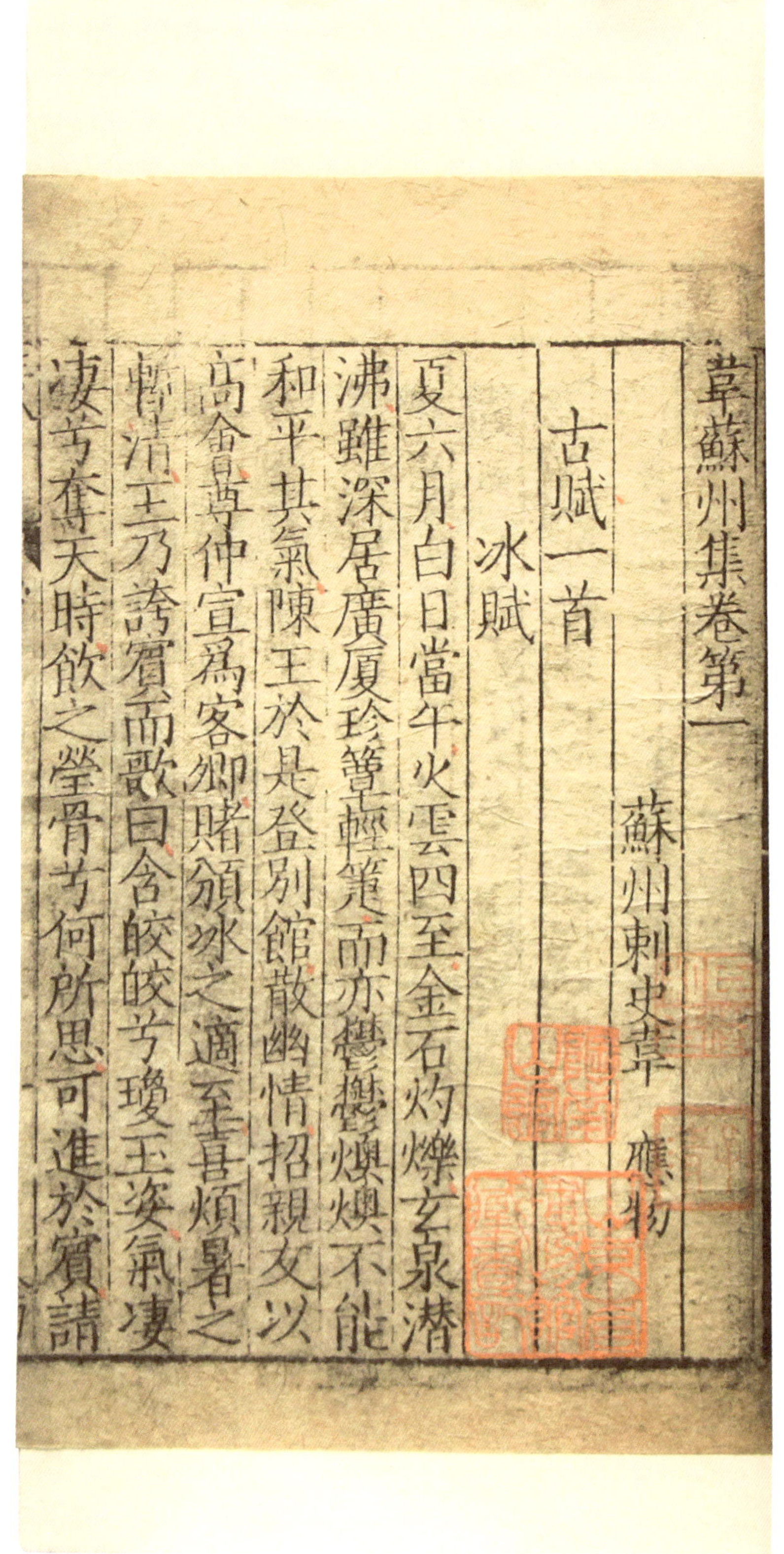
韋蘇州集卷第一
蘇州刺史韋　應物
古賦一首
冰賦
夏六月白日當午火雲四至金石灼爍玄泉潛沸雖深居廣厦珍簟輕箑而亦鬱鬱燠燠不能和平其氣陳王於是登別館散幽情招親友以高會尊仲宣爲客卿賭頒冰之適至喜煩暑之暫清王乃誇賓而歌曰含皎皎兮瓊玉姿氣凄凄兮奪天時歛之瑩骨兮何所思可進於賓請

07204 韋蘇州集十卷拾遺一卷 （唐）韋應物撰　宋刻本

匡高16.5厘米，廣12.7厘米。半葉十行，行十八字，白口，左右雙邊。有“安樂堂藏書記”、“陶南山館”、“楊氏海原閣藏”、“臣澂私印”、“子清”等印。山東省博物館藏，存四卷。

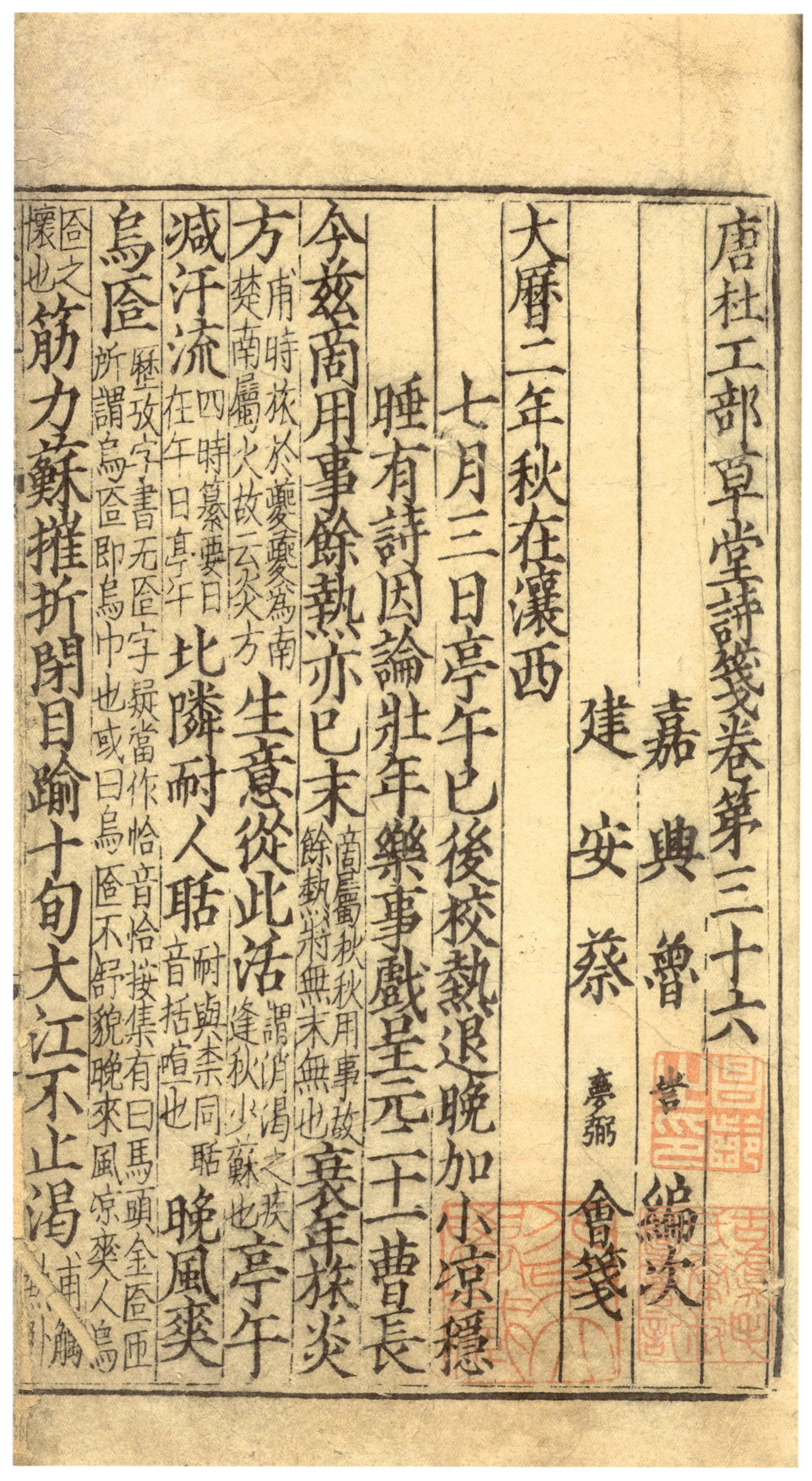

07205 杜工部草堂詩箋五十卷外集一卷 （唐）杜甫撰 （宋）蔡夢弼箋注 宋刻本

匡高20厘米，廣13厘米。半葉十一行，行十九字，小字雙行二十五字，細黑口，四周雙邊。有“昌齡之印”、“古虞毛氏奏叔圖書記”等印。北京大學圖書館藏，存二十八卷，卷二十九至三十抄配。

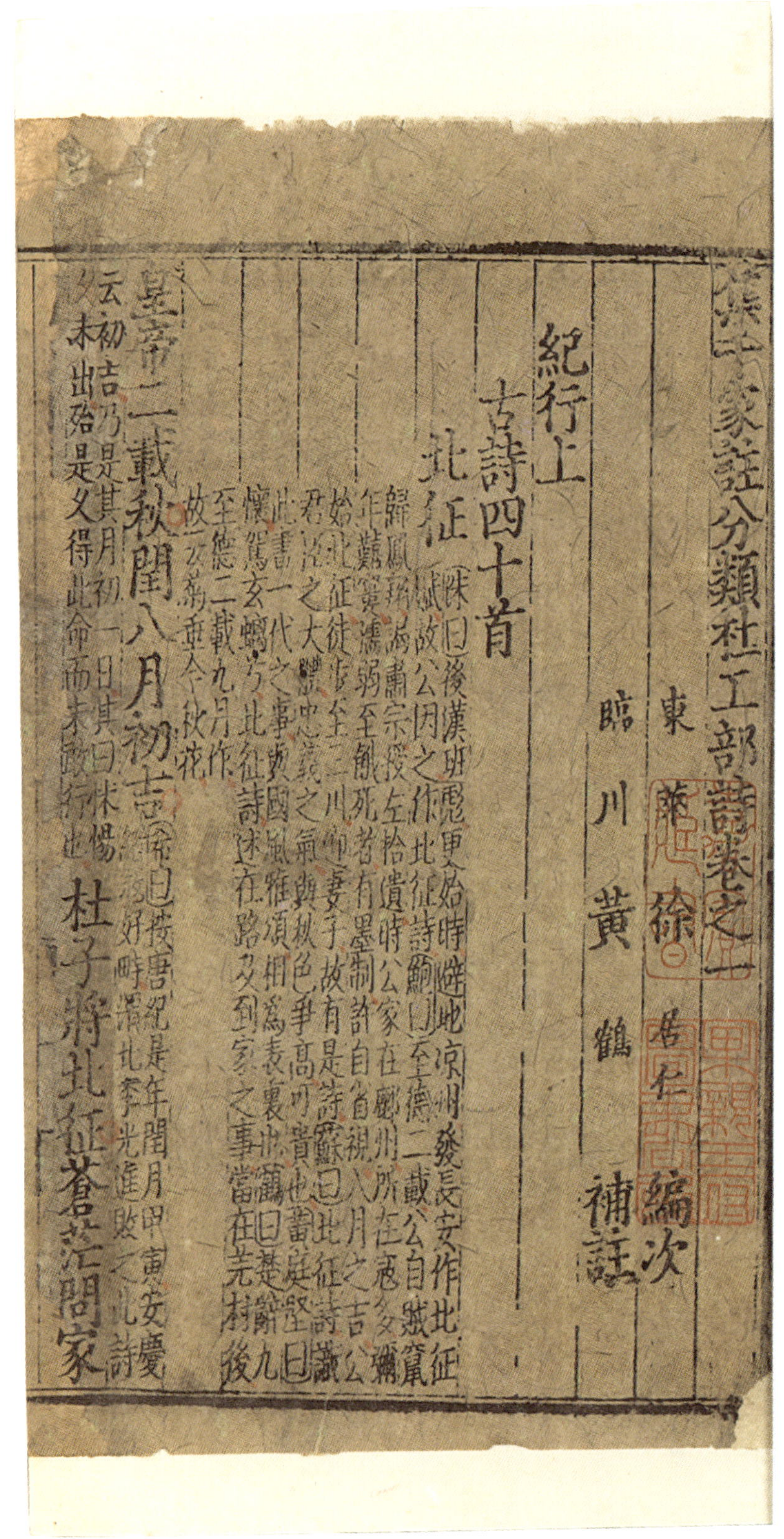

07206 集千家註分類杜工部詩二十五卷 （唐）杜甫撰 （宋）徐居仁編次 （宋）黄鶴補注 元皇慶元年（1312）余志安勤有堂刻本

匡高20.2厘米，廣13.3厘米。半葉十二行，行二十字，小字雙行二十六字，黑口，四周雙邊。有“果親王府圖書記”等印。成都杜甫草堂博物館藏，有抄配。

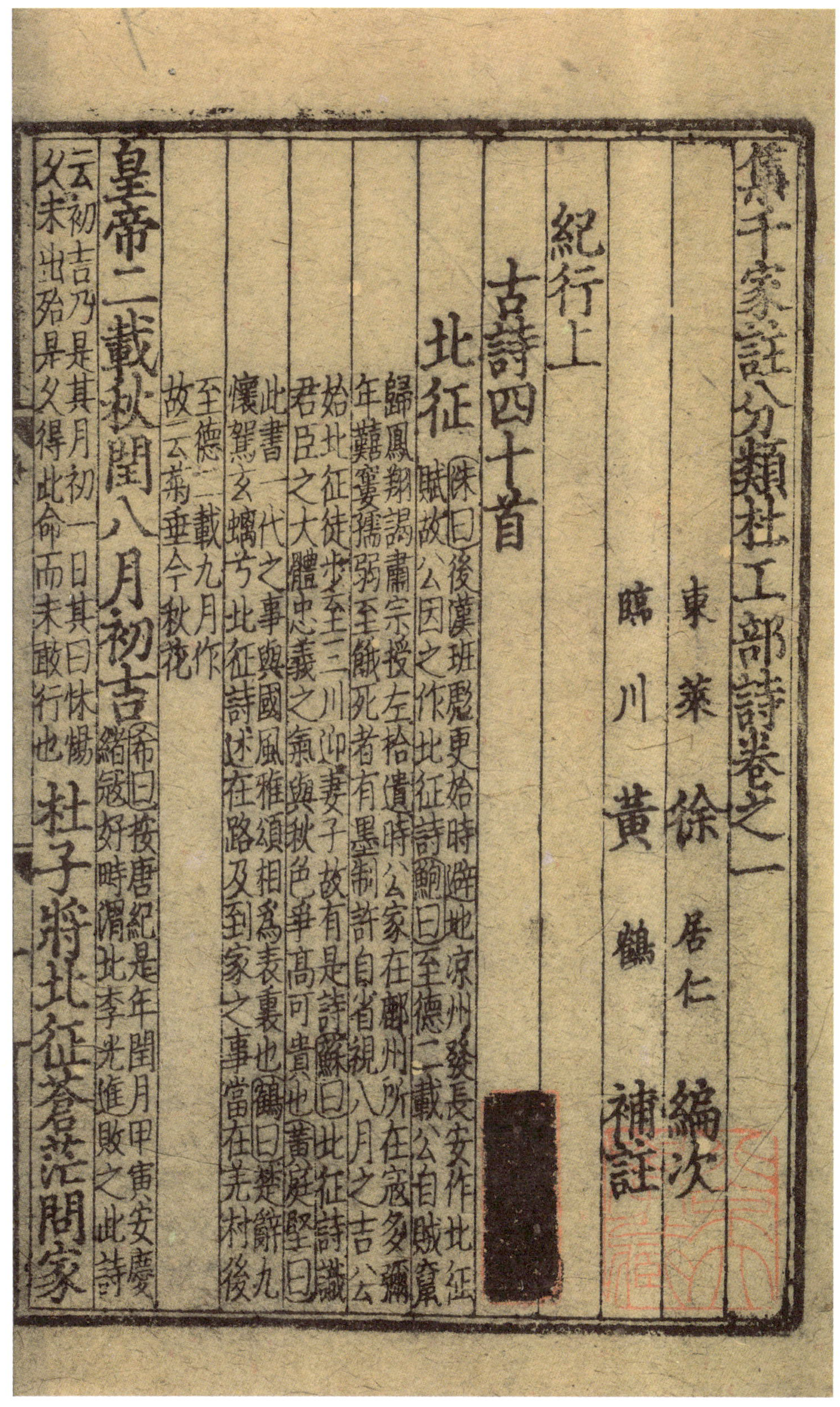

07207 集千家註分類杜工部詩二十五卷 （唐）杜甫撰 （宋）徐居仁編次 （宋）黄鶴補注 **年譜一卷** （宋）黄鶴撰 元至正七年（1347）潘屏山圭山書院刻本

匡高20厘米，廣13.4厘米。半葉十二行，行二十字，小字雙行二十六字，黑口，四周雙邊。北京大學圖書館藏，存十八卷。

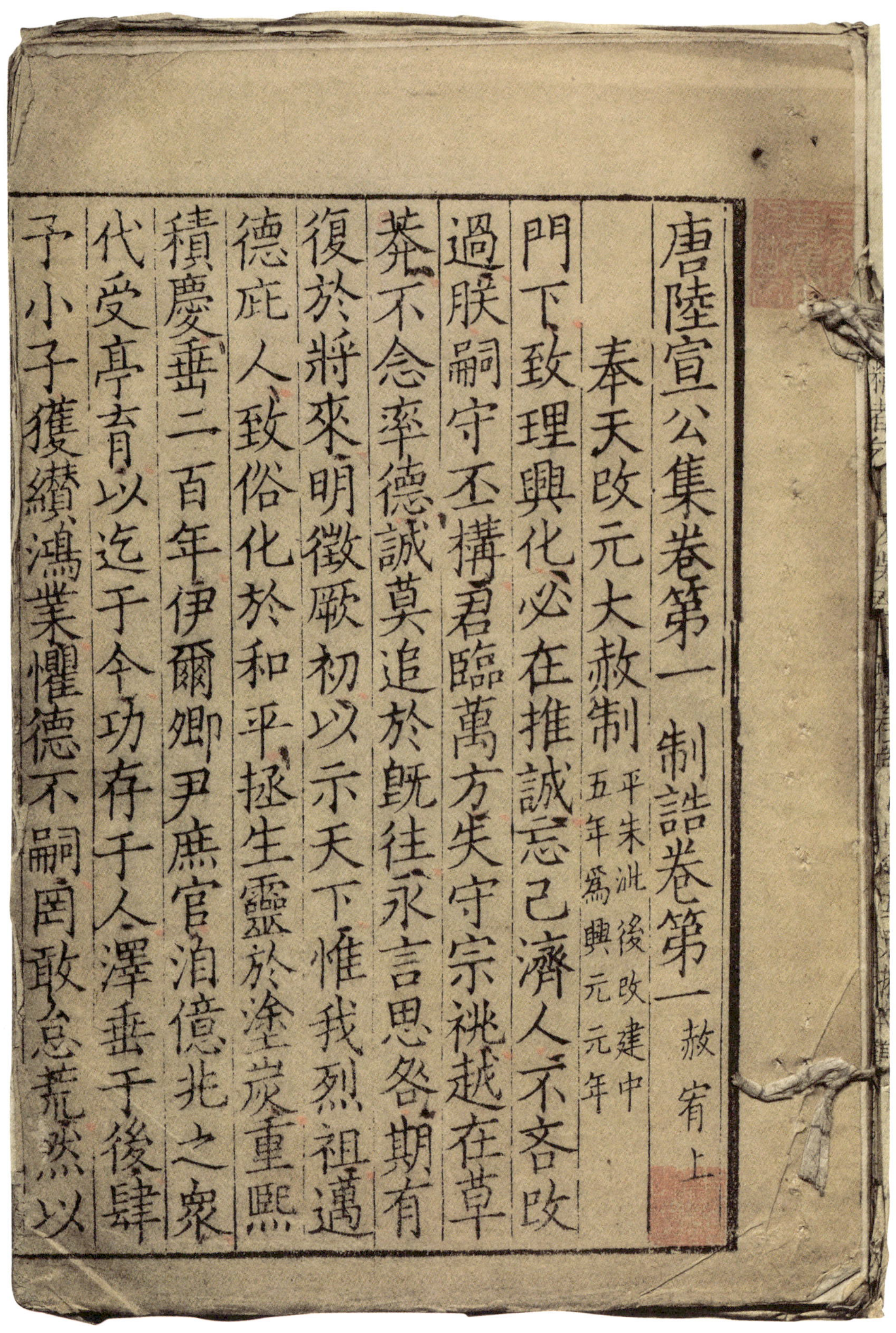

07208 唐陸宣公集二十二卷 （唐）陸贄撰　元刻本（卷十七至十九配清抄本）

匡高22.9厘米，廣16.4厘米。半葉十行，行十七字，白口，左右雙邊。陳方恪跋。南京圖書館藏，存二十一卷。

07209 唐陸宣公集二十二卷 （唐）陸贄撰　元刻遞修本

匡高22.5厘米，廣16.3厘米。半葉十行，行十七字，白口，左右雙邊。有“王懿榮”、“羅繼祖印”等印。鄭州大學圖書館藏。

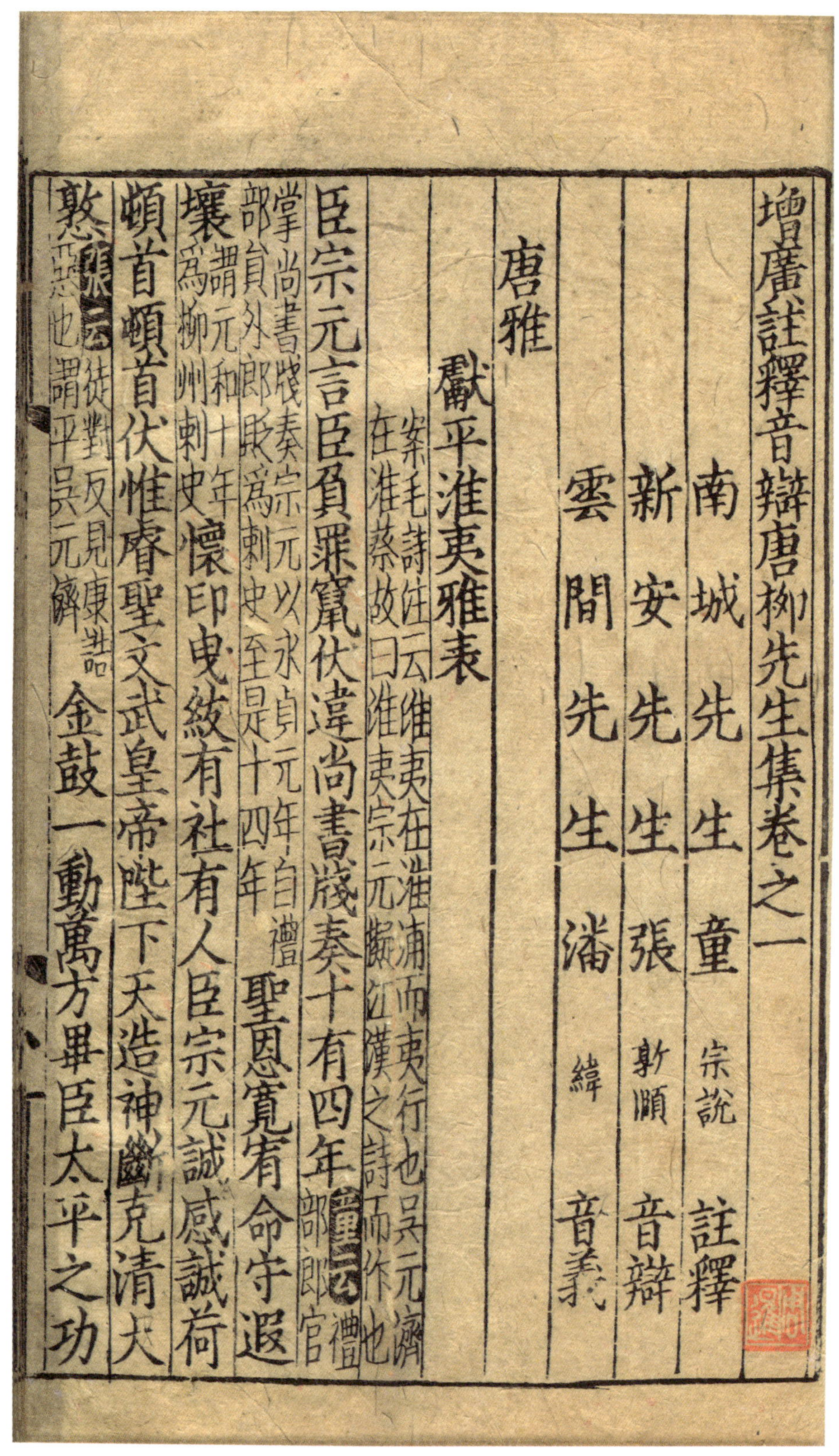

07210 增廣註釋音辯唐柳先生集四十五卷外集二卷 （唐）柳宗元撰 （宋）童宗説注釋 （宋）張敦頤音辯 （宋）潘緯音義 宋刻本

匡高18.5厘米，廣12.6厘米。半葉十二行，行二十一字，小字雙行同，黑口，左右雙邊。北京大學圖書館藏。

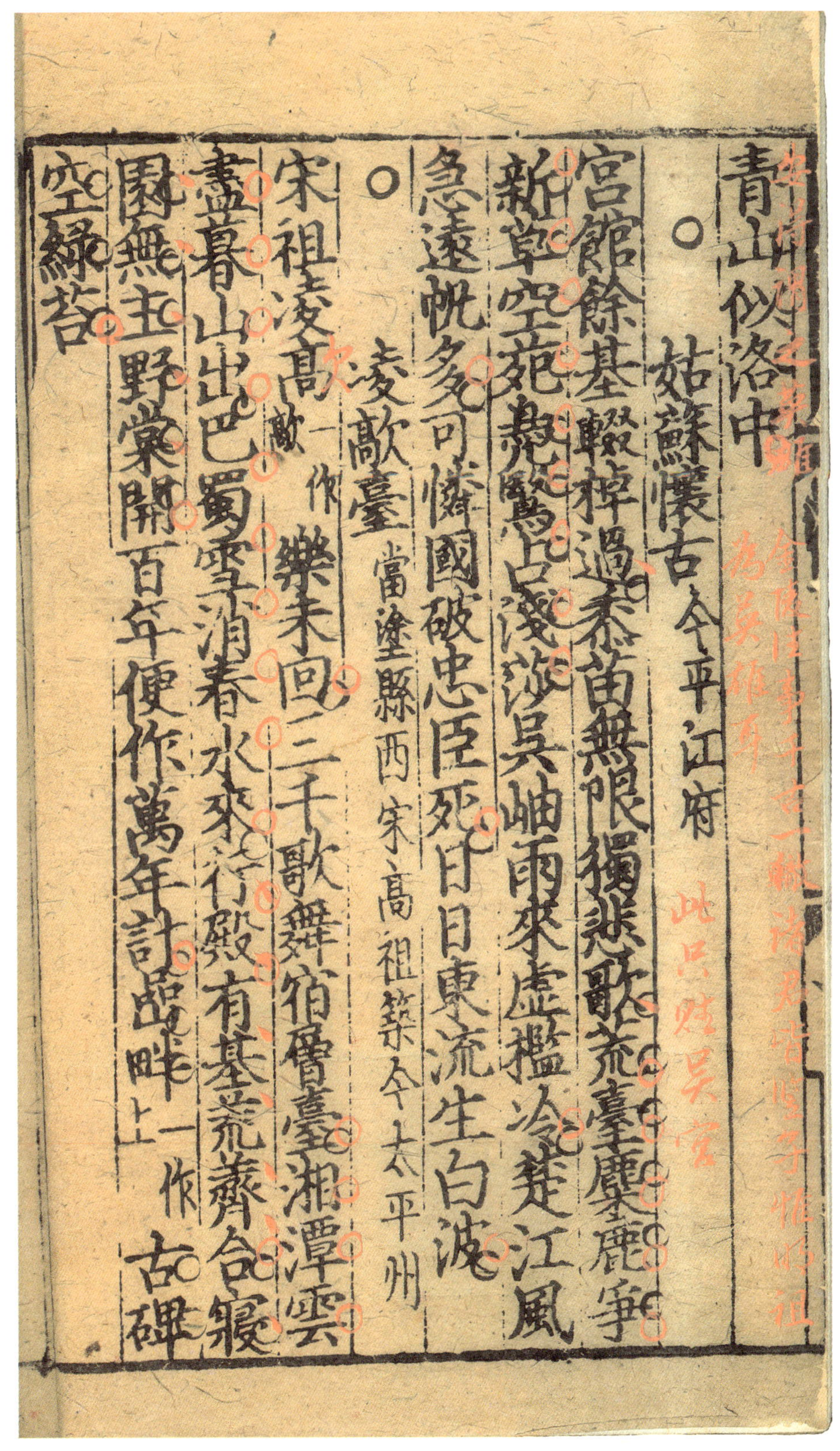

07211 增廣音注唐郢州刺史丁卯詩集二卷 （唐）許渾撰 （元）祝德子訂正 元刻本（卷上配明抄本）

匡高19.6厘米，廣13厘米。半葉十行，行十九字，小字雙行同，黑口，左右雙邊。黄丕烈、傅增湘跋。北京大學圖書館藏。

范文正公集卷第一

古賦

明堂賦

臣聞明堂者天子布政之宫也在國之陽于巳之方廣大乎天地之象高明乎日月之章崇百王之大觀揭三宫之中央昭壯麗于神州宣英茂於皇猷須益玉之宏度集人神之丕休故可祀先王以配上帝坐天子而朝諸侯者也粤自蒼牙開極黄靈耀德巢穴以革棟宇以植徹太古之弊明大壯之則風雨攸止宫室斯美將復崇高乎富貴之位統和乎天人之理乃聖大造明堂肇起明以清其居堂以高而視壁廊焉而四達殿蹗焉而中崎禮以潔而儉必表之以茅

07212 范文正公集二十卷別集四卷（宋）范仲淹撰　**遺文一卷**（宋）范純仁　范純粹撰　元天曆元年（1328）褒賢世家家塾歲寒堂刻本

匡高21.7厘米，廣16.3厘米。半葉十二行，行二十字，白口，左右雙邊。

國家圖書館藏。

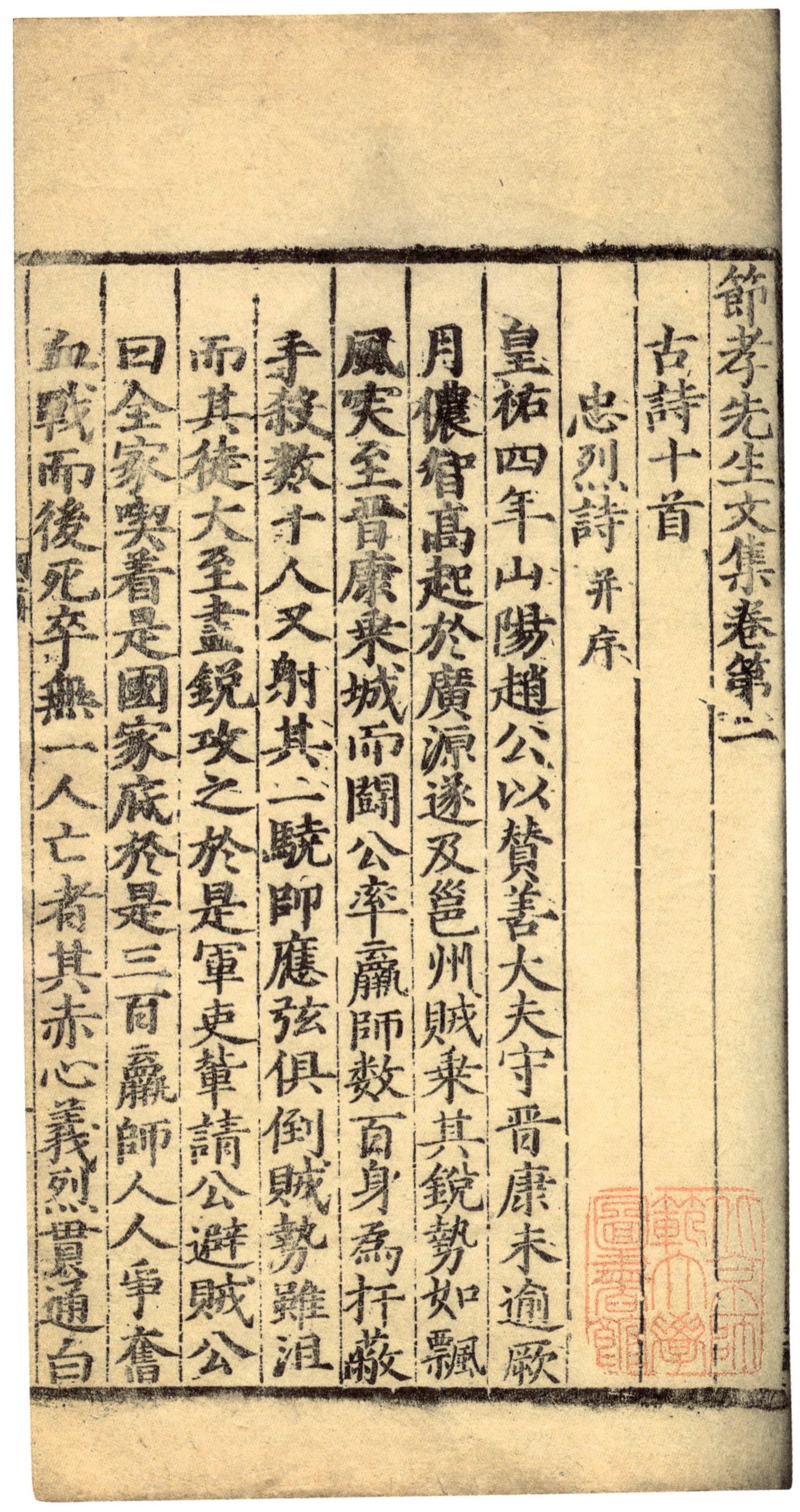
節孝先生文集卷第二
古詩十首
忠烈詩 并序
皇祐四年山陽趙公以贊善大夫守晋康未逾歲月儂智高起於廣源遂及邕州賊乘其鋭勢如飄風突至晋康東城而闘公率羸師数百身爲扞蔽手殺数十人又射其一驍帥應弦俱倒賊勢雖沮而其徒大至盡鋭攻之於是軍吏輩請公避賊公曰全家喫着是國家底於是三百羸師人人爭奮血戰而後死卒無一人亡者其赤心義烈貫通白

07213 節孝先生文集三十卷 （宋）徐積撰 **節孝先生語一卷事實一卷本朝名臣言行錄一卷皇朝東都事略卓行傳序一卷諸君子帖一卷** 元刻明修本

匡高19.7厘米，廣13.7厘米。半葉十行，行二十字，白口，四周單邊。北京師範大學圖書館藏。

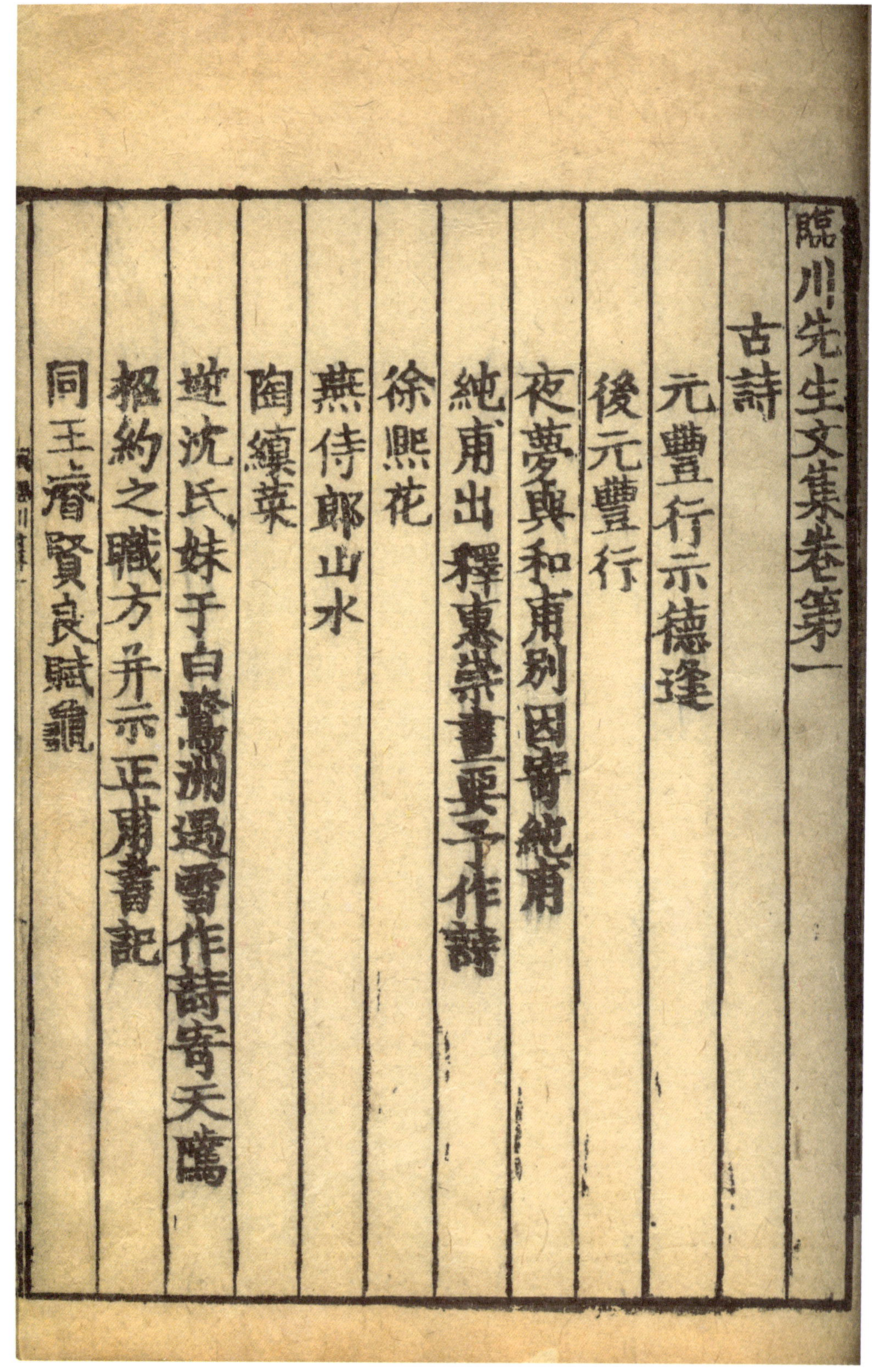

07214、07215 臨川先生文集一百卷 （宋）王安石撰　宋紹興二十一年（1151）兩浙西路轉運司王珏刻元明遞修本

匡高20.7厘米，廣15.8厘米。半葉十二行，行二十字，小字雙行同，白口或黑口，左右雙邊間四周單邊。北京師範大學圖書館藏；北京大學圖書館藏，李盛鐸跋。

始見類數謁寒暄粗訓接從容與之語爛漫無不涉
奇經可治疾秘說可解魘巫醫之所知瞽史之所業
載車必百兩獨以方寸攝微言歸易悟疾若髮赴鑰
天機信卑哉學等何足躐縱談及既往每與唐許協
揚雄尚漢儒韓愈具秦俠好大人謂狂知微乃如謀
惟知造文字人或鬼愁懾秦愚既改皇新毛仍易疊
六書遂失指隸草矜敏捷誰珍檀山刻共賞蘭亭帖
東京一祭酒收拾偶孑恆少嘗妄思索老懶因退怯
侯方習篆籀寸管辯嘗歷孑深原道德意勤栽耕且獲
昔功恐唐捐異味今得餚京口媚學子造師嘗劫劫
陸贏淮汴糧未僦湖海緤遠求而近違如目不見聽
僞鳳易悦楚楚具龍辰鷓適未聞予乖三歎往往心不厭

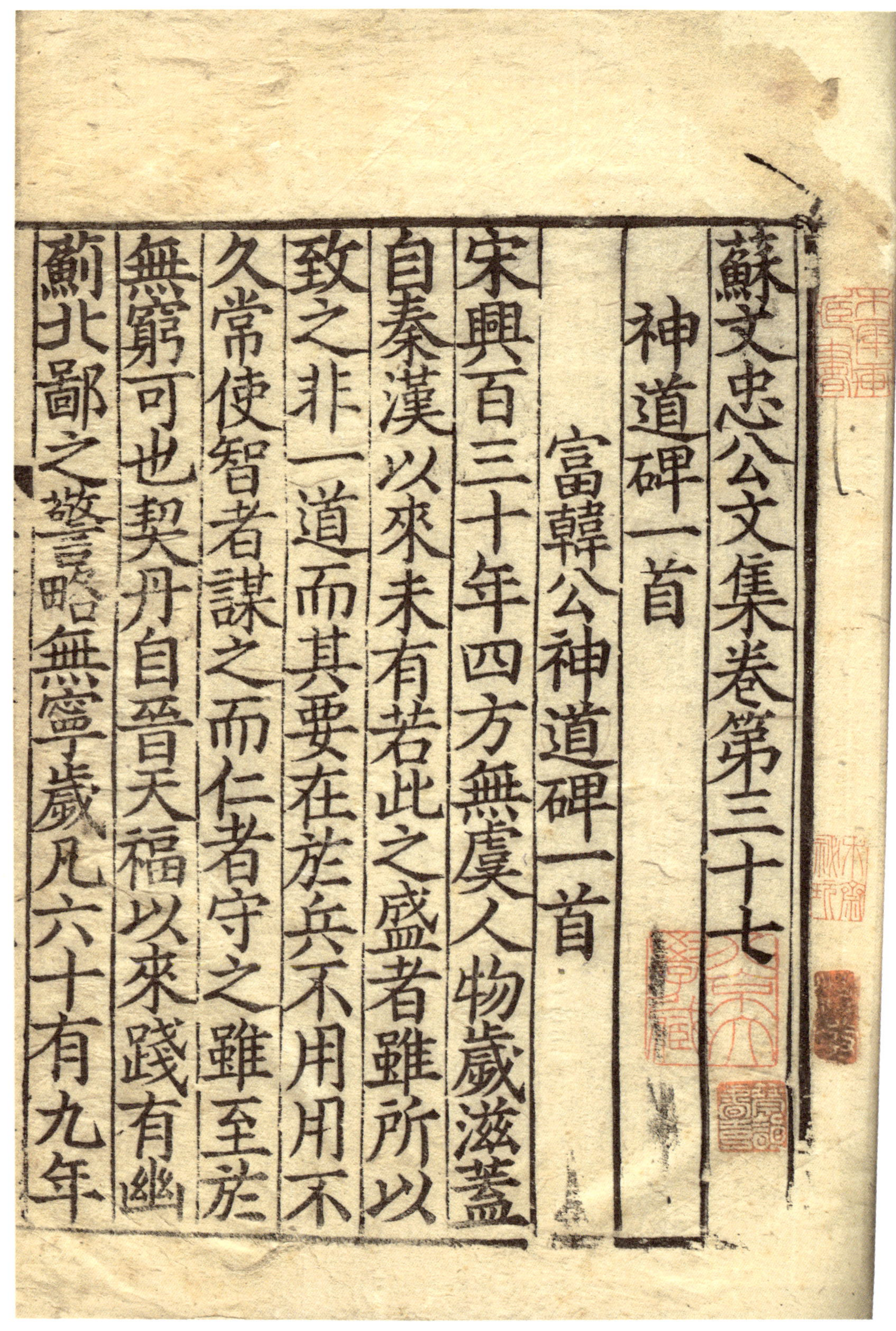

07216 蘇文忠公文集四十卷 （宋）蘇軾撰　南宋蜀刻大字本

匡高22.5厘米，廣18.5厘米。半葉九行，行十五字，白口，左右雙邊。有“琴韻書聲”、“木齋珍玩”、“木犀軒藏書”等印。北京大學圖書館藏，存三卷。

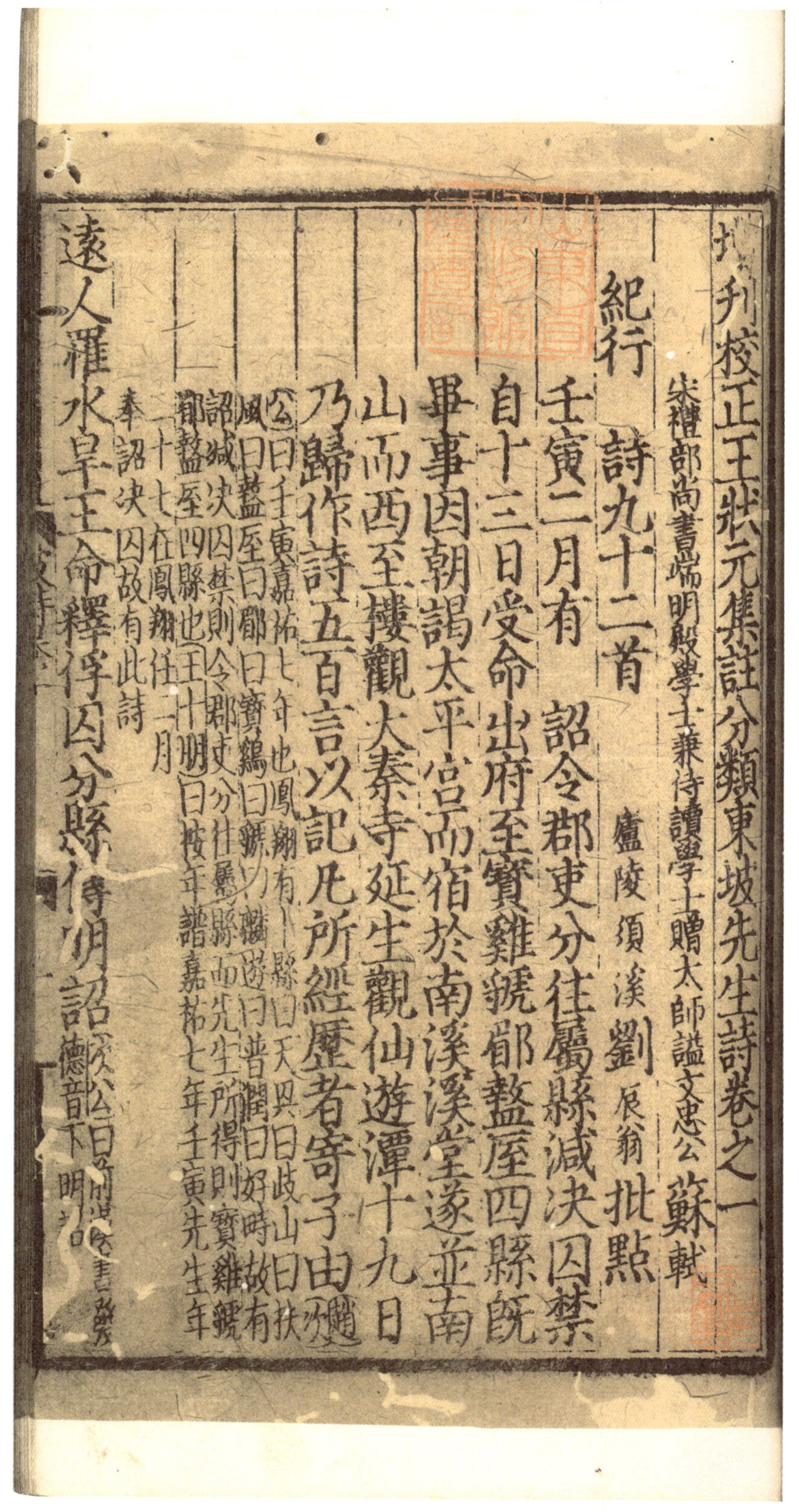

07217 增刊校正王狀元集註分類東坡先生詩二十五卷 （宋）蘇軾撰　題（宋）王十朋纂集　（宋）劉辰翁批點　元刻本

匡高20.2厘米，廣13厘米。半葉十二行，行二十一字，小字雙行二十六至二十七字不等，黑口，四周雙邊。有“子晋”、“士禮居藏”、“黄印丕烈”等印。山東省博物館藏，存四卷。

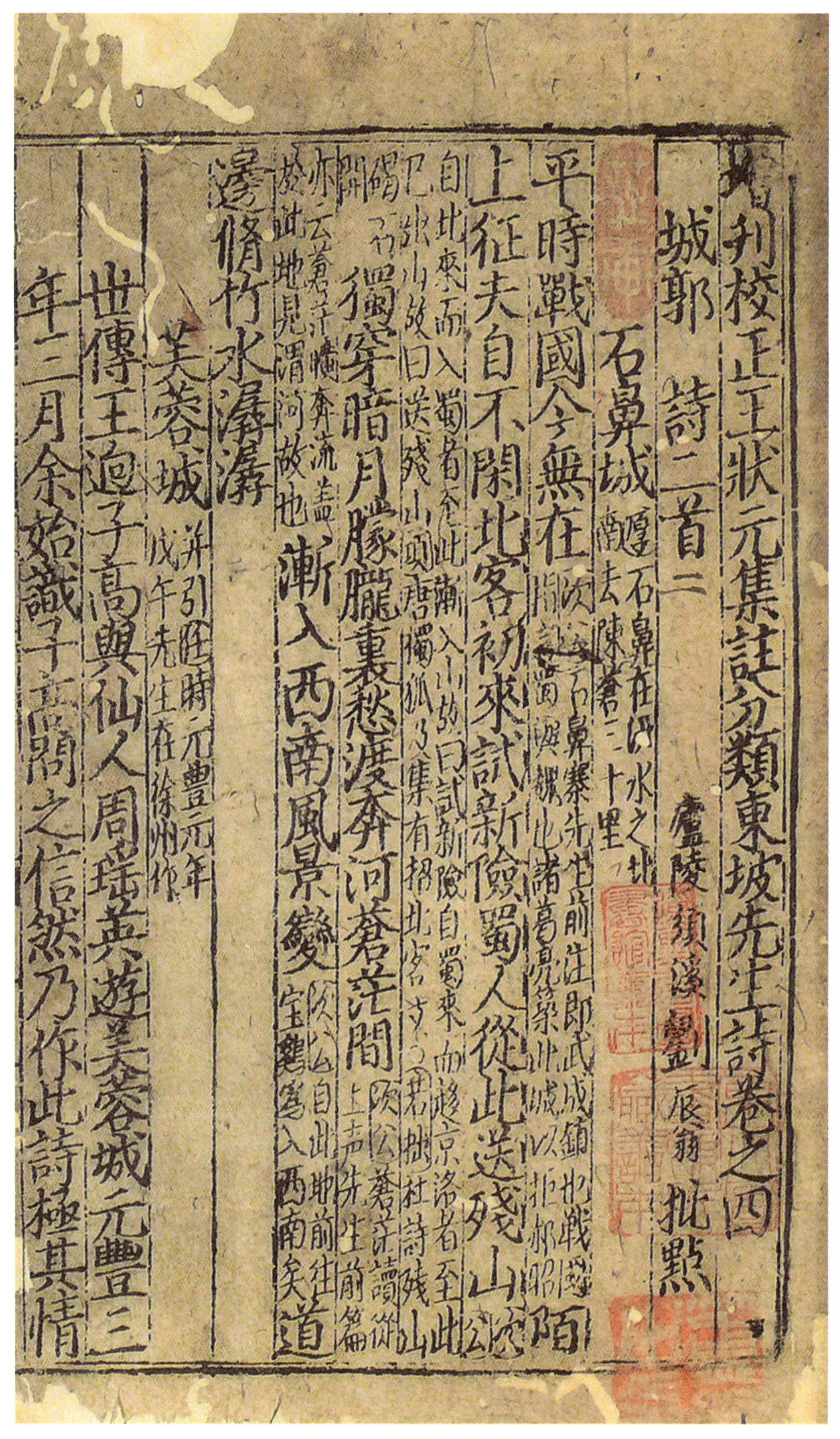

07218 增刊校正王狀元集註分類東坡先生詩二十五卷 （宋）蘇軾撰　題（宋）王十朋纂集　（宋）劉辰翁批點　元刻本

匡高19.9厘米，廣12.9厘米。半葉十二行，行二十一字，小字雙行二十七字，黑口，四周雙邊。有"芷軒"等印。遼寧省圖書館藏，存六卷。

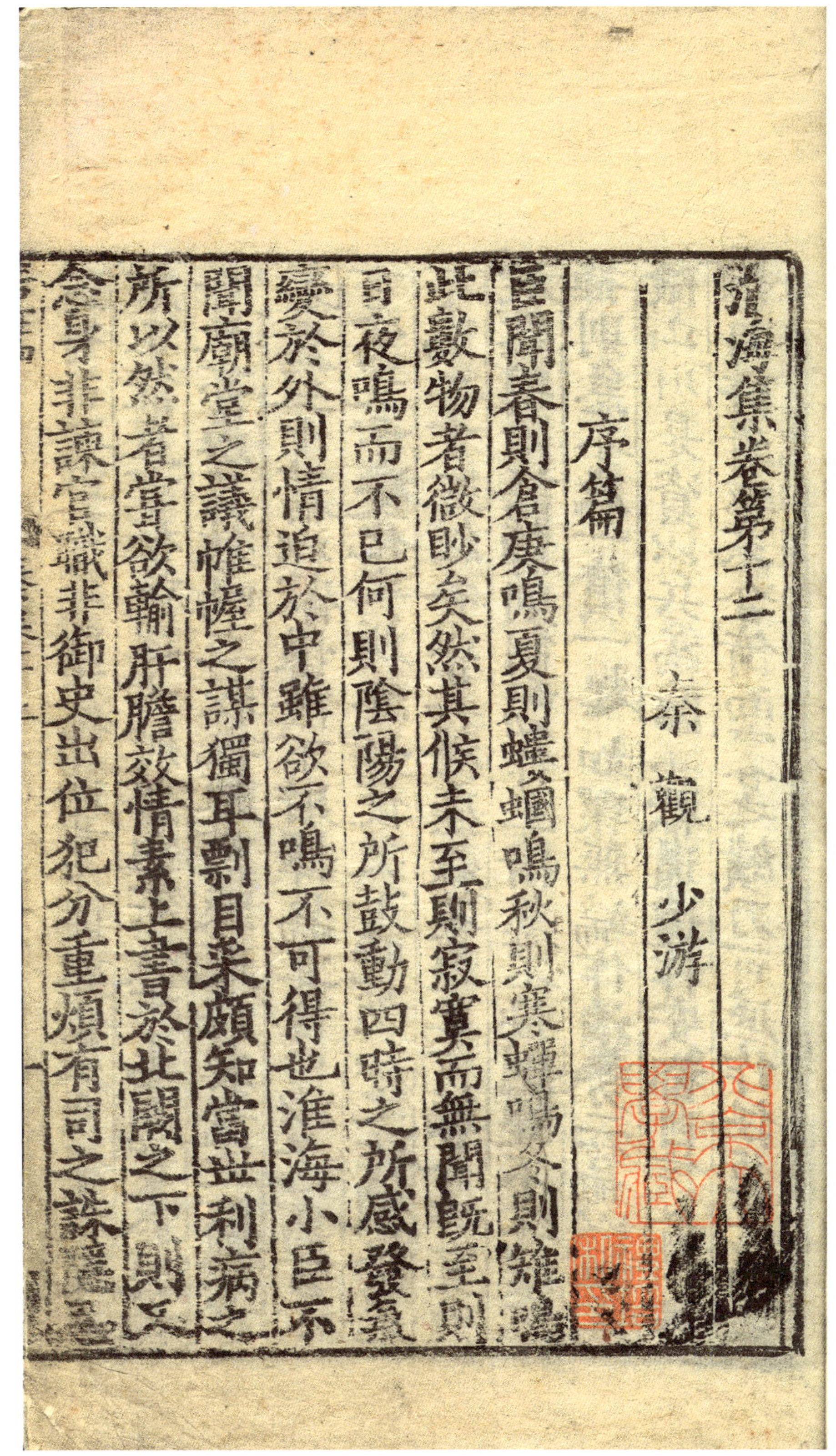

07219 淮海集四十卷 （宋）秦觀撰　宋乾道九年（1173）高郵軍學刻紹熙三年（1192）謝雩重修本

匡高20.2厘米，廣14.7厘米。半葉十行，行二十一字，白口，左右雙邊。黄丕烈跋。北京大學圖書館藏，存十四卷。

者本軍得蒙使司蠲減苗米水脚錢每石至一百三十九文農民固已幸甚獨往來商旅州郡場務以課額浩大不容優恤若蒙台慈詳察將上件移用無名之額痛賜裁減使州郡得以約束務官輕減商稅招邀客旅今得通行是亦使司乆遠大利之源不必竭取於一時然後爲快也

乞行遣攔米官吏劄子

熹已具申稟未行之間復有危懇重浼鈞聽熹昨嘗妄以鄰路遏糴利害申聞已蒙聖旨特賜指揮近得彼路諸司文移始許通放而屬縣下吏乃敢

07220 晦庵先生文集一百卷目錄二卷 （宋）朱熹撰　宋刻本

匡高23.8 厘米，廣17.9厘米。半葉十行，行十九字，白口，左右雙邊。首都圖書館藏，存三卷。

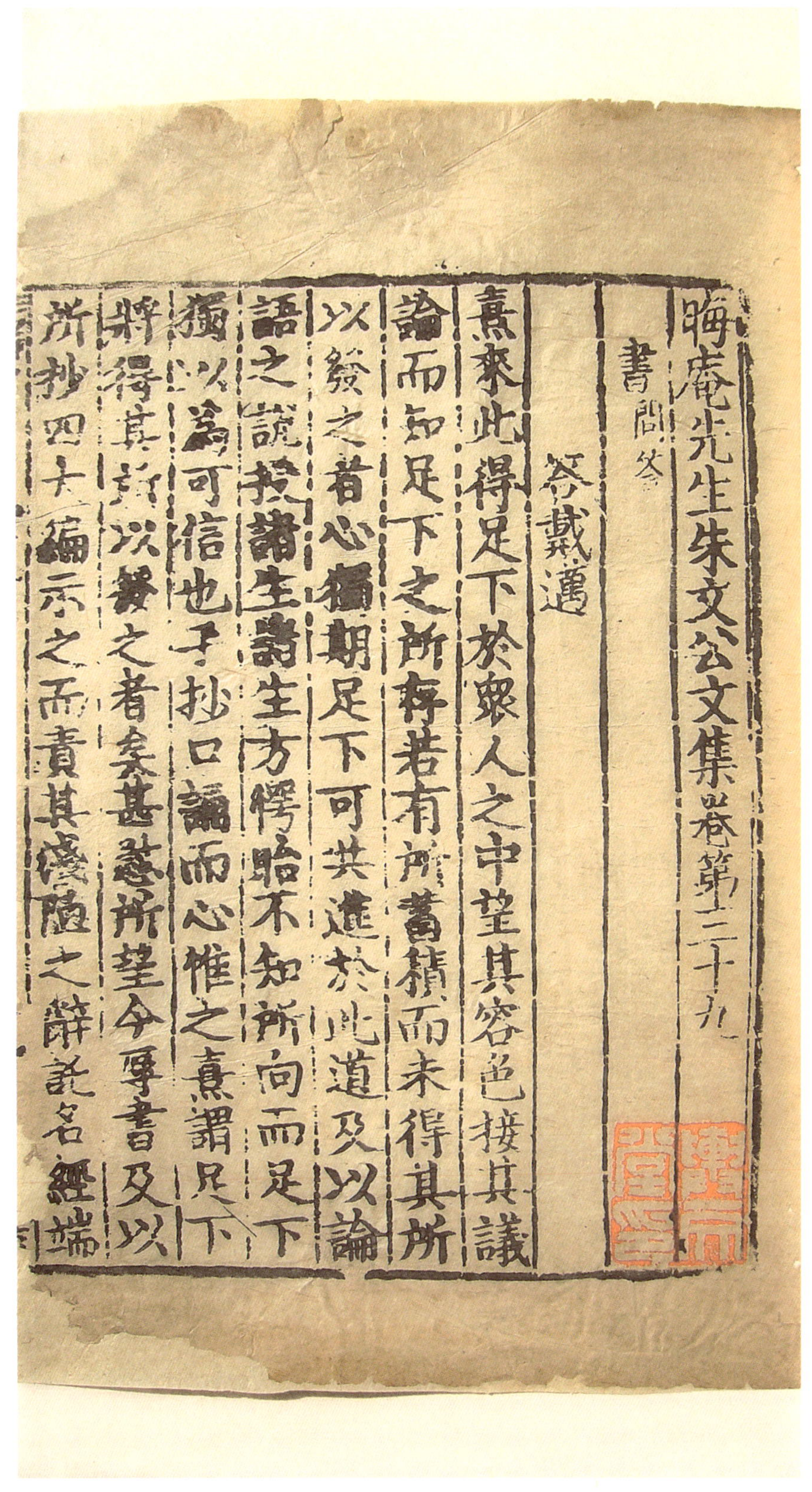

07221 晦庵先生朱文公文集一百卷目錄二卷續集十一卷別集十卷 （宋）朱熹撰　宋咸淳元年（1265）建安書院刻宋元明遞修本

匡高20.5厘米，廣16厘米。半葉十行，行十八字，小字雙行同，黑口間白口，左右雙邊。石家莊市趙俊杰藏，存四卷。

晦庵先生朱文公文集卷第一

詞

虞帝廟迎送神樂歌詞

桂林郡虞帝廟迎送神樂歌著新安朱熹之所作也熹既爲太守張侯栻紀其新宮之績又作此歌以遺桂人使聲于廟庭侑牲璧焉其詞曰

皇胡爲兮山之幽驂長薄兮俯清流瀰冀州兮何有眷茲土兮淹留皇之仁兮如在子我民兮不窮以愛沛皇澤兮橫流暢威靈兮無外潔尊兮肥俎九歌兮招舞嗟莫報兮皇之祜皇欲下

07222 晦庵先生朱文公文集一百卷目錄二卷續集十一卷別集十卷 （宋）朱熹撰　宋咸淳元年（1265）建安書院刻宋元明遞修本（有抄配）

匡高20.6厘米，廣16厘米。半葉十行，行十八字，小字雙行同，白口間黑口，左右雙邊。北京大學圖書館藏。

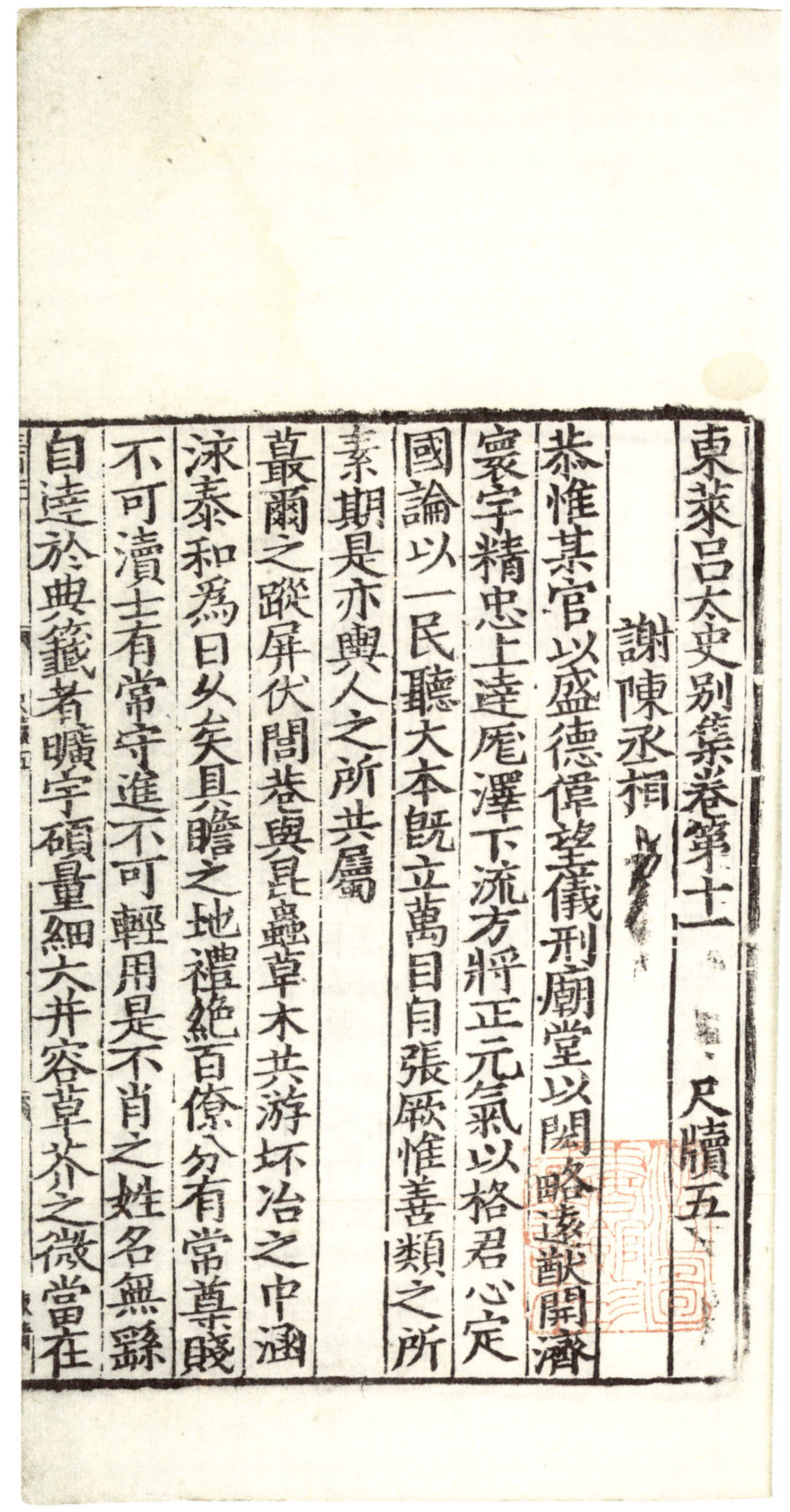
東萊吕太史別集卷第十一　尺牘五

謝陳丞相

恭惟某官以盛德偉望儀刑廟堂以閎略遠猷開濟寰宇精忠上達尾澤下流方將正元氣以格君心定國論以一民聽大本既立萬目自張厥惟善類之所素期是亦輿人之所共屬

蕞爾之蹤屏伏閭巷與昆蟲草木共游坏冶之中涵泳泰和爲日久矣具瞻之地禮絶百僚分有常尊賤不可瀆士有常守進不可輕用是不肖之姓名無緣自達於典籤者曠宇碩量細大并容草芥之微當在

07223　東萊吕太史文集十五卷別集十六卷外集五卷　（宋）吕祖謙撰　**麗澤論說集録十卷**　（宋）吕祖儉輯　**附録三卷附録拾遺一卷**　宋嘉泰四年（1204）吕喬年刻元明遞修本

匡高21厘米，廣16厘米。半葉十行，行二十字，小字雙行同，黑口，四周雙邊或左右雙邊。浙江圖書館藏，存十卷。

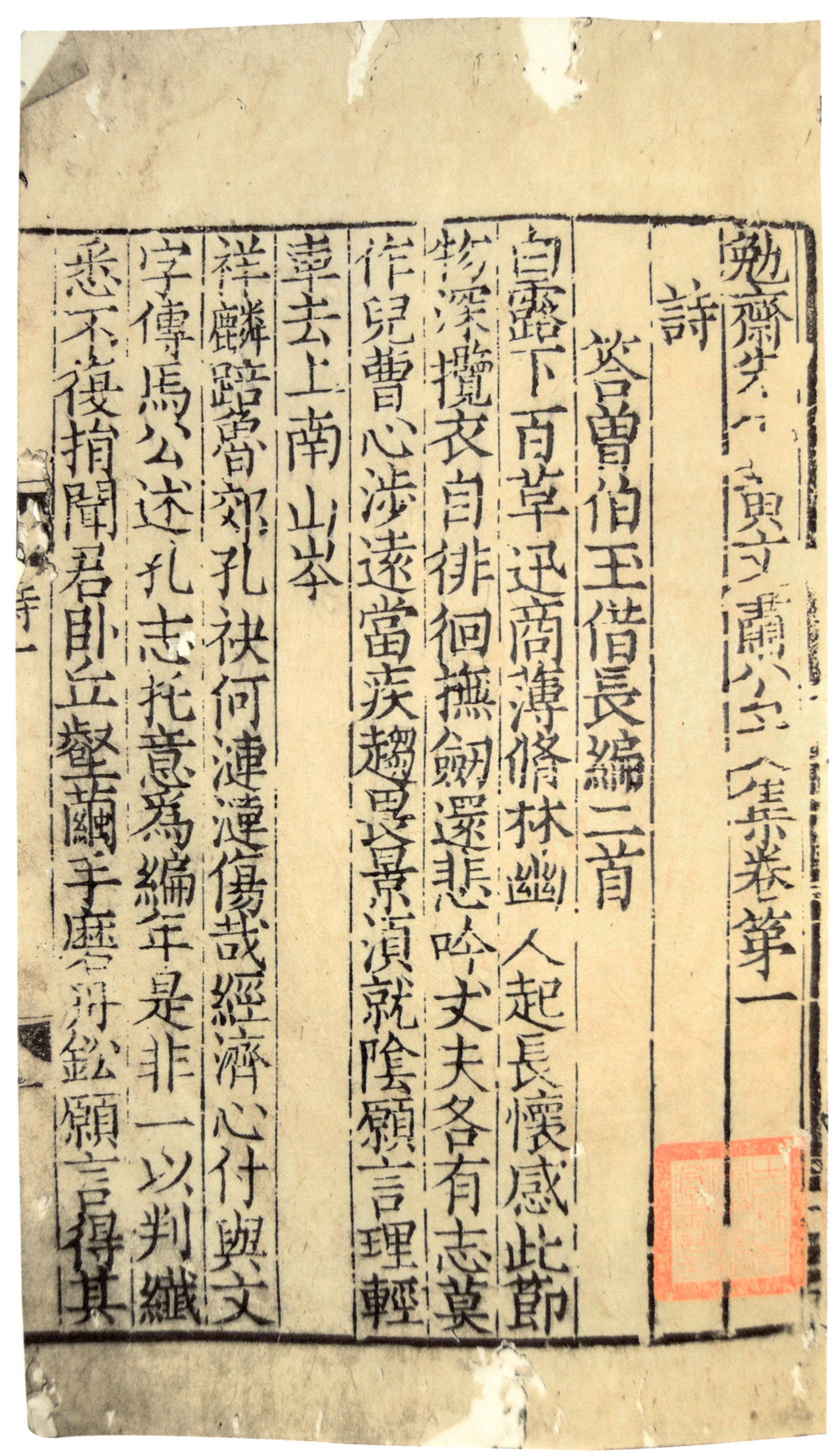

07224 勉齋先生黄文肅公文集四十卷（宋）黄榦撰 **語録一卷**（宋）林圜　蔡念成等輯 **年譜一卷**（宋）鄭元肅撰 **附集一卷** 元刻延祐二年（1315）重修本（卷三十六至四十抄配）

匡高20.3厘米，廣15.4厘米。半葉十行，行十八字，黑口間白口，左右雙邊。吉林省圖書館藏，存四十卷。

後村居士集卷第一

詩 南嶽舊藁

郭璞墓 注曰推倒郭璞

先生精數學卜宂未應踈因捋虎鬚死還尋魚腹居如何師鬼谷却去友靈胥此理憑誰詰人方寶葬書

魏太武廟 注曰有蘇子瞻赤壁賦中意

荒涼瓜步市尚有佛貍祠俚俗傳來久行人信後疑亂鴉爭祭肉萬馬飲江時意氣今安在城笳暮更悲

徐孺子墓 注曰明哲保身

令曉安墳意梅仙舊解傍臨成龍不至羅設鳳高翔黨

07225 後村居士集五十卷目錄二卷 （宋）劉克莊撰　宋刻本

匡高19.6厘米，廣13.1厘米。半葉十行，行二十一字，黑口，四周雙邊。國家圖書館藏，存四十卷。

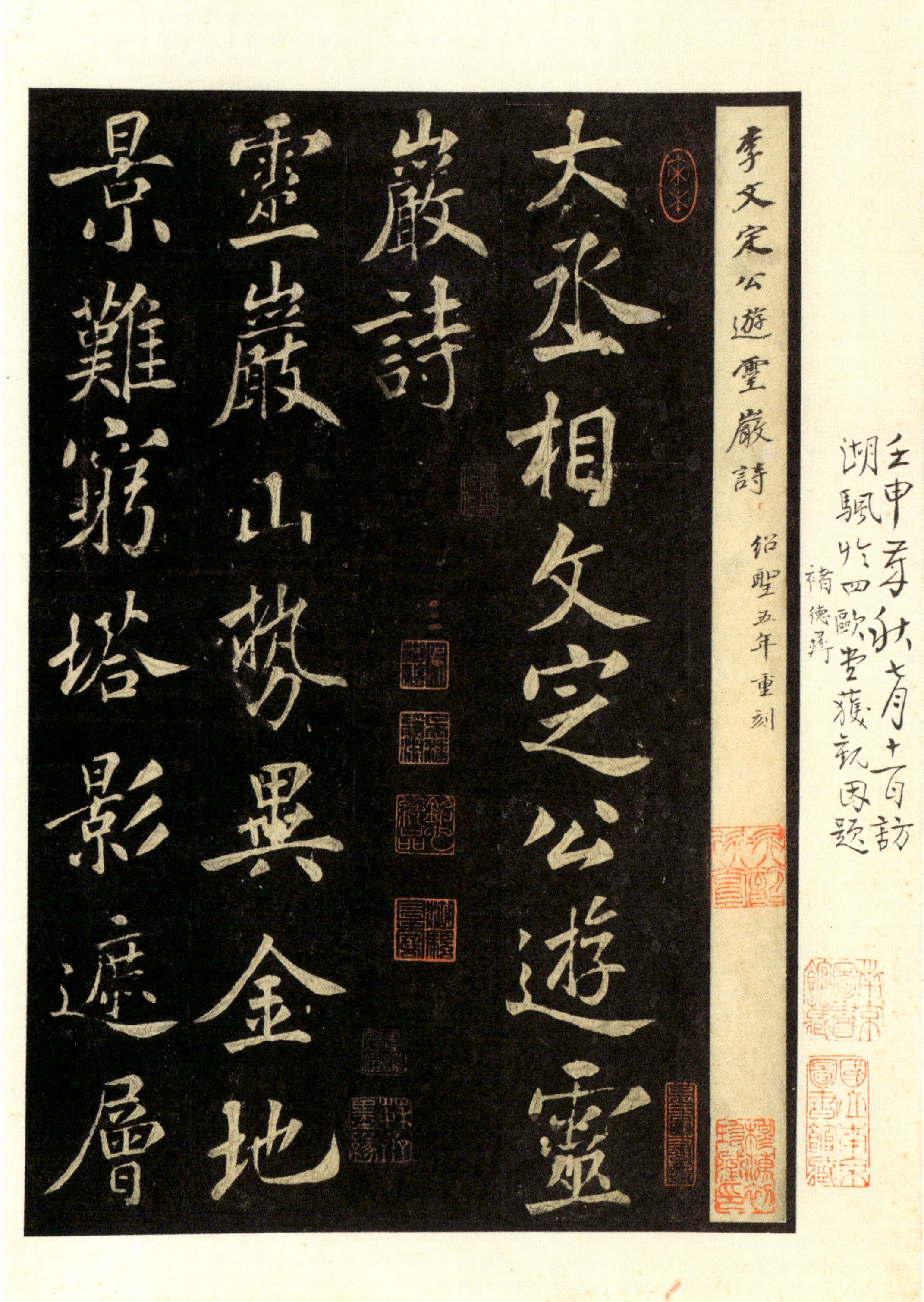

07226 靈巖寺宋賢題詩題名集拓 （宋）李侃等撰　北宋天聖六年至政和五年（1028-1115）刻石　宋拓本

三十一開。墨本高38.5厘米，廣26.7厘米。葉恭綽題端，陳承修、方還、穆湘玥、吴湖帆題跋。南京圖書館藏。

太平金鏡策卷之七

示八法以清天下之罰論

○明制條

臣聞意由言而後彰言須書而克備故雷風既動造化可以施

功

王者不言臣下罔攸禀令與戎出好有信無私際天下而咸指導

四海而皆視豈輕也哉湯后告殷人以不食史侯戒成王之無

戲所係大矣能無慎乎今

國家

聖祖神宗遺規謨典至于

陛下益廣德音八十餘年一家天地宣於民書於史成於禮歌于

樂者固非一也然而中外之臣民或得其一而不得其二或見

其後而不見其前互相照依未逞明辨循如是之風而望治寧

07227 太平金鏡策八卷 （元）趙天麟撰　元刻本

匡高19.2厘米，廣11.8厘米。半葉十三行，行二十五字，黑口，四周雙邊。
遼寧省旅順博物館藏，存二卷。

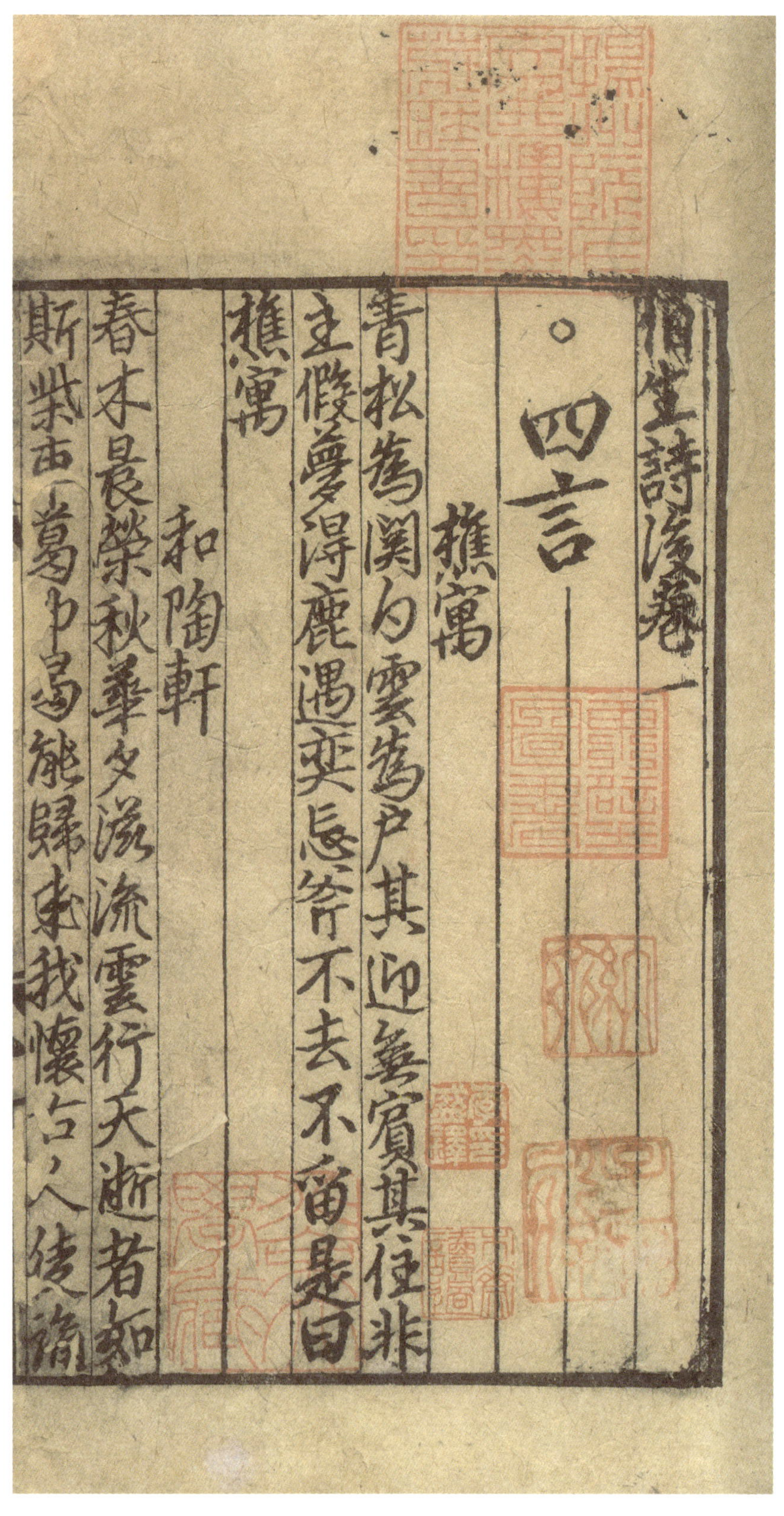

07228 伯生詩續編三卷（元）虞集撰 **題葉氏四愛堂詩一卷**（元）虞集 吳全節等撰 元後至元六年（1340）劉氏日新堂刻本

匡高16.5厘米，廣11厘米。半葉十行，行十五字，黑口，左右雙邊。有抄配。有“李印盛鐸”等印。北京大學圖書館藏。

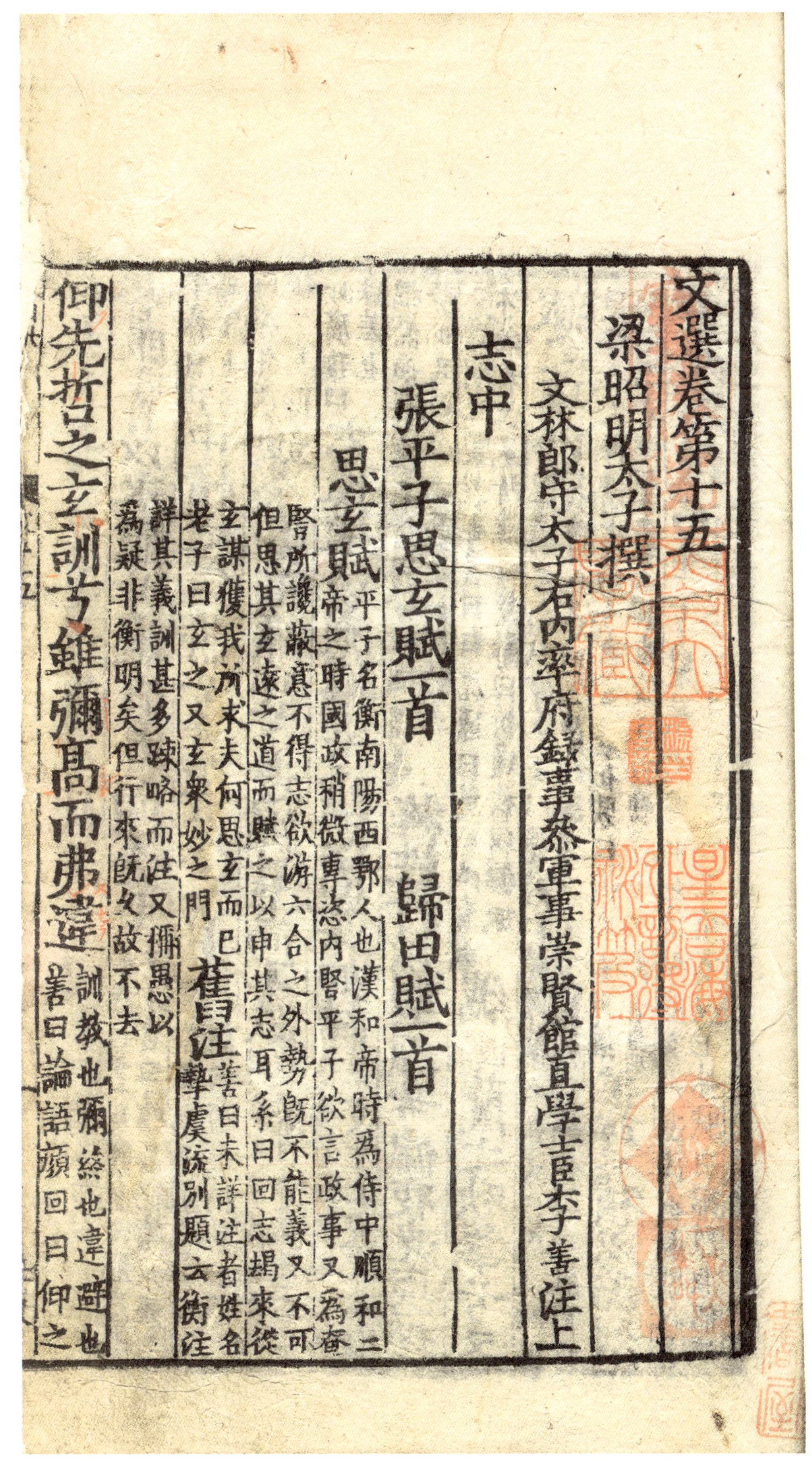

07229 文選六十卷 （梁）蕭統輯 （唐）李善注 南宋淳熙八年（1181）池陽郡齋刻遞修本

匡高21.1厘米，廣14.3厘米。半葉十行，行二十一字，小字雙行同，白口，左右雙邊。有“星吾海外訪得秘笈”等印。北京大學圖書館藏，存四十八卷。

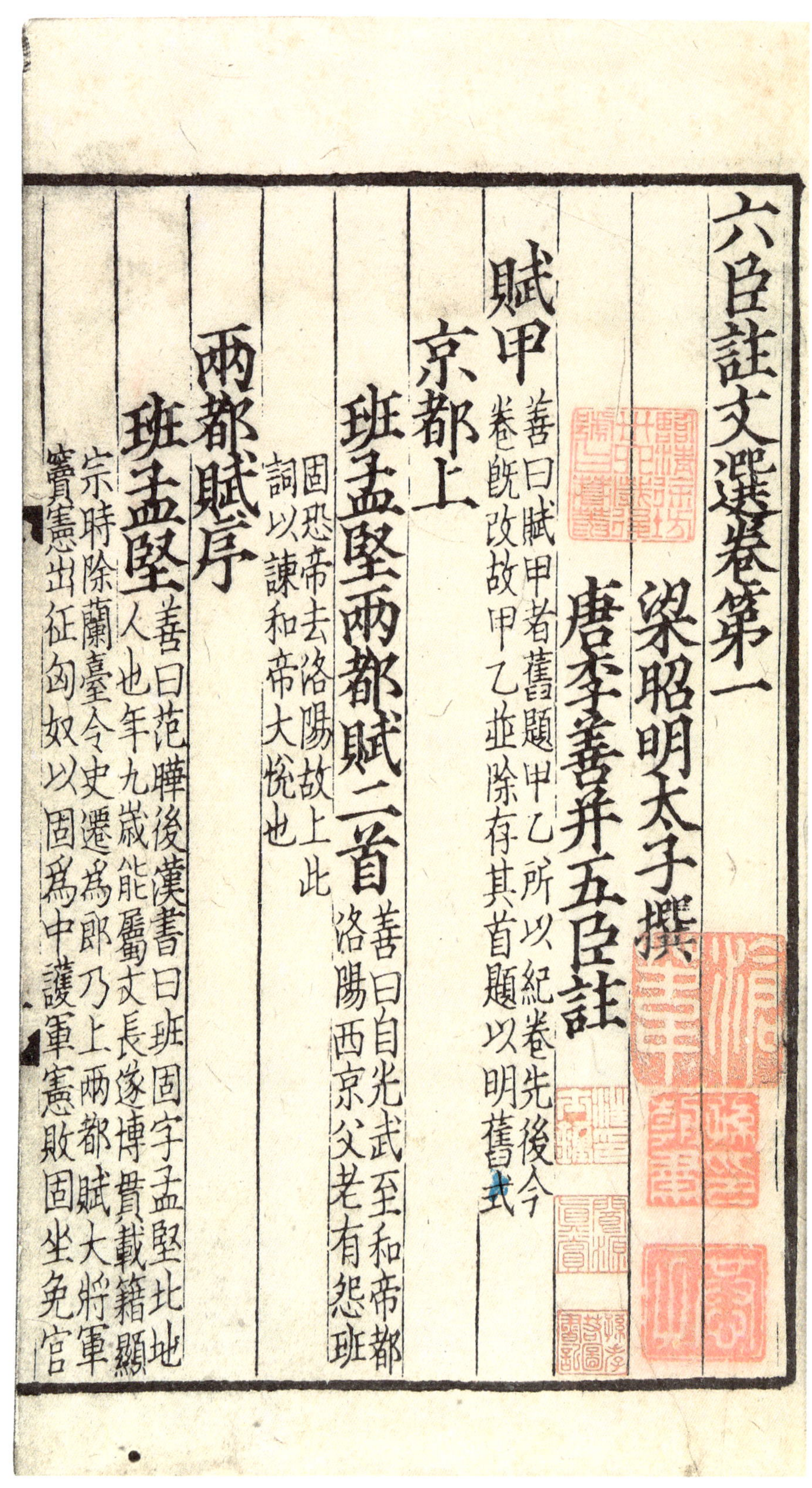

07230 六臣註文選六十卷 （梁）蕭統輯 （唐）李善 呂延濟 劉良 張銑 呂向 李周翰注 宋刻本

匡高21.4厘米，廣14.1厘米。半葉十行，行十八字，小字雙行二十三字，細黑口，左右雙邊。有“陳淳私印”、“孫印朝肅”、“滄葦”、“汪印士鐘”、“徐坊印信”等印。國家圖書館藏。

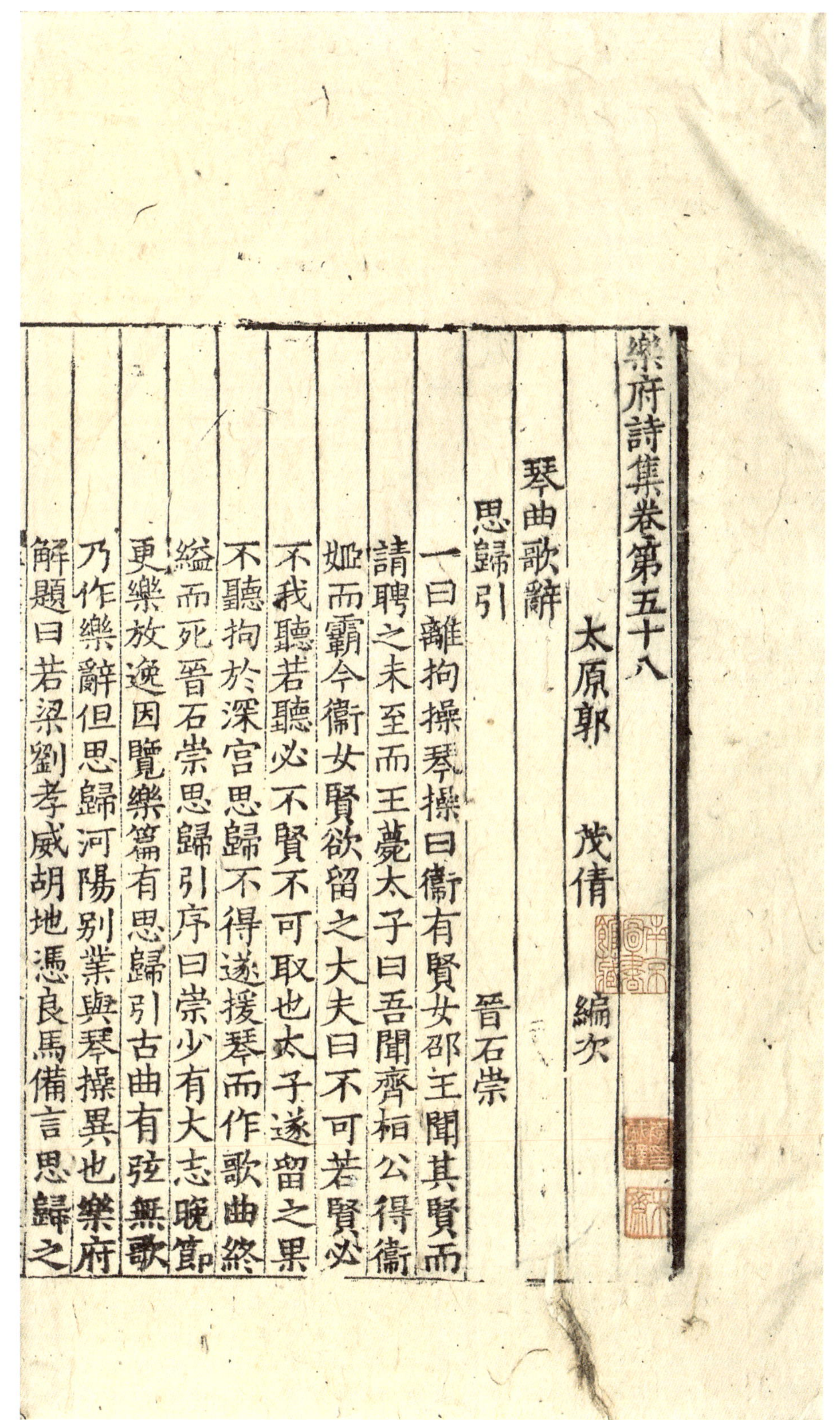

樂府詩集卷第五十八

太原郭　茂倩　編次

琴曲歌辭

思歸引　晉石崇

一曰離拘操琴操曰衛有賢女邵王聞其賢而請聘之未至而王薨太子曰吾聞齊桓公得衛姬而霸今衛女賢欲留之大夫曰不可若賢必不我聽若聽必不賢不可取也太子遂留之果不聽拘於深宮思歸不得遂援琴而作歌曲終縊而死晉石崇思歸引序曰崇少有大志晚節更樂放逸因覽樂篇有思歸引古曲有弦無歌乃作樂辭但思歸河陽别業與琴操異也樂府解題曰若梁劉孝威胡地憑良馬備言思歸之

07231 樂府詩集一百卷 （宋）郭茂倩輯　宋刻本

匡高23厘米，廣16.4 厘米。半葉十三行，行二十三字，小字雙行同，白口，左右雙邊。南京圖書館藏，存八卷。

樂府詩集卷第三

太原　郭　茂倩　編次

郊廟歌辭三

齊雩祭樂歌

南齊書樂志曰建武二年雩祭明堂謝朓造辭一依謝莊唯世祖四言也

迎神歌八解　謝朓

清明暢禮樂新候龍景練貞辰陽律亢陰晷伏秏下土荐穜稑震儀警王度乾嗟雲漢望昊天張盛樂奏雲儛集五精延帝祖雩有諷禜有秩膋鬯芬圭瓚瑟靈之來帝閽開車煜燿吹徘徊停龍𩥇徧觀此凍雨

07232、07233　樂府詩集一百卷目録二卷　（宋）郭茂倩輯　元至正元年（1341）集慶路儒學刻明重修本

匡高22.8厘米，廣15.7厘米。半葉十一行，行二十字，小字雙行同，黑口，左右雙邊。北京大學圖書館藏；南京圖書館藏，丁丙跋。

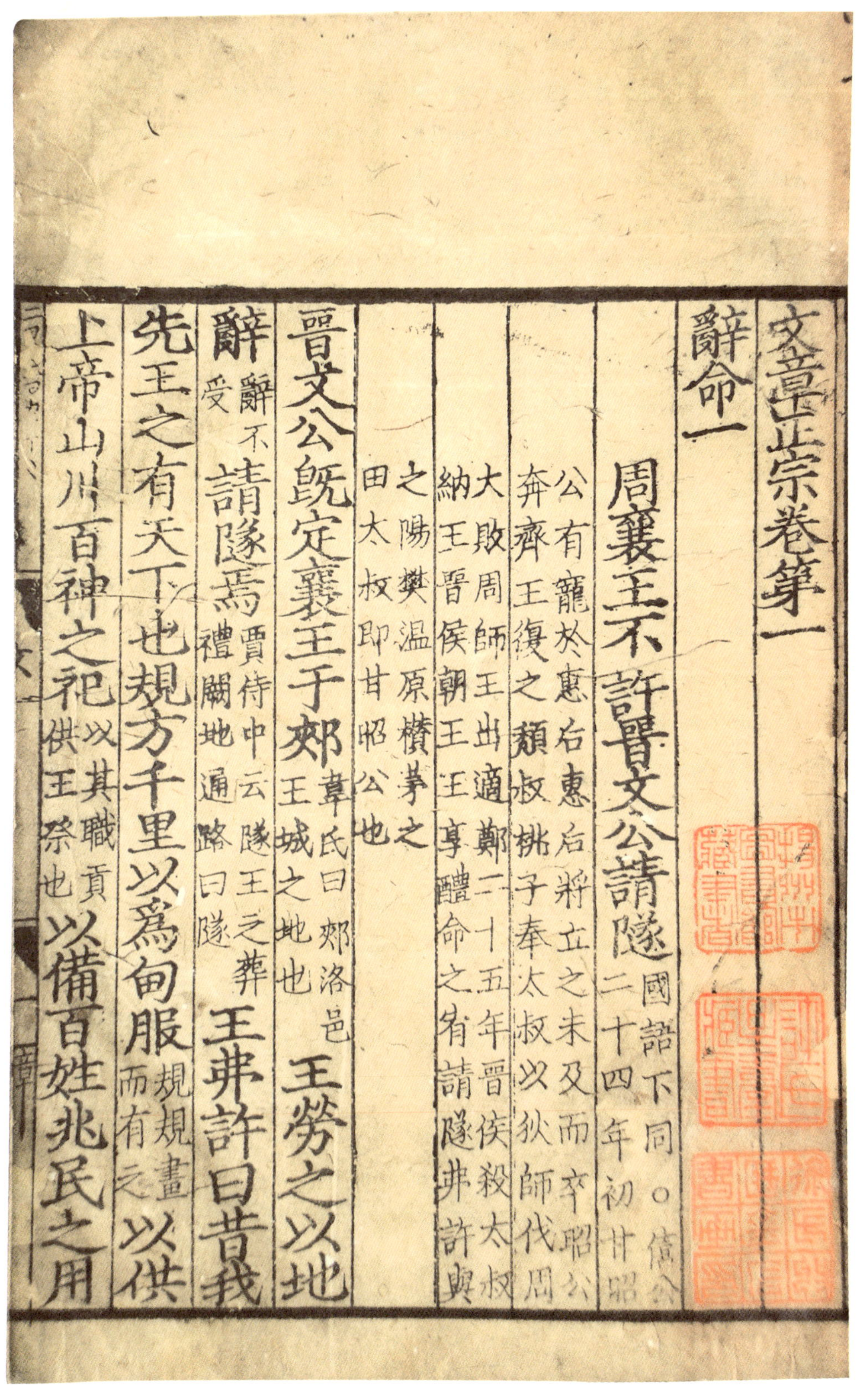

07234、07235 文章正宗二十四卷 （宋）真德秀輯　元至正元年（1341）高仲文刻明修本

匡高23.3厘米，廣18.1厘米。半葉十行，行二十字，小字雙行同，黑口，左右雙邊。山東省博物館藏，有"天禄繼鑑"等印，存二十二卷；揚州市圖書館藏，卷十三至十八配清抄本，存十九卷。

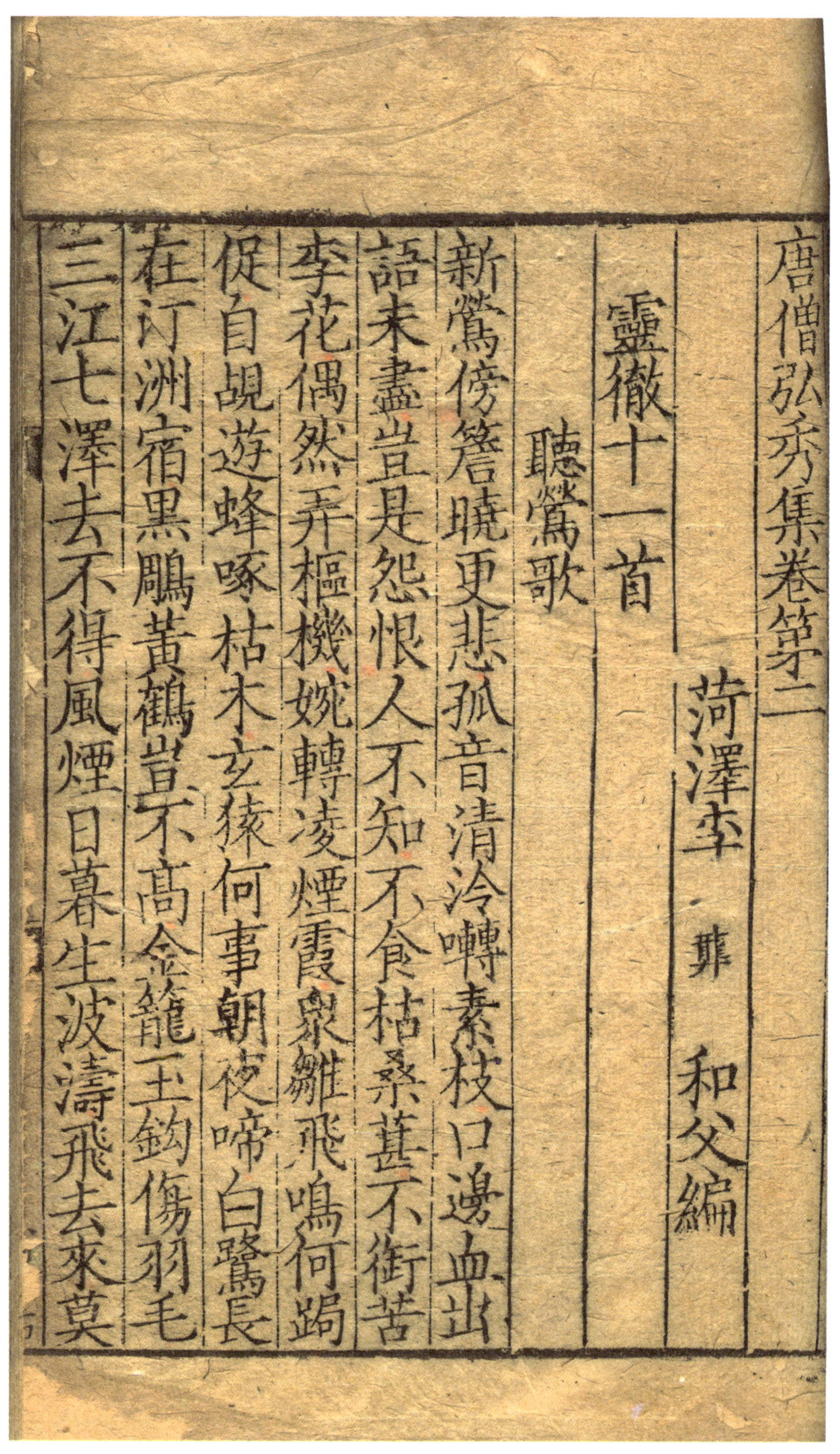

07236 唐僧弘秀集十卷 （宋）李龏輯　宋刻本

匡高17.5厘米，廣13厘米。半葉十行，行十八字，白口，左右雙邊。黄丕烈、袁克文、李盛鐸、傅增湘跋。北京大學圖書館藏，存八卷。

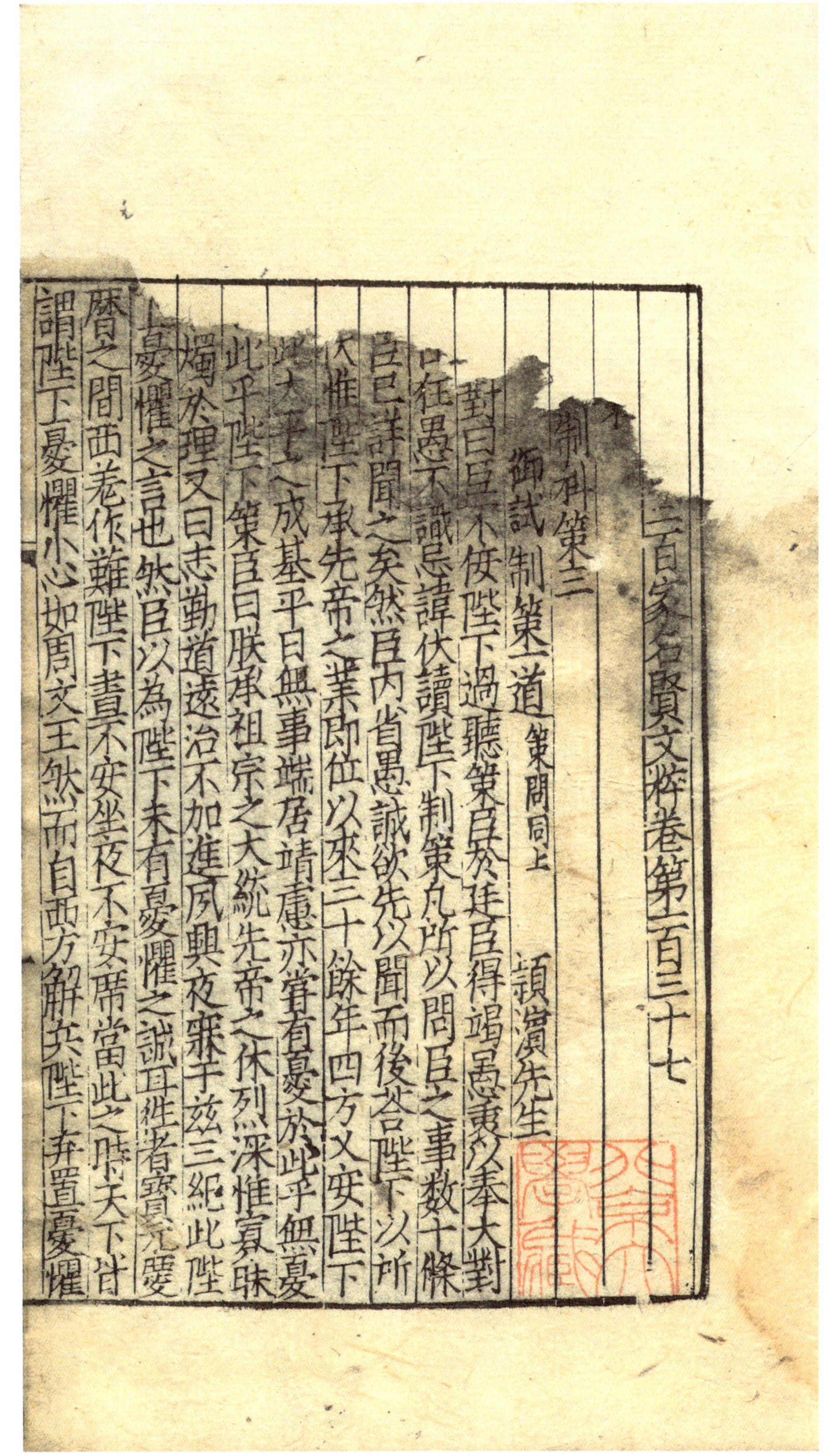

07237 新刊國朝二百家名賢文粹三百卷 宋慶元三年（1197）書隱齋刻本

匡高18.5厘米，廣12.8厘米。半葉十四行，行二十四字，白口，左右雙邊。有“氎社書院文籍”等印。北京大學圖書館藏，存六卷。

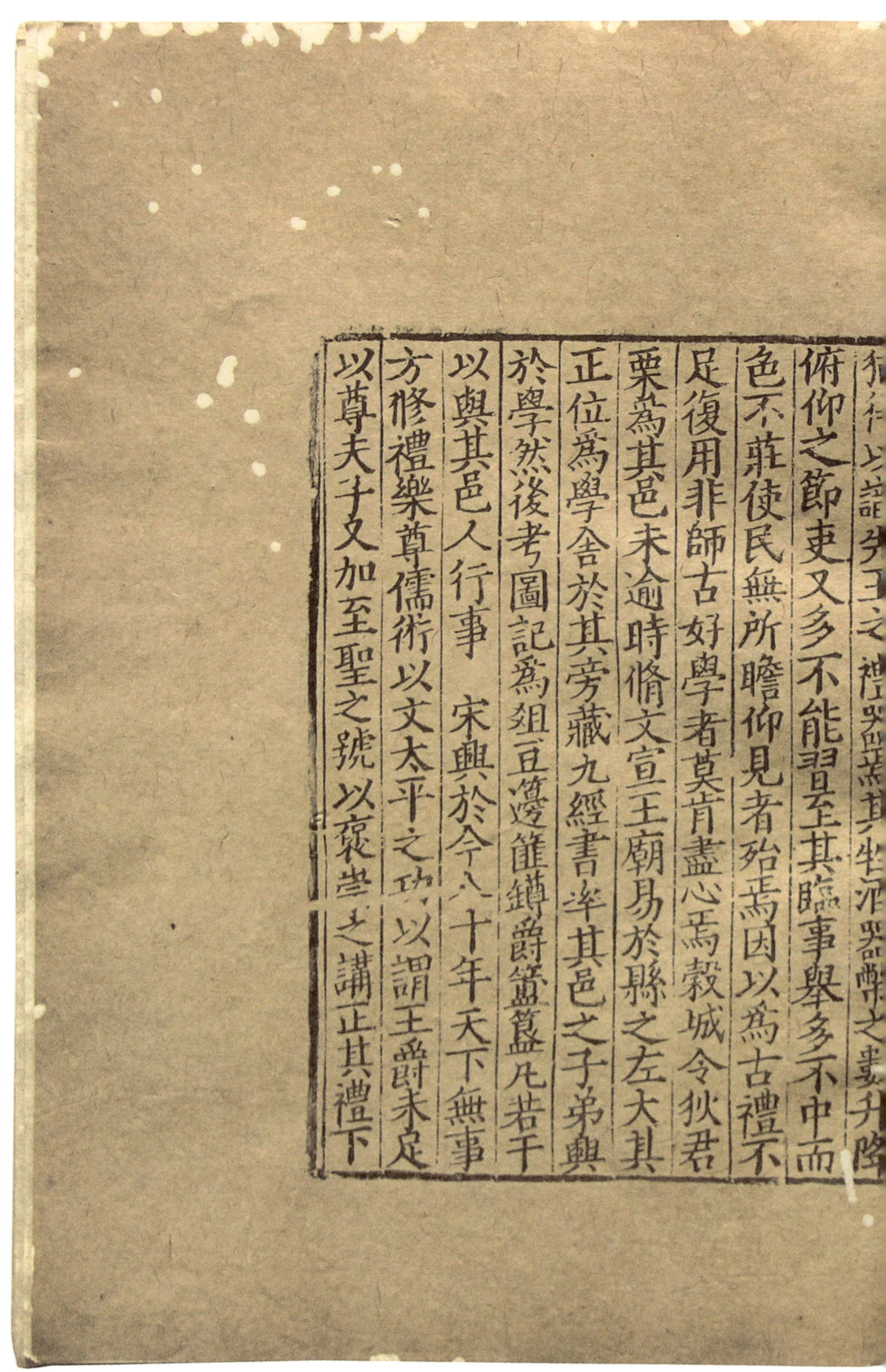

07238 皇朝文鑑一百五十卷目錄三卷 （宋）呂祖謙輯　宋嘉泰四年（1204）新安郡齋刻本

匡高20.4厘米，廣15.4厘米。半葉十行，行十九字，白口間黑口，左右雙邊。山東省博物館藏，存十卷。

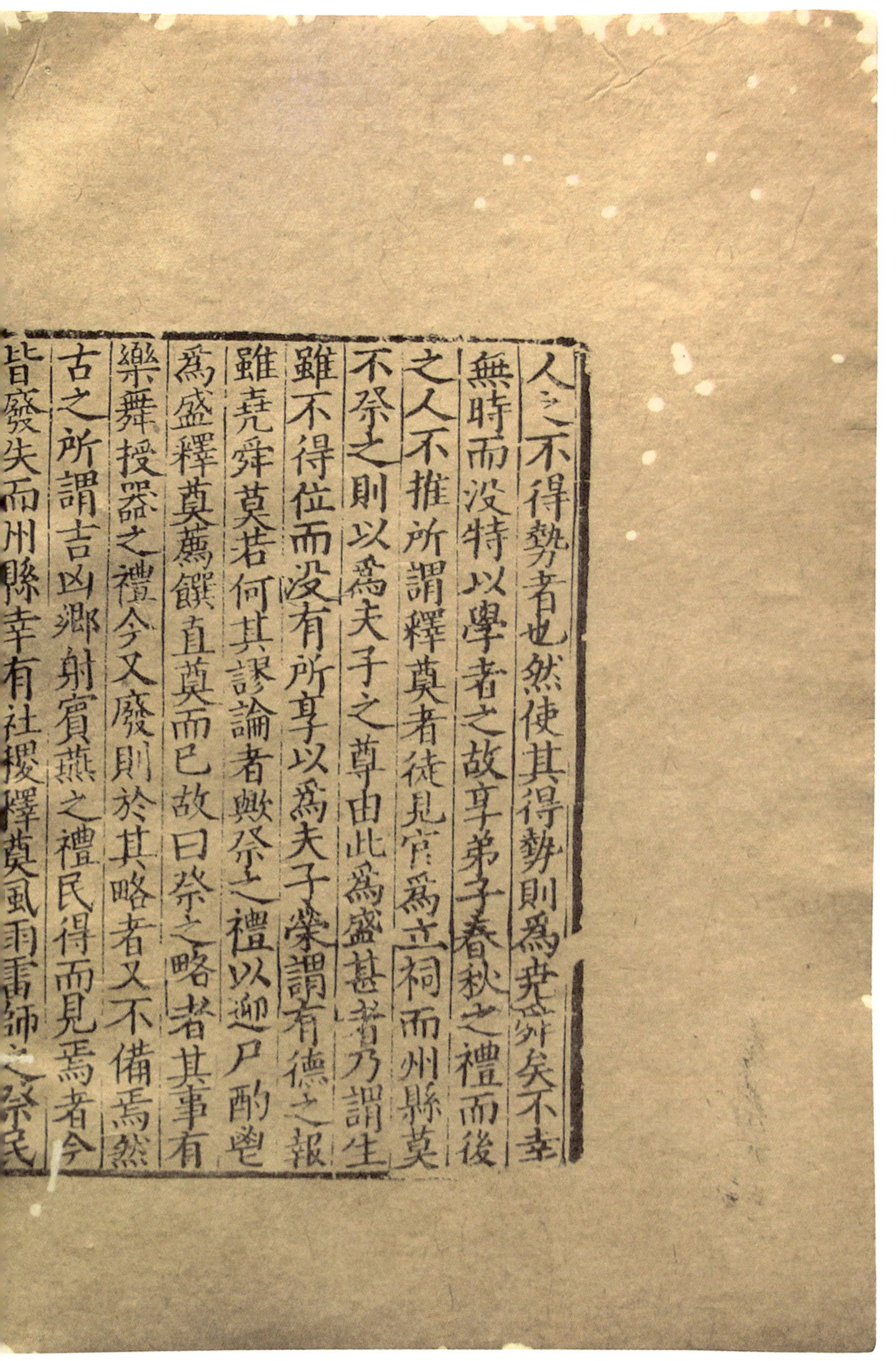

人之不得勢者也然使其得勢則爲堯舜矣不幸
無時而沒特以學者之故享弟子春秋之禮而後
之人不推所謂釋奠者徒見官爲立祠而州縣莫
不祭之則以爲夫子之尊由此爲盛甚者乃謂生
雖不得位而沒有所享以爲夫子榮謂有德之報
雖堯舜莫若何其謬論者歟祭之禮以迎尸酌鬯
爲盛釋奠薦饌直奠而已故曰祭之略者其事有
樂舞授器之禮今又廢則於其略者又不備焉然
古之所謂吉凶鄉射賓燕之禮民得而見焉者今
皆廢失而州縣幸有社稷釋奠風雨雷師之祭民

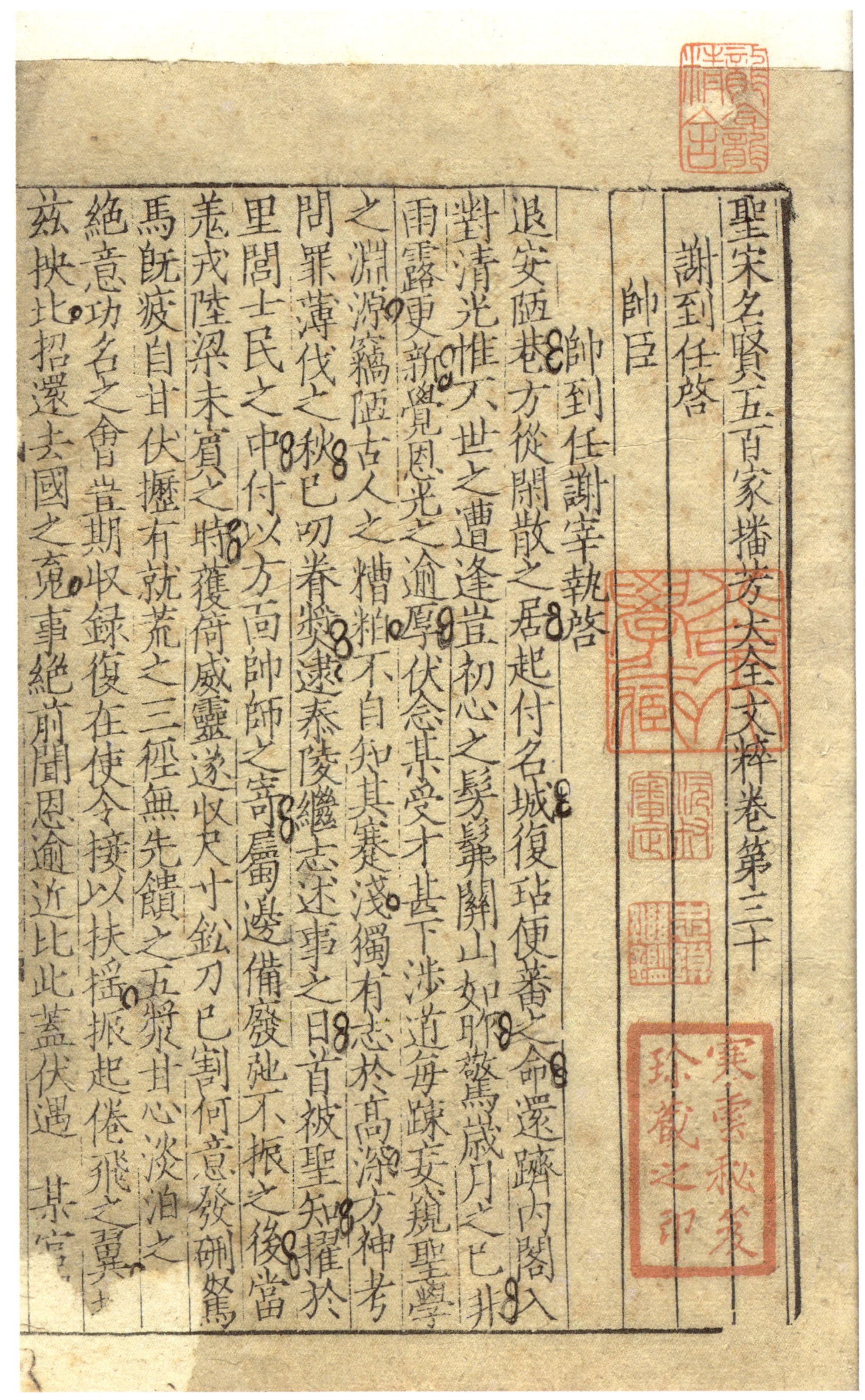

07239 聖宋名賢五百家播芳大全文粹□□卷目錄□卷 （宋）魏齊賢　葉棻輯　南宋刻本

匡高19厘米，廣13.3厘米。半葉十四行，行二十五字，白口，左右雙邊。有“沅叔審定”、“忠謨繼鑑”等印。北京大學圖書館藏，存四卷。

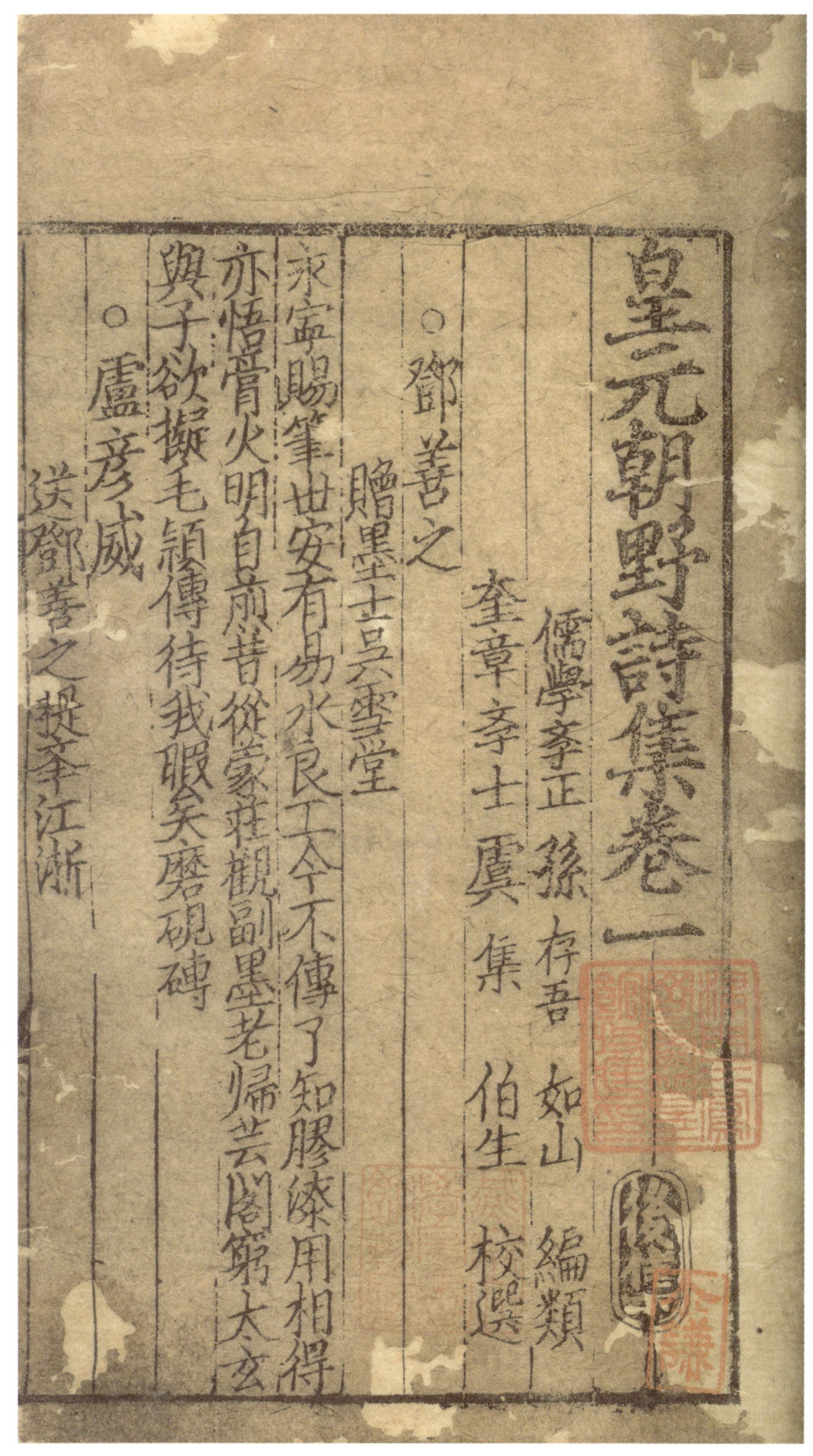

07240 皇元朝野詩集前集□卷 （元）傅習　孫存吾輯　（元）虞集校選　**後集□卷** （元）孫存吾輯　元刻本

匡高17.3厘米，廣10.6厘米。半葉十一行，行二十一字，細黑口，左右雙邊間四周雙邊。北京大學圖書館藏，存十卷。

國朝文類卷第二十三

碑文

平雲南碑　　程鉅夫

國家繼天立極日月所照罔有内外雲南秦漢郡縣也負險弗庭憲廟践阼之二年歲在壬子我世祖聖德神功文武皇帝以介弟親王之重授鉞專征秋九月出師冬十二月濟河明年春歷鹽夏夏四月出蕭關駐六盤八月絶洮踰吐蕃分軍爲三道禁殺掠焚廬舍先遣使大理招之道阻而還十月過大上率勁騎繇中道先進十一月渡

07241 國朝文類七十卷目録三卷　（元）蘇天爵輯　元至元至正間西湖書院刻明修本

匡高21.6厘米，廣15.7厘米。半葉十行，行十九字，細黑口，左右雙邊。有“雙鑒樓藏書印”等印。山西博物院藏，存十六卷。

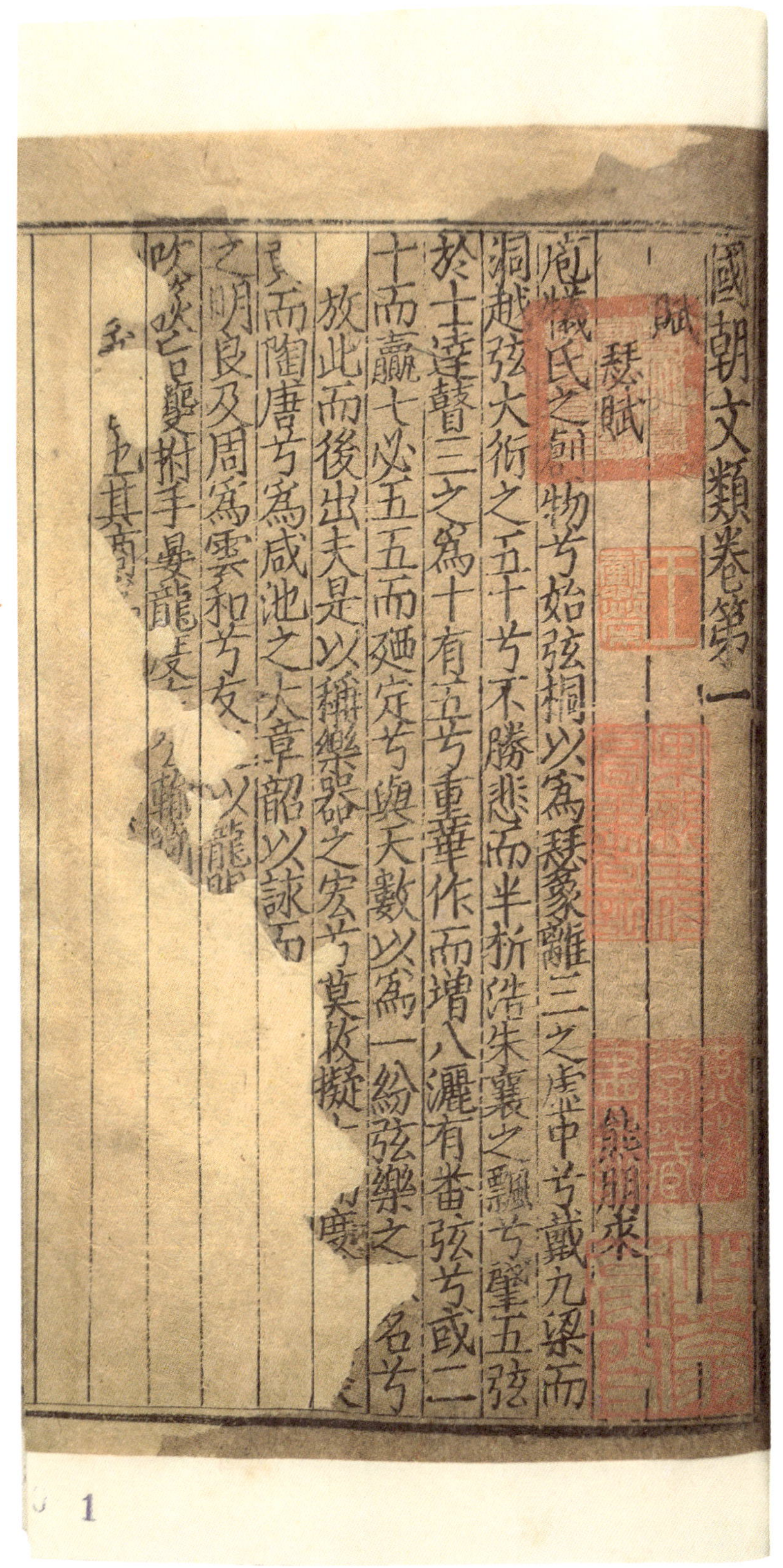

07242 國朝文類七十卷目錄三卷 （元）蘇天爵輯　元翠巖精舍刻本

匡高20.2厘米，廣12.3厘米。半葉十三行，行二十四字，黑口，四周雙邊。有抄配。有“王懿榮”、“果親王府圖書記”、“燕譽堂藏書記”、“牧翁蒙叟”、“福山王氏正孺藏書”等印。吉林省圖書館藏，存四十八卷。

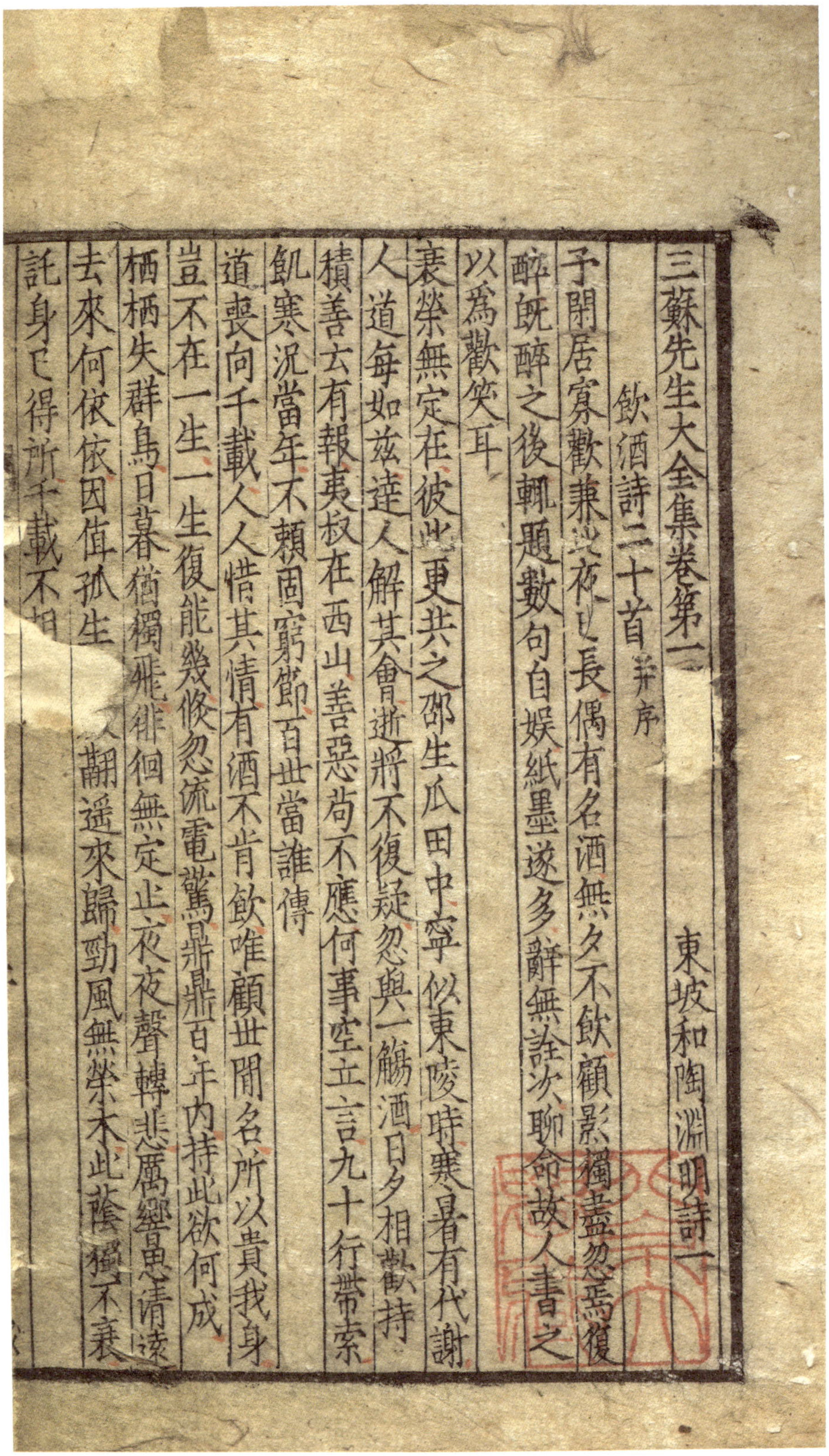
三蘇先生大全集卷第一　東坡和陶淵明詩一
飲酒詩二十首并序
予閑居寡歡兼比夜已長偶有名酒無夕不飲顧影獨盡忽焉復
醉既醉之後輒題數句自娛紙墨遂多辭無詮次聊命故人書之
以爲歡笑耳
衰榮無定在彼此更共之邵生瓜田中寧似東陵時寒暑有代謝
人道每如茲達人解其會逝將不復疑忽與一觴酒日夕相歡持
積善云有報夷叔在西山善惡苟不應何事空立言九十行帶索
飢寒況當年不賴固窮節百世當誰傳
道喪向千載人人惜其情有酒不肯飲唯顧世間名所以貴我身
豈不在一生一生復能幾倏忽流電驚鼎鼎百年內持此欲何成
栖栖失群鳥日暮猶獨飛徘徊無定止夜夜聲轉悲厲響思清遠
去來何依依因值孤生[illegible]翮遥來歸勁風無榮木此蔭獨不衰
託身已得所千載不相[illegible]

07243　三蘇先生大全集□□□卷　（宋）蘇洵　蘇軾　蘇轍撰　宋刻本

匡高16厘米，廣10.5厘米。半葉十四行，行二十五字，白口，左右雙邊。北京大學圖書館藏，存四卷。

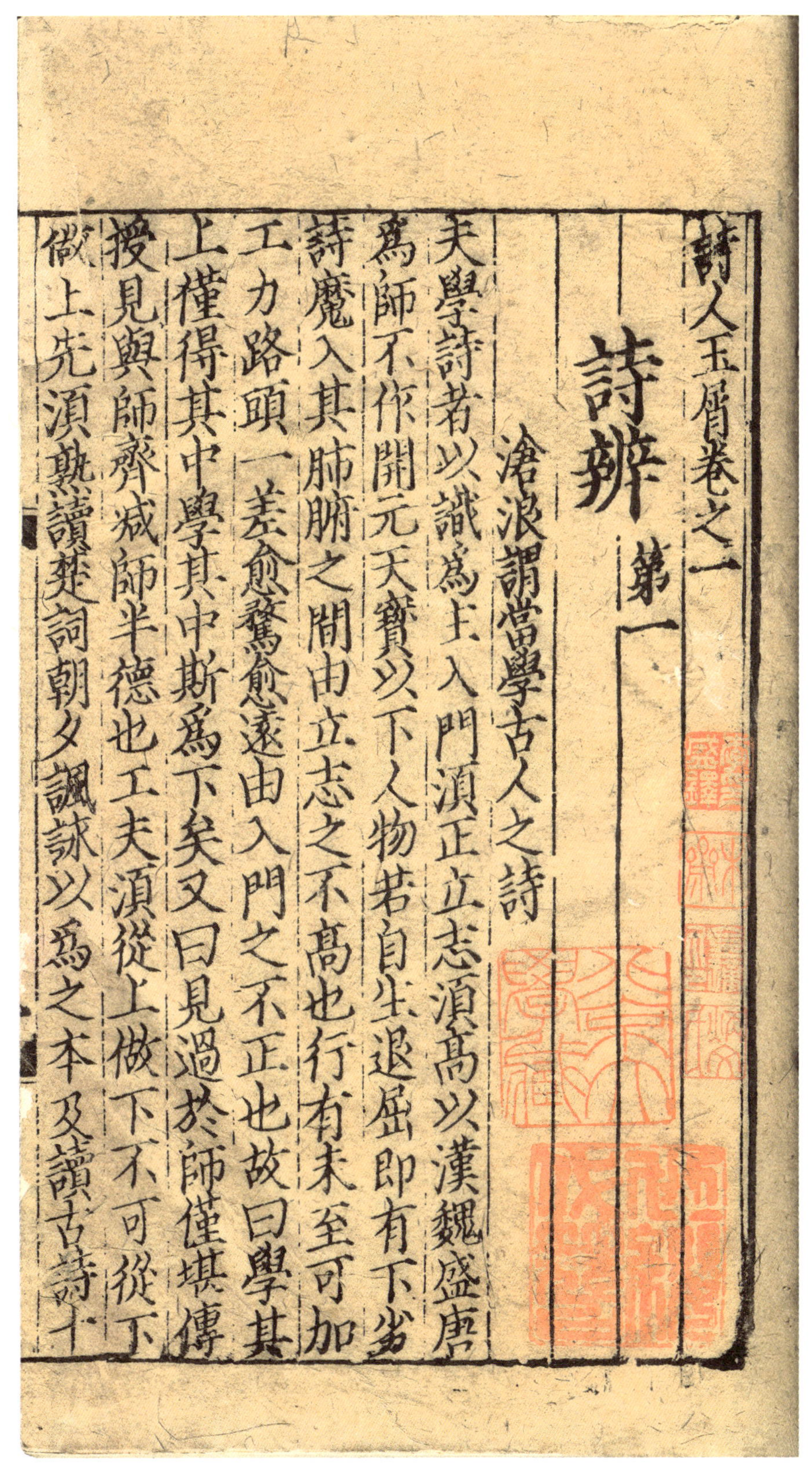

詩人玉屑卷之一

詩辨 第一

滄浪謂當學古人之詩

夫學詩者以識爲主入門須正立志須高以漢魏盛唐
爲師不作開元天寶以下人物若自生退屈即有下劣
詩魔入其肺腑之間由立志之不高也行有未至可加
工力路頭一差愈騖愈遠由入門之不正也故曰學其
上僅得其中學其中斯爲下矣又曰見過於師僅堪傳
授見與師齊减師半德也工夫須從上做下不可從下
做上先須熟讀楚詞朝夕諷詠以爲之本及讀古詩十

07244 詩人玉屑二十卷 （宋）魏慶之輯　元刻本

匡高19.2厘米，廣12.7厘米。半葉十一行，行二十一字，細黑口，左右雙邊。有“李印盛鐸”等印。北京大學圖書館藏，存十七卷。

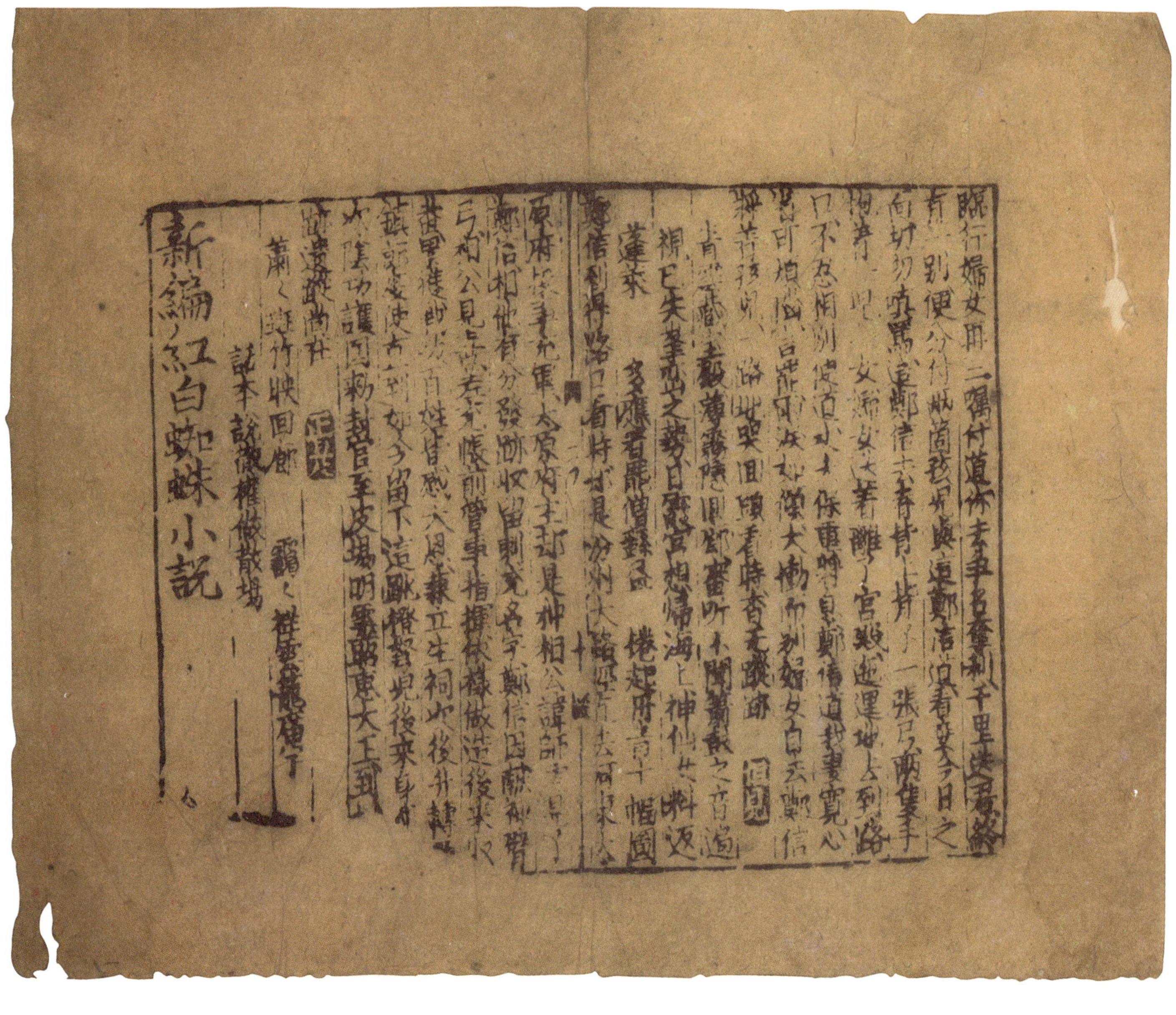

07245 新編紅白蜘蛛小說一卷 元刻本

匡高15厘米，廣10厘米。半葉十一行，行二十字，黑口，四周單邊。西安博物院藏，存一葉。

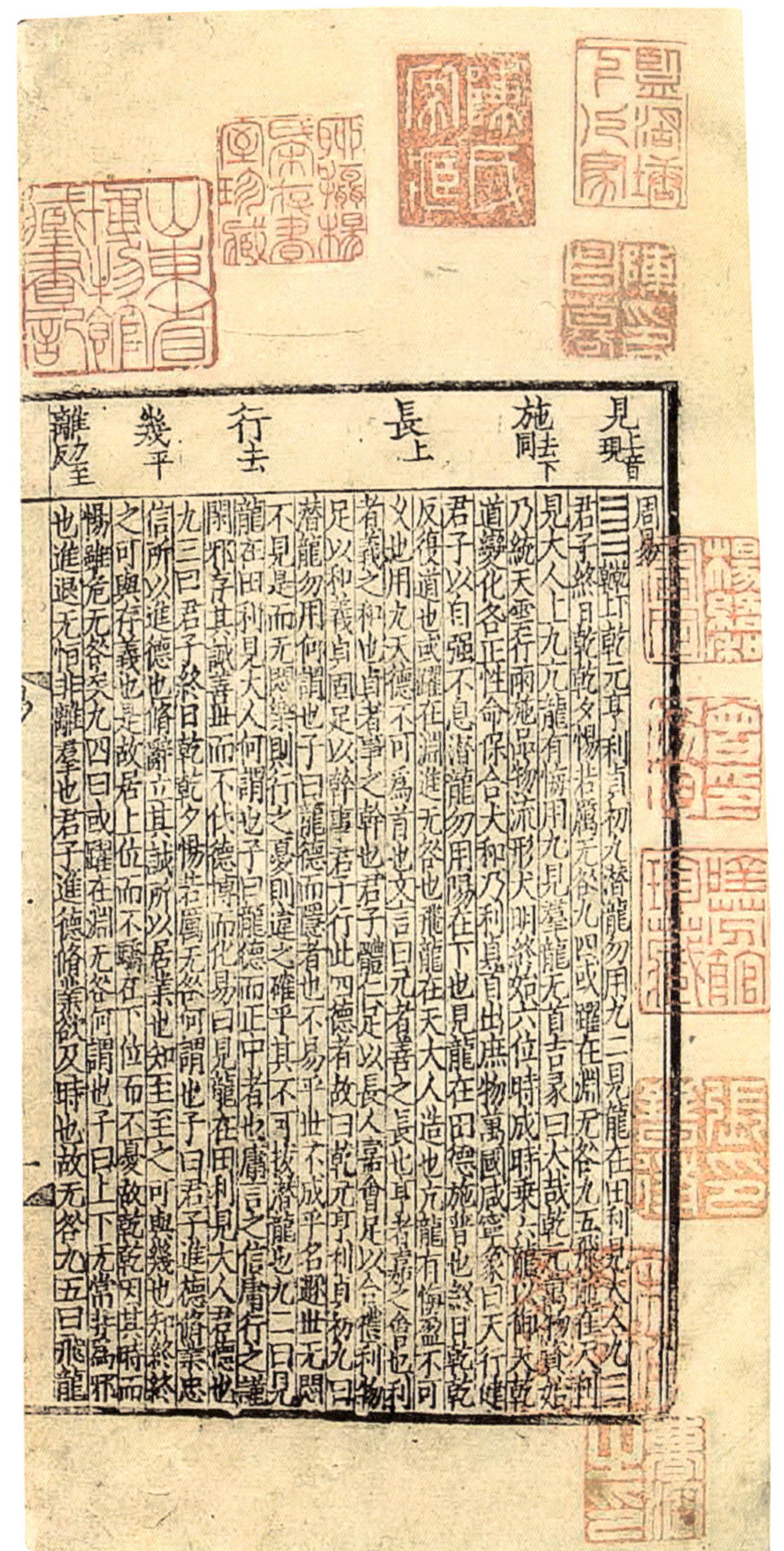

07246 五經不分卷 明刻本

匡高15.6厘米，廣10.3厘米。半葉二十行，行二十七字，細黑口，左右雙邊。山東省博物館藏。

周易　上經　　　廣陽陳儒校刊

乾下
乾上
乾元亨利貞

初九潛龍勿用

九二見龍在田利見大人

九三君子終日乾乾夕惕若厲无咎

九四或躍在淵无咎

九五飛龍在天利見大人

07247　五經五卷　明廣陽陳儒刻本

匡高20.1厘米，廣14.6厘米。半葉九行，行十七字，白口，四周雙邊。有“寅昉”、“蔣印光焴”等印。浙江圖書館藏。

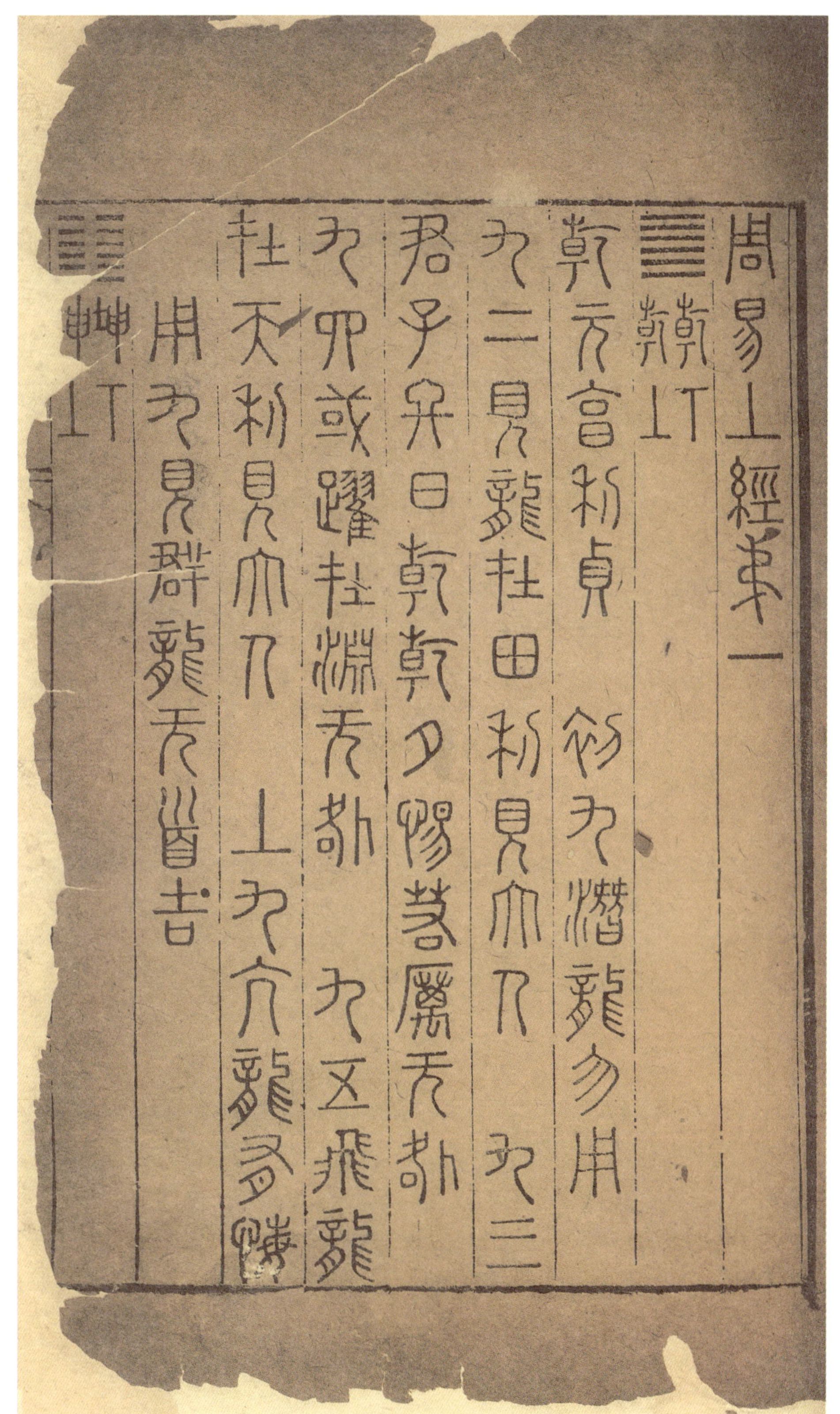

07248 六經五十九卷 明嘉靖四至六年（1525–1527）陳鳳梧篆文刻本

匡高18.4厘米，廣13.8厘米。半葉九行，行十三字，細黑口，左右雙邊。河南省圖書館藏，存五十五卷。

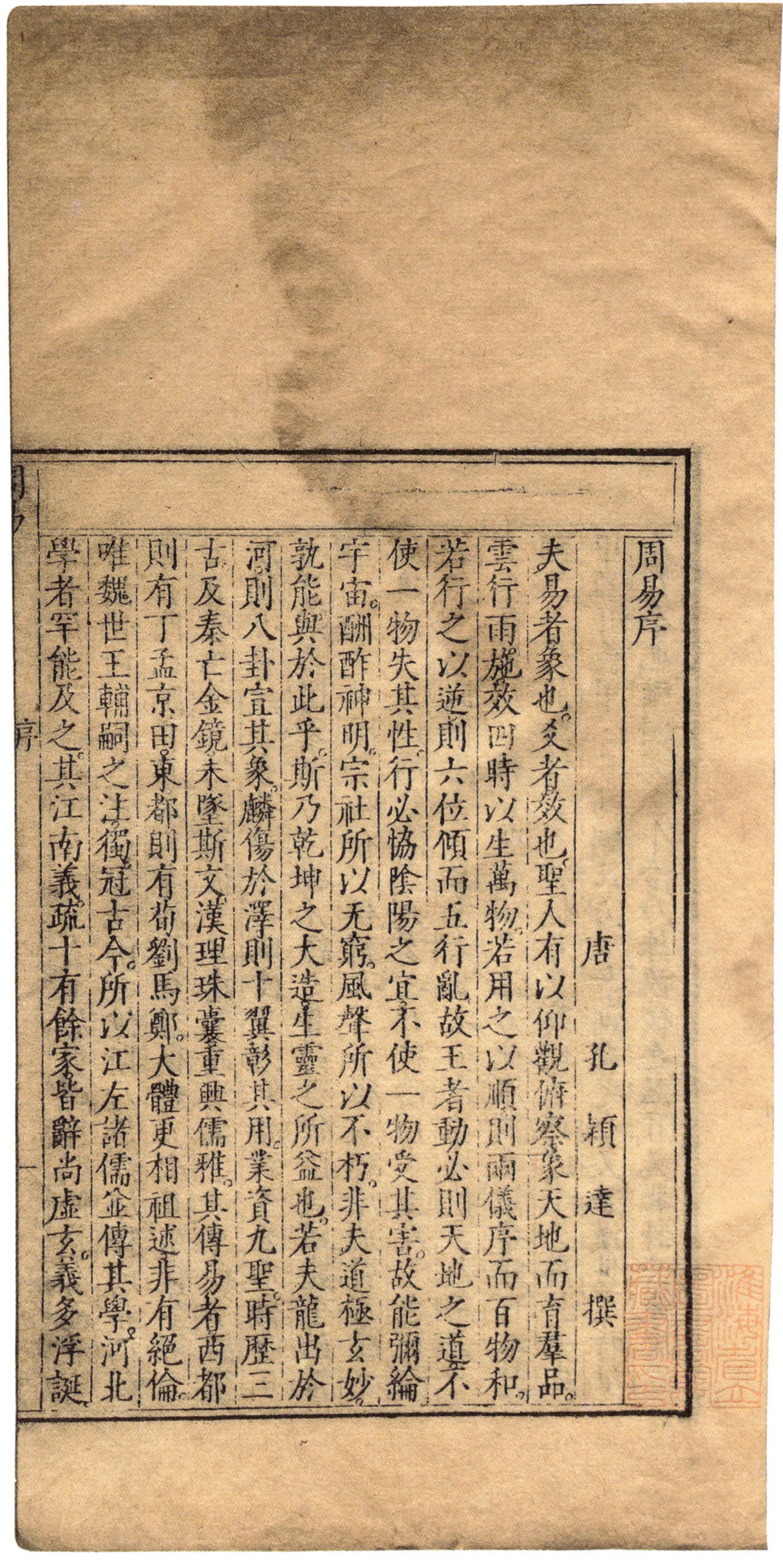
周易序

唐 孔穎達 撰

夫易者象也爻者效也聖人有以仰觀俯察象天地而育羣品雲行雨施效四時以生萬物若用之以順則兩儀序而百物和若行之以逆則六位傾而五行亂故王者動必則天地之道不使一物失其性行必協陰陽之宜不使一物受其害故能彌綸宇宙酬酢神明宗社所以无窮風聲所以不朽非夫道極玄妙孰能與於此乎斯乃乾坤之大造生靈之所益也若夫龍出於河則八卦宣其象麟傷於澤則十翼彰其用業資九聖時歷三古及秦亡金鏡未墜斯文漢理珠囊重興儒雅其傳易者西都則有丁孟京田東都則有荀劉馬鄭大體更相祖述非有絕倫唯魏世王輔嗣之注獨冠古今所以江左諸儒並傳其學河北學者罕能及之其江南義疏十有餘家皆辭尚虛玄義多浮誕

07249 九經五十一卷附四卷 明崇禎十三年（1640）秦鏷求古齋刻本

匡高14.8厘米，廣10.6厘米。半葉十三行，行二十三字，白口，四周雙邊。

徐州市圖書館藏。

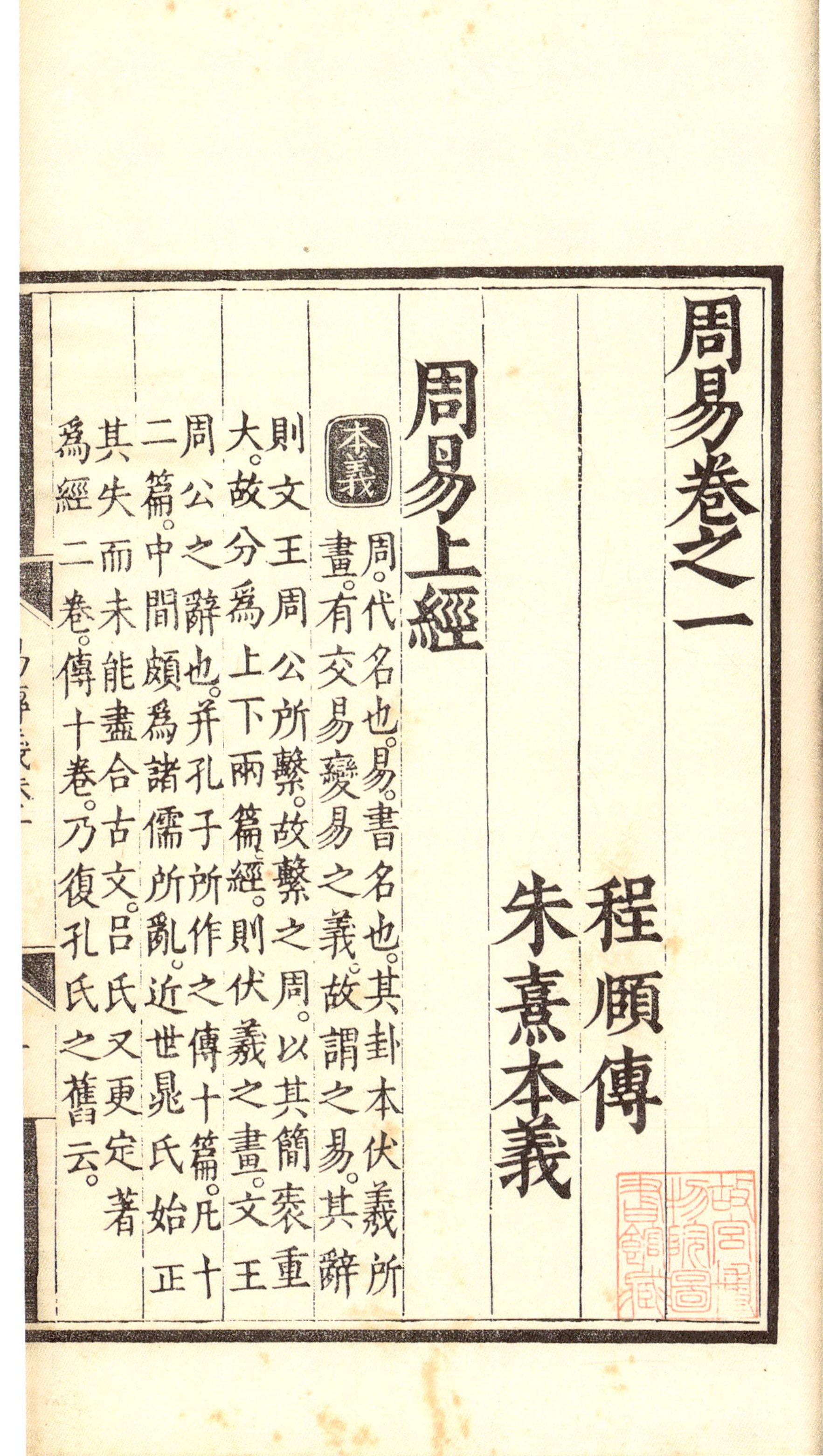

07250 五經八十二卷 明正統十二年（1447）司禮監刻本

匡高23.1厘米，廣16.6厘米。半葉八行，行十四字，小字雙行十八字，黑口，四周雙邊。故宮博物院藏。

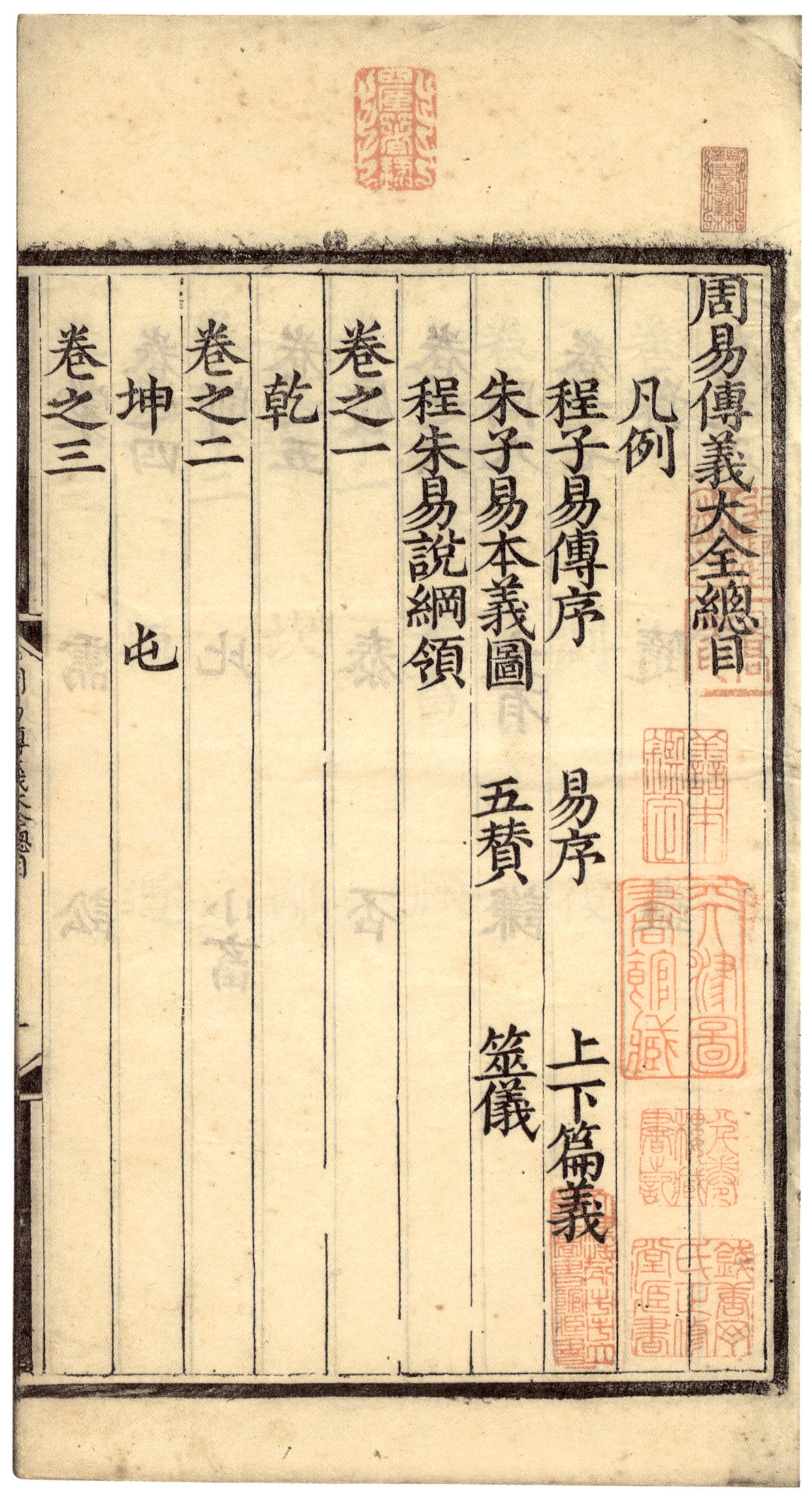

07251 五經四書大全一百七十五卷 （明）胡廣等輯　明内府刻本

匡高27厘米，廣18厘米。半葉十行，行二十二字，小字雙行同，黑口，四周雙邊。有“錢唐丁氏正修堂藏書”、“八千卷樓藏書之記”等印。天津圖書館藏。

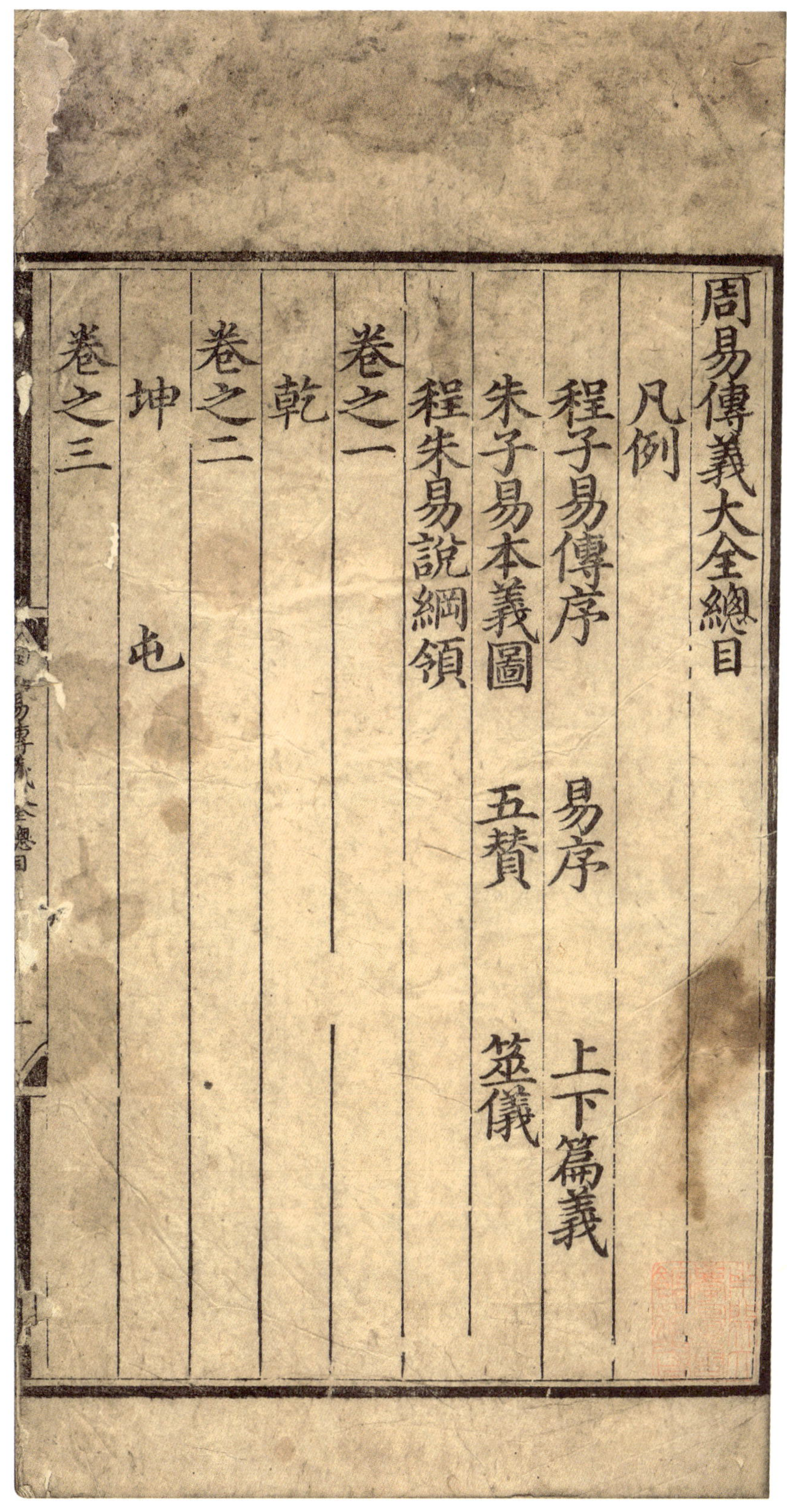

07252 五經大全一百三十五卷 （明）胡廣等輯　明内府刻本

匡高27厘米，廣18厘米。半葉十行，行二十二字，小字雙行同，黑口，四周雙邊。南開大學圖書館藏，存一百十五卷。

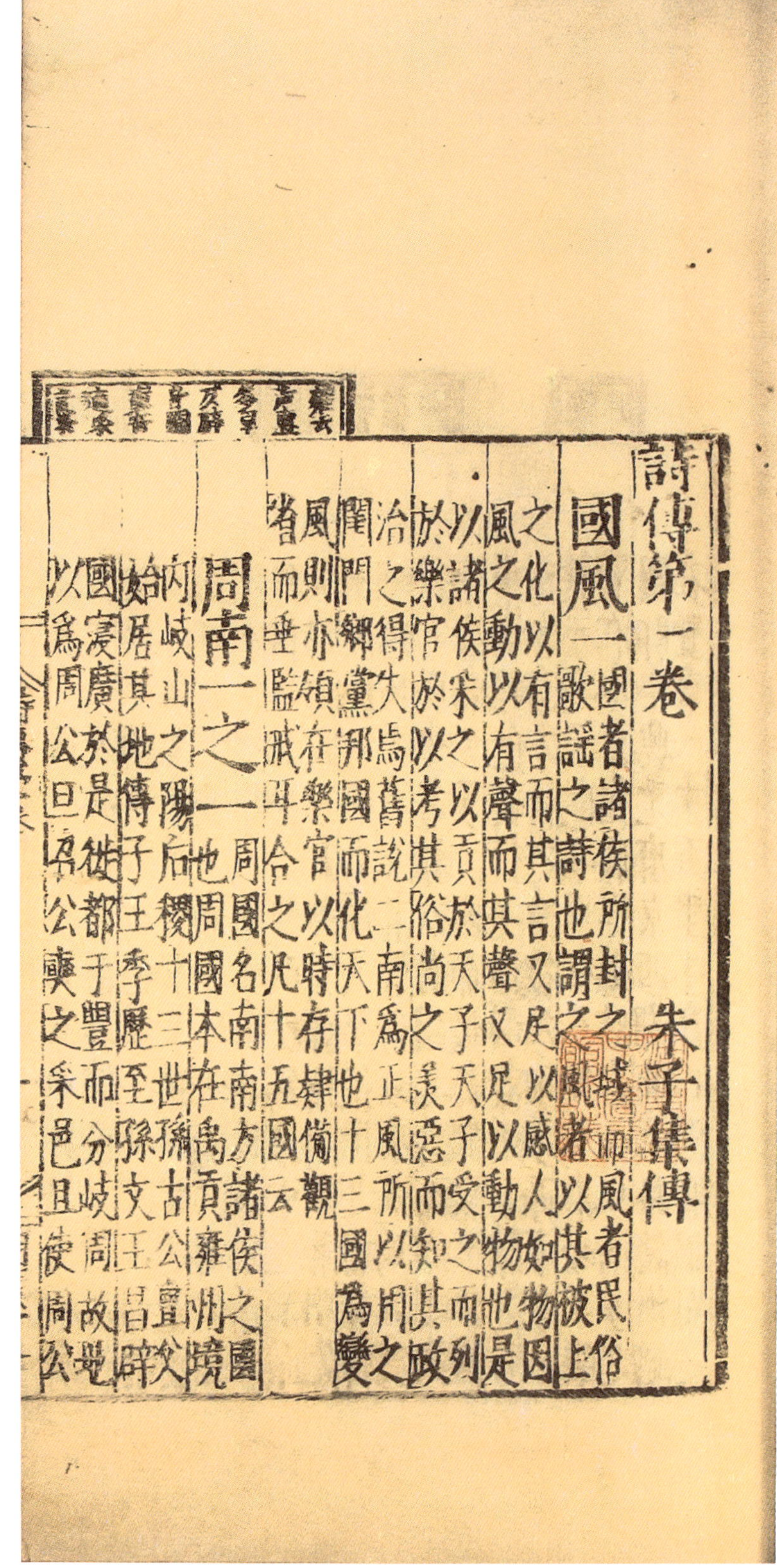

07253 五經□□卷 明嘉靖八年（1529）張祿湖廣官刻本

匡高17.8厘米，廣13.3厘米。半葉九行，行十七字，小字雙行同，白口，左右雙邊。湖南圖書館藏，存四十七卷。

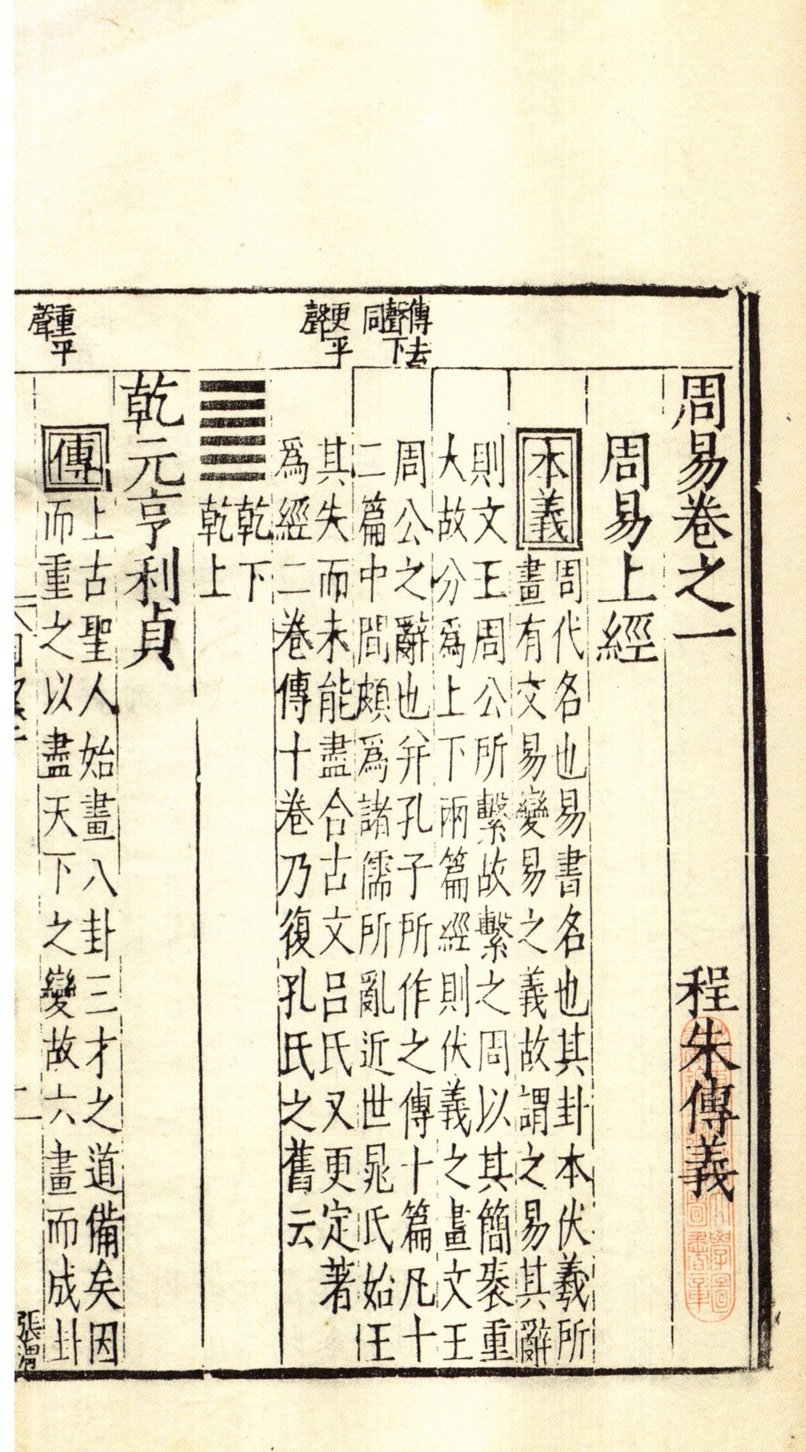

07254 五經集注一百十五卷 明嘉靖四十三年（1564）黄希憲、徐節刻本

匡高20.1厘米，廣14.4厘米。半葉九行，行十七字，小字雙行同，白口，左右雙邊。華東師範大學圖書館藏。

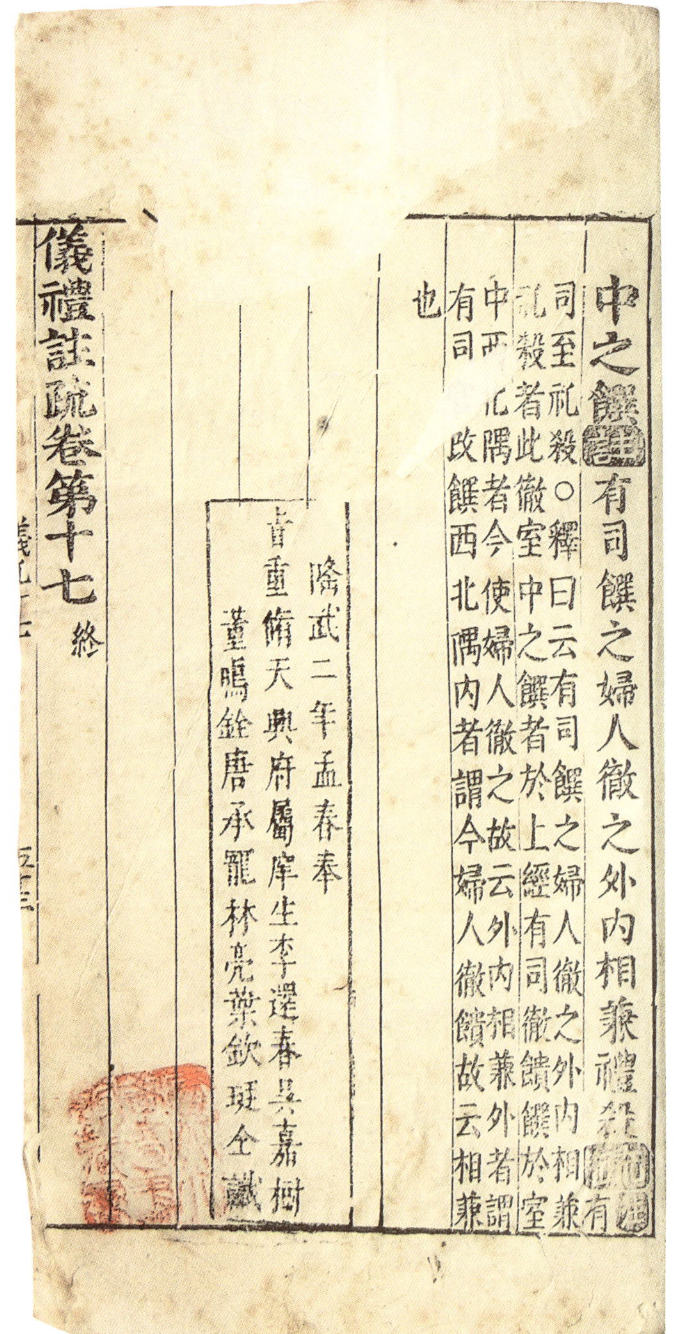

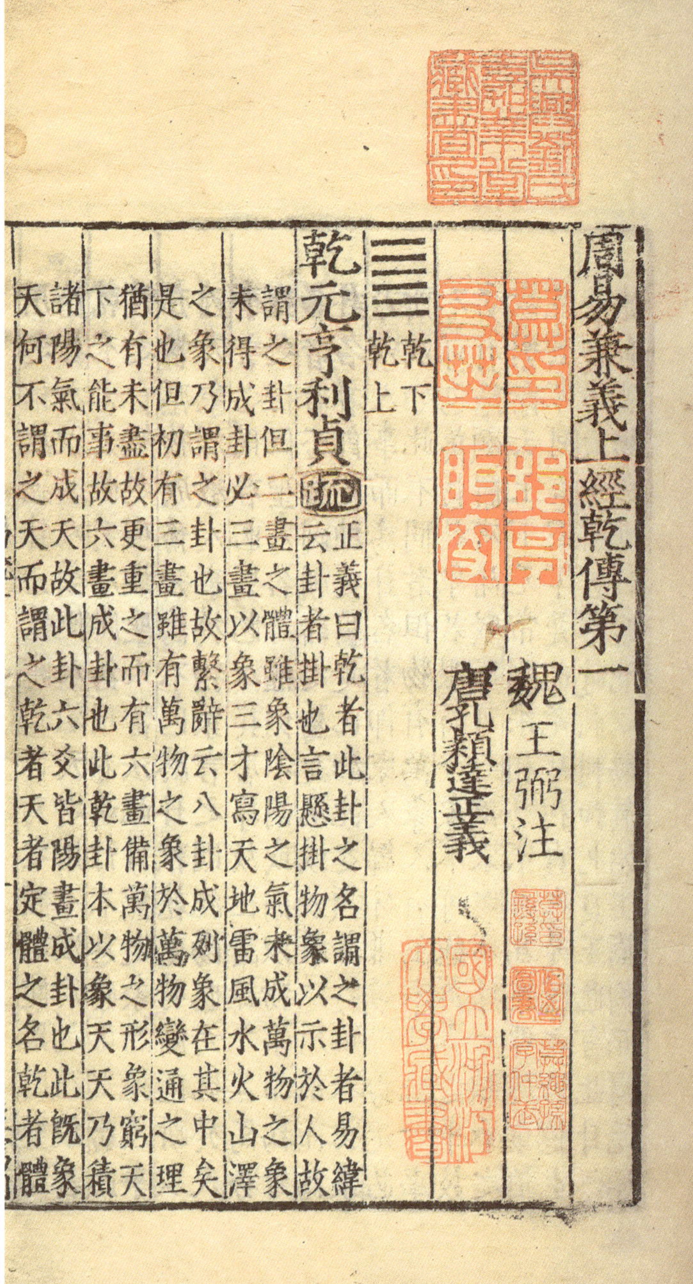

07255、07256 十三經註疏三百三十五卷 明嘉靖李元陽刻本

匡高19.8厘米，廣13.2厘米。半葉九行，行二十一字，小字雙行同，白口，四周單邊。浙江大學圖書館藏，有“莫繩孫字仲武”、“吳興劉氏嘉業堂藏書印”等印；西北大學圖書館藏，為明嘉靖李元陽刻南明隆武二年（1646）重修本。

07257、07258 三經評注五卷 明萬曆閔齊伋刻三色套印本

匡高20.8厘米，廣15.3厘米。半葉八行，行十八字，白口，左右雙邊。天津圖書館、山東省圖書館藏。

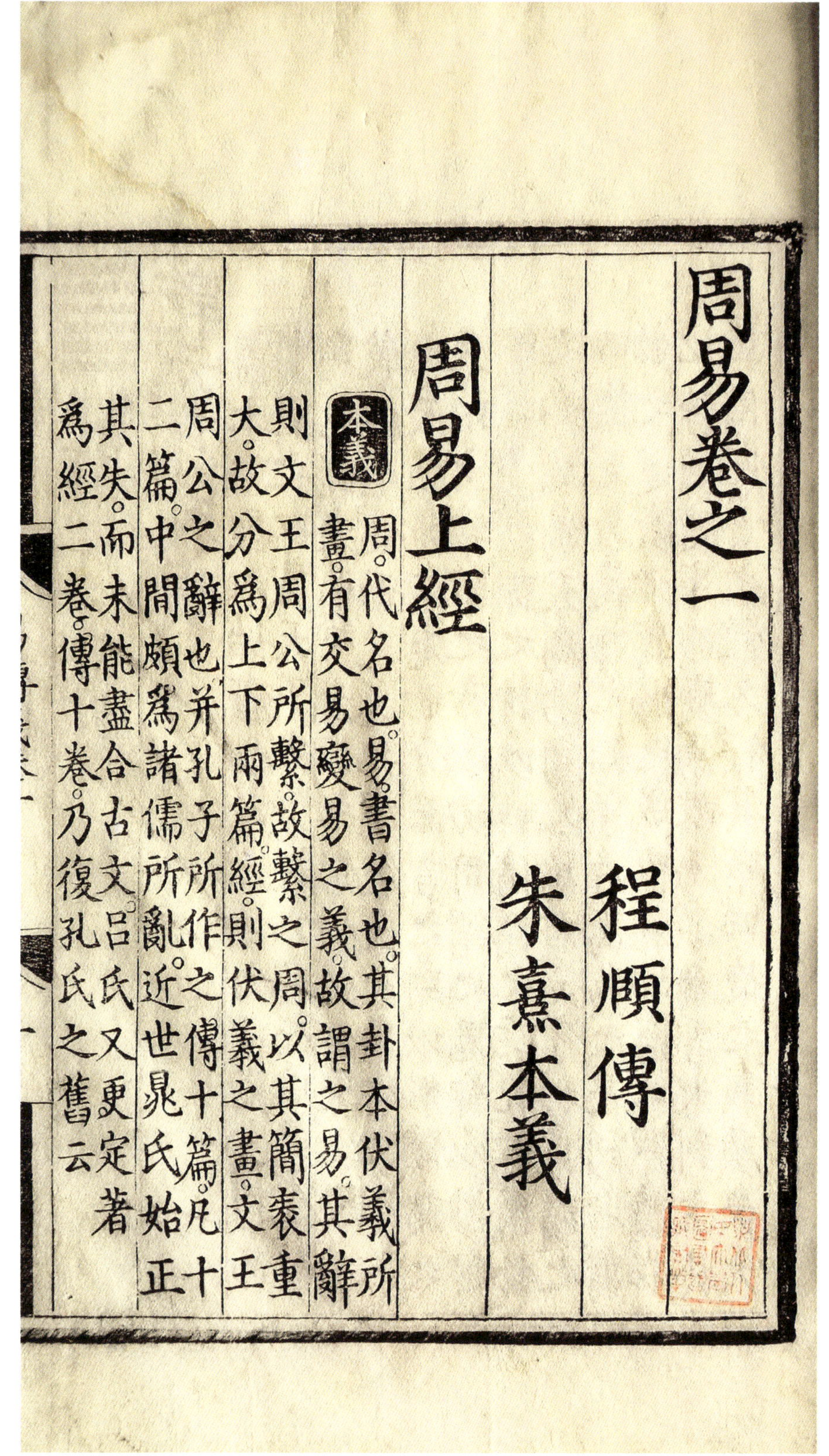

07259 周易傳義十卷 （宋）程頤　朱熹撰　**上下篇義一卷** （宋）程頤撰　**易五贊一卷筮儀一卷** （宋）朱熹撰　**易説綱領一卷** （宋）程頤　朱熹撰　明正統十二年（1447）司禮監刻本

匡高23厘米，廣16.6厘米。半葉八行，行十四字，小字雙行十八字，黑口，四周雙邊。吉林大學圖書館藏。

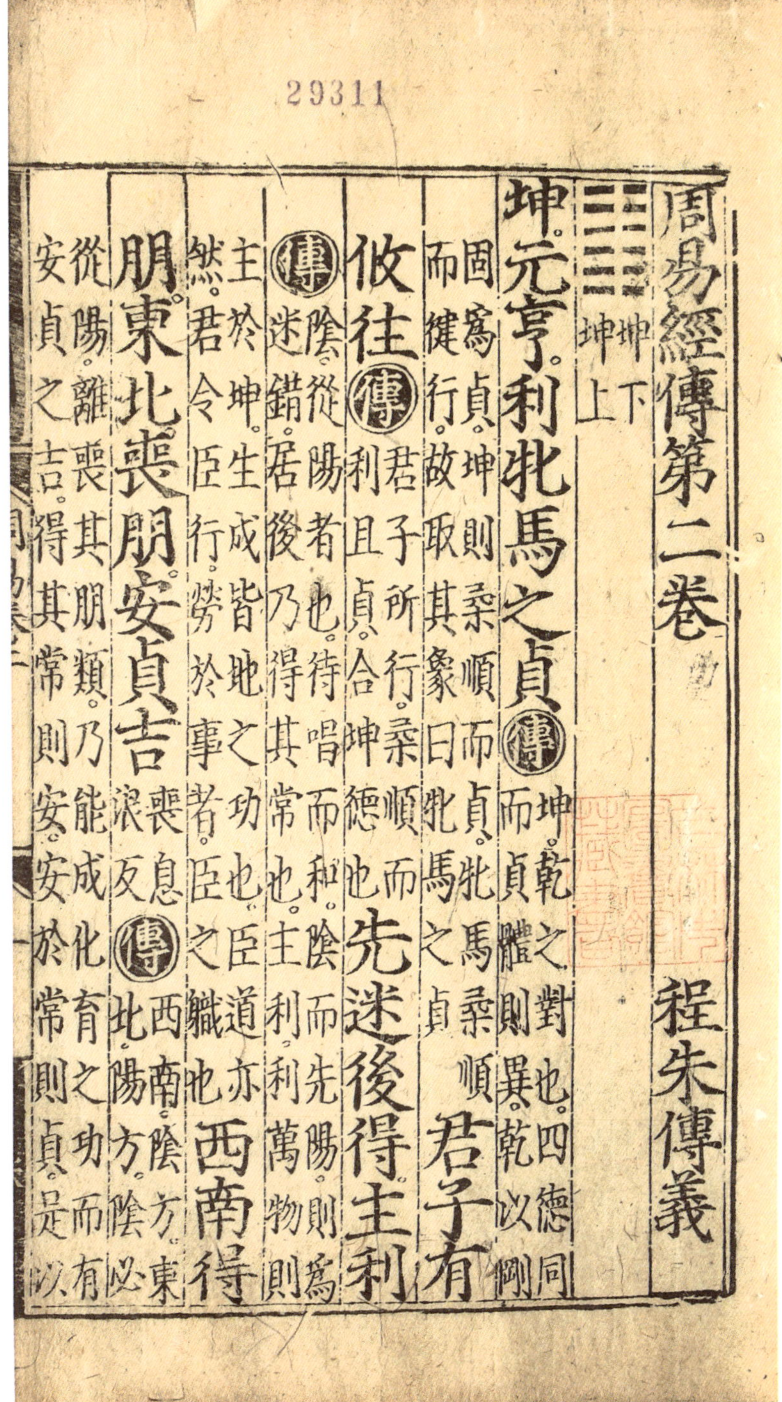

07260 周易經傳傳義二十四卷 （宋）程頤　朱熹撰　明刻本

匡高21.1厘米，廣13.5厘米。半葉九行，行十七字，小字雙行同，黑口，四周雙邊。吉林市圖書館藏。

誠齋先生易傳卷一

宋寶謨閣學士楊萬里廷秀著

☰☰ 乾下乾上

乾雜卦曰乾健說卦曰乾剛又曰乾爲天爲君故君德體天天德主剛風霆烈日天之剛也剛明果斷君之剛也君惟剛則勇於進德力於行道明於見善決於改過主善必堅去邪必果建天下之大公以破天下之衆私聲色不能惑小人不能移陰柔不能奸矣故亡漢不以成哀而以孝元亡唐不以穆敬而以文宗皆不剛健之過也然強足拒諫強明自任豈

07261 誠齋先生易傳二十卷 （宋）楊萬里撰　明嘉靖二十一年（1542）尹耕療鶴亭刻本

匡高19.6厘米，廣13.7厘米。半葉九行，行二十四字，白口，四周單邊。西北大學圖書館藏。

給劄之恩謹出遺編之帙所有先父易傳一部二十卷約十
伍萬字家藏見在乞繕寫申發
上二状迺傳之所以存也後状尚承誘君
味其辭旨能讀父書者也用是知
先生有子故刻于此
朔野耕識

誠齋先生易傳卷一
宋寶謨閣學士楊萬里廷秀著
☰ 乾下乾上
乾雜卦曰乾健説卦曰乾剛又曰乾為天為君故君德體天天德主剛風霆烈日
天之剛也剛明果斷君之剛也君惟剛則勇於進德力於行道明於見善決於改
過主善必堅去邪必果建天下之大公以破天下之衆私聲色不能惑小人不能
移陰柔不能奸矣故亡漢不以成哀而以孝元亡唐不以穆敬而以文宗皆不剛
健之過也然強足拒諫強明自任豈剛也哉☰古之天地字也曷由知之由坎
離知之偃之為☵立之為水火若雷風山澤之字亦然故漢書坤字作巛八字
立而聲畫不可勝窮矣豈待鳥跡哉後世草書天字作玄即☰也
乾元亨利貞

07262 誠齋先生易傳二十卷 （宋）楊萬里撰　明抄本

匡高21.7厘米，廣15厘米。半葉十行，藍格，白口，四周單邊。有“周元諒鈔本”、“周元亮家藏書”、“周雪客家藏書”等印。蘇州大學圖書館藏，存十九卷。

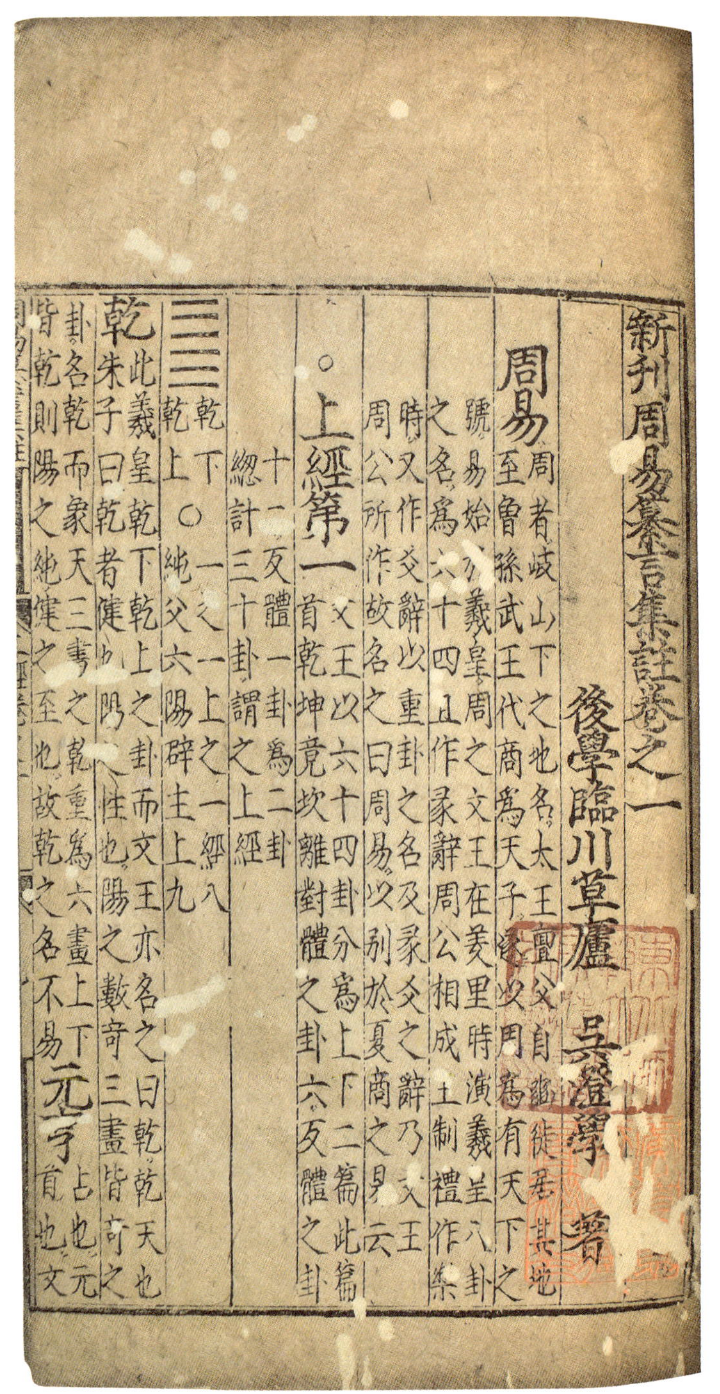
新刊周易纂言集註卷之一
後學臨川草廬　吳澄　著
周易　周者岐山下之地名太王亶父自豳徙居其地至曾孫武王代商為天子遂以周為有天下之號易始於羲皇周之文王在羑里時演羲皇八卦之名為六十四且作彖辭周公相成王制禮作樂時又作爻辭以重卦之名及彖爻之辭乃文王周公所作故名之曰周易以別於夏商之易云
○上經第一　文王以六十四卦分為上下二篇此篇首乾坤竟坎離對體之卦六反體之卦十二反體一卦為二卦總計三十卦謂之上經
☰☰　乾下一之一上之一經八　乾上○純爻六陽辟主上九
乾　此羲皇乾下乾上之卦而文王亦名之曰乾乾天也朱子曰乾者健也陽之性也陽之數奇三畫皆奇之卦名乾而象天三畫之乾重為六畫上下皆乾則陽之純健之至也故乾之名不易
元亨　占也元首也文

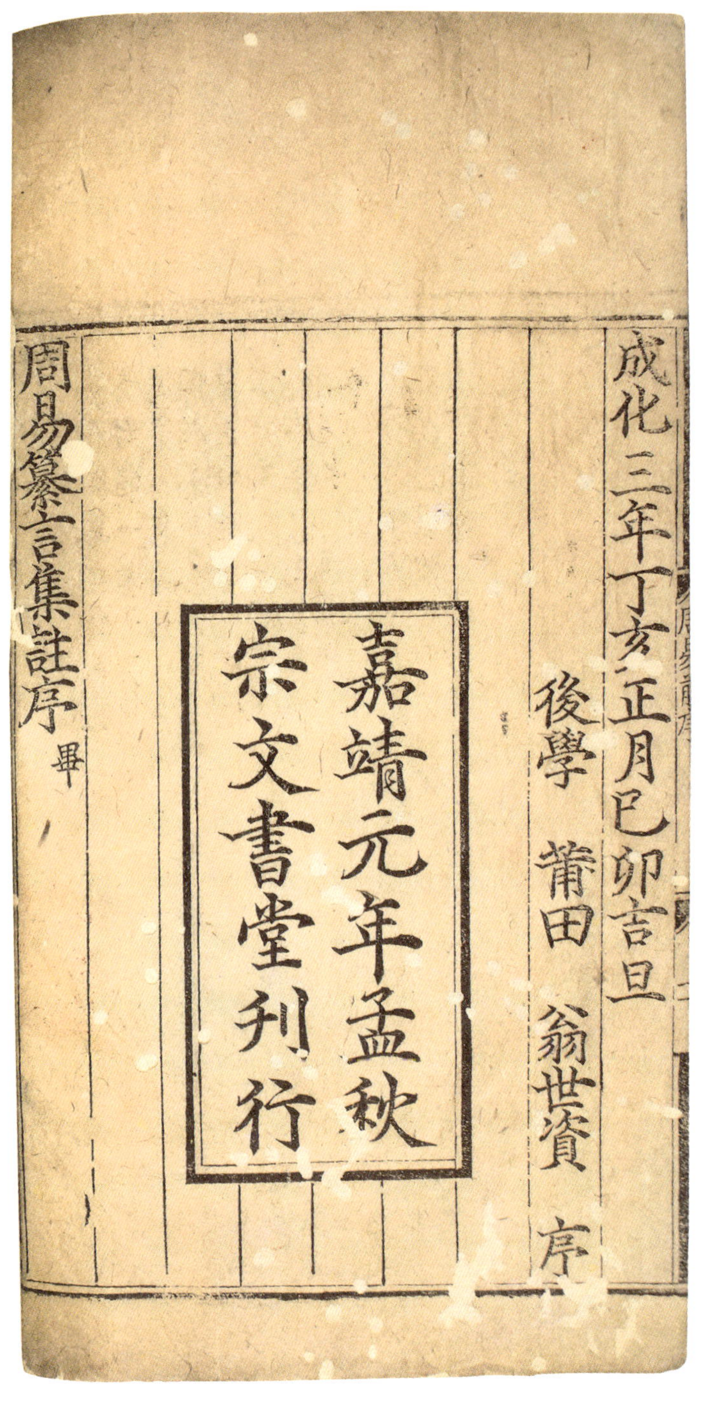
成化三年丁亥正月己卯吉旦
後學莆田　翁世資　序
嘉靖元年孟秋
宗文書堂刊行
周易纂言集註序　畢

07263　新刊周易纂言集註四卷首一卷　（元）吳澄撰　明嘉靖元年（1522）宗文書堂刻本

匡高19厘米，廣13厘米。半葉十行，行二十一字，小字雙行同，黑口，四周雙邊。東北師範大學圖書館藏。

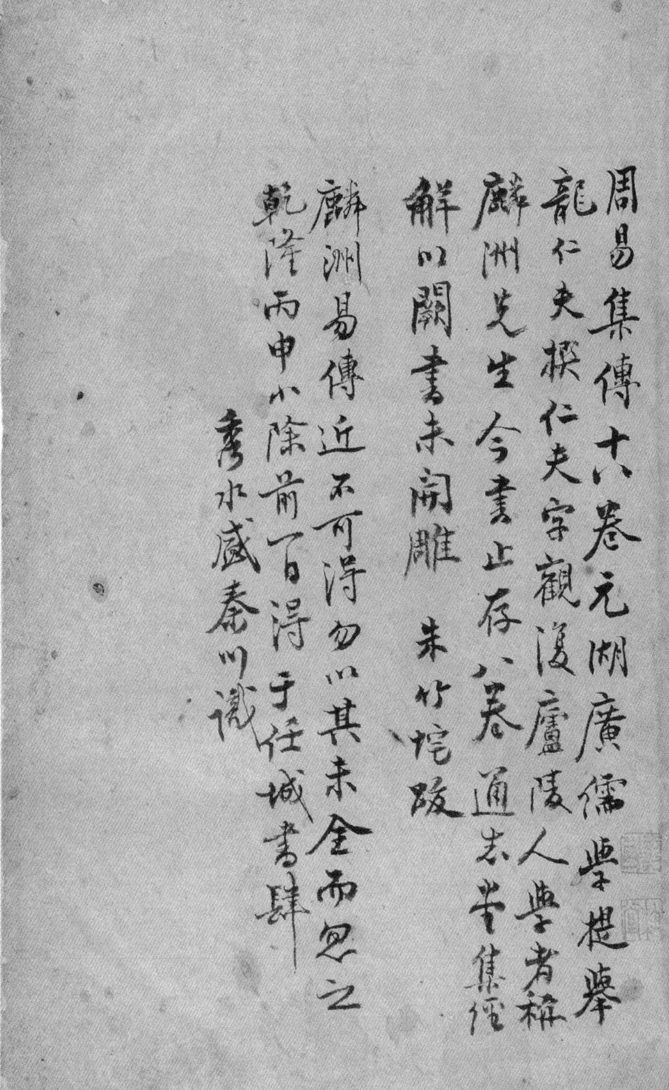

周易集傳十八卷元湖廣儒學提舉
龍仁夫撰仁夫字觀復廬陵人學者稱
麟洲先生今書止存八卷通志堂集經
解以闕書未開雕　朱竹垞跋
麟洲易傳近不可得勿以其未全而忽之
乾隆丙申小除前一日得于任城書肆
秀水盛秦川識

周易集傳卷第一　上經之上
廬陵龍仁夫學
朱子曰周代名易書名卦本伏羲所畫有
交易變易之義故謂之易辭則文王周公
所繫故繫之周以其簡袠重大故分上下
兩篇（邵子曰乾坤坎离上篇之用兌艮震巽下篇之用新安胡一桂曰上經十八卦反對成三十卦下經亦十八卦反對成三十四卦上經五十二陽爻五十六陰爻下經五十六陽爻五十二陰爻）經伏羲之畫文王周公
之辭也并孔子所作
傳十篇凡十二篇
䷀乾下乾上
乾卦　朱子曰伏羲仰觀俯察見
陰陽有奇耦之數畫一奇象陽
一偶象陰再倍而三以成八卦陽之性健
成物之大者為天故名曰乾而擬之於天

07264 周易集傳八卷　（元）龍仁夫撰　清影元抄本

匡高19.3厘米，廣13.4厘米。半葉八行，行十七字，小字雙行同，黑口，左右雙邊。有“盛百二印”、“柚堂”、“秀水盛氏柚堂圖書”、“臣百二”、“秦川”、“皆山樓”等印。盛百二跋。上海圖書館藏。

周易上經第一

後學梁寅參義

☰乾下乾上

乾元亨利貞

文王乾卦之辭非以為四德也以為四德者由夫子始也夫子之意蓋以乾坤二卦盡天地之道故尊異其辭而因以明造化之大固非他卦之可同也然乾之為卦至大也而其占辭之略何也曰辭之略者此其所以為大也諸卦之言亨也有不曰元者矣有曰小亨者矣有曰某事亨者矣而乾獨曰元亨則无往而不大通也諸卦之言貞也有曰利某事貞者矣有

07265 周易參義十二卷 （元）梁寅撰　明抄本

匡高20.9厘米，廣15.8厘米。半葉十一行，行二十一字，紅格，白口，四周單邊。有“周元亮鈔本”、“燕越胡茨邨氏藏書”等印。遼寧省圖書館藏。

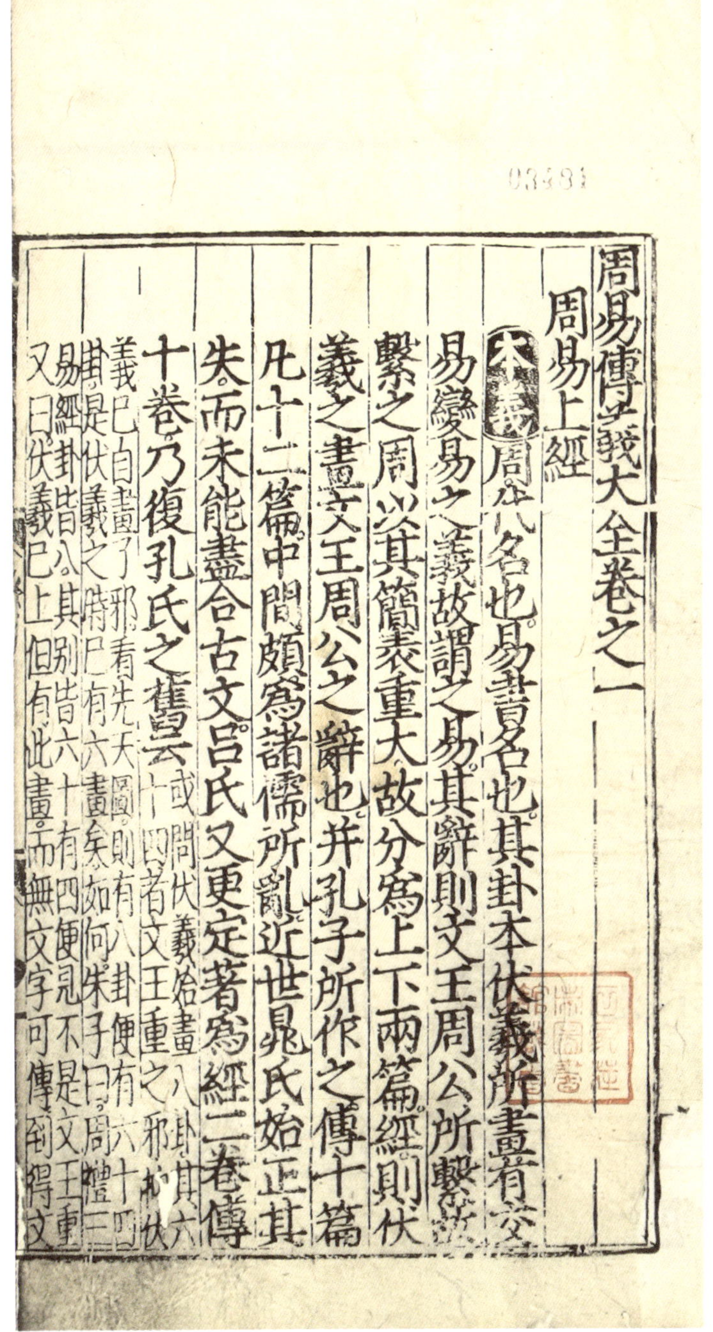

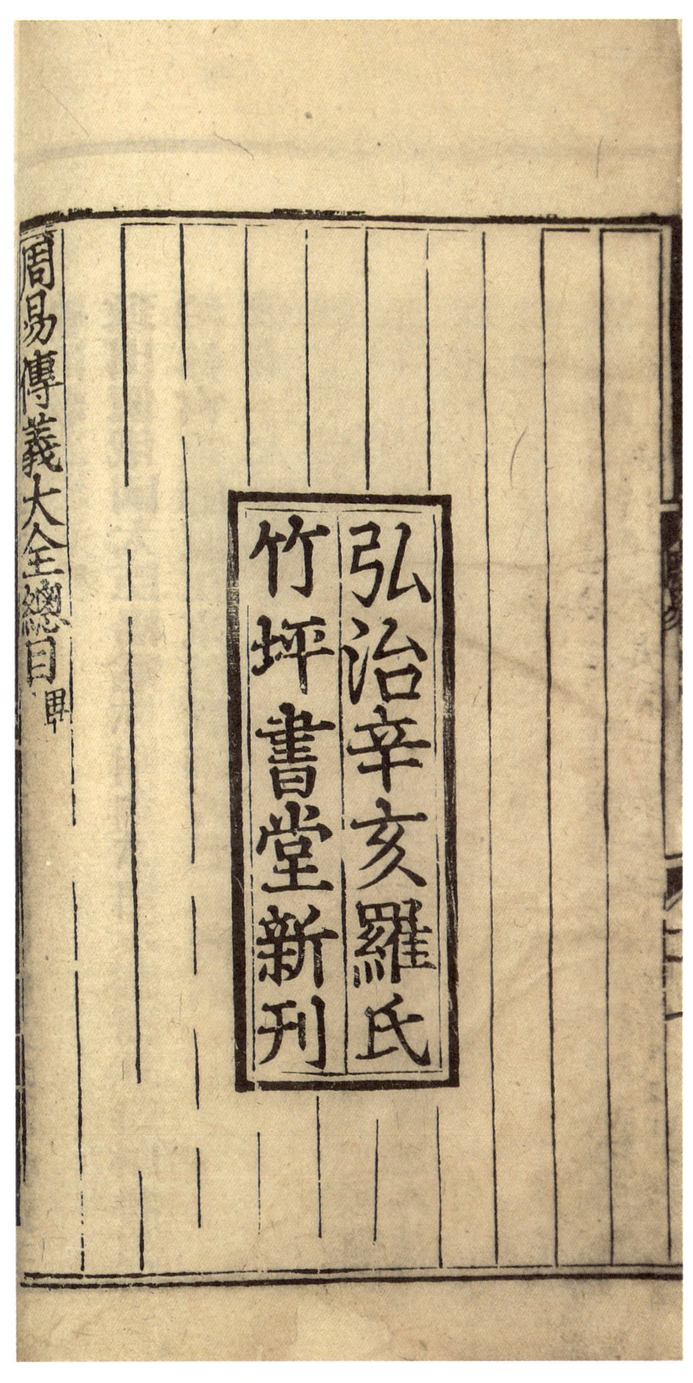

07266 周易傳義大全二十四卷 （明）胡廣等輯　明弘治四年（1491）羅氏竹坪書堂刻本

匡高19.6厘米，廣12.7厘米。半葉十一行，行二十一字，小字雙行同，黑口，四周雙邊。石家莊市圖書館藏，存十卷。

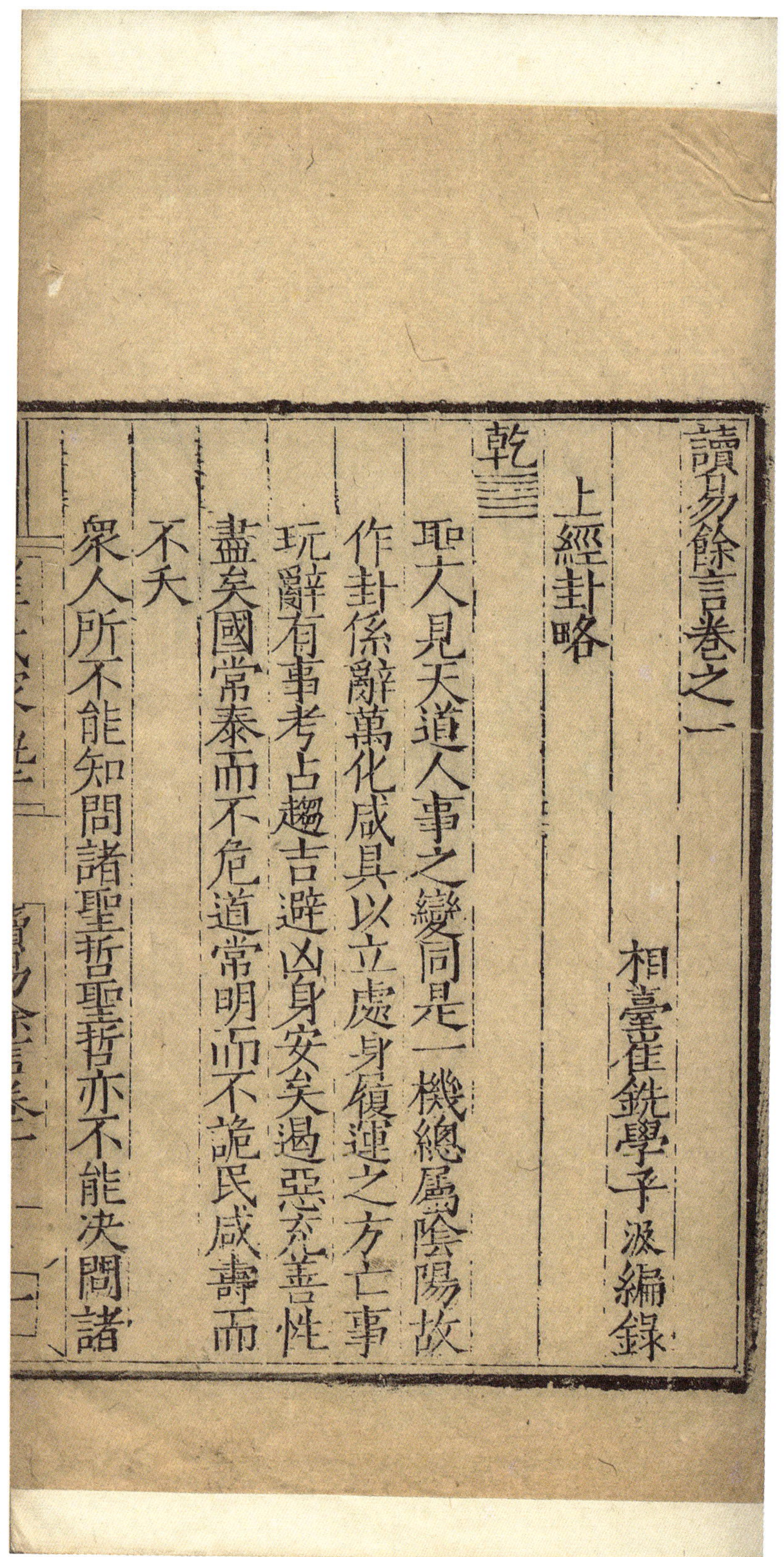

07267 讀易餘言五卷 （明）崔銑撰　明崔氏家塾刻本

匡高17.7厘米，廣14厘米。半葉十行，行二十字，細黑口，四周雙邊。中山大學圖書館藏。

易學本原啓蒙意見　　韓邦奇圖解

本圖書第

易大傳曰河出圖洛出書聖人則之

劉歆曰河圖洛書相爲經緯九章八卦相爲表
裏

邵子曰圓者星也歷紀之數其肇於此乎方者
土也畫州井地之法其放於此乎蓋圓者河圖
之數方者洛書之文故羲文因之而造易禹箕
敘之而作範也

河圖圖解

07268 易學本原啓蒙意見四卷（明）韓邦奇撰　明正德刻本

匡高20厘米，廣14.2厘米。半葉十行，行十八字，白口，四周雙邊。浙江圖書館藏。

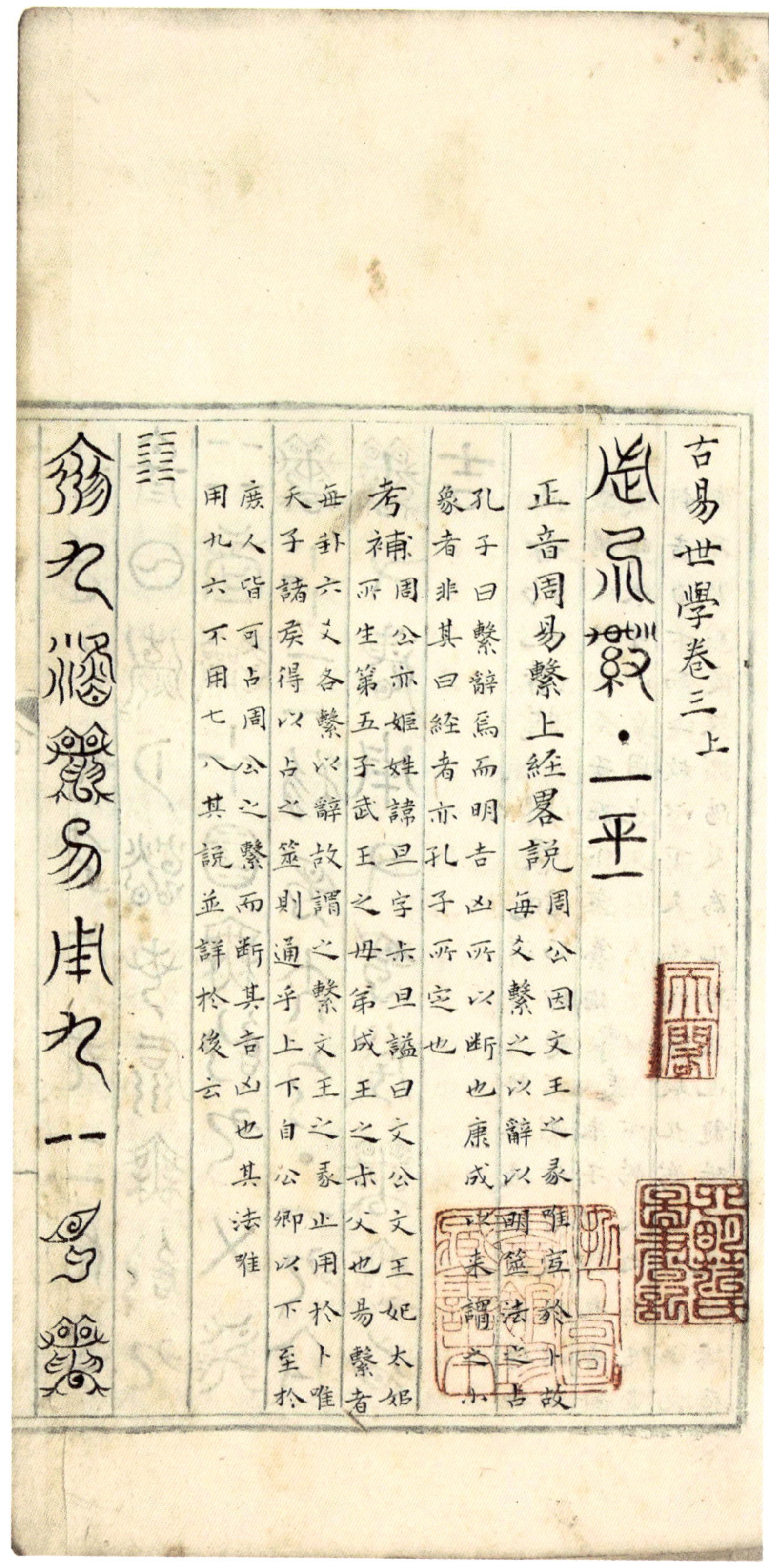

07269 古易世學十七卷（明）豐坊撰　明抄本

匡高22.5厘米，廣16.1厘米。半葉九行，行二十一字，小字雙行同，藍格，白口，四周雙邊。有"四明范氏圖書記"等印。浙江圖書館藏，存十五卷。

07270 讀易一鈔十卷易廣四卷 （清）董守諭撰　稿本

匡高24.7厘米，廣16.4厘米。半葉八行，行二十六字，白口，四周單邊。有“董守諭印”、“四明盧氏抱經樓藏書印”、“徐恕讀過”等印。湖北省圖書館藏。

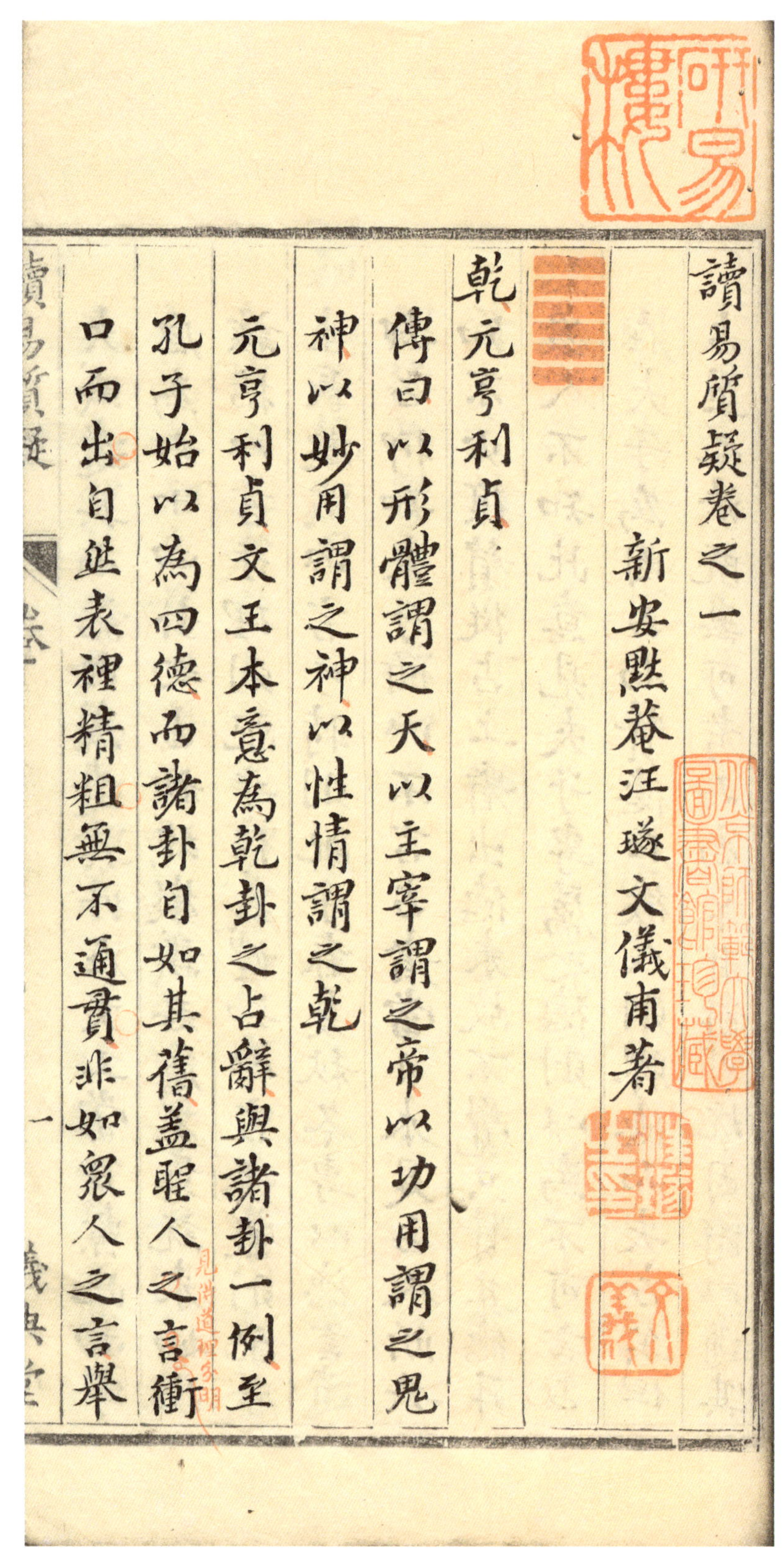
讀易質疑卷之一　新安黙菴汪璲文儀甫著

乾元亨利貞

傳曰以形體謂之天以主宰謂之帝以功用謂之鬼神以妙用謂之神以性情謂之乾

元亨利貞文王本意爲乾卦之占辭與諸卦一例至孔子始以爲四德而諸卦自如其舊蓋聖人之言衝口而出自然表裡精粗無不通貫非如衆人之言舉

07271 讀易質疑二十卷　（清）汪璲撰　稿本

匡高20厘米，廣12.6厘米。半葉九行，行二十一字，藍格，白口，四周雙邊。有“汪璲之印”、“研易樓”等印。北京師範大學圖書館藏。

孔門易緒卷第一

上經　古郲張氏　德純學纂

☰ 乾　乾下乾上

緒曰易為三才之奧府不得其門而入則此中之美富不可得而窺故觀易者凡象辭變占俱以乾坤為之準蓋與其所交索而得者相盪相錯而變化成无一非分乾坤之體以為體若論生成之義則知大始者乾也坤且效法乎此以代其終何況對待流行消息盈虛之故无乾則亦无坤而造化或幾乎息矣故雖謂全易之書統括于一乾可也　卦也者象也象者材也非乾之純无以象天德非元亨利貞而不綴一語不

07272 孔門易緒十六卷首一卷（清）張德純撰　稿本

匡高23.3厘米，廣16.9厘米。半葉九行，行二十七字，藍格，白口，四周雙邊。江西省圖書館藏。

之以為二致探力索而無當持平詳核粹然儒者言矣是顧數暢程傳朱義而與
傳義異者其多如康成之箋毛詩故名曰箋子研易家其在虛齋蒙引安溪觀象閒乎
唯其六十四卦經文於竹簡之中橫分四截首彖辭次彖傳次爻辭次爻傳而大象又別為一條於後繫辭
上下據史漢引改為大傳上下非鄭非王不今不古其於雜卦謂傳寫多誤不叶韻以韻正之
數卦者未為得首乾坤三十卦而咸恒是封雖雜而仍不失文王首尾之序則首乾坤宜終於離
首咸恒宜終既未濟為一更正按其次顛倒稽亂非序非雜且通篇反對頤大過獨不相
連莫解其故又以困脫不字柔遇剛剛決柔君子道長小人道憂皆誤添入丞增刪之
改親寡旅為旅寡親皆信意武斷不可為訓其酷信宋人圖書不服王禕歸震川毛
際可李穆堂之辨所申說嫌於浮游然固不以掩其大醇也黔中前輩說易知者
清平孫文恭淮海易譚麻哈艾圜嵒太史易注及是書而三耳易譚間有行本艾
之觀易注未授梓唯是書有榕門刊本頗行於世維[illegible]與梓必恭敬止是書
之恭敬奉持當何如也獨山後學莫友芝跋

論河圖

以河圖為僞而不信歐陽公而後如王禕歸震川毛際可皆肆為異論詆訾邵朱不遺餘力近時李穆堂以為易書論語雖有其名而莫識其何狀不知大傳已著其五十有五之數若非言河圖則何從說起其曰此所以成變化而行鬼神又以闡河圖之精蘊而揭作易之本源可謂深切著明矣漢去古未遠孔安國劉歆皆言之必有所本若楊子雲玄圖一與六共宗二與七為朋三與八成友四與九同道五與五相守此分明河圖朱子曾舉此語以釋河圖而不明指其出於玄圖豈以玄釋易為嫌乎今考其文前无所承後无所發明而獨懸此數語按之系圖未見其確有合也蓋玄以準易子雲曾見河圖故傳會其說漢儒生成之說雖言五行而位數與圖合是其流傳已久非自希夷而始有也惟是河圖必

易箋　卷首　一

07273　定齋易箋八卷首一卷　（清）陳法撰　清乾隆三十年（1765）敬和堂刻本

匡高21.6厘米，廣14厘米。半葉十二行，行二十五字，白口，左右雙邊。莫友芝跋。四川省圖書館藏。

07274 周易本義辨證六卷附錄一卷 （清）惠棟撰　手稿本

有“虞山李氏”、“卷盦六十六以後所收書”等印。丁祖蔭題識。上海圖書館藏。

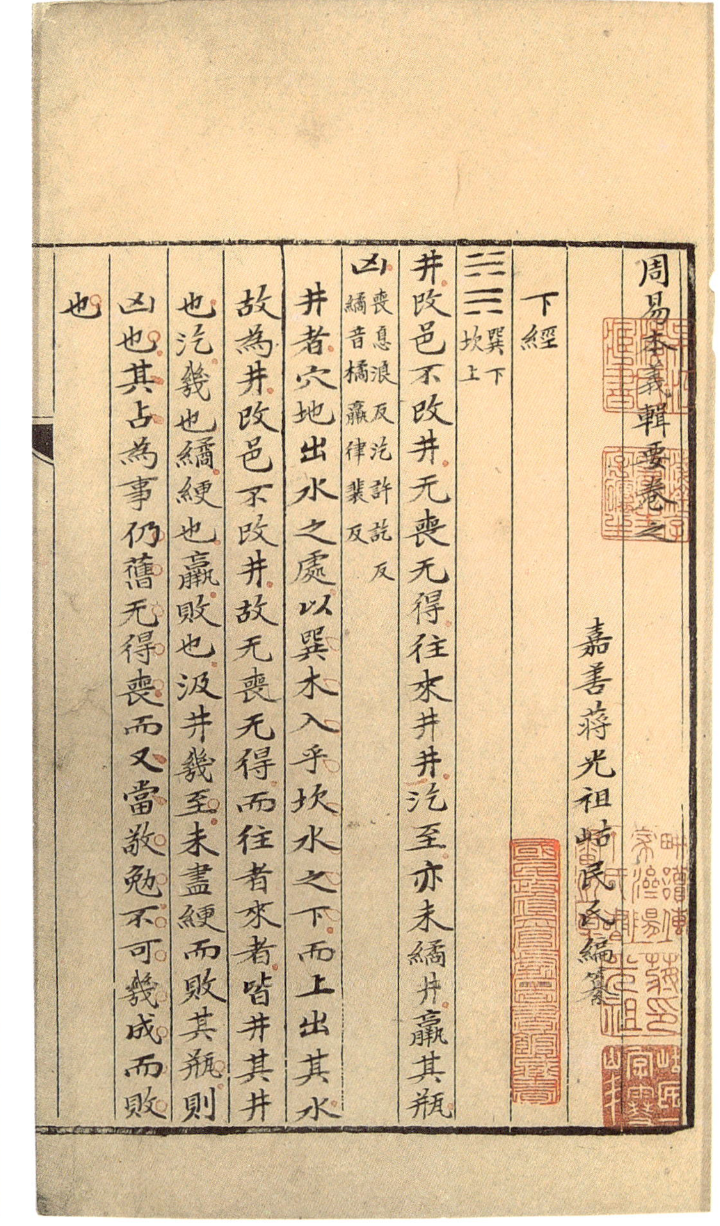
周易本義輯要卷之

嘉善蔣光祖帖民氏編纂

下經

☵☴ 巽下坎上

井改邑不改井无喪无得往來井井汔至亦未繘井羸其瓶凶 喪息浪反 汔許訖反 繘音橘 羸律裴反

井者穴地出水之處以巽木入乎坎水之下而上出其水故為井改邑不改井故无喪无得而往者來者皆井其井也汔幾也繘綆也羸敗也汲井幾至未盡綆而敗其瓶則凶也其占為事仍舊无得喪而又當敬勉不可幾成而敗也

07275 周易本義輯要三卷 （清）蔣光祖撰　稿本

匡高28.4厘米，廣18.5厘米。半葉十一行，行二十三字，黑口，左右雙邊。南京市博物館藏。

後草木一易木王月命臣潛龍氏作甲曆
伏制犧牛冶金成器教民炮食易九頭爲
九牧因尊事爲禮義因龍出而紀官因鳳
來而作樂命降龍氏和率萬民命水龍氏
平治水土命火龍氏炮治器用因居方而
置城郭天下之民號曰天皇太昊伏羲有
庖升龍氏本通姓氏之後也

古三墳書

明吳郡范惟一于中校

山墳

天皇伏羲氏

連山易

爻卦大象

崇山君　君臣相　君民官　君物龍

君陰后　君陽師　君兵將　君象首

07276 古三墳書一卷　明嘉靖四十三年（1564）刻本

匡高19.3厘米，廣13.9厘米。半葉八行，行十六字，小字雙行同，白口，四周雙邊。安徽省圖書館藏。

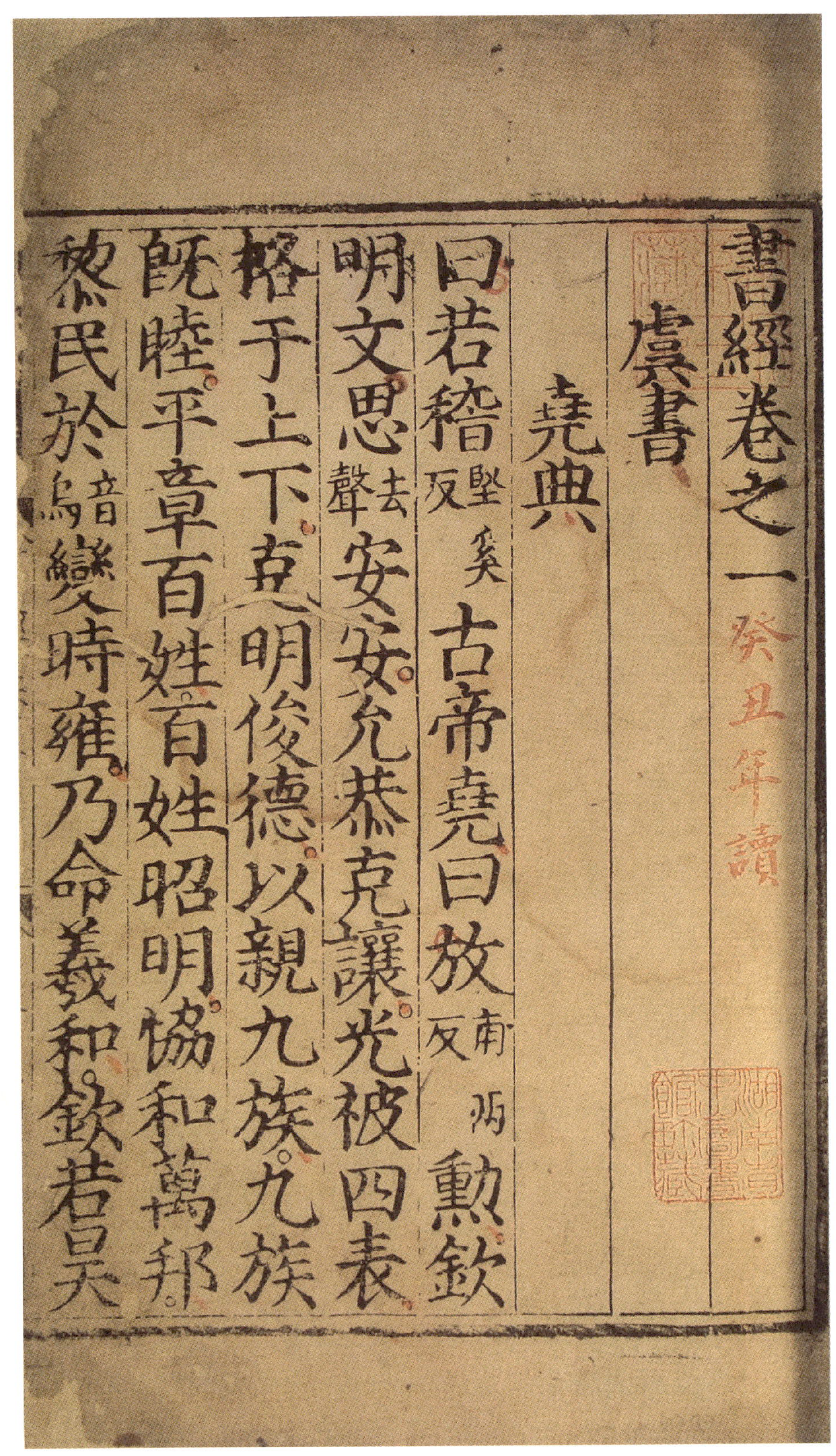
書經卷之一

虞書

堯典

曰若稽堅奚反古帝堯曰放甫兩反勳欽明文思去聲安安允恭克讓光被四表格于上下克明俊德以親九族九族既睦平章百姓百姓昭明協和萬邦黎民於音烏變時雍乃命羲和欽若昊天

07277 書經六卷　明刻本

匡高20.5厘米，廣15厘米。半葉八行，行十四字，黑口，四周雙邊。湖南圖書館藏。

會通館校正音釋書經卷之一
虞書
堯典
曰若稽古帝堯曰放勳欽明文思安安允恭
克讓光被四表格于上下克明俊德以親九
族九族既睦平章百姓百姓昭明協和萬邦
黎民於變時雍乃命羲和欽若昊天曆象日
月星辰敬授人時分命羲仲宅嵎夷曰暘谷
寅賓出日平秩東作日中星鳥以殷仲春厥

07278 會通館校正音釋書經十卷 明會通館銅活字印本

匡高23.1厘米，廣15.4厘米。半葉九行，行十七字，小字雙行同，白口，四周單邊。有“曾在上海郁泰峰家”、“李書勳印”等印。上海圖書館藏。

書卷第一　　蔡氏集傳

虞書 虞舜氏因以爲有天下之號也書凡五篇堯典雖紀唐堯之事然本虞史所作故曰虞書其舜典以下夏史所作當曰夏書春秋傳亦多引爲夏書此云虞書或以爲孔子所定也

堯典 堯唐帝名說文曰典從冊在丌上尊閣之也此篇以簡冊載堯之事故名曰堯典後世以其所載之事可爲常法故又訓爲常也今文古文皆有

曰若稽古帝堯曰放勳欽明文思安安允恭克讓光被四表格于上下 曰粵越通古文作粵曰若者發語辭周書越若來三月亦此例也稽考也史臣將叙堯事故先言考古之帝堯者其德如下文所云也曰者猶言其說如此也放至也猶孟子言放乎四海是也勳功也言堯之功大而無所不至也欽恭敬也明通明也敬體而明用也文文章也思意思也文著見而思深遠也安安無所勉强也言其德性之美皆出於自然而非勉强所謂性之者也允信克能也常人德非性有物欲害之故有强爲恭而不實欲爲讓而不能者惟堯性之是以信恭而能讓也光顯被及表外格至上天下

07279 書集傳六卷 （宋）蔡沈撰　明刻本

匡高19.8厘米，廣10.3厘米。半葉十一行，行二十一字，小字雙行同，黑口，四周雙邊。吉林省圖書館藏。

書卷之一

蔡沉集傳

虞書

虞舜氏因以爲有天下之號也書凡五篇
堯典雖紀唐堯之事然本虞史所作故曰
虞書其舜典以下夏史所作當曰夏書春
秋傳亦多引爲夏書此云虞書或以爲孔
子所〔音釋〕虞史所作案書自禹貢以後每
定也〔傳〕篇各記一事獨典謨所載不倫
而五篇體製相似皆以曰若稽古發端蓋
出於一人之手恐難分堯典獨爲虞史所
作堯典篇末言舉舜事伏生本又以舜典
合爲一篇宜後人稱虞書也唐虞夏雖曰

書傳卷之一

07280、07281 書集傳六卷圖一卷 （宋）蔡沈撰 （元）鄒季友音釋 **朱子說書綱領一卷** （宋）朱熹撰 明正統十二年（1447）司禮監刻本

匡高23厘米，廣16厘米。半葉八行，行十四字，小字雙行十八字，粗黑口，四周雙邊。北京大學圖書館、山東大學圖書館藏。

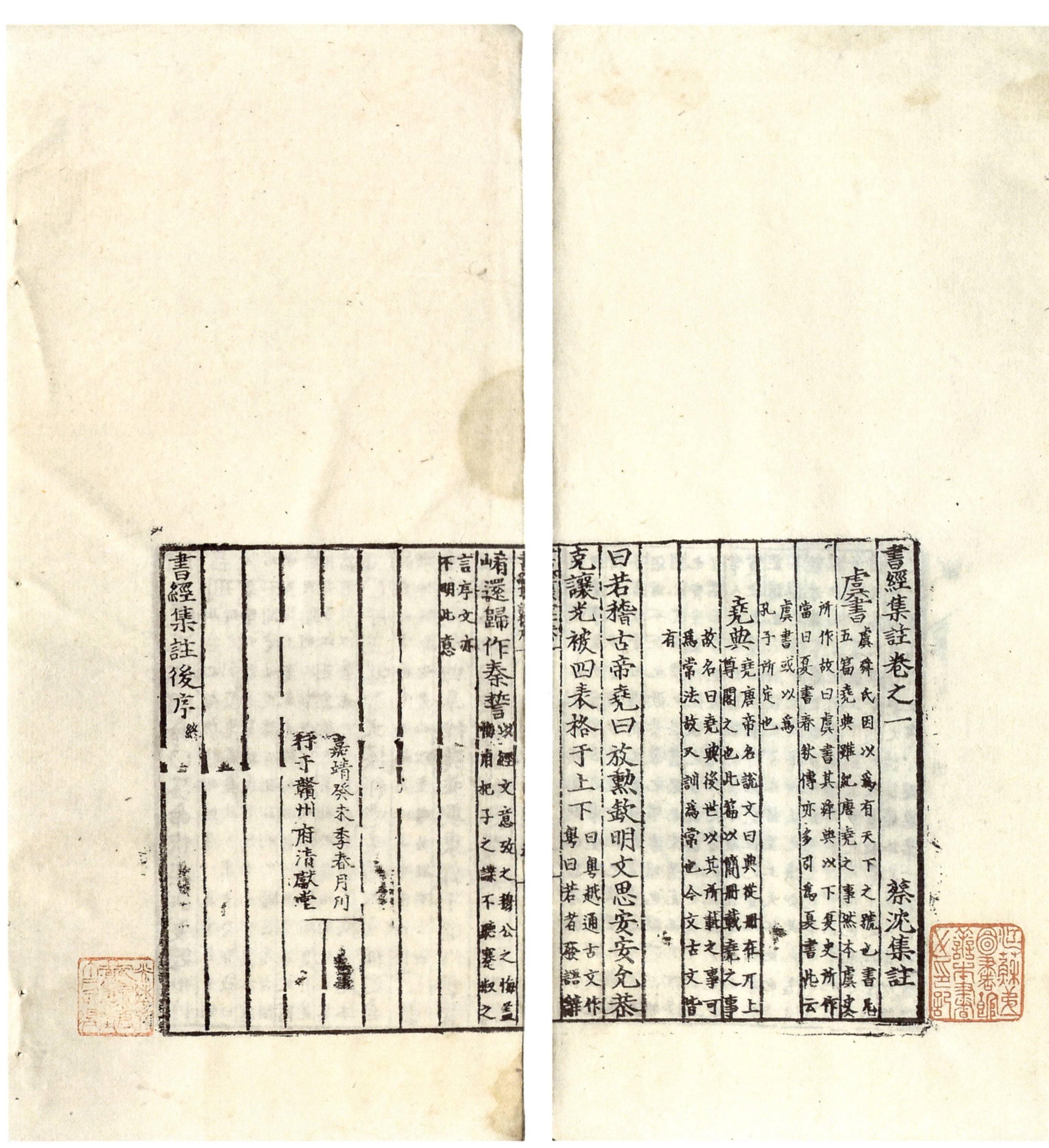

07282 書經集註十卷 （宋）蔡沈撰　明嘉靖二年（1523）贛州府刻本

匡高13厘米，廣10.5厘米。半葉九行，行十七字，小字雙行同，白口，四周單邊。羅棨、丁丙跋。南京圖書館藏。

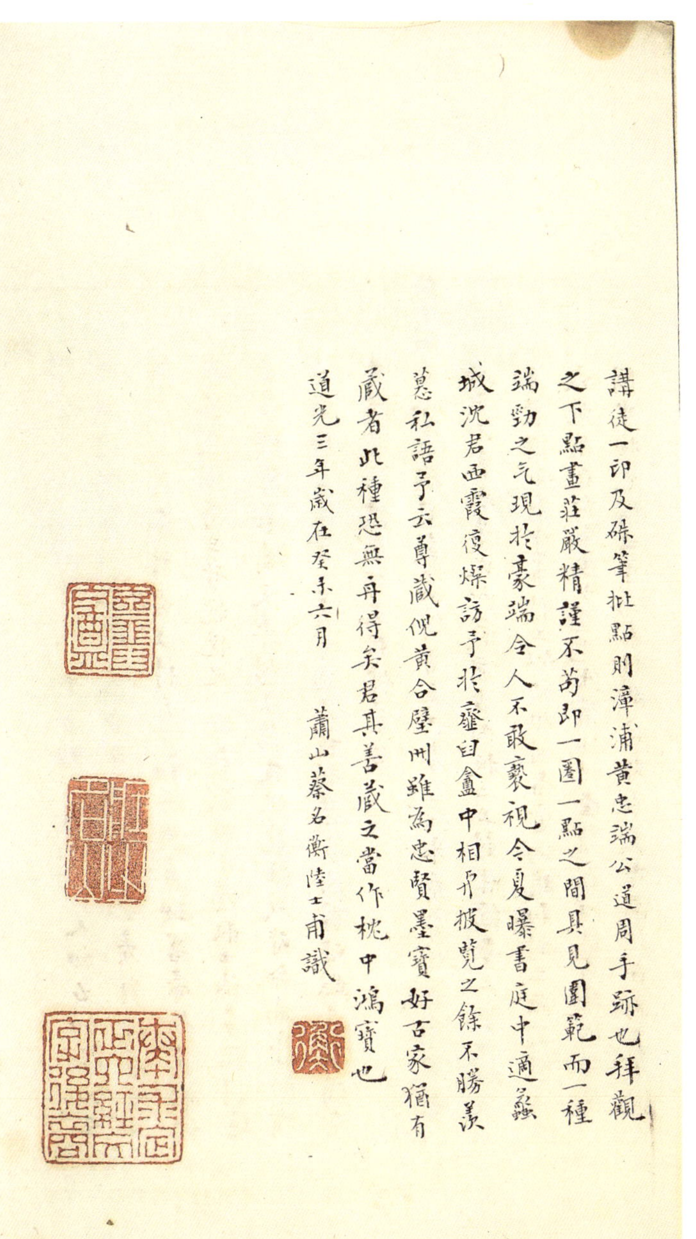

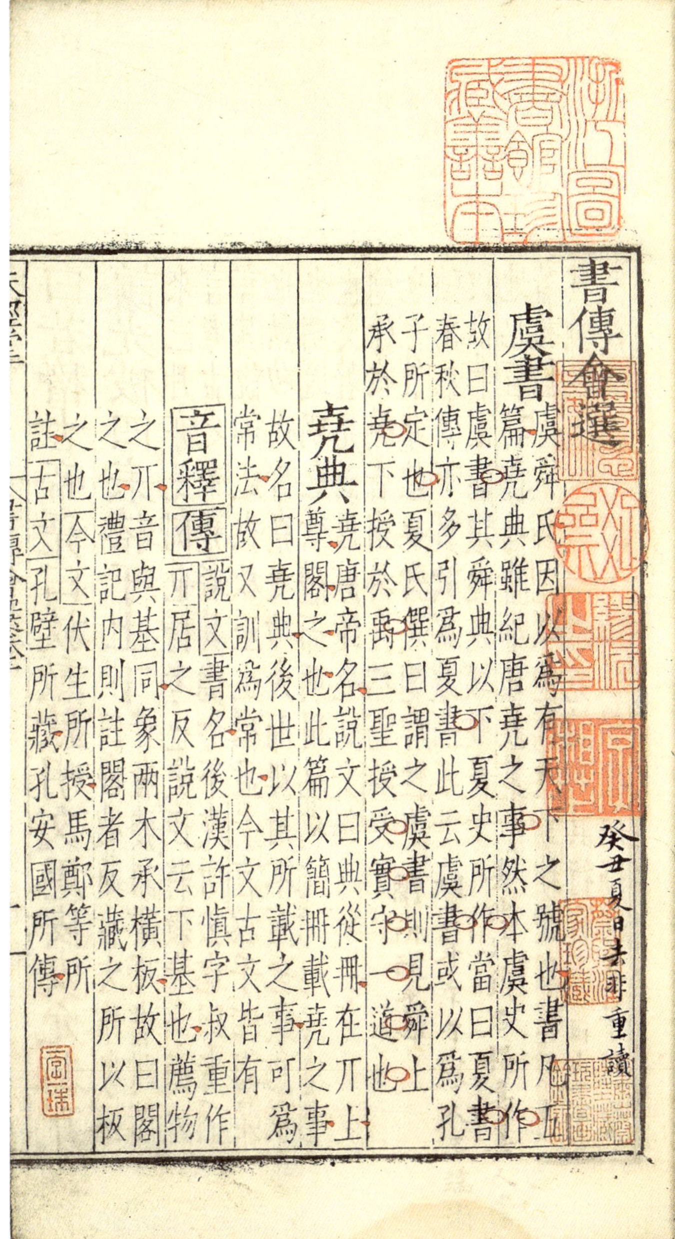

07283 書傳會選六卷 （明）劉三吾等撰　明趙府味經堂刻本

匡高20.1厘米，廣14.4厘米。半葉九行，行十八字，小字雙行同，細黑口，四周雙邊。有“蕭山蔡陸士藏玩書畫鈐記”、“王禮治檢叔珍藏印信”、“吳修私印”、“王紹蘭印”等印。王紹蘭、蔡名衡跋。浙江圖書館藏。

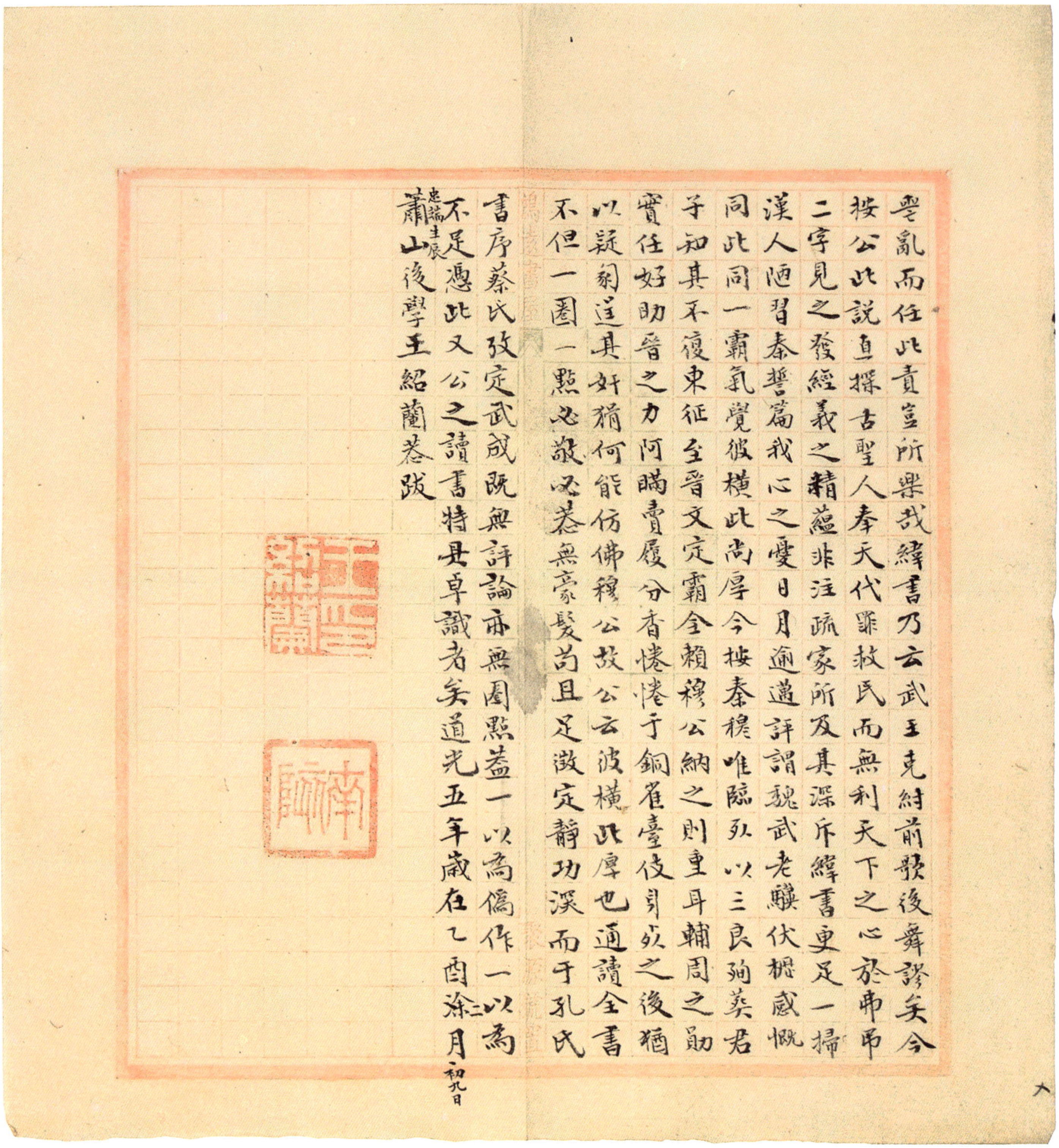
雯亂而任此責豈所樂哉緯書乃云武王克紂前歌後舞誅矣今
按公此說直採古聖人奉天代罪救民而無利天下之心於弗弗
二字見之發經義之精蘊非注疏家所及其深斥緯書更足一掃
漢人陋習泰誓篇我心之憂日月逾邁詳謂魏武老驥伏櫪感慨
同此同一霸氣覺彼橫此尚厚今按秦穆唯臨死以三良殉葬君
子知其不復東征至晉文定霸全賴穆公納之則重耳輔周之勛
實任好助晉之力阿瞞賣履分香惓惓于銅雀臺伎身歿之後猶
以疑冢逞其奸猾何能仿佛穆公哉公云彼橫此厚也通讀全書
不但一圈一點必敬必恭無豪髮苟且足徵定靜功深而于孔氏
書序蔡氏攷定武成既無評論亦無圈點蓋一以為偽作一以為
不足憑此又公之讀書特具卓識者矣道光五年歲在乙酉涂月初九日
忠端壬辰蕭山後學王紹蘭恭跋

（釋文同前页）

書傳大全卷之四

商書

契始封商湯因以爲有天下之號書凡十七篇史記湯黃帝後帝嚳生契爲唐虞司徒封於商賜姓子氏十三世生湯名天乙都亳今濟陰亳縣○鄭氏曰商在太華之陽湯在位十三年崩壽百歲國號商盤庚遷殷以後號殷

湯誓

湯號也或曰謚湯名履姓子氏夏桀暴虐湯往征之亳衆憚於征役故湯諭以弔伐之意蓋師興之時而誓于亳都者也今文古文皆有朱子曰湯武固是反之但細觀其書湯反之之功恐是精密如湯誓與牧誓數桀紂之罪辭氣亦不同史

07284 書傳大全十卷 （明）胡廣等輯　明内府抄本

匡高26.5厘米，廣19厘米。半葉十行，行二十二字，小字雙行同，紅格，紅口，四周雙邊。北京師範大學圖書館藏，存二卷。

07285 尚書譜不分卷 （明）梅鷟撰　明抄本

匡高20.9厘米，廣14.1厘米。半葉九行，行二十二字，白口，四周單邊。有“白堤錢聽默經眼”、“八千卷樓所藏”等印。顧廣圻校並跋、丁丙跋。南京圖書館藏。

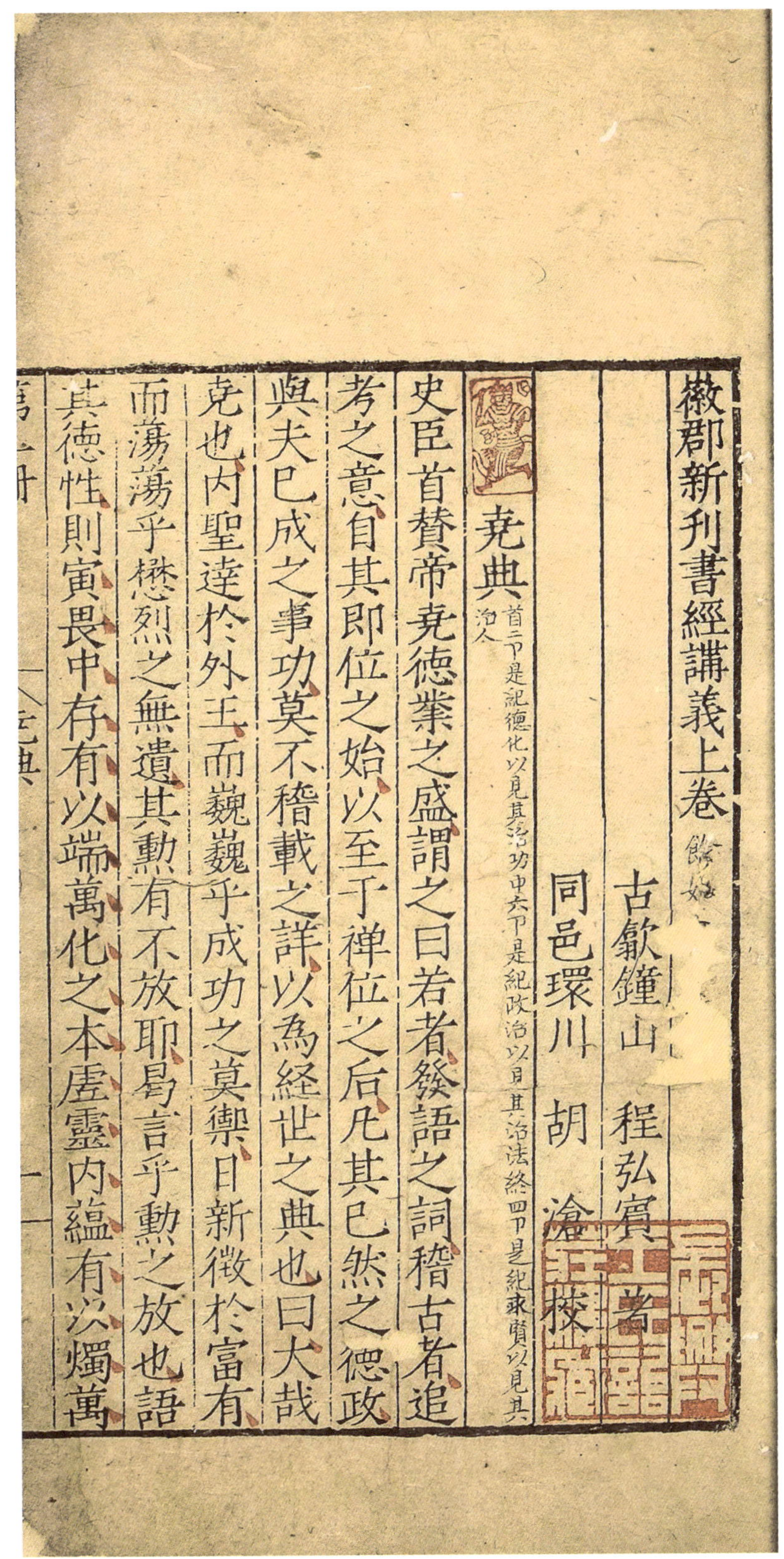

07286 徽郡新刊書經講義二卷 （明）程弘賓撰　明嘉靖四十三年（1564）新安程氏刻本

匡高17厘米，廣11.8厘米。半葉十行，行二十三字，白口，四周單邊。有“長興王氏詒莊樓藏”等印。浙江圖書館藏。

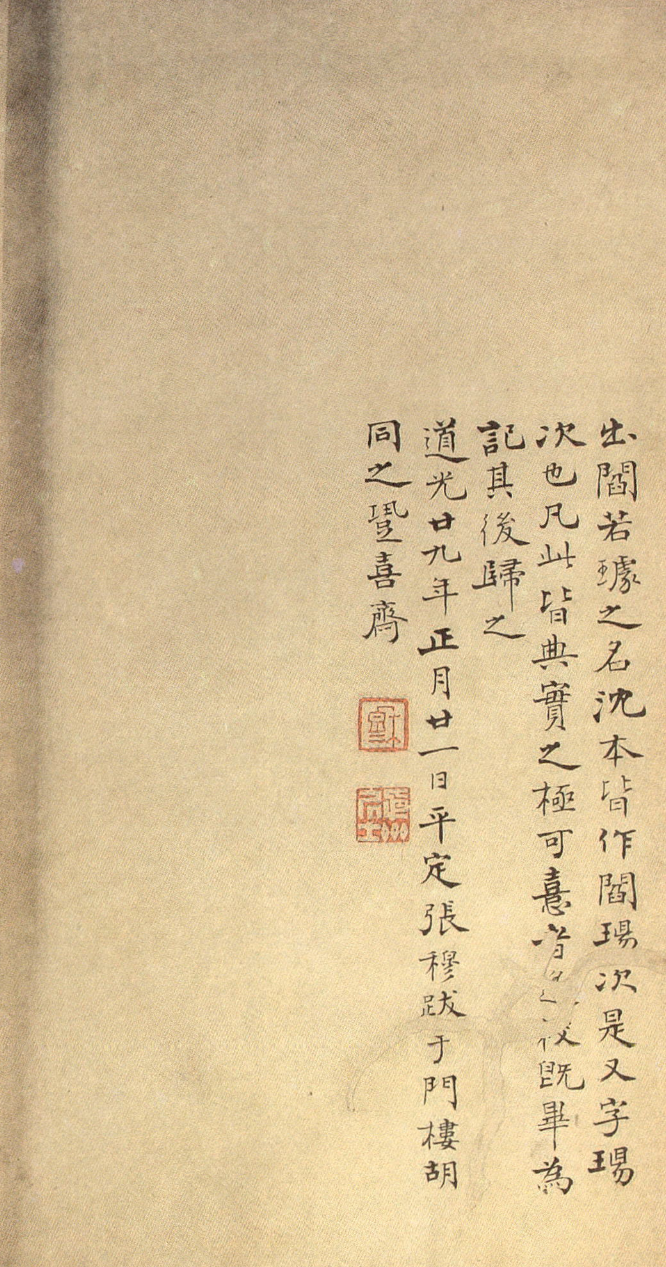
出閻若璩之名沈本皆作閻瑒次是又字瑒
次也凡此皆典實之極可憙者[illegible]校既畢為
記其後歸之
道光廿九年正月廿一日平定張穆跋于門樓胡
同之壆喜齋

卷一五十五葉

尚書古文疏證卷一
太原閻若璩撰
第一
漢書儒林傳孔氏有古文尚書孔安國吕今文字
讀之因吕起其家逸書得十餘篇蓋尚書茲多於
是矣藝文志古文尚書者出孔子壁中武帝末魯
共王壞孔子宅得古文尚書及禮記論語孝經凡
數十篇皆古字孔安國者孔子後也悉得其書以
考二十九篇得多十六篇安國獻之遭巫蠱事未
列于學官楚元王傳魯恭王壞孔子宅欲吕爲宫

07287 尚書古文疏證九卷 （清）閻若璩撰　清沈彤抄本

半葉十行，行十九字。有“果堂”、“道州何氏所藏圖書印”、“葉啓勛”等印。張穆校並跋。湖南圖書館藏。

欽定四庫全書

禹貢說斷卷一　　宋　傅寅　撰

禹貢　夏書

孔氏曰此堯時事而在夏書之首禹之王以是功

唐孔氏曰此篇史述時事非是應對言語當是水土

既治史即録此篇其初必在虞書之内蓋夏史抽

入夏書或仲尼始退其第事未可知也

林氏曰邶鄘衛之詩邶地所采者則謂之邶國風鄘

07288 禹貢說斷四卷　（宋）傅寅撰　清乾隆三十八年（1773）四庫全書館抄本

匡高22.7厘米，廣15.2厘米。半葉八行，行二十一字，小字雙行同，紅格，白口，四周雙邊。清華大學圖書館藏，存二卷。

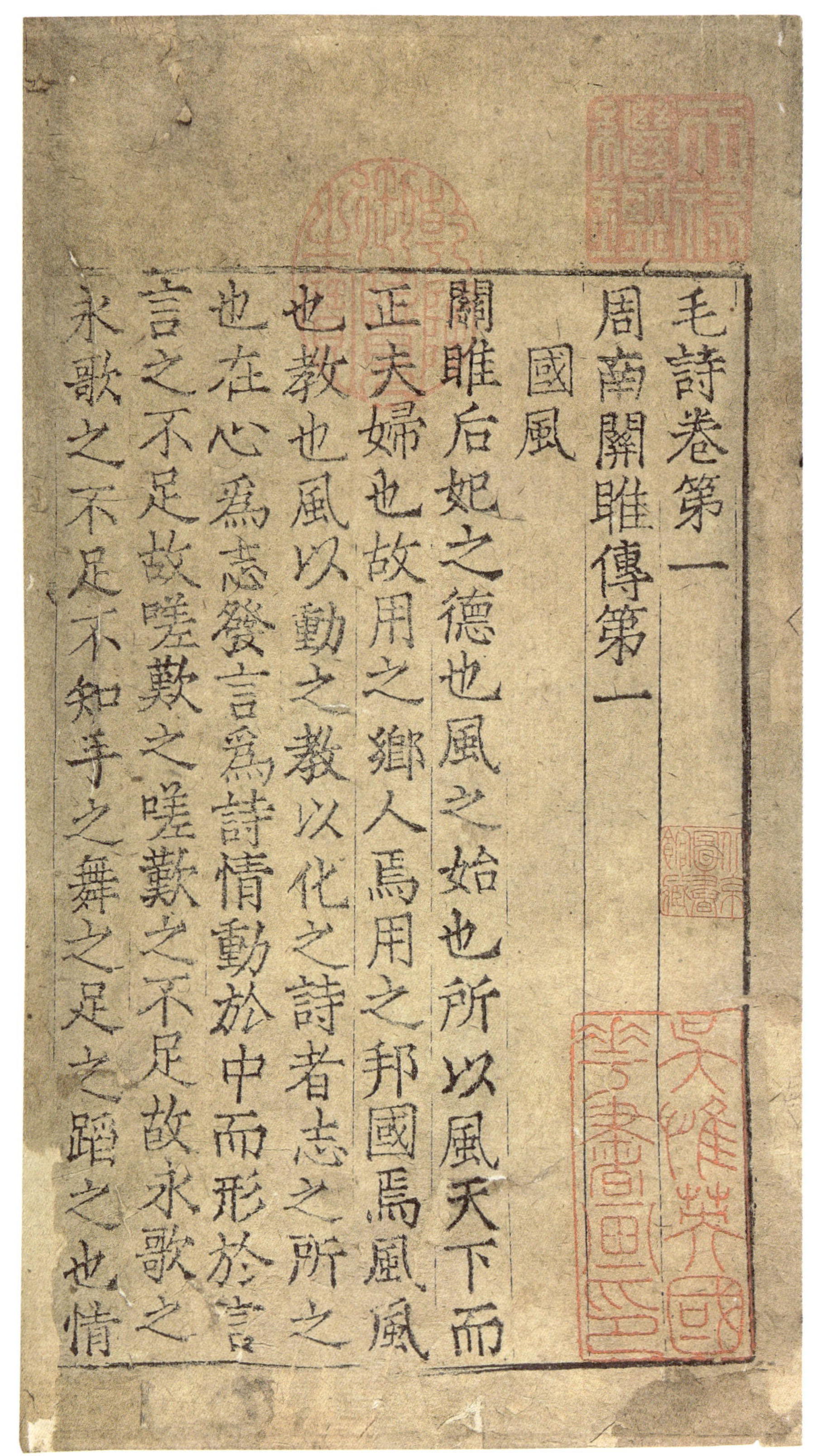

07289 毛詩四卷 明銅活字藍印本

匡高18.9厘米，廣13.1厘米。半葉九行，行十七字，白口，左右雙邊。有“天祿繼鑑”、“乾隆御覽之寶”等印。國家圖書館藏。

詩卷之一　朱熹集傳

國風一

國者，諸侯所封之域，而風者，民俗歌謡之詩也。謂之風者，以其被上之化以有言，而其言又足以感人，如物因風之動以有聲，而其聲又足以動物也。是以諸侯采之以貢於天子，天子受之而列於樂官，於以考其俗尚之美惡，而知其政治之得失焉。舊說，二南爲正風，所以用之閨門鄉黨邦國而化天下也。十三國爲變風，則亦領在樂官，以時存肄，備觀省而垂監戒耳。合之凡十五國云。

詩傳卷

07290 詩集傳二十卷詩序辯説一卷詩傳綱領一卷詩圖一卷（宋）朱熹撰　明正統十二年（1447）司禮監刻本

匡高23厘米，廣16.2厘米。半葉八行，行十四字，小字雙行十八字，黑口，四周雙邊。齊齊哈爾市圖書館藏。

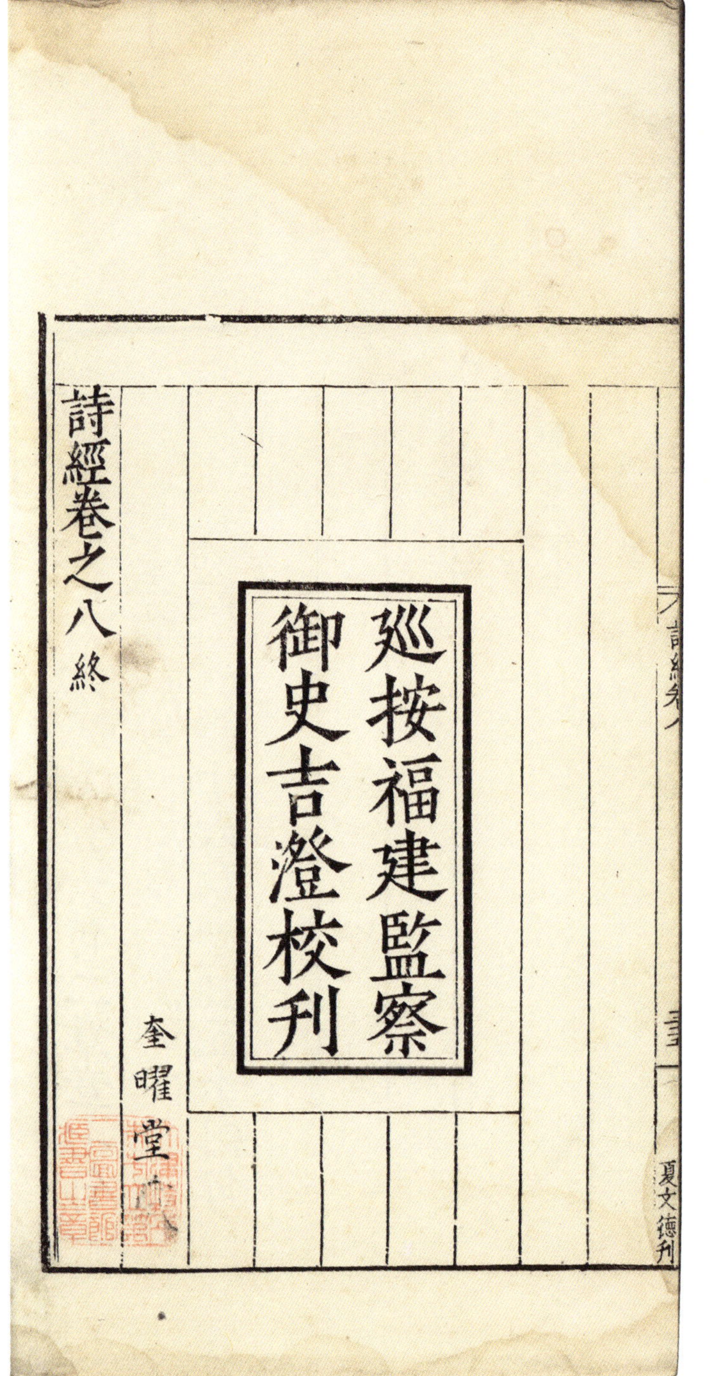

詩經卷之八 終

巡按福建監察
御史吉澄校刊

奎曜堂

夏文德刊

吳應龍書

雍聲多反音辟闢寔反音采菜
去亶旱父甫音召照奭適音

詩經卷之一　　朱熹集傳

國風一 國者諸侯所封之域而風者民俗歌謠之詩也謂之風者以其被上之化以有言而其言又足以感人如物因風之動以有聲而其聲又足以動物也是以諸侯采之以貢於天子天子受之而列於樂官於以考其俗尚之美惡而知其政治之得失焉舊說二南爲正風所以用之閨門鄉黨邦國而化天下也十三國爲變風則亦領在樂官以時存肄備觀省而垂監戒耳合之凡十五國云

周南一之一 周國名南南方諸侯之國也周國本在禹貢雍州境內岐山之陽后稷十三世孫古公亶父始居其地傳子王季歷至孫文王昌辟國寖廣於是徙都于豐而分岐周故地以爲周公旦召公奭之采邑且使周公

07291 詩經集傳八卷 （宋）朱熹撰　明嘉靖吉澄刻本

匡高20.5厘米，廣14.4厘米。半葉九行，行十七字，小字雙行同，白口，左右雙邊。天津圖書館藏。

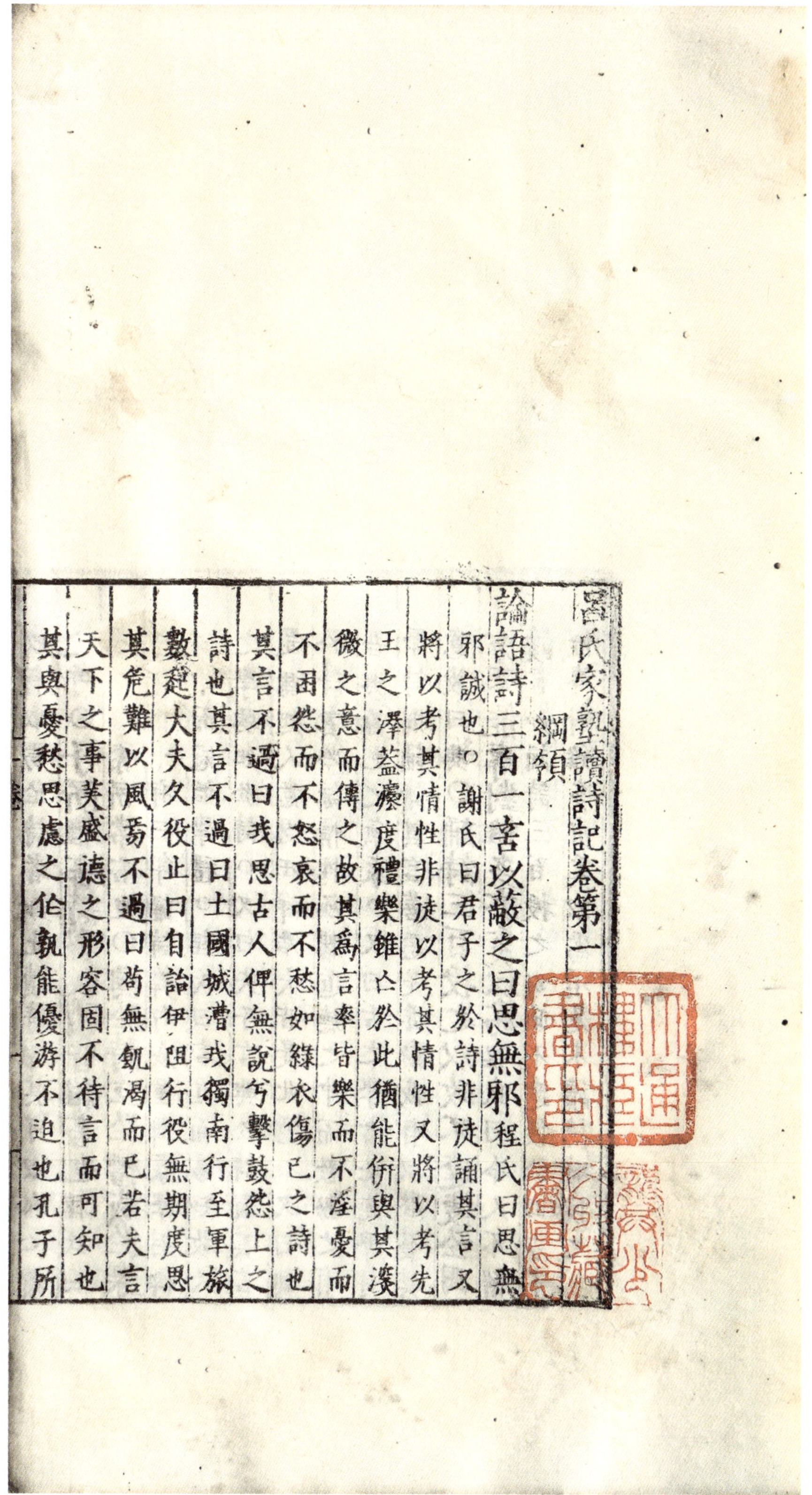
呂氏家塾讀詩記卷第一
綱領
論語詩三百一言以蔽之曰思無邪程氏曰思無
邪誠也○謝氏曰君子之於詩非徒誦其言又
將以考其情性非徒以考其情性又將以考先
王之澤蓋灋度禮樂雖亡於此猶能併與其深
微之意而傳之故其爲言率皆樂而不淫憂而
不困怨而不怒哀而不愁如綠衣傷已之詩也
其言不過曰我思古人俾無訧兮擊鼓怨上之
詩也其言不過曰土國城漕我獨南行至軍旅
數起大夫久役止曰自詒伊阻行役無期度思
其危難以風焉不過曰苟無飢渴而已若夫言
天下之事美盛德之形容固不待言而可知也
其與憂愁思慮之作孰能優游不迫也孔子所

07292 呂氏家塾讀詩記三十二卷 （宋）呂祖謙撰　明嘉靖十年（1531）傅鳳翱刻本

匡高14.9厘米，廣12.7厘米。半葉十四行，行十九字，細黑口，左右雙邊。有“龔少文所藏書畫印”等印。福建省圖書館藏。

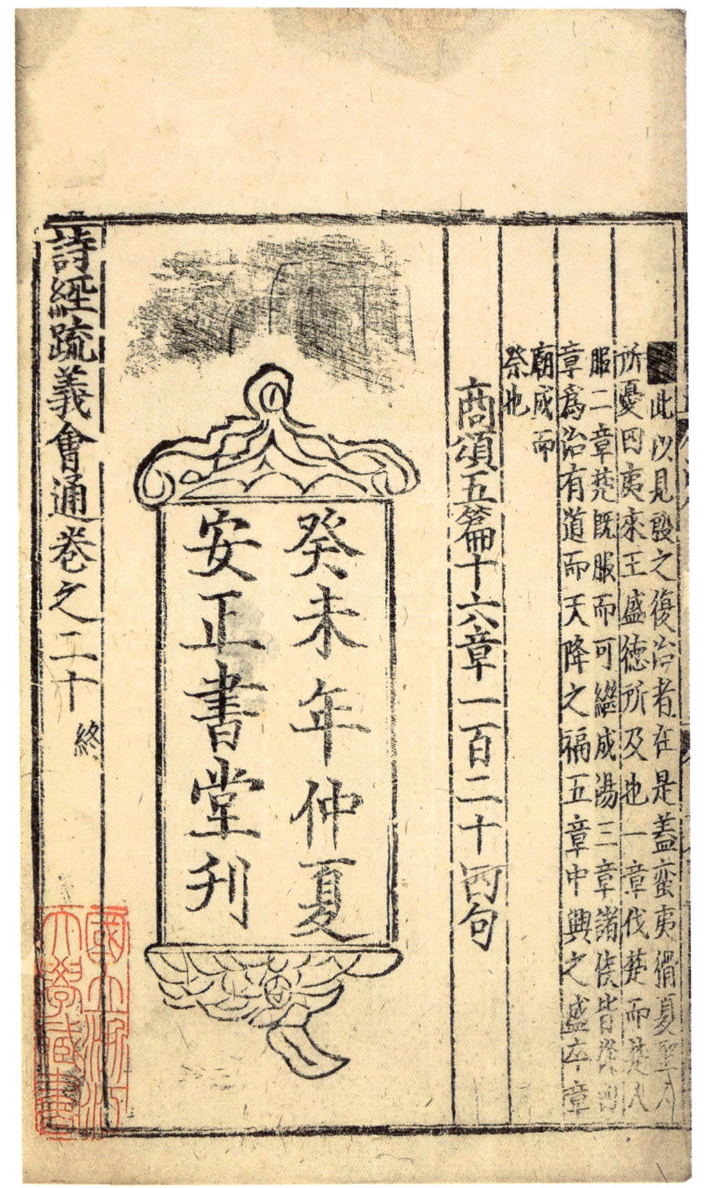

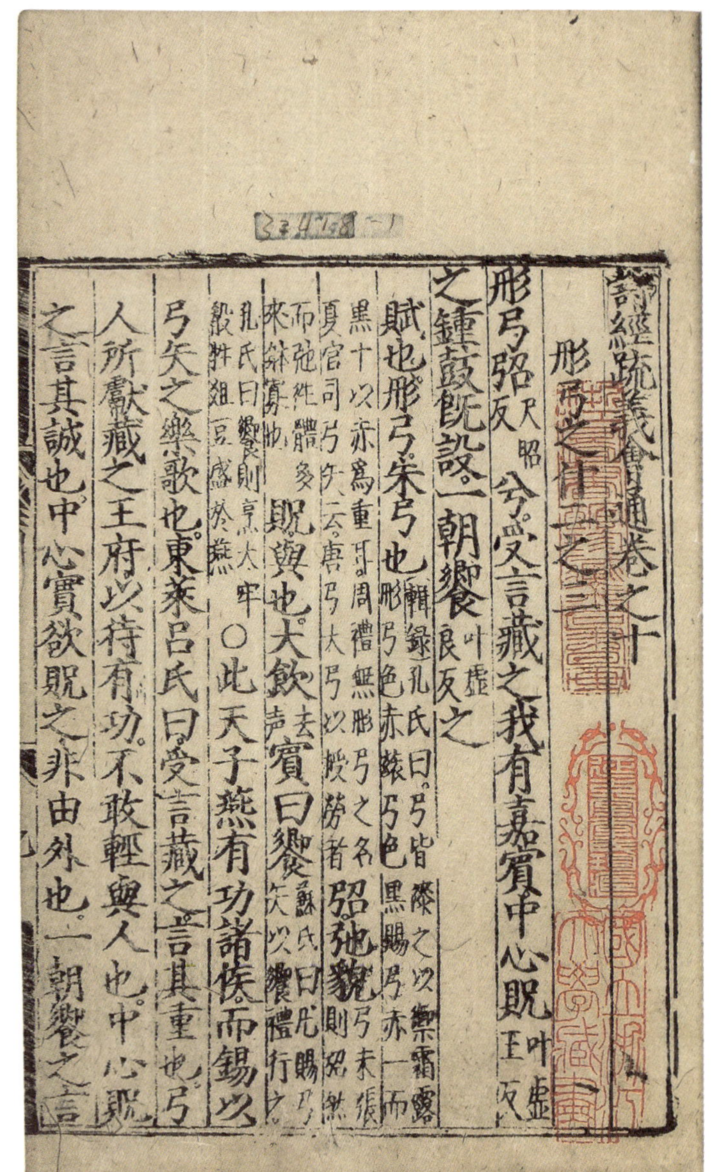

07293 詩經疏義會通二十卷綱領一卷圖一卷 （元）朱公遷撰 （明）王逢輯 （明）何英增釋 明嘉靖二年（1523）書林劉氏安正書堂刻本

匡高17.8厘米，廣13厘米。半葉十一行，行十九至二十一字，小字雙行同，黑口，四周雙邊。有“延古堂李氏珍藏”等印。浙江圖書館藏，存十一卷。

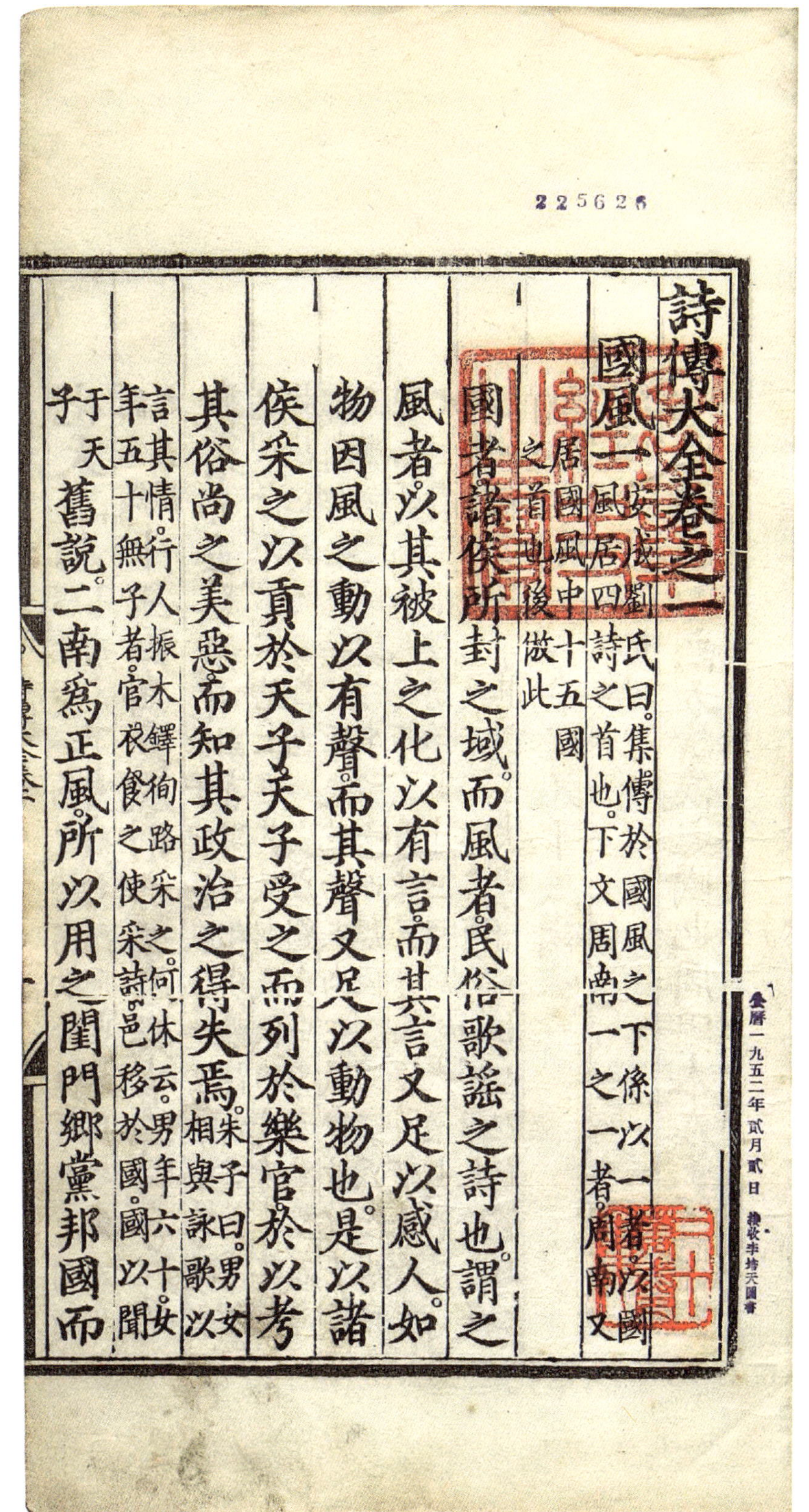

07294 詩傳大全二十卷綱領一卷圖一卷 （明）胡廣等輯 **詩序辯説一卷** （宋）朱熹撰 明永樂十三年（1415）内府刻本

匡高26.7厘米，廣17.9厘米。半葉十行，行二十二字，小字雙行同，黑口，四周雙邊。有“表章經史之寶”等印。雲南省圖書館藏。

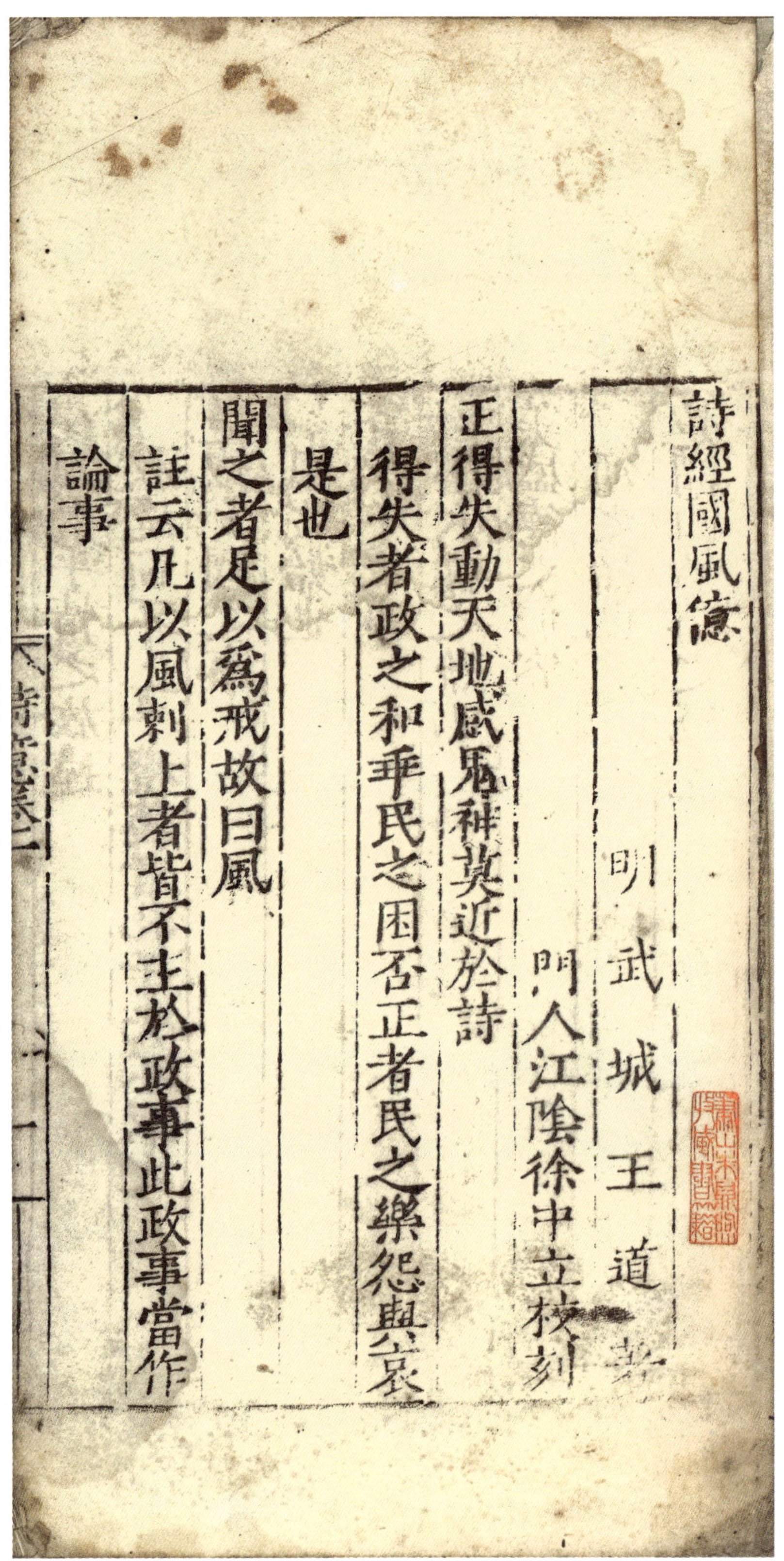

07295 詩經億四卷 （明）王道撰 明徐中立刻本

匡高16.5厘米，廣12.5厘米。半葉九行，行二十字，細黑口，左右雙邊。寧波市天一閣博物館藏。

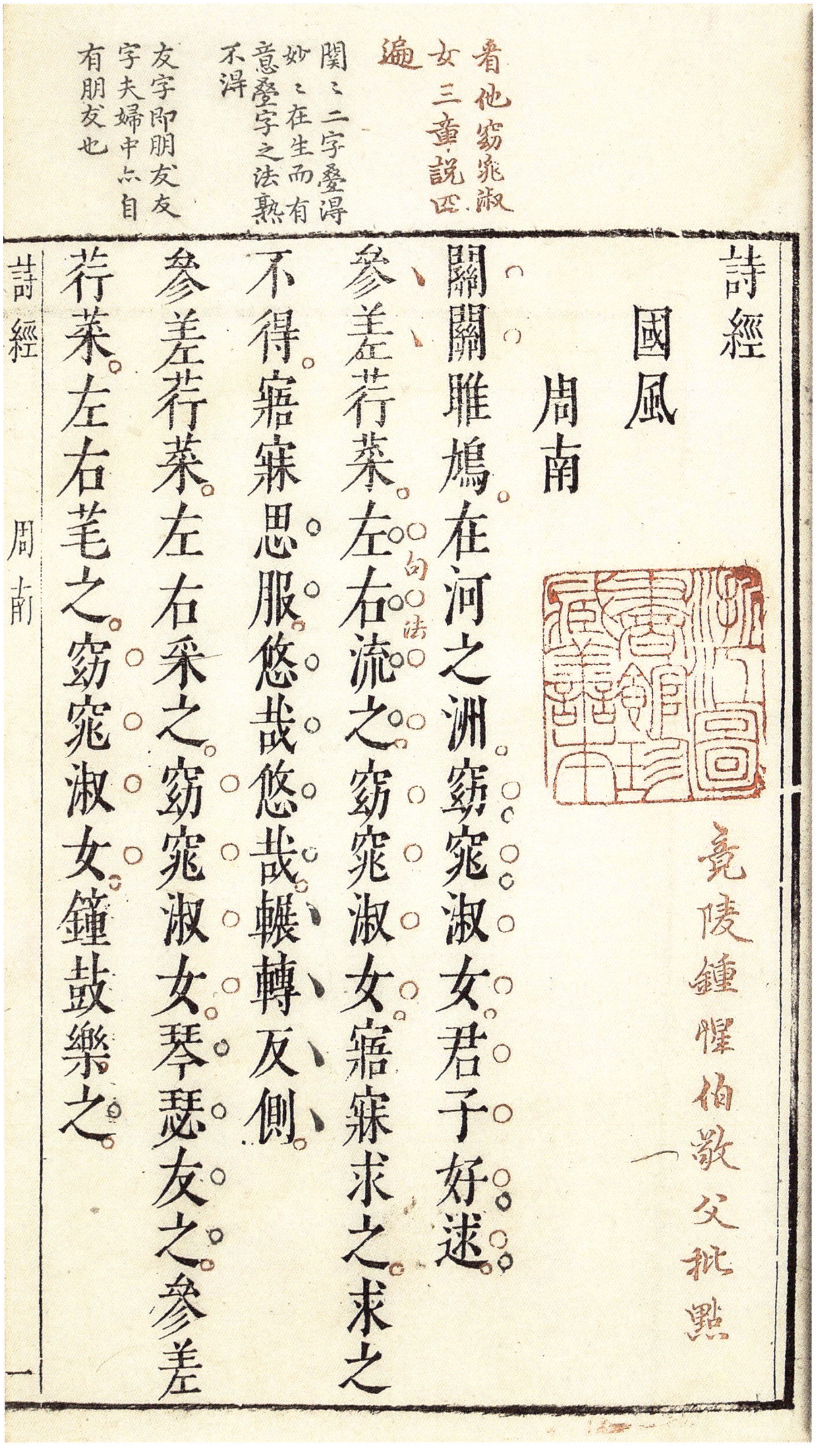

07296 詩經四卷小序一卷 （明）鍾惺評點　明凌杜若刻三色套印本

匡高21厘米，廣14.6厘米。半葉八行，行十八字，白口，左右雙邊。浙江圖書館藏。

07297 詩經世本古義二十八卷 （明）何楷撰　清嘉慶二十四年（1819）謝氏刻本

匡高20.7厘米，廣13.5厘米。半葉九行，行二十字，小字雙行同，白口，四周雙邊。有“鄞徐時棟柳泉氏甲子以來所得書畫藏在城西草堂及水北閣中”、“雙鑒樓”等印。徐時棟校並跋、傅增湘跋。鄭州大學圖書館藏。

毛詩通義序

松陵　朱鶴齡　撰

詩之爲道以依永而宣菀結以微辭而寓諷諭此非可以章句訓詁求也章句訓詁之不足以言詩爲性情不存焉然而古人專家之學代有師承又非可鑿空而爲之説漢唐以來詩家悉宗小序鄭夾漈始著辨妄朱紫陽從之掊擊不遺餘力集傳行而詩序幾與趙賓之易張霸之書同廢雖然烏可廢也古人之書卷末多繫以序尚書序百篇安國還之各篇之首易有序卦彖象爻詞王弼還之各卦之中毛公取詩序移置詩首亦猶是也序之撰於孔子子夏撰於國史與撰於毛公衛宏雖無可考然自成周至春秋時數

07298 毛詩通義十二卷首一卷附錄一卷　（清）朱鶴齡撰　手稿本

有“卷盦六十六以後所收書”等印。陳鍾英跋。上海圖書館藏。

詩廣傳 卷一

明 王夫之 譔

周南

夏尚忠忠以用性殷尚質質以用才周尚文文以用情質文者忠之用情才者性之撰也夫無忠而以起文猶夫無文而以將忠聖人之所不用也是故文者白也聖人之以自白而白天下也匿天下之情則將勸天下以匿情矣忠有實情有止文有函然而非其匿之謂也悠哉悠哉輾轉反側不匿其哀也琴瑟友之鐘鼓樂之不匿其樂也非其情之不止而文之不函也匿其

詩廣傳卷一 周 一

07299 詩廣傳五卷 （清）王夫之撰　清抄本

半葉九行，行二十四字。湖南圖書館藏。

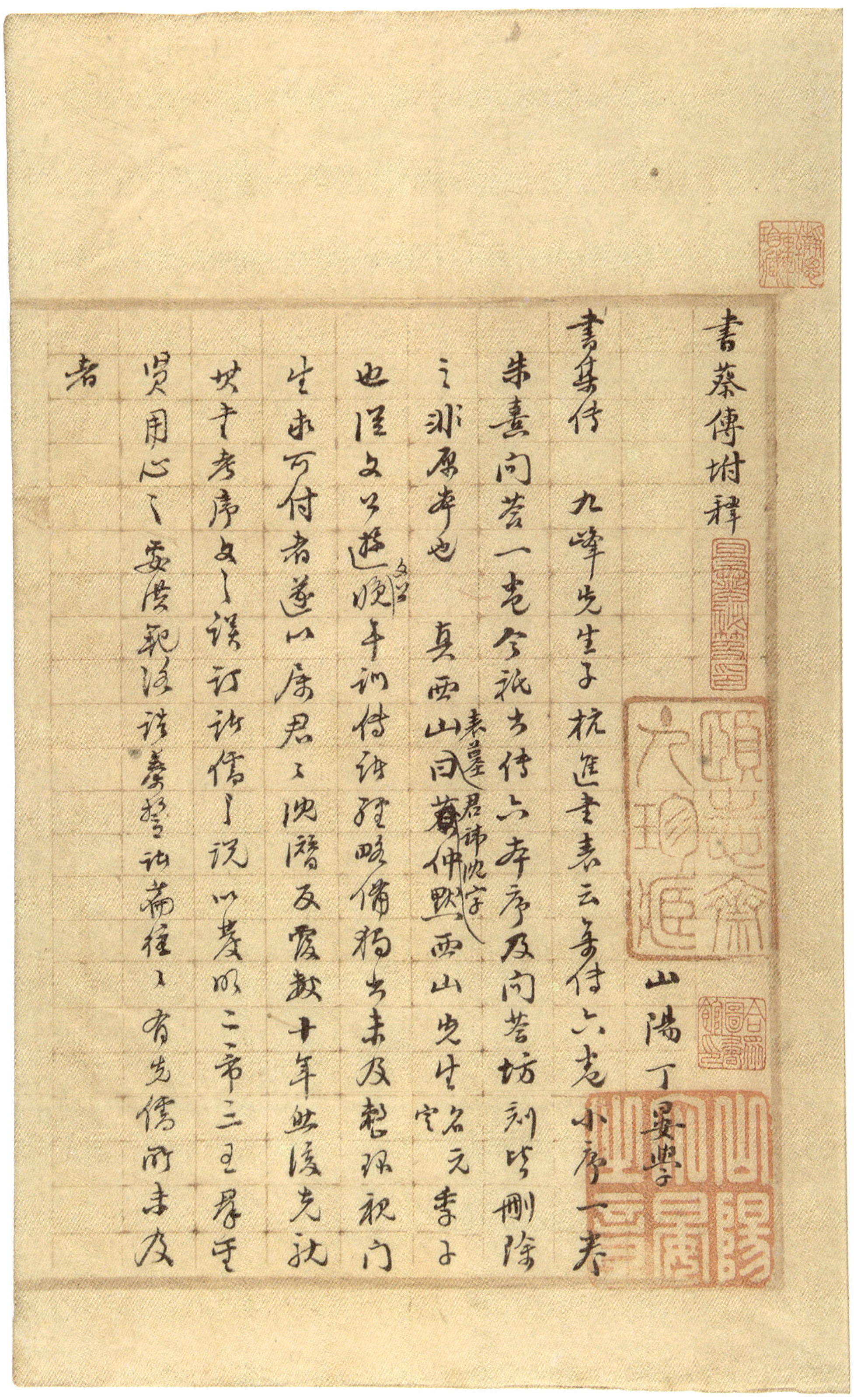

07300 書集傳附釋一卷 （清）丁晏撰　手稿本

半葉十行，行二十二字，白口，四周单邊。有“武林葉氏藏書印”、“景葵秘笈印”等印。上海圖書館藏。

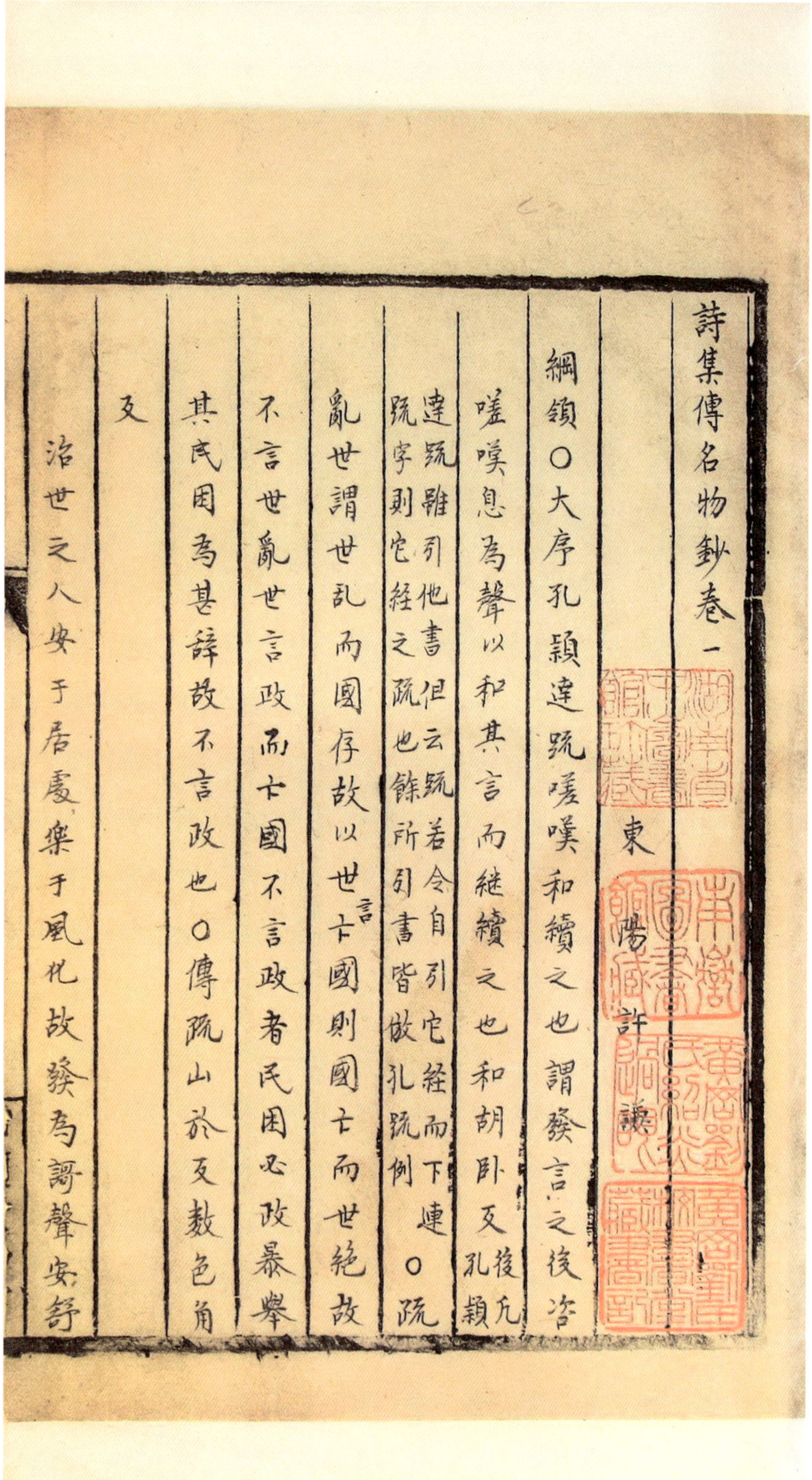
詩集傳名物鈔卷一
東陽許謙
綱領○大序孔穎達疏嗟嘆和續之也謂發言之後咨
嗟嘆息為聲以和其言而繼續之也和胡卧反 孔穎達後凡
達疏雖引他書但云疏若令自引它經而下連 疏字則它經之疏也餘所引書皆倣孔疏例 ○疏
亂世謂世亂而國存故以世言亡國則國亡而世絕故
不言世亂世言政而亡國不言政者民困必政暴擧
其民困為甚辭故不言政也○傳疏山於反數色角
反
治世之人安于居處樂于風化故發為謌聲安舒

07301 詩集傳名物鈔八卷 （元）許謙撰　明怡顔堂抄本

半葉十行，行二十二字，小字雙行同，白口，左右雙邊。有“黄岡劉氏校書堂藏書記”、“黄岡劉氏紹炎過眼”等印。湖南圖書館藏。

詩外傳卷第一

韓嬰

曾子仕於莒得粟三秉方是之時曾子重其祿而輕其身親没之後齊迎以相楚迎以令尹晉迎以上卿方是之時曾子重其身而輕其祿懷其寶而迷其國者不可與語仁窘其身而約其親者不可與語孝任重道遠者不擇地而息家貧親老者不擇官而仕故君子橋褐趨時當務爲急傳云不逢時而仕任事

07302、07303　詩外傳十卷　（漢）韓嬰撰　明嘉靖十四年（1535）蘇獻可通津草堂刻本

匡高19.9厘米，廣14.8厘米。半葉九行，行十七字，白口，左右雙邊。吉林大學圖書館藏，有“劉明陽王靜宜夫婦讀書之印”等印；南京圖書館藏，有“鳴野山房”等印，丁丙跋。

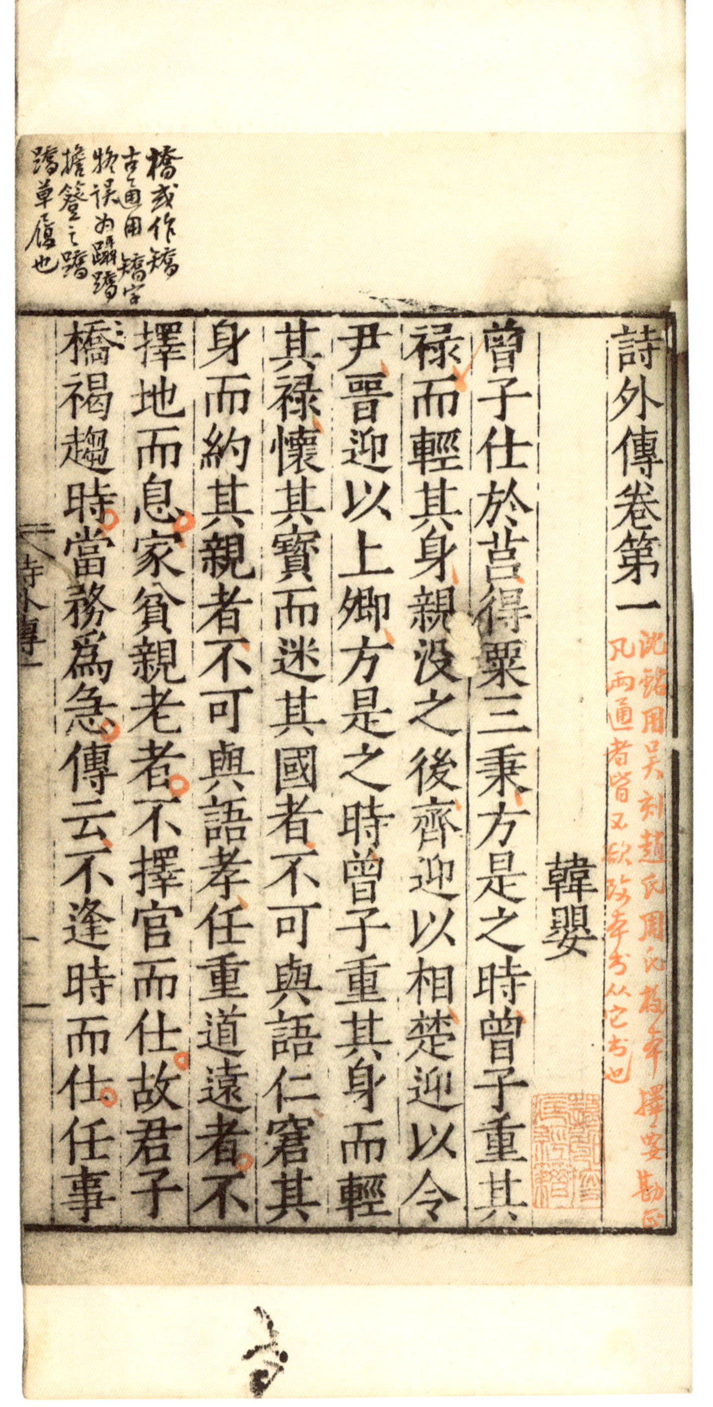

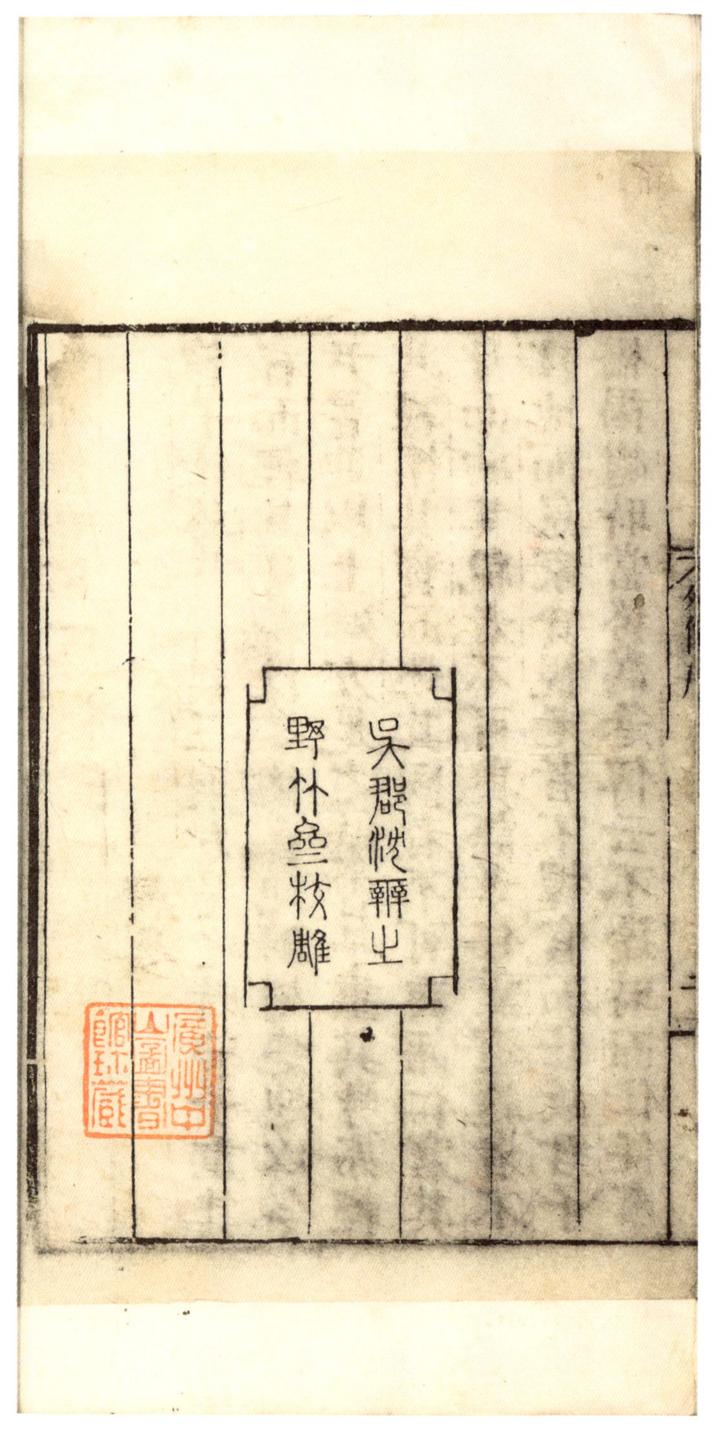

07304-07306 詩外傳十卷 （漢）韓嬰撰　明嘉靖吴郡沈辨之野竹齋刻本

匡高19.9厘米，廣14.8厘米。半葉九行，行十七字，白口，左右雙邊。安徽大學圖書館藏，有“毓修私印”、“小緑天藏書”等印；元雨軒藏；廣東省立中山圖書館藏，有“東莞莫伯驥號天一藏書之印”、“東莞莫氏福功堂藏書”、“藹如搜藏經籍”等印。

07307 詩外傳十卷 （漢）韓嬰撰　明嘉靖刻本

匡高20厘米，廣14厘米。半葉九行，行十七字，白口，左右雙邊。有“秦更年”等印。秦更年校並跋。南開大學圖書館藏。

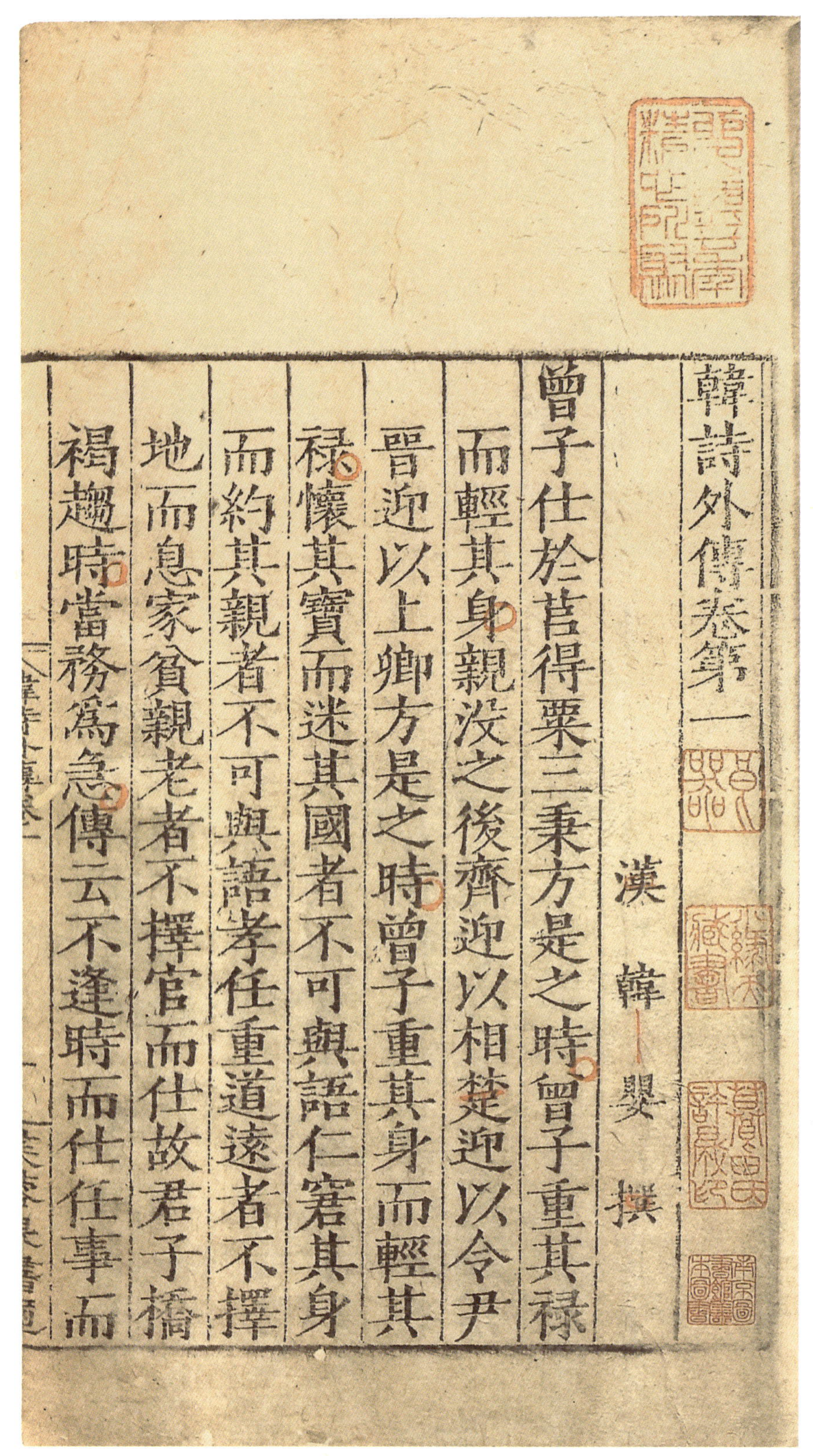

07308 韓詩外傳十卷 （漢）韓嬰撰　明嘉靖十八年（1539）薛來芙蓉泉書屋刻本

匡高18.4厘米，廣14.3厘米。半葉九行，行十八字，白口，左右雙邊。有“小綠天藏書”等印。南京圖書館藏。

韓詩外傳卷第三

韓嬰

傳曰昔者舜甑盆無膻而下不以餘獲罪飯乎土簋啜乎土型而農不以力獲罪麑衣而盩領而女不以巧獲罪法下易由事寡易爲功而民不以政獲罪故大道多容大德衆下聖人寡寡爲故用物常壯也傳曰易簡而天下之理得矣詩曰政有夷之行子孫保之忠易禮誠易爲辭賢人易爲民工巧易爲材詩曰政有夷之行子孫保之

有殷之時穀生湯之廷三日而大拱湯問伊尹曰何物

07309 韓詩外傳十卷（漢）韓嬰撰　明銅活字印本

匡高20.7厘米，廣14.8厘米。半葉十行，行二十一字，白口，左右雙邊。寧波市天一閣博物館藏，存二卷。

聖門傳詩嫡冢卷之一　吳興凌濛初輯
國風
周南召南譜　漢鄭玄字康成著
周召者禹貢雍州岐山之陽地名今屬右扶風美
陽縣地形險阻而原田肥美周之先公曰大王者
避狄難自豳始遷焉而修德建王業商王帝乙之
初命其子王季爲西伯至紂又命文王典治南國
江漢汝旁之諸侯於時三分天下有其二以服事
殷故雍梁荆豫徐揚之人咸被其德而從之文王
受命作邑於豐乃分岐邦周召之地爲周公旦召

聖門傳詩嫡冢　卷之一　國風　一　周召譜

07310　聖門傳詩嫡冢十六卷（明）凌濛初輯　**申公詩説一卷**　題（漢）申培撰　明崇禎刻本

匡高19.7厘米，廣14.4厘米。半葉十行，行二十字，白口，四周單邊。有“季滄葦圖書記”、“古潭州袁臥雪廬收藏”、“禮培私印”等印。湖南圖書館藏。

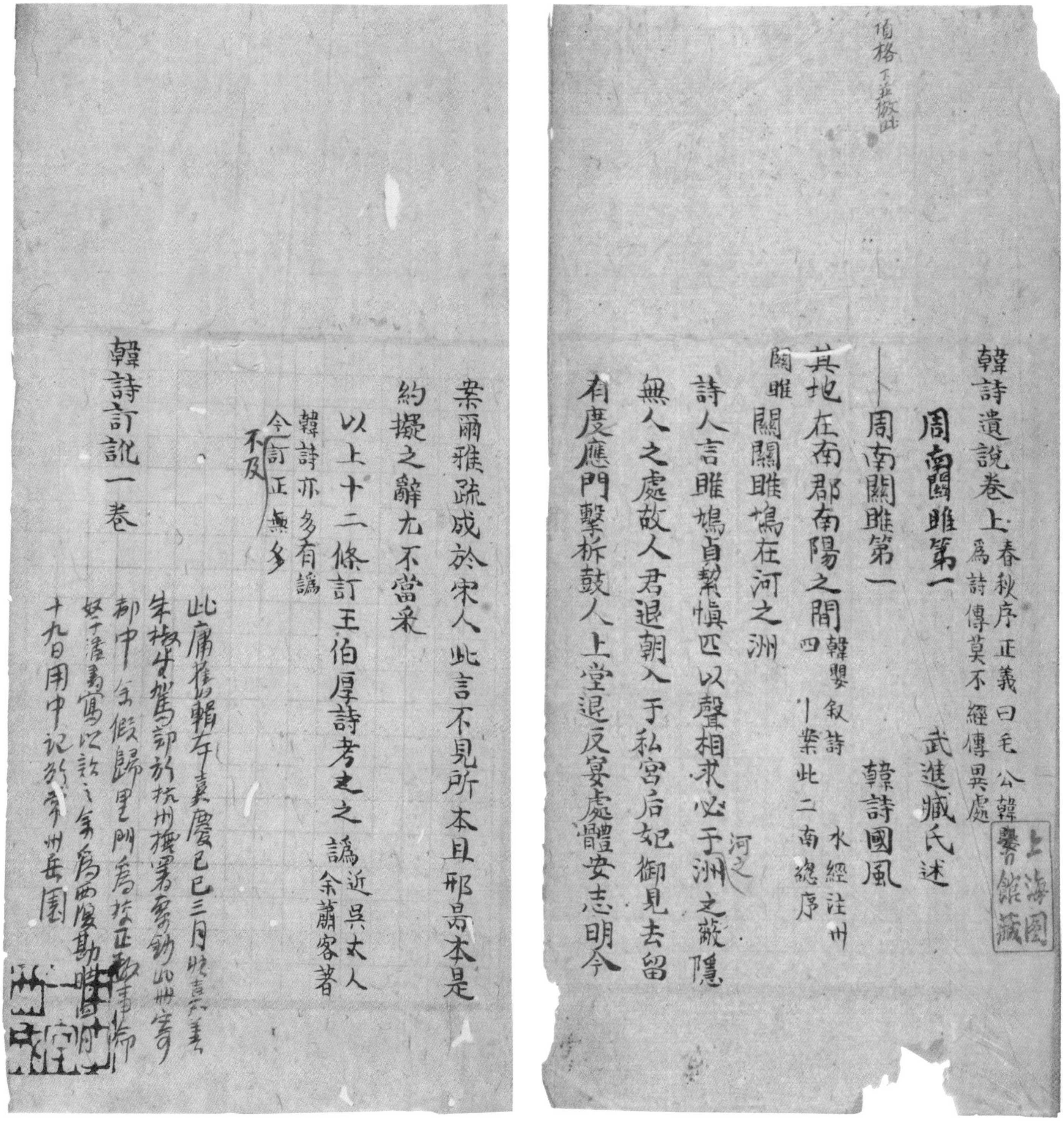

07311 韓詩遺説二卷訂譌一卷 （清）臧庸撰　稿本

上海圖書館藏。

齊魯韓三家詩釋第一

文林郎揀選知縣乙未科 大挑二等教諭銜管廣德州訓導事前充右翼宗學教習實應朱士端著

韓詩

昔太王王季居岐山之陽躬行召南之教以興王業及文王而行周南之教以受命 注儀禮 士端按鄭君注從之通稱詩

其地在南郡南陽之間 水經注二南國 按稱韓嬰敘詩云 士端按水經注引詩皆稱詩

說

關雎 韓詩序曰關雎刺時也 士端按詩考編引異字異義篇補遺 今改訂入韓詩

韓 後漢書注引 君章句云詩人言雎鳩貞潔慎匹以聲相求隱蔽乎無人之處故人君退朝入于私宮后妃御見有度應門擊柝鼓人上堂退反宴處體安志明今時大人內傾于色賢人見其萌故詠關雎說淑女正容儀以刺時 後漢書明帝詔應門失守關雎刺世 又馮衍傳注韓夫子章句曰 詩含關雎貞絜 稱韓 以聲相求必於河之洲蔽隱無人之處故人君動靜退朝入于私宮妃后御見去留有度 今人君 內傾于色大人見其萌 故詠關雎說淑女正容儀之 士端按列女傳云魏曲沃負傳周之康王夫人晏出朝關雎起思得淑女以配君子 劉向述魯詩 列女傳所引皆魯詩也 今補入引

07312 齊魯韓三家詩釋十四卷三家詩疑一卷三家詩源流一卷 （清）

朱士端撰　手稿本

上海圖書館藏。

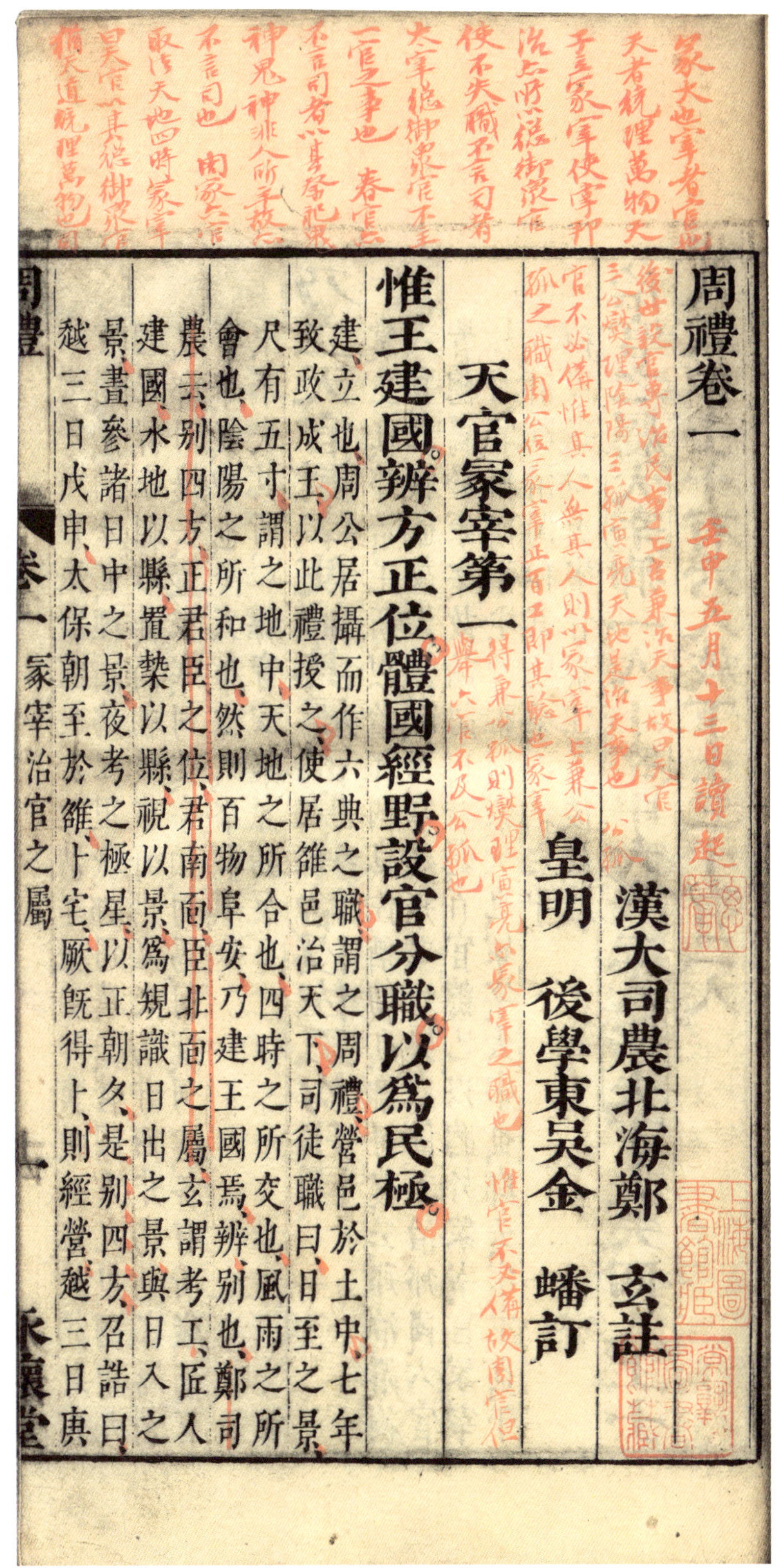

07313 周禮四十二卷 （漢）鄭玄注 （唐）陸德明音義 明末永懷堂刻本

匡高19.9厘米，廣12.6厘米。半葉九行，行二十五字，小字雙行同，白口，左右雙邊。有“思菴”等印。嚴虞惇校並跋。江蘇省常熟市圖書館藏。

周禮註疏卷第一

朝散大夫行太學博士弘文館學士臣賈公彦等奉
勑撰

國子博士兼太子中允贈齊州刺史吳縣開國男臣陸德明釋文

提督直隸學政監察御史餘姚聞人詮校正

直隸常州府知府遂昌應檟刊行

天官冢宰第一 ○陸德明音義曰本或作冢宰上非餘卷放此 疏 天官冢宰

鄭目録云象天所立之官冢大也宰者官也天者統理萬物天子立冢宰使掌邦治亦所以總御衆官使不失職不言司者大宰總御衆官不主一官之事也○釋曰鄭云象天者周天有三

07314 周禮註疏四十二卷 （漢）鄭玄注 （唐）賈公彦等疏 （唐）陸德明釋文 明嘉靖應檟刻本

匡高20.7厘米，廣15.6厘米。半葉九行，行十八字，小字雙行同，白口，四周雙邊。浙江圖書館藏。

禮經會元第一卷

宋龍圖閣學士光祿大夫贈開府儀同三司南陽郡開國公食邑二千一百戶食實封一百戶謚文康葉時著

禮經

知有聖人之治法當知有聖人之道法離道於法非深於周禮者也欲觀周禮必先觀中庸中庸曰大哉聖人之道洋洋乎發育萬物峻極于天優優大哉禮儀三百威儀三千待其人而後行夫禮儀三百經禮也說者謂周禮是也威儀三千曲禮也說者謂儀禮是也二書皆周公所述也中庸言聖道發育萬物復斂而歸之禮儀威儀之中何哉蓋聖人之道洋洋乎極於至大而無外優優乎入於至小而無間周公作書雖曰制度文爲之所在而聖人所以生物不窮與天並立者實出於其中是誠中

07315 禮經會元四卷 （宋）葉時撰　明刻本

匡高20.3厘米，廣14.2厘米。半葉十一行，行二十四字，黑口，左右雙邊。吉林省圖書館藏。

07316 禮經會元四卷 （宋）葉時撰　明刻本

匡高20.1厘米，廣14.2厘米。半葉十一行，行二十四字，白口，左右雙邊。吉林省圖書館藏。

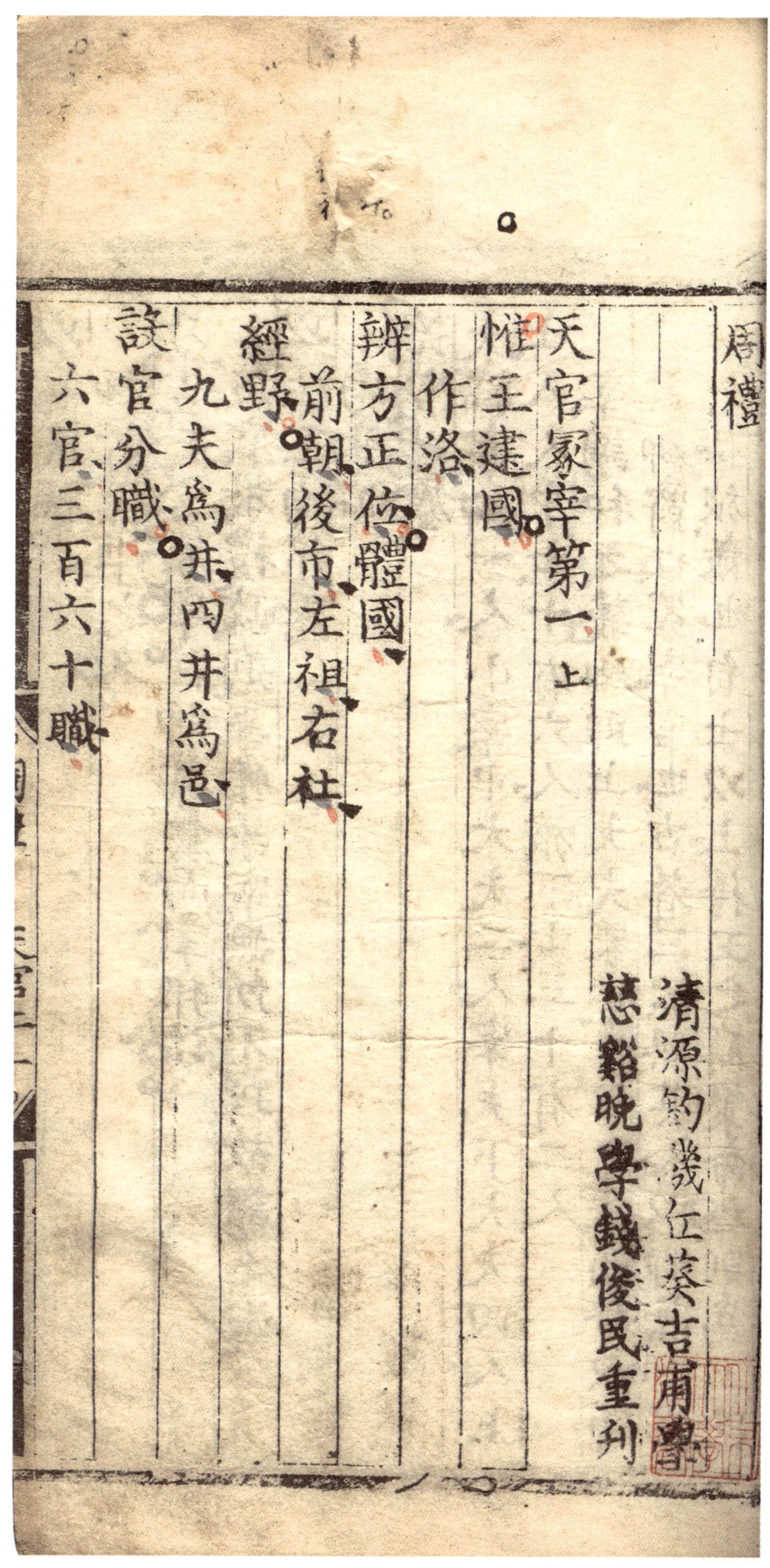

07317 周禮補亡六卷 （元）丘葵撰　明弘治十四年（1501）錢俊民刻本

匡高21.3厘米，廣14.5厘米。半葉十二行，行二十一字，黑口，四周雙邊。

北京大學圖書館藏。

周禮
清源釣磯丘葵吉甫學
無錫後學顧可久編次
餘干後學李緝重刊
餘姚後學張心校正
天官冢宰第一
惟王建國
作洛
辨方正位體國
前朝後市左祖右社
經野

07318 周禮補亡六卷 （元）丘葵撰　明李緝刻本

匡高19.6厘米，廣12.2厘米。半葉十行，行二十三字，白口，四周單邊。山東省圖書館藏。

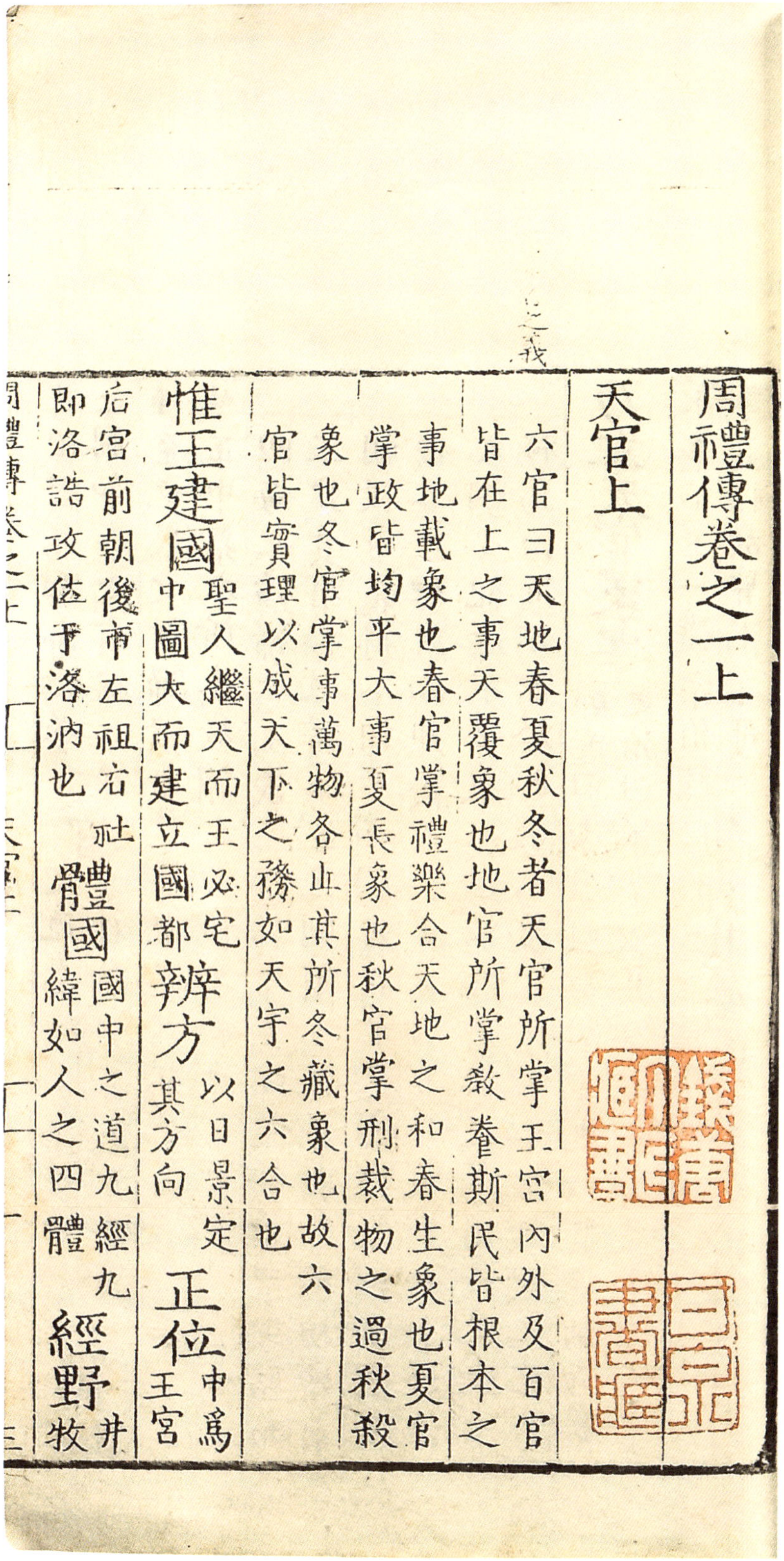

07319 周禮傳五卷翼傳二卷 （明）王應電撰　明嘉靖四十二年（1563）吴鳳瑞刻本

匡高20.1厘米，廣14.6厘米。半葉七行，行二十二字，小字雙行同，白口，四周單邊。丁丙跋。南京圖書館藏。

六官命名之義

周禮傳卷之一上

天官上

六官曰天地春夏秋冬者天官所掌王宫内外及百官皆在上之事天覆象也地官所掌教養斯民皆根本之事地載象也春官掌禮樂合天地之和春生象也夏官掌政皆均平大事夏長象也秋官掌刑裁物之過秋殺象也冬官掌事萬物各止其所冬藏象也故六官皆實理以成天下之務如天宇之六合也

惟王建國 聖人繼天而王必宅中圖大而建立國都 辨方 以日景定其方向 正位 中爲王宫后宫前朝後市左祖右社即洛誥攻位于洛汭也 體國 國中之道九經九緯如人之四體 經野 井牧其田野爲都鄙鄉遂之制如布之有經 設官 天地春夏秋冬 分職 治教

07320 **周禮傳五卷翼傳二卷圖説二卷** （明）王應電撰　明抄本

匡高17.4厘米，廣20.4厘米。半葉九行，行二十字，小字雙行同，藍格，白口，四周雙邊。武漢大學圖書館藏。

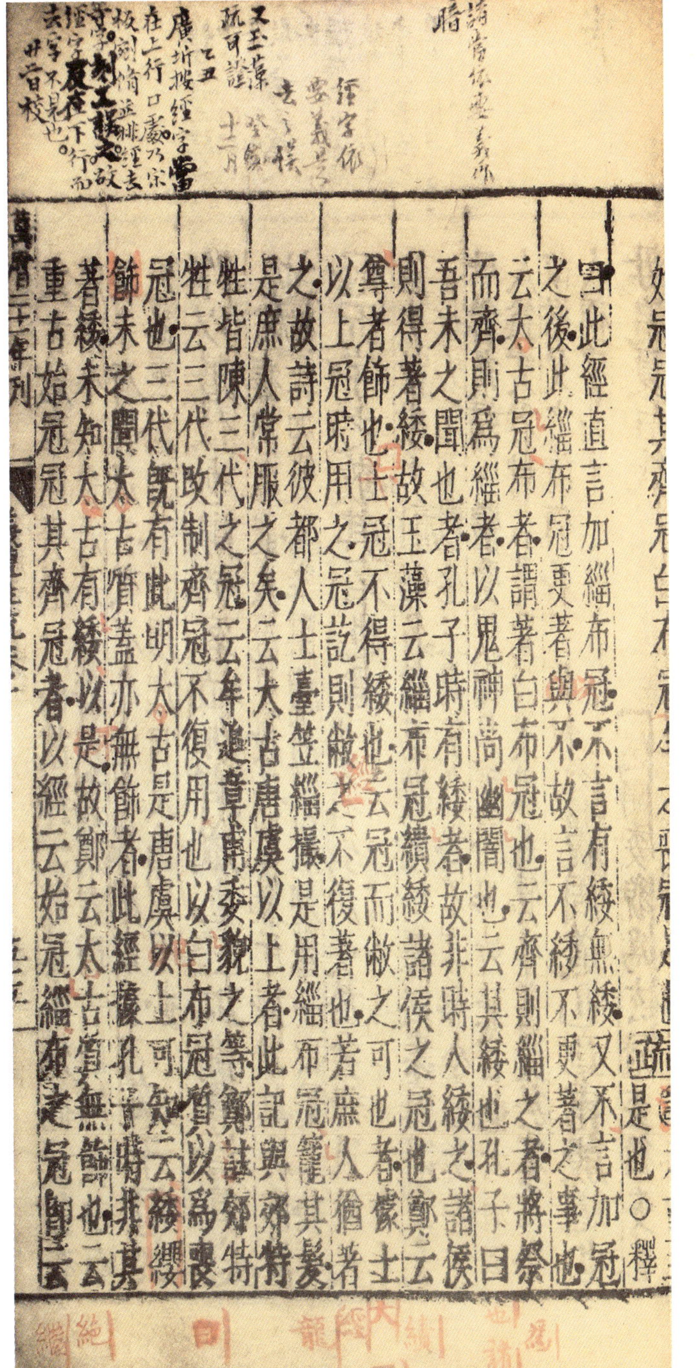

07321 儀禮註疏十七卷 （漢）鄭玄注 （唐）賈公彦等疏 （唐）陸德明釋文 明萬曆二十一年（1593）北京國子監刻十三經注疏本

匡高22.8厘米，廣15厘米。半葉九行，行二十一字，小字雙行同，白口，左右雙邊。顧廣圻校並跋。寧波市天一閣博物館藏。

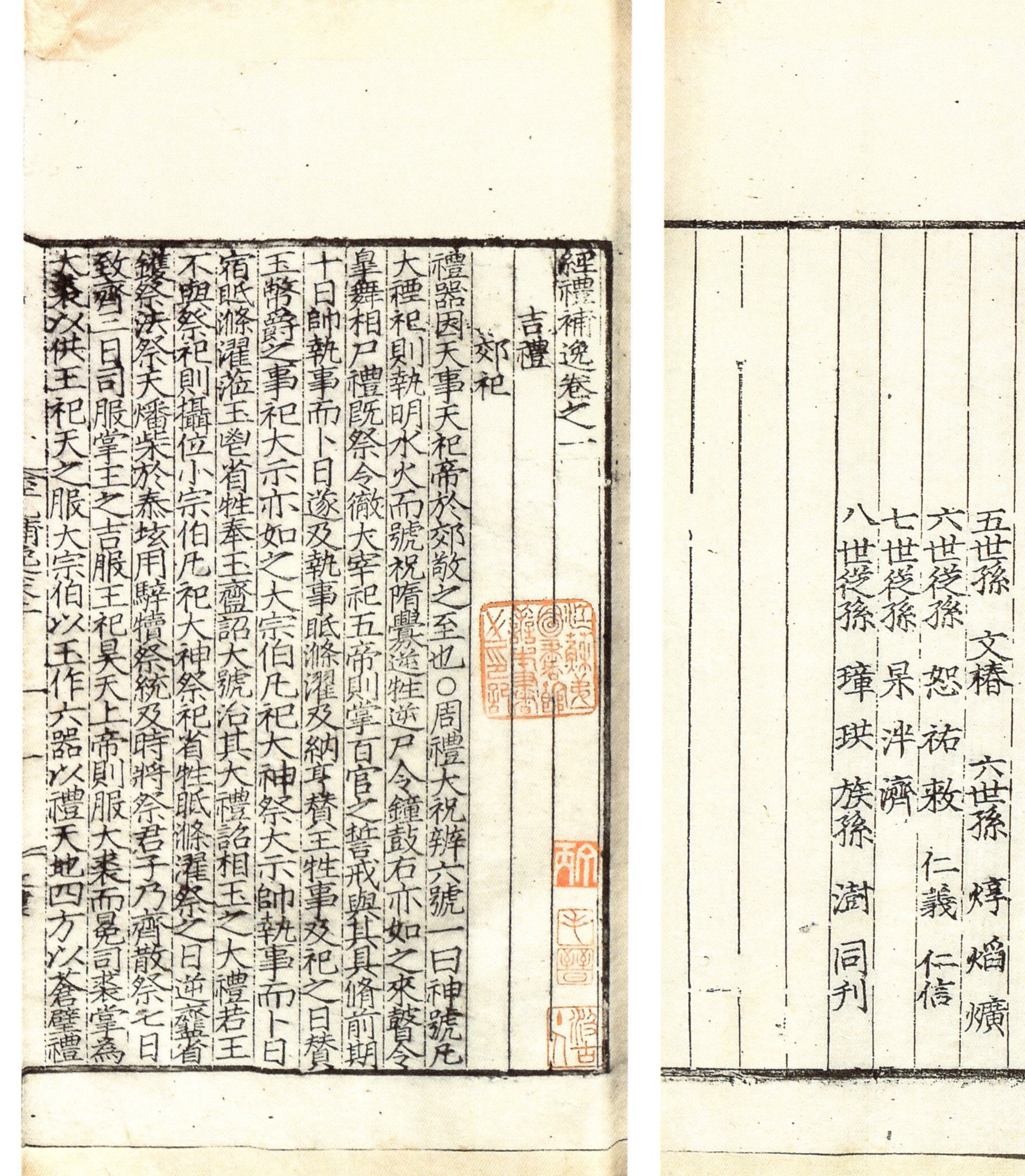

07322 經禮補逸九卷 （元）汪克寬撰 **附錄一卷** 明弘治十年（1497）汪璋、汪珙等刻本（卷五至九配清抄本）

匡高19厘米，廣13.3厘米。半葉十三行，行二十七字，小字雙行同，白口，左右雙邊。有“汲古主人”、“毛晉”、“丁丙”等印。丁丙跋。南京圖書館藏。

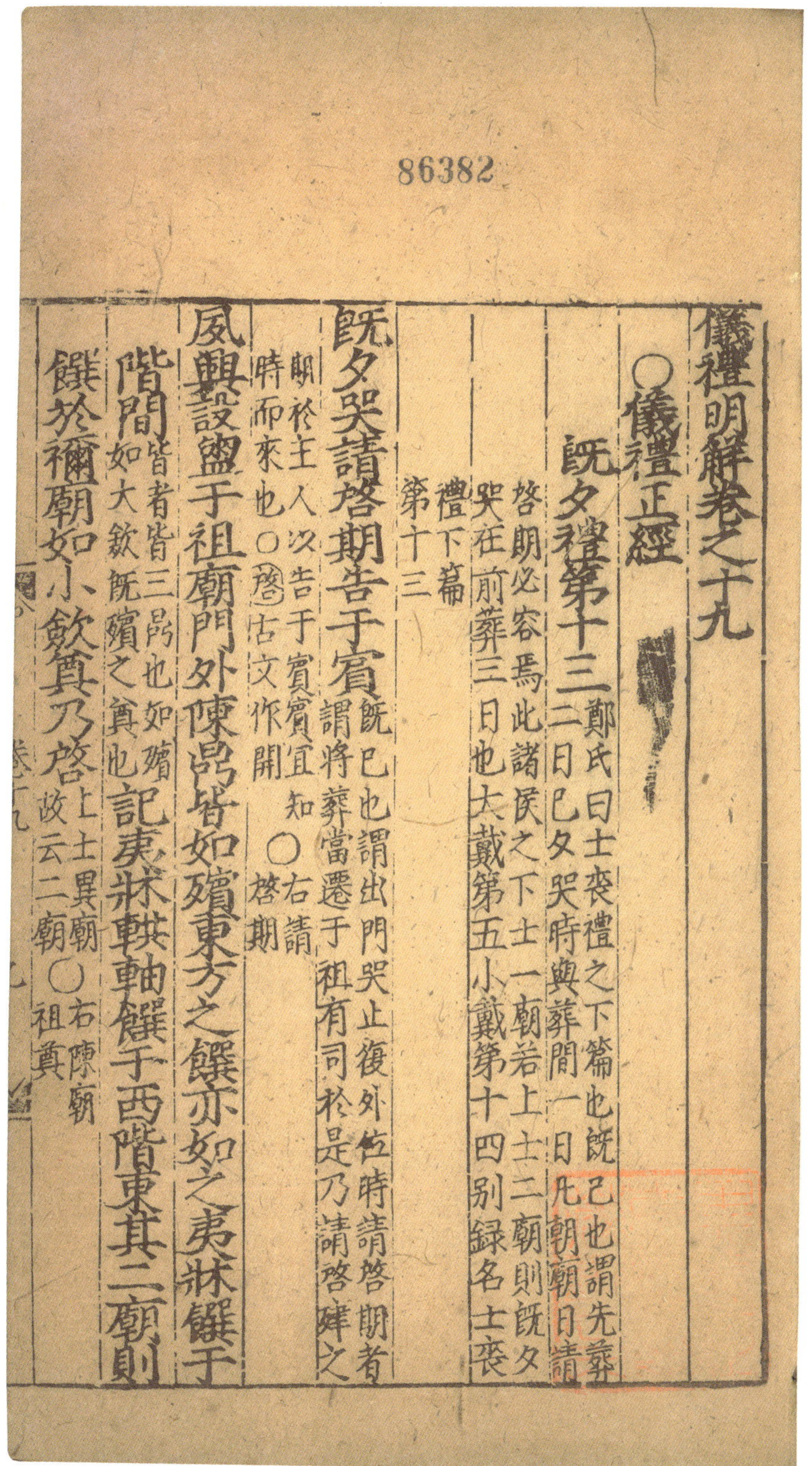

07323 儀禮明解二十卷 （明）何喬新撰　明正德刻本

匡高18.7厘米，廣13厘米。半葉十行，行二十五字，小字雙行同，白口，四周單邊。齊齊哈爾市圖書館藏，存八卷。

文可疏也得其意則禮弗襲可也得
其意則禮至今猶行可也昔人奚為
而有無所用於今之疑乎禮文所陳者
有周一代之制後人不可泥也禮意
所存者萬世同然之義後人不可不
知也吾嘗欲叅以周官見二經之合為
又嘗欲叅之大小戴記見四經之合
為此皆韋君所已發其凡者叟何
庸以贅諸
乾隆四十七年歲在壬寅冬十月十
日大興翁方綱序

07324 儀禮蠡測箋注二卷（清）翁方綱撰　稿本

馮敏昌跋，韋協夢、翁方綱、江德量、王嵩高、趙懷玉、吴錫麒、顧宗泰、張雲璈、汪庚、李翮、沈業富題詩。國家圖書館藏。

序

予既序韋君儀禮章句君復出所
為儀禮蠡測十七卷予受而讀之又合
其所為章句者復讀之曰治禮經者師
其意而已矣知其意則其禮至今行可
也而或者竟欲試肄而行之是泥古之
過也曾是讀古而可泥乎哉今韋君之
書於其事同者則以本經他篇證之於
其節同者則以本篇上下章證之經未
顯者必析言之禮見於文外者必質言
之蓋於儀度節次以至一間一曲之曾
遞委折皆務摭其實而求其合穿亙
對照旁推交通雖當日之為小相者或
未之過也然予竊有說者韋君之意
豈果以是經之儀確徵諸實迹乎漢
書藝文志曰天子諸侯卿大夫之制雖
不能備猶瘉倉等推士禮而致於天

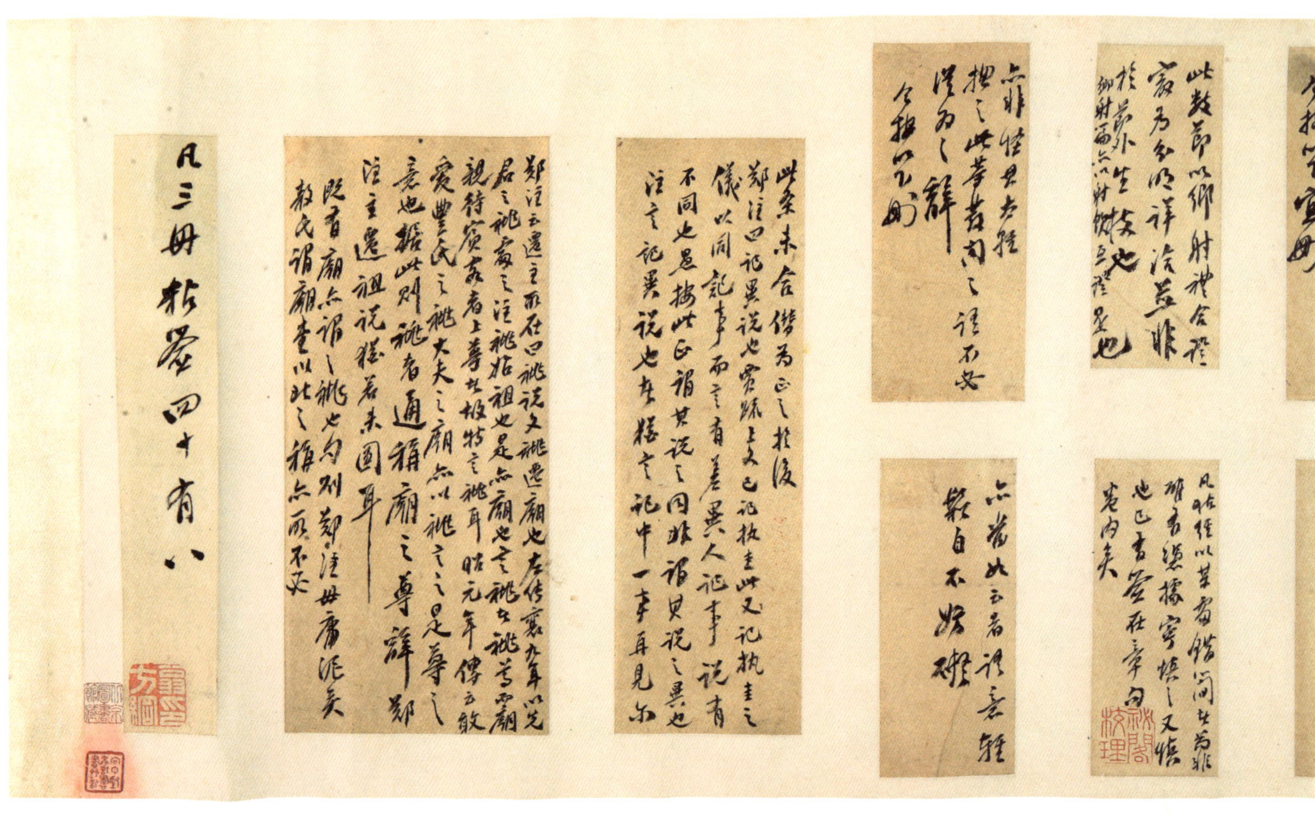

右 卓溪先生校儀禮二書手簽協夢甫弱冠即
喜讀儀禮然漢鄭叚諸家間有心得不揣檮昧纂
輯章句十七卷繼復纂義測一編壬寅春 卓溪
先生為詳審刊正粘簽一百六十一條弁各為
序協夢受而讀之既幸弇鄙之作獲就正於
大匠且以見 先生嗜學之勤持論之允而奬掖
後進之心亦復流露煙楮爰裒臘成帙并賦詩
一篇用附卷末
漢室崇經師肆儀書偉裒偉彼高堂生士禮
賜語說鄭學衍其傳延延綫不絶信屋易聲手
廢食或因噎豈知五聖諦實與本開泗但使睎
俗分恍如日星揭先賢輯章疏黃慶李孟悊葯
傳唱莫從支派誰是綴咪蜂不自量捺僂敢揍
撰之差叉神進君善獨心切鉤棘非所嗜疏排師
自悅 先生富經笥便便廣長舌短藏韋伊延
菁英異叩窮品題深諄嫉利剖邀披閱犁若小
草紫時雨潛萌芽又如樗散材良匠資搩楔書
法其緒餘顏柳妙標格蛟鳳憑騰起蝌蛇巧
盤屈便當什襲藏儼踰璆琳列奚祇詒後昆
渦叢予不屑
甲辰秋九月丁卯望燕湖韋協夢謹識

韋君釋禮經朗若設綿蕝誰云今
非用獨瘉士推說明堂王史氏篇
第久湮絕後人訂訛誤但等蹠蓺
噬惟川逸經編天秩圖疇淺黃幹

（釋文同182頁）

07325　禮儀器制改釋五十八卷　（清）孔廣森撰　稿本

山東省曲阜市文物管理委員會藏，存四十九卷。

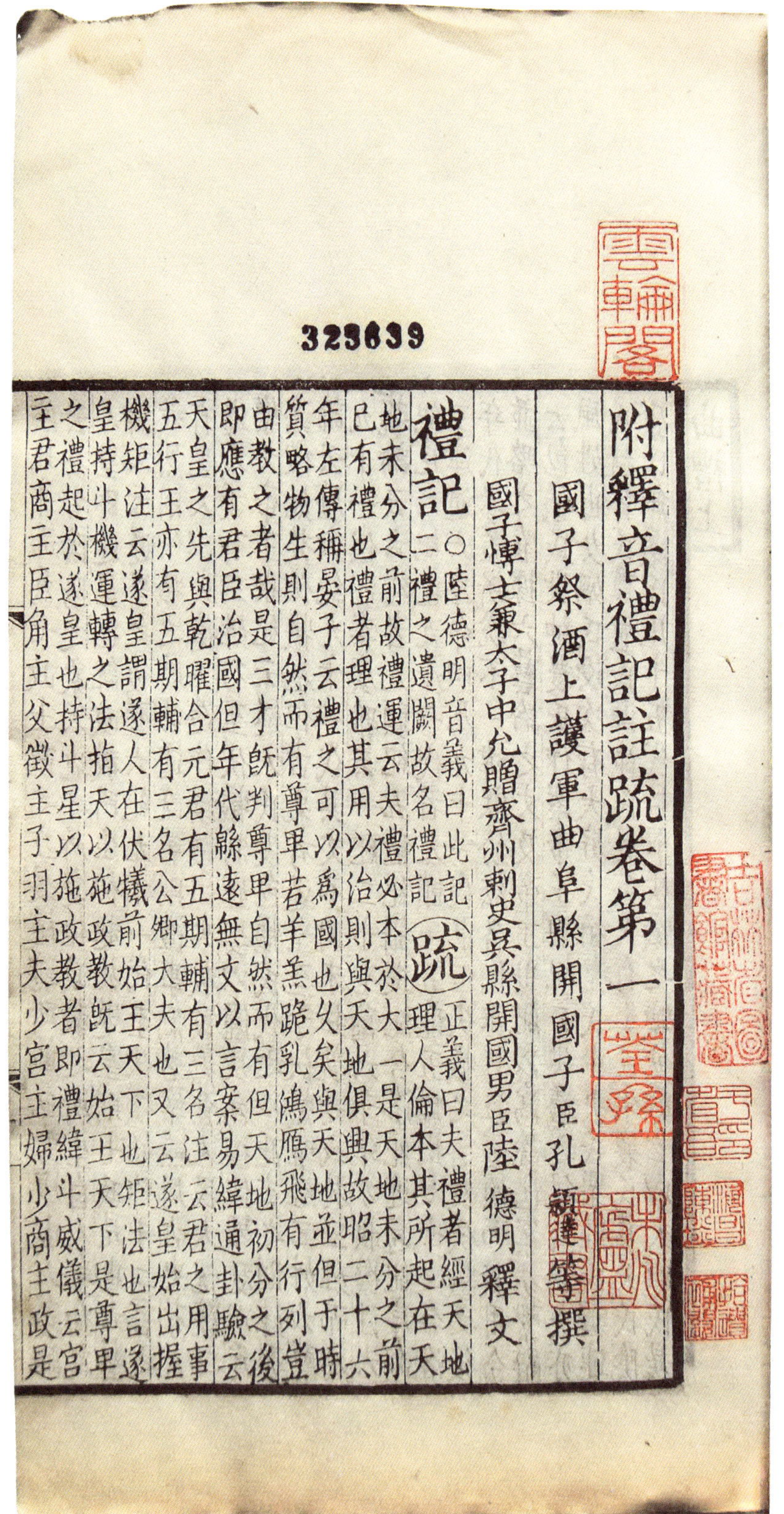

07326 附釋音禮記註疏六十三卷 （漢）鄭玄注 （唐）孔穎達疏 （唐）陸德明音義 清乾隆六十年（1795）和珅影宋刻本

匡高19.3厘米，廣12.7厘米。半葉十行，行十六字，小字雙行二十三字，白口，左右雙邊。吉林省圖書館藏。

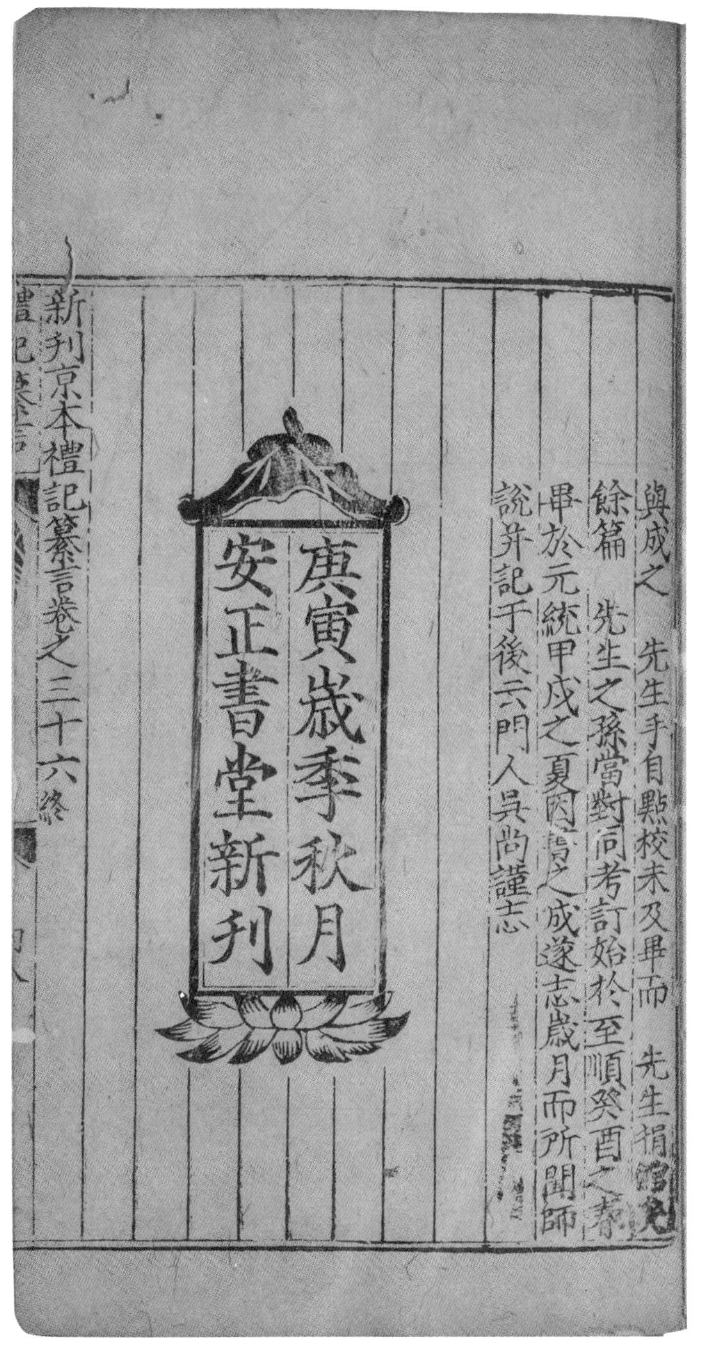

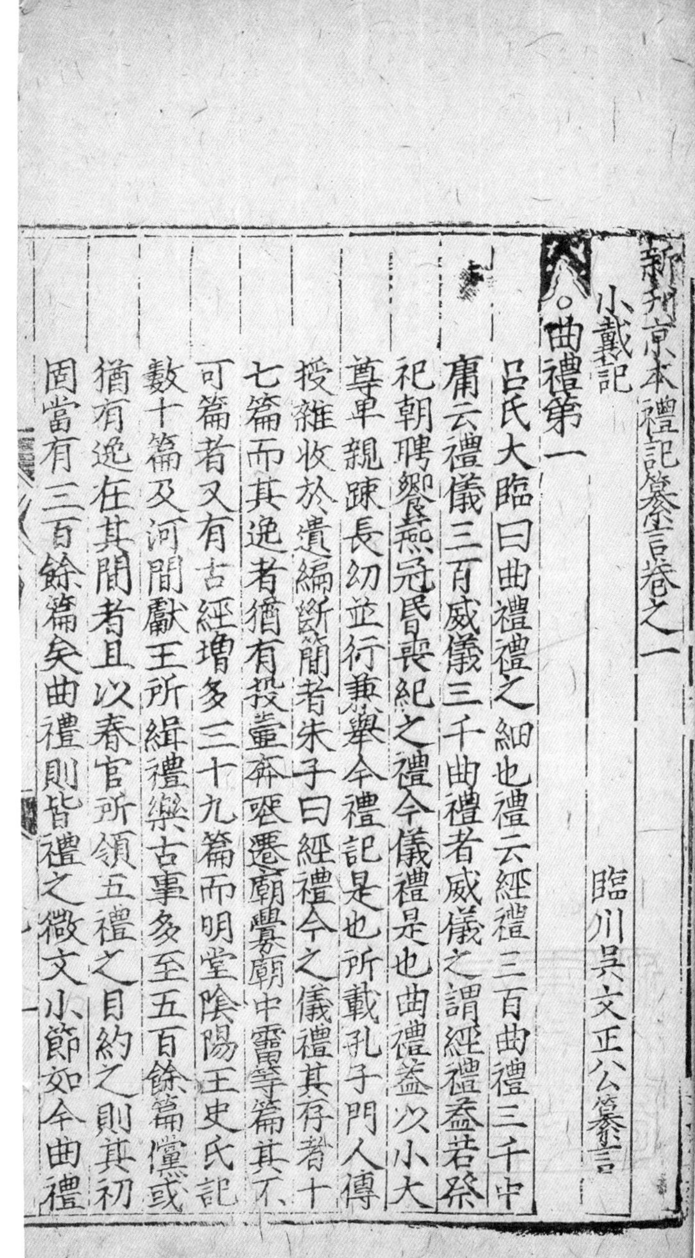

07327 新刊京本禮記纂言三十六卷 （元）吴澄撰　明嘉靖九年（1530）安正書堂刻本

匡高18.6厘米，廣12.7厘米。半葉十三行，行二十五字，白口，四周雙邊。

浙江圖書館藏。

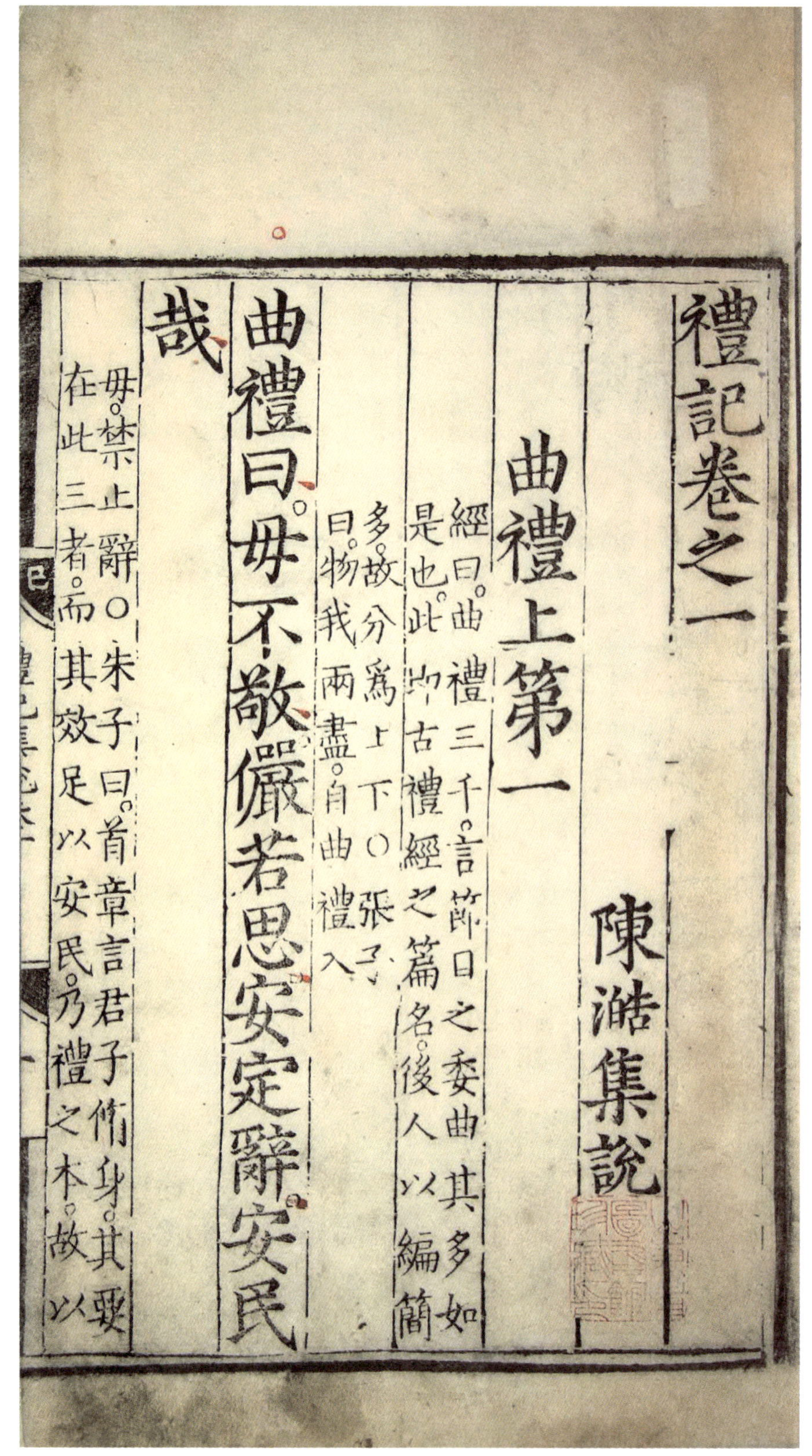

07328-07330 禮記集説十六卷 （元）陳澔撰　明正統十二年（1447）司禮監刻本

匡高23.2厘米，廣15.7厘米。半葉八行，行十四字，小字雙行十八字，黑口，四周雙邊。四川師範大學圖書館、山東省圖書館、暨南大學圖書館藏。

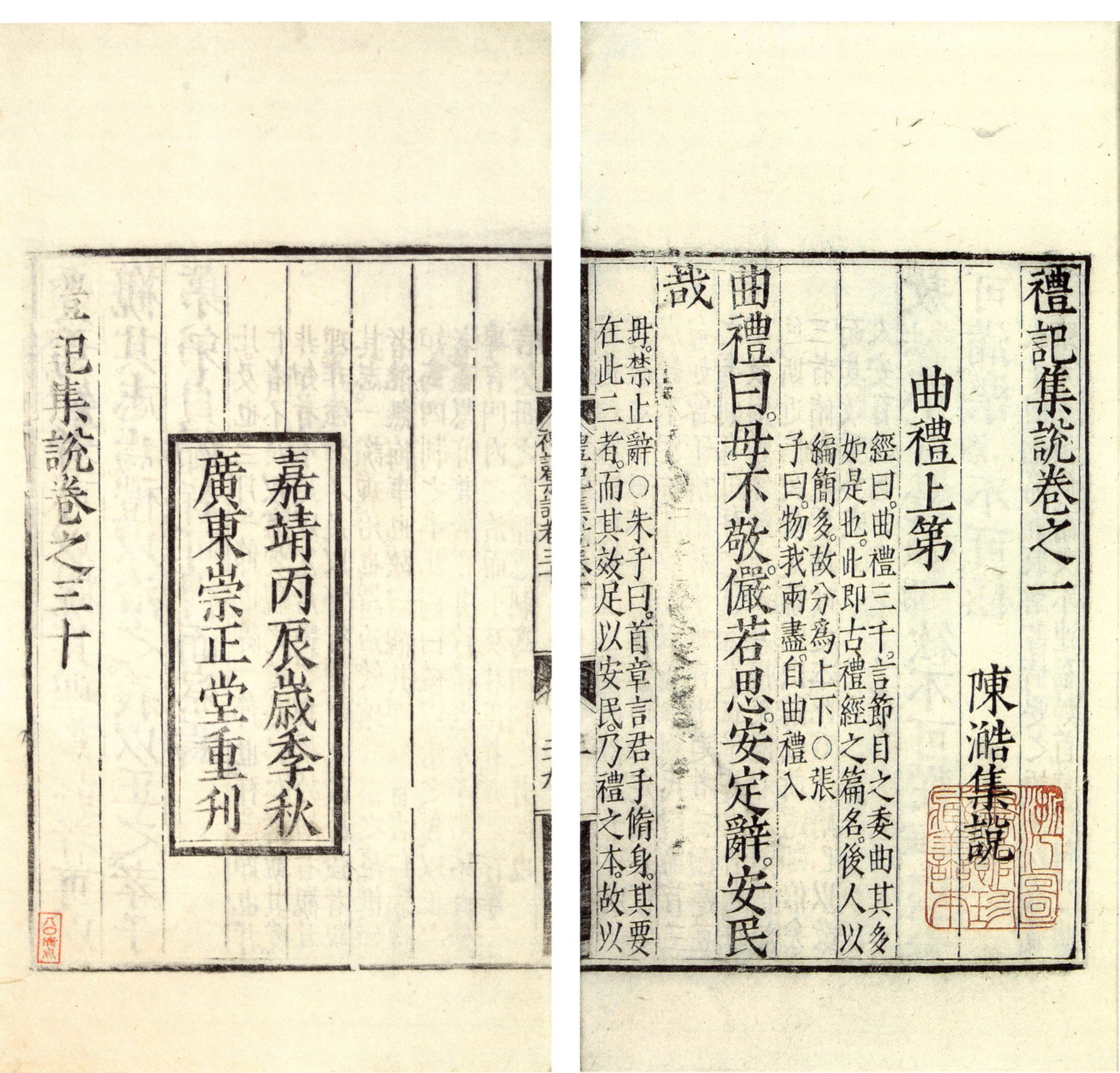

07331 禮記集說三十卷 （元）陳澔撰　明嘉靖三十五年（1556）廣東崇正堂刻本

匡高20.6厘米，廣15.8厘米。半葉八行，行十四字，小字雙行十八字，黑口，四周雙邊。浙江圖書館藏。

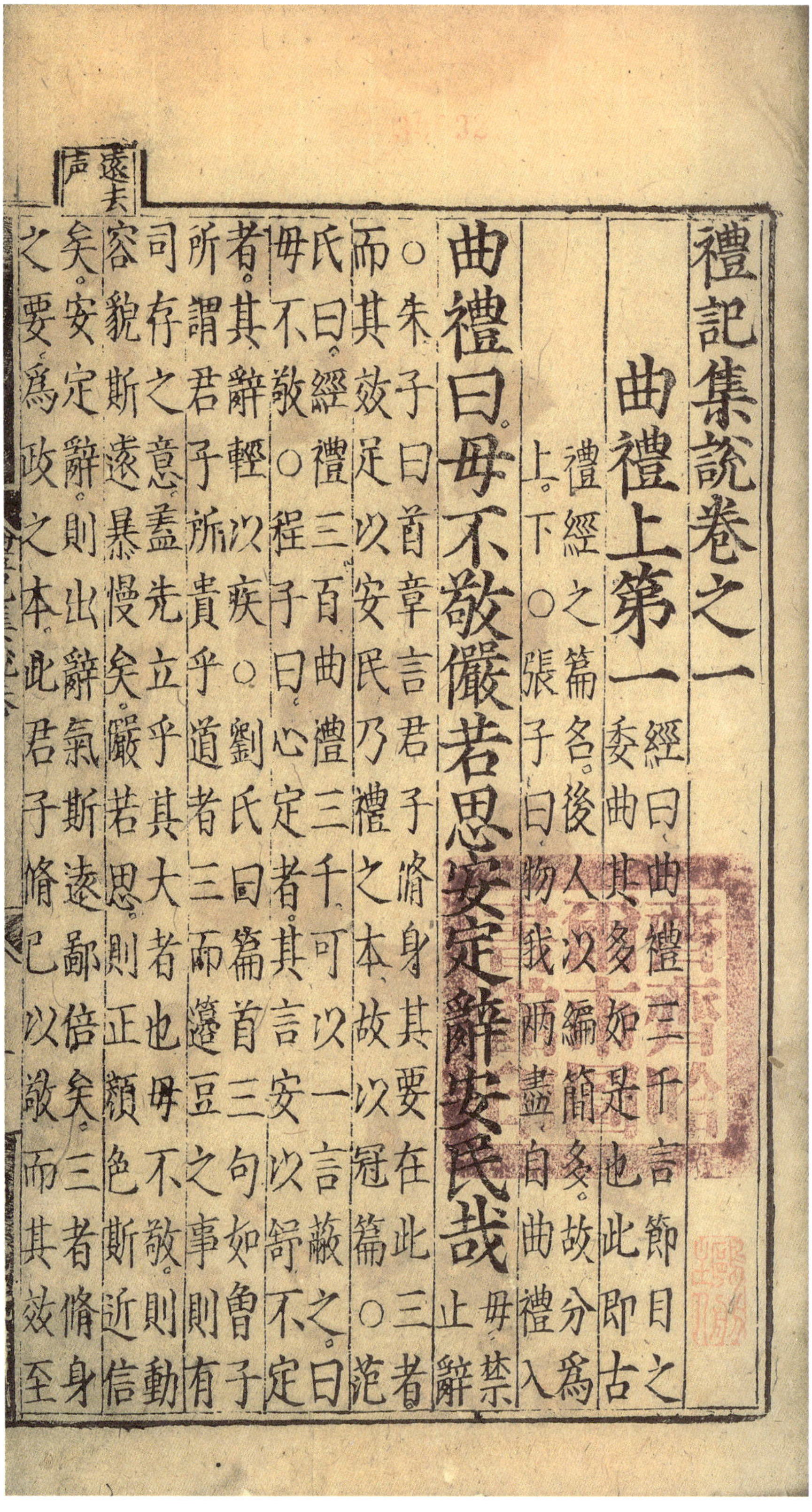

遠去声

禮記集說卷之一

曲禮上第一 經曰曲禮三千言節目之委曲其多如是也此即古禮經之篇名。後人以編簡多。故分爲上。下○張子曰物我兩盡自曲禮入

曲禮曰毋不敬儼若思安定辭安民哉 毋禁止辭

○朱子曰首章言君子脩身其要在此三者而其效足以安民乃禮之本故以冠篇○范氏曰經禮三百曲禮三千可以一言蔽之曰毋不敬○程子曰心定者其言安以舒不定者其辭輕以疾○劉氏曰篇首三句如曾子所謂君子所貴乎道者三而籩豆之事則有司存之意蓋先立乎其大者也毋不敬則動容貌斯遠暴慢矣儼若思則正顏色斯近信矣安定辭則出辭氣斯遠鄙倍矣三者脩身之要爲政之本此君子脩己以敬而其效至

07332 禮記集說三十卷 （元）陳澔撰　明刻本

匡高21.5厘米，廣13.5厘米。半葉九行，行十七字，小字雙行同，黑口，四周雙邊。齊齊哈爾市圖書館藏。

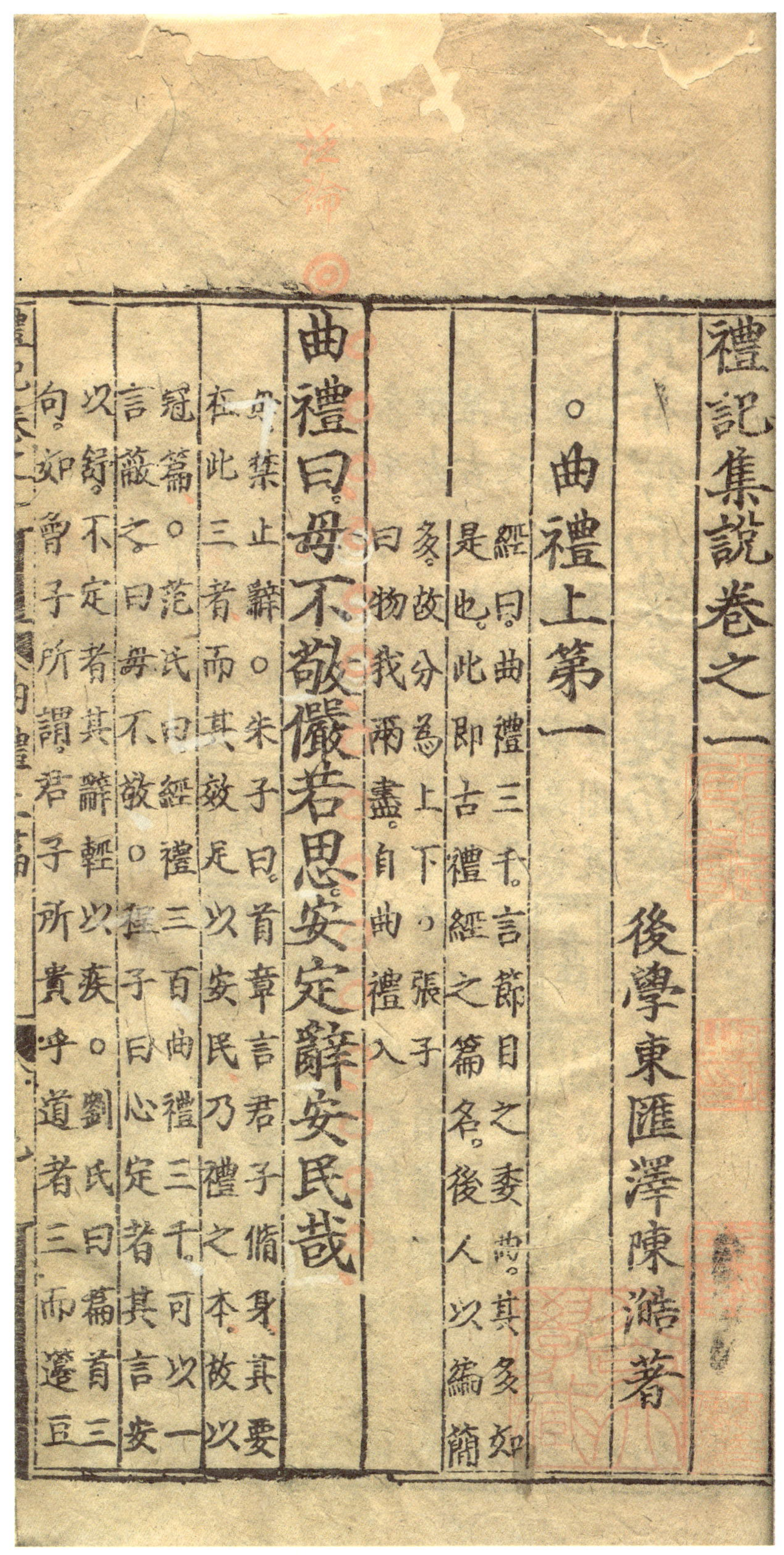

07333 禮記集説十卷 （元）陳澔撰　明弘治十七年（1504）慎獨齋刻正德十六年（1521）劉洪重修本

匡高19.5厘米，廣13厘米。半葉九行，行十八字，黑口，四周雙邊。有“木犀軒藏書”等印。北京大學圖書館藏。

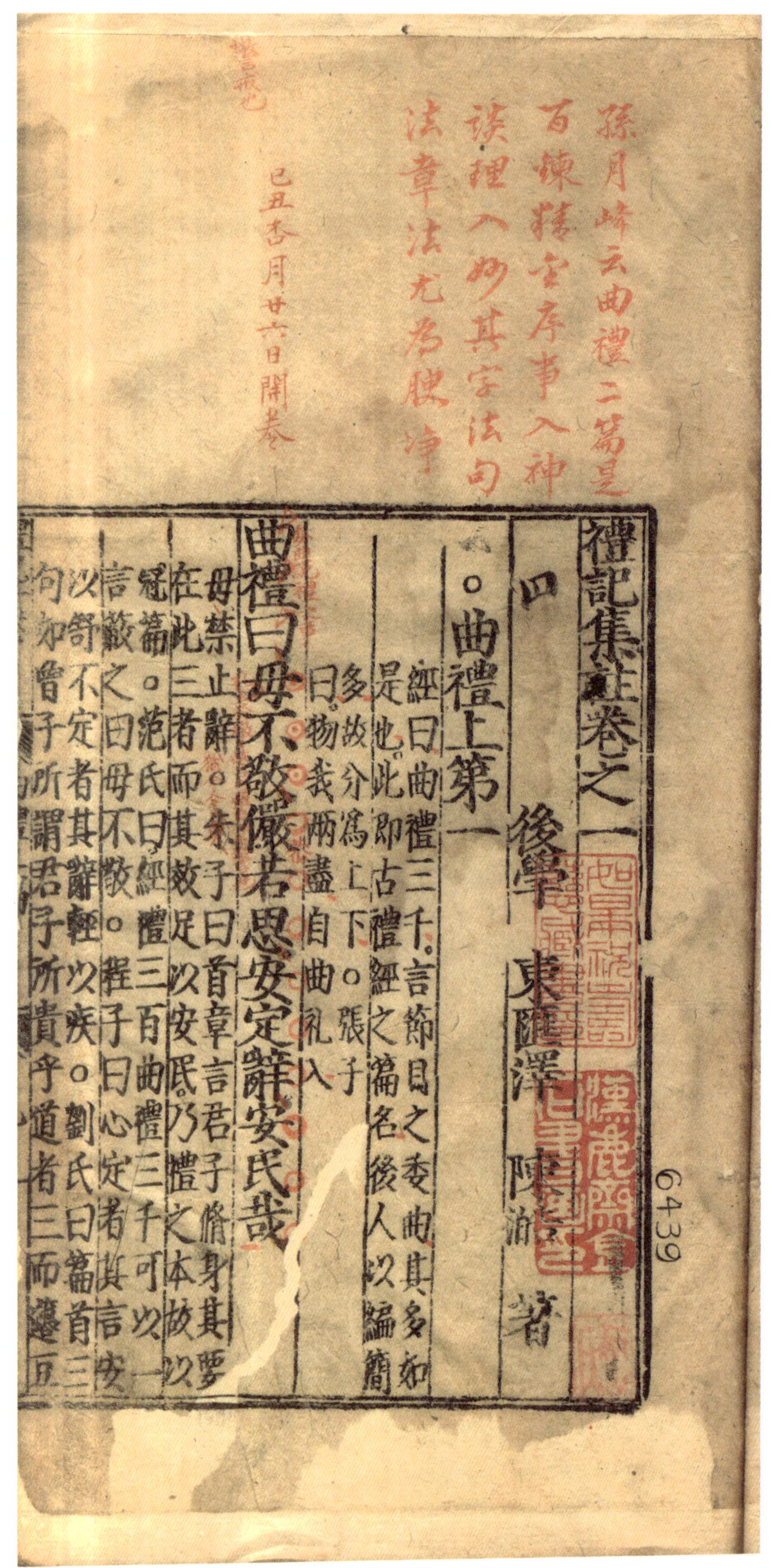

07334 禮記集註十卷 （元）陳澔撰　明書林劉氏安正堂刻本

匡高15.7厘米，廣11.2厘米。半葉九行，行十八字，小字雙行同，白口，四周雙邊。南京大學圖書館藏。

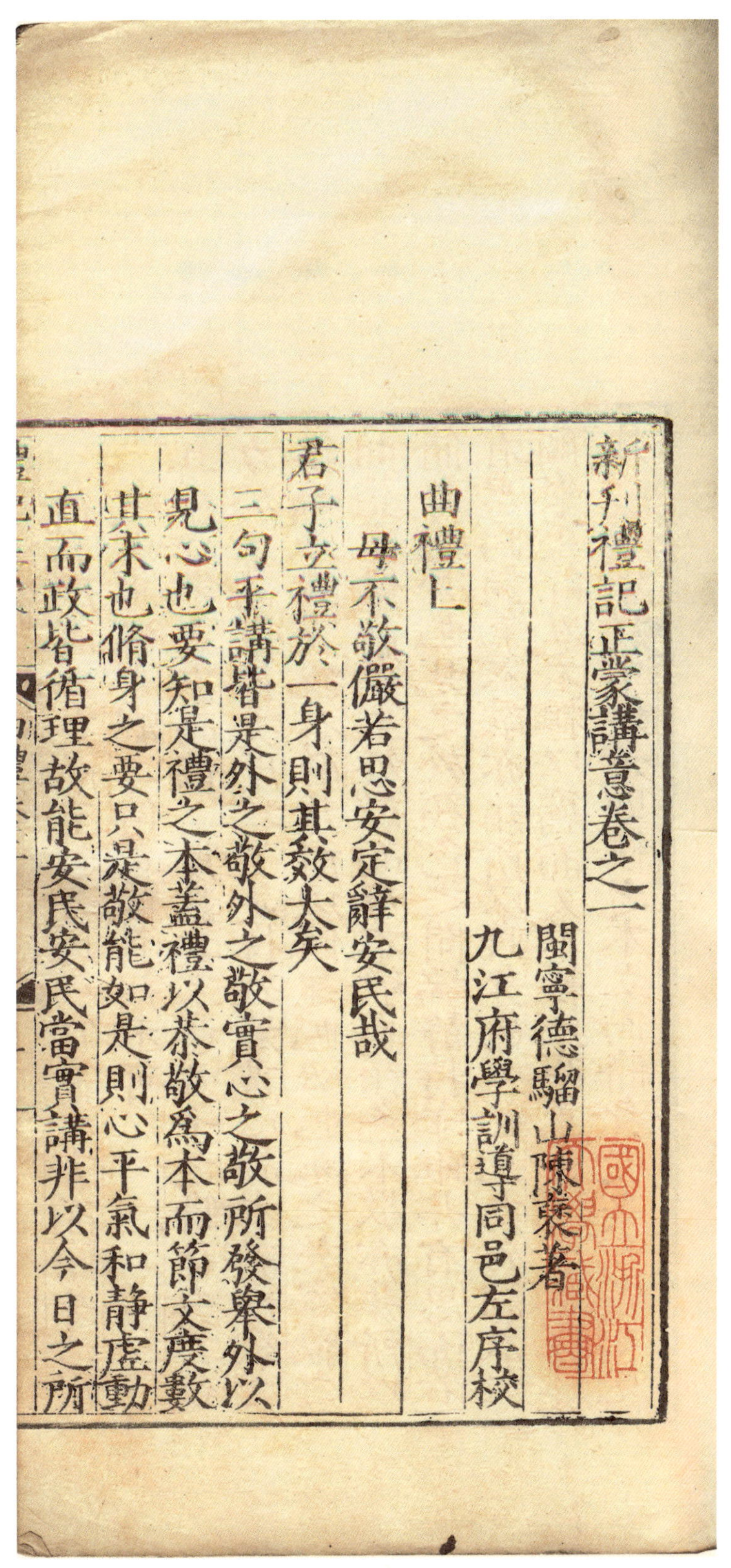

07335 新刊禮記正蒙講意三十八卷 （明）陳褎撰　明嘉靖十六年（1537）左序刻本

匡高18.6厘米，廣12.3厘米。半葉十行，行二十二字，白口，四周雙邊。浙江大學圖書館藏。

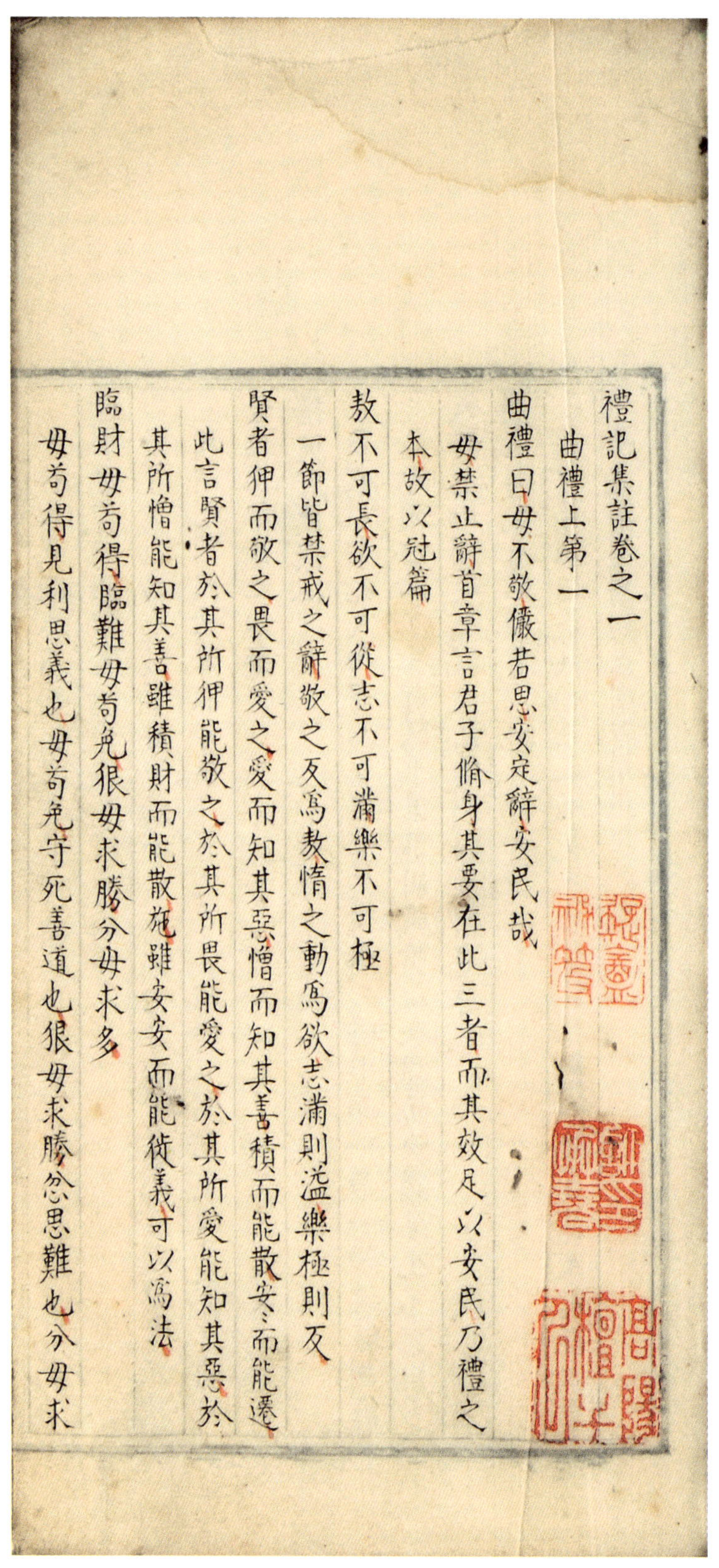

07336 禮記集註不分卷 （元）倪士毅撰　明抄本

匡高20.2厘米，廣14.6厘米。半葉十二行，行二十八字，藍格，白口，四周雙邊。許承堯跋。安徽省博物館藏。

禮記注疏補缺
第五卷第十二号第十四行
者解經中
第十三号第五行六行
已申也若在
聘禮文也衆
第十四号第五行六行
以特牲少牢是大夫士
曰王后也
又第三行自直行三字

07337 禮記注疏補缺一卷 （清）孔廣森撰　稿本

山東省曲阜市文物管理委員會藏。

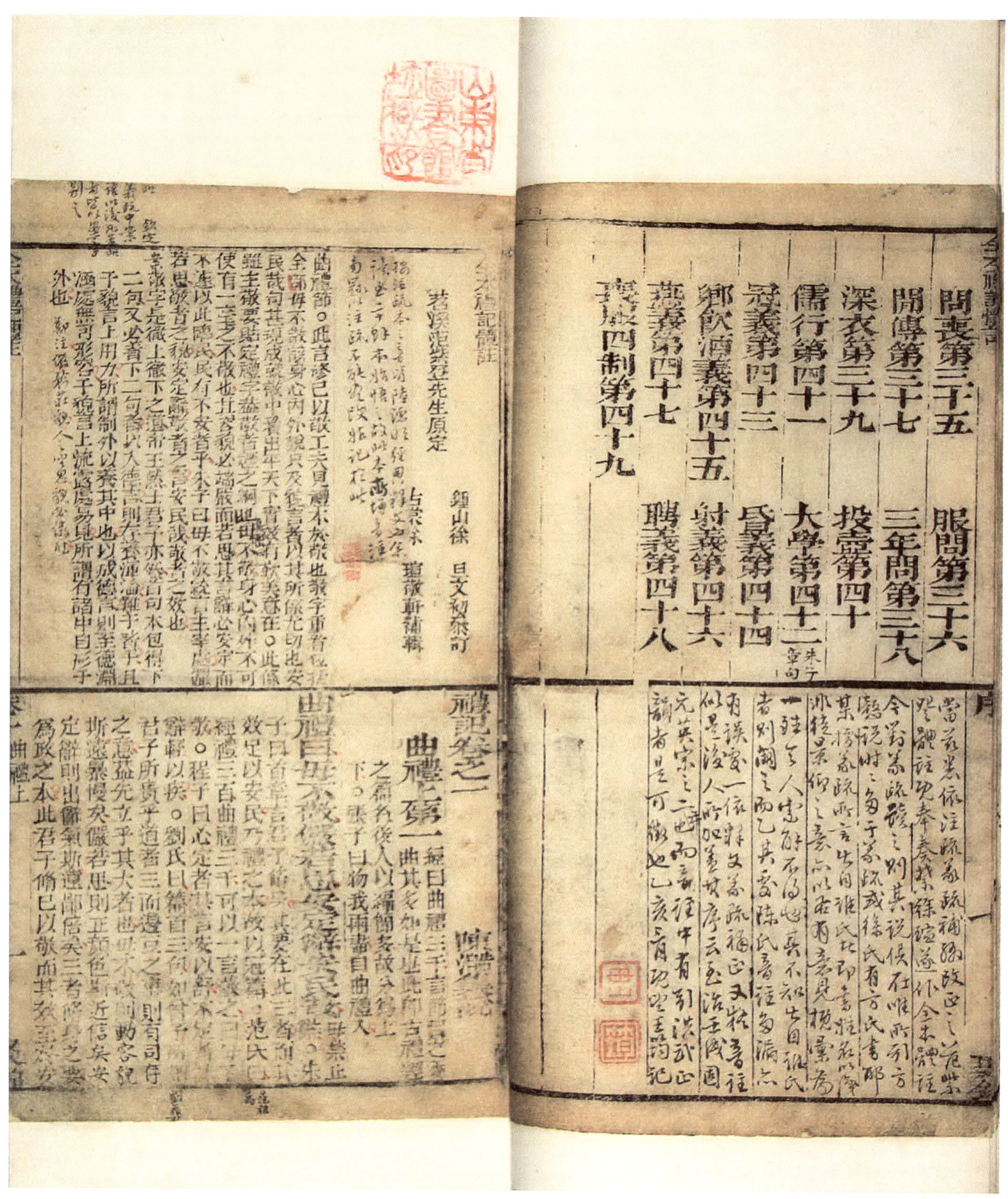

07338 全本禮記體註十卷 （清）徐瑄撰　清聚錦堂刻本

上下兩欄，上欄半葉二十行，行二十四字；下欄半葉九行，行十八字，小字雙行同，白口，左右雙邊。王筠校並跋、姚朋圖跋。山東省圖書館藏。

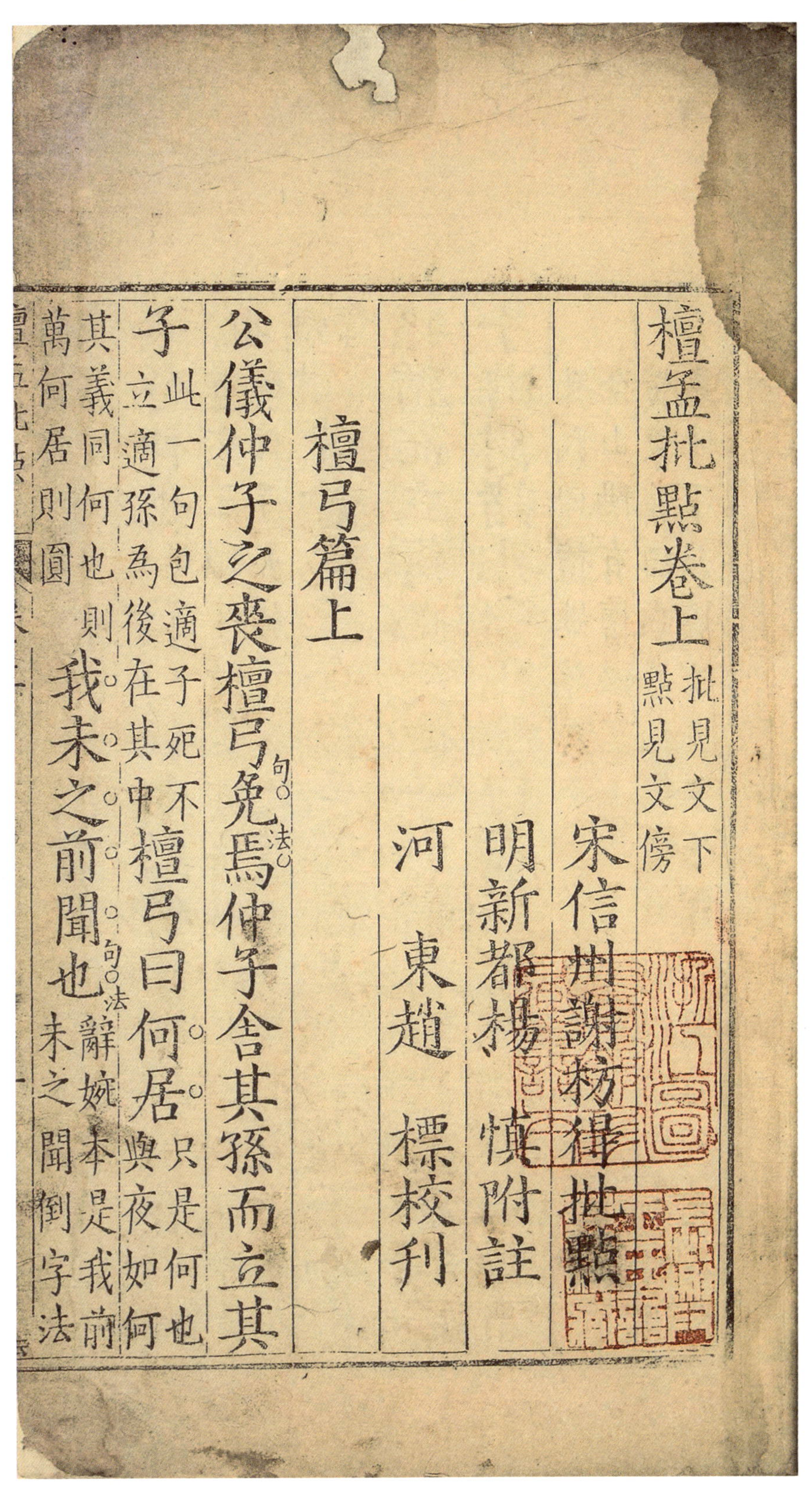

07339 檀孟批點二卷 （宋）謝枋得批點 （明）楊慎附注 明刻本

匡高21.4厘米，廣14.7厘米。半葉八行，行十八字，小字雙行同，白口，四周雙邊。浙江圖書館藏。

大戴禮記卷第一　漢九江太守戴　德　撰

主言第三十九

哀公問五義第四十

哀公問於孔子第四十一

禮三本第四十二

主言第三十九

孔子閒居曾子侍孔子曰參今之君子惟士與大夫之言之間也其至於君子之言者甚希矣於乎吾主言其不出而死乎哀哉曾子起曰敢

見風雨不時暴風水旱並興人民夭死五穀不滋六畜不蕃息

大戴禮記卷第十三　終

此翻宋刻大戴禮記余得諸太倉故家頃知九梅主人欲為小匹之學將搜訪各本以證异同因輟此為贈　嘉慶壬戌夏初伏日識　蕘翁

07340　大戴禮記十三卷　（漢）戴德撰　（北周）盧辯注　明嘉靖十二年（1533）袁氏嘉趣堂刻本

匡高21.1厘米，廣15.5厘米。半葉十行，行十八字，白口，左右雙邊。黄丕烈跋。國家圖書館藏。

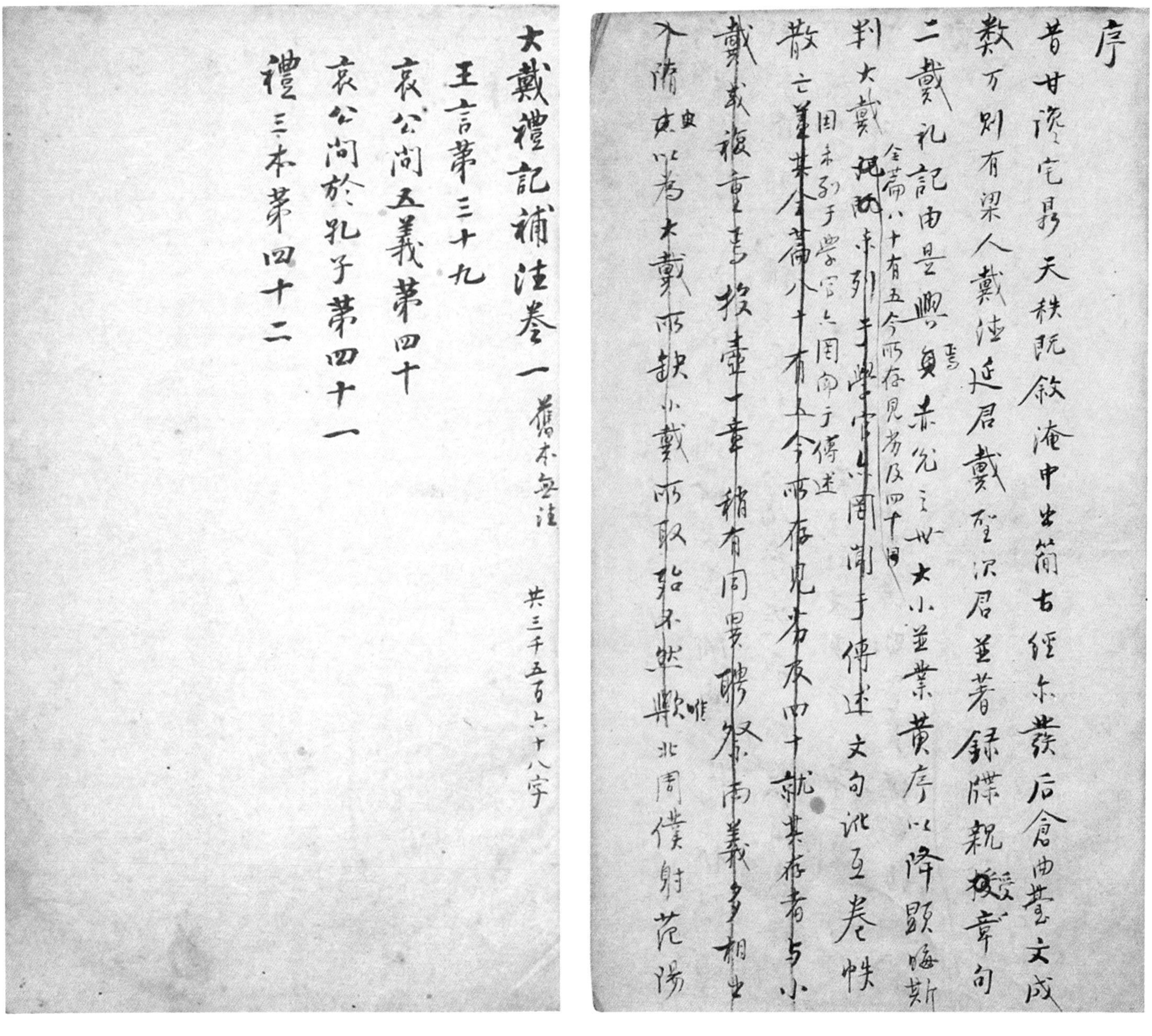

07341 大戴禮記補注十三卷序録一卷 （清）孔廣森撰　稿本

山東省曲阜市文物管理委員會藏。

三禮考註卷之一　元翰林學士臨川吳　澄　考定
翰林脩撰　吉豐羅　倫　校正
建昌知府長樂謝士元重校刊行
周禮
按周公相成王建六官分六職禮樂政事粲然大備即其
設位言之則曰周官即其制作言之則曰周禮周衰諸侯
惡其害已滅去其籍秦孝公用商鞅政與周官背馳始皇
又惡而焚之漢河間獻王好古學購得周官五篇武帝求
遺書得之藏于秘府哀帝時劉歆校理秘書始著于録畧
然冬官久亡以考工記補之考工記乃前世能識古制者
所作先儒皆以爲非惟歆獨識之而五官亦復錯雜傳至
于今莫敢是正澄何自而考之乎本之尚書以考之也周

07342　三禮考註六十四卷序錄一卷綱領一卷　（元）吳澄撰　明成化九年（1473）謝士元刻本

匡高22.3厘米，廣13.8厘米。半葉十一行，行二十四字，黑口，四周雙邊。

北京大學圖書館藏。

二禮經傳測卷之一
甘泉湛若水集訓并測
上經
曲禮上
測曰經曰曲禮三千則曲禮者古經之名所以具夫禮之細者也故古有曲禮五以行於君臣父子夫婦長幼朋友之間者書曰天秩有禮自我五禮有庸哉其斯之謂乎內外合德曲禮其至矣吾於曲禮缺其二三策而已矣
○曲禮曰毋不敬儼若思安定辭安民哉

07343 二禮經傳測六十八卷纂議一卷 （明）湛若水撰　明嘉靖刻本

匡高20.9厘米，廣14.8厘米。半葉十行，行二十字，小字雙行同，白口，四周雙邊。天津圖書館藏。

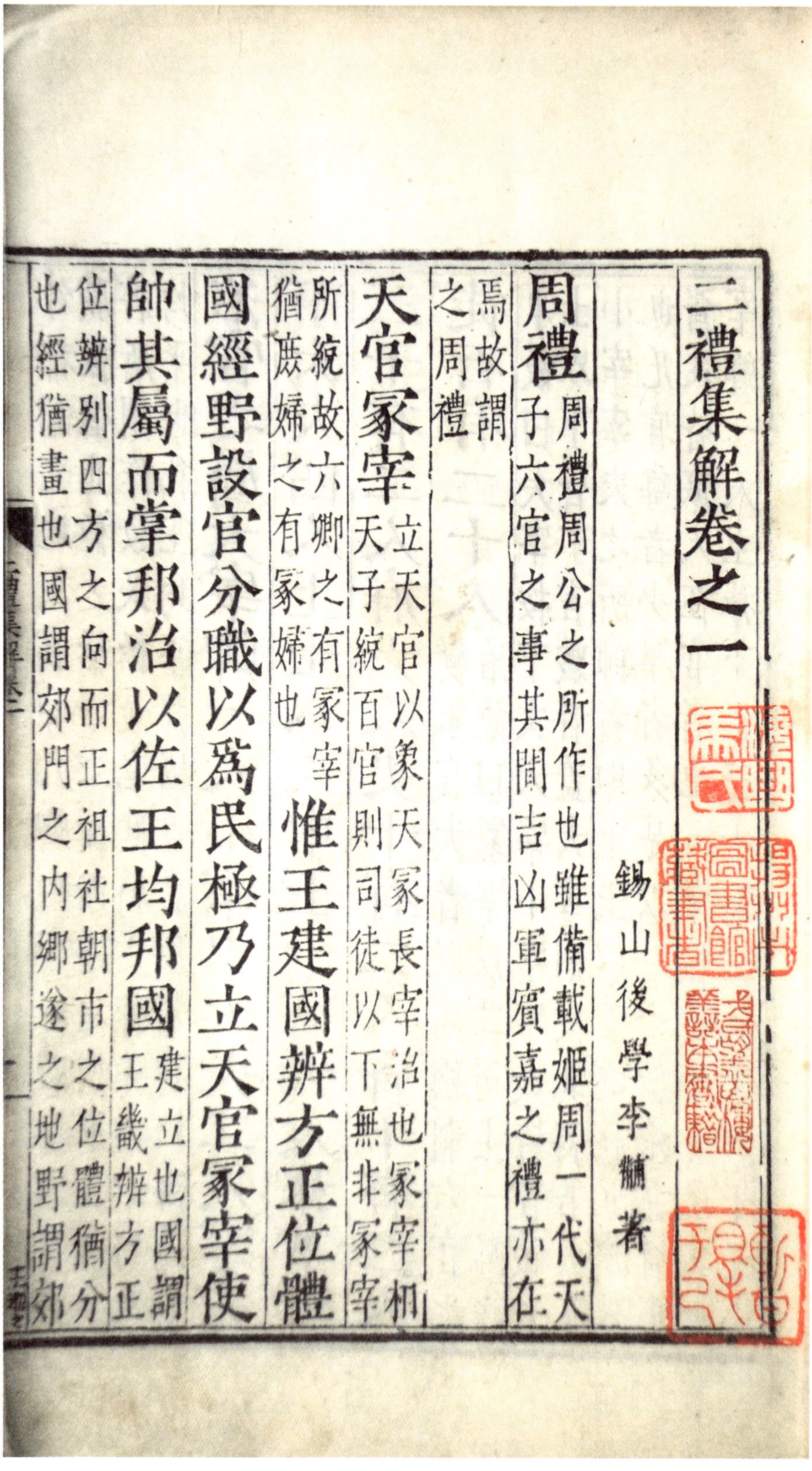
二禮集解卷之一
錫山後學李黼著
周禮周禮周公之所作也雖備載姬周一代天子六官之事其閒吉凶軍賓嘉之禮亦在焉故謂之周禮
天官冢宰立天官以象天冢長宰治也冢宰相天子統百官則司徒以下無非冢宰所統故六卿之有冢宰猶庶婦之有冢婦也惟王建國辨方正位體國經野設官分職以爲民極乃立天官冢宰使帥其屬而掌邦治以佐王均邦國建立也國謂王畿辨方正位辨別四方之向而正祖社朝市之位體猶分也經猶畫也國謂郊門之內鄉遂之地野謂郊

07344 二禮集解十二卷 （明）李黼撰　明嘉靖十六年（1537）常州府刻本

匡高21．4厘米，廣15.4厘米。半葉九行，行十八字，小字雙行同，白口，四周雙邊。揚州市圖書館藏，存六卷。

儀禮經傳卷第一

家禮一之上

士冠禮第一

傳曰夫禮始於冠本於昏重於喪祭尊於朝聘和

於射鄉此禮之大體也

士冠禮○筮于廟門主人玄冠朝服緇帶素韠即位

于門東西面有司如主人服即位于西方東面北上

筮與席所卦者具饌于西塾布席于門中闑西閾外

西面筮人執筴抽上韇兼執之進受命於主人宰自

右少退贊命筮人許諾右還即席坐西面卦者在左

卒筮書卦執以示主人主人受眂反之筮人還東面

旅占卒進告吉若不吉則筮遠日如初儀徹筮席宗

07345-07347 儀禮經傳通解三十七卷 （宋）朱熹撰 **續二十九卷** （宋）黃榦　楊復撰　明正德十六年（1521）劉瑞、曹山刻本

匡高20.3厘米，廣14.6厘米。半葉十一行，行二十字，白口，左右雙邊。吉林大學圖書館、浙江圖書館、山東省圖書館藏。

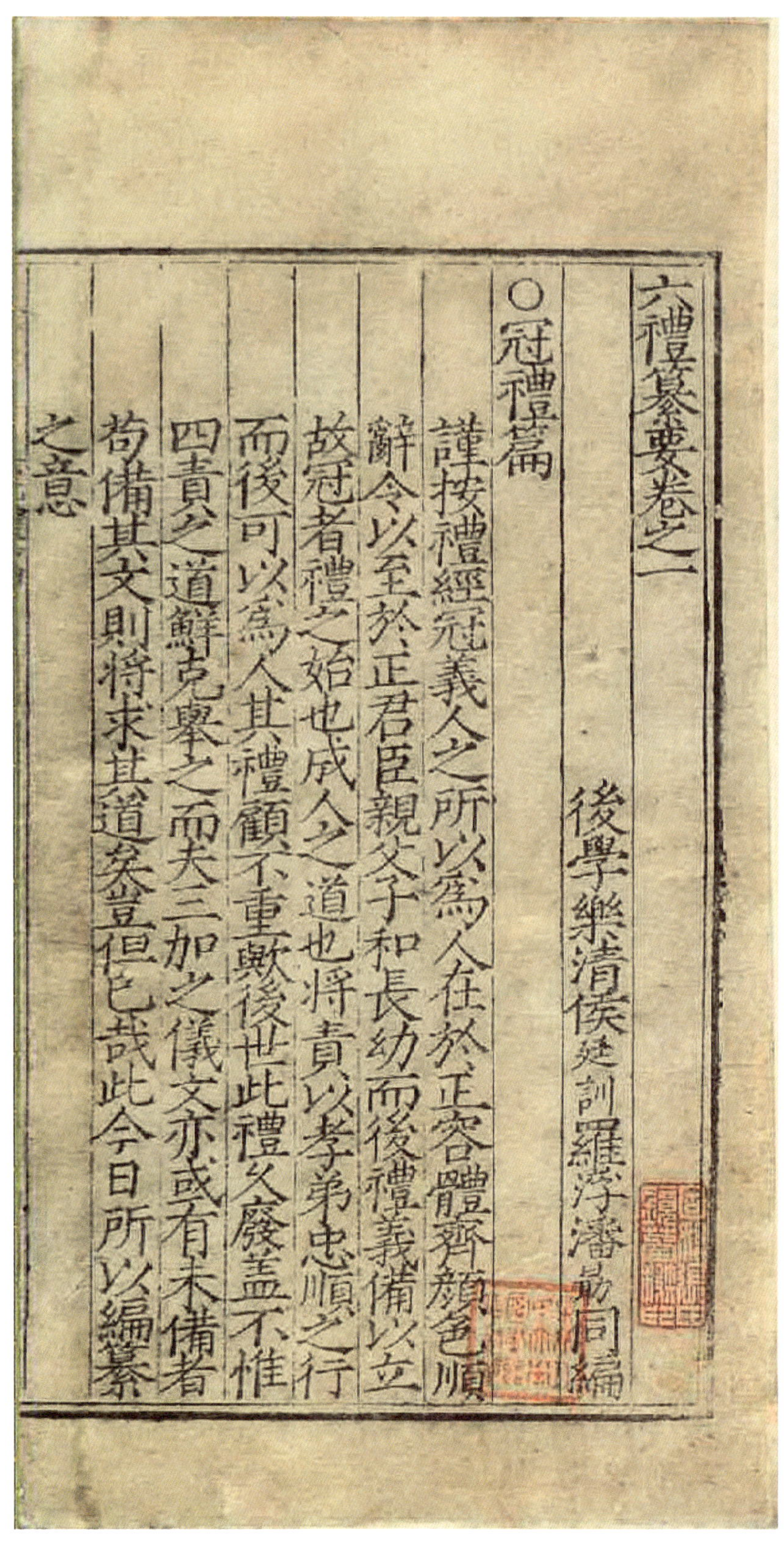

六禮纂要卷之一
後學樂清侯廷訓羅經浮潘昜同編
○冠禮篇
謹按禮經冠義人之所以為人在於正容體齊顏色順辭令以至於正君臣親父子和長幼而後禮義備以立故冠者禮之始也成人之道也將責以孝弟忠順之行而後可以為人其禮顧不重歟後世此禮久廢盖不惟四責之道鮮克舉之而夫三加之儀文亦或有未備者苟備其文則將求其道奚啻但已哉此今日所以編纂之意

07348 六禮纂要六卷 （明）侯廷訓等撰　明嘉靖四年（1525）薛祖學刻本
匡高20厘米，廣12.2厘米。半葉十行，行二十一字，白口，四周雙邊。吉林大學圖書館藏。

司馬氏書儀卷第一
○表奏　公文　私書　家書
表奏
元豐四年十一月十二日中書劄子據詳定官制
所修到公式令節文
表式
臣某言云云臣某誠惶誠懼賀則云誠懽誠忭後辭末准此頓首頓
首辭云云謹奉表稱　謝以　聞稱賀同其辭免恩命及陳乞不用狀者亦准此
臣某誠惶誠懼頓首頓首謹言
年月　日具位臣姓　名　上表
右臣下奏陳皆用此式上東宮牋亦倣此但易

07349　司馬氏書儀十卷　（宋）司馬光撰　清雍正元年（1723）汪亮采影宋刻本

匡高19厘米，廣13.2厘米。半葉十一行，行十九字，小字雙行二十四字，白口，左右雙邊。山東省圖書館藏。

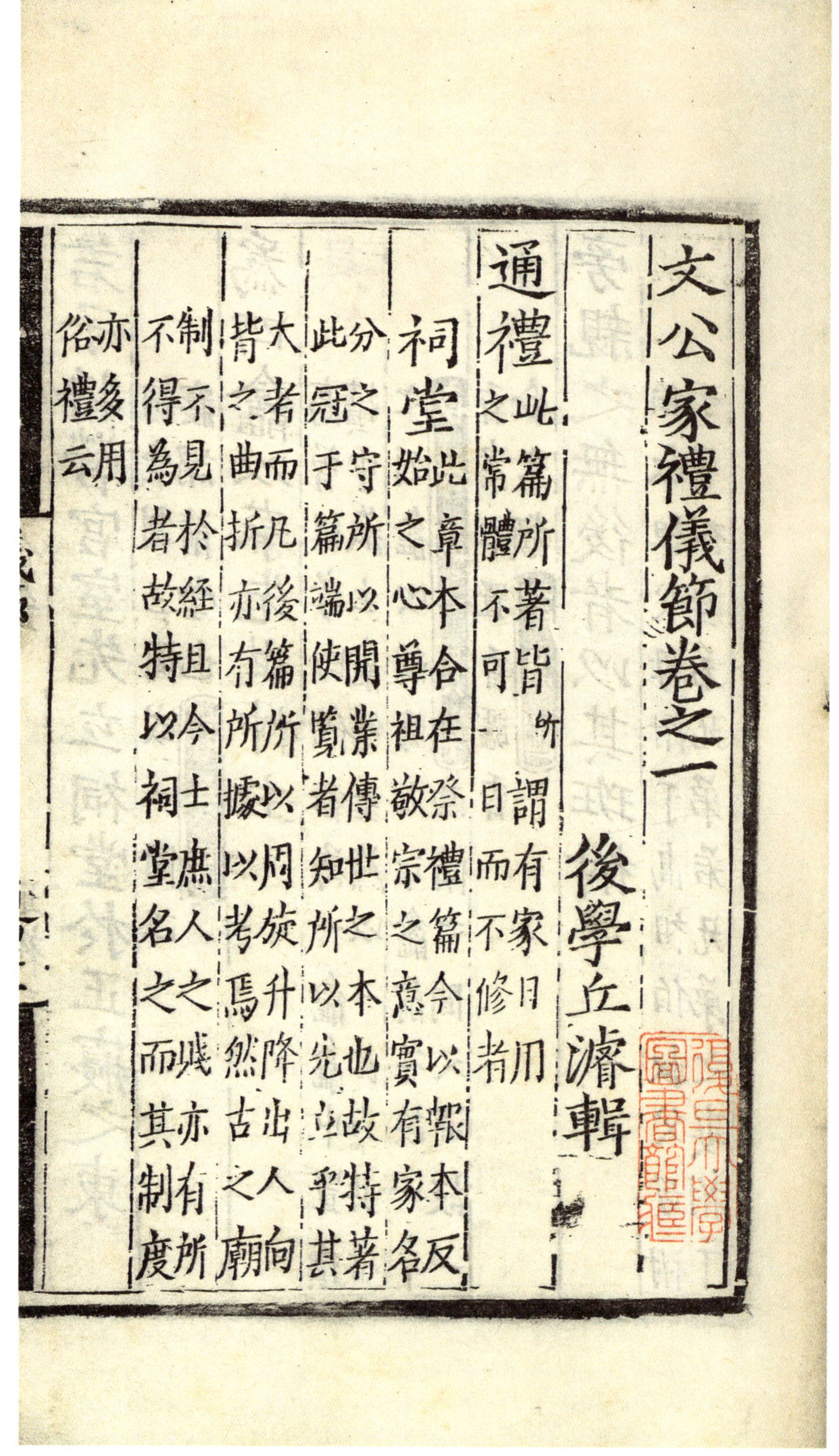
文公家禮儀節卷之一

後學丘濬輯

通禮 此篇所著皆所謂有家日用之常體不可一日而不修者

祠堂 此章本合在祭禮篇今以報本反始之心尊祖敬宗之意實有家名分之守所以開業傳世之本也故特著此冠于篇端以使覽者知所以先立乎其大者而凡後篇所以周旋升降出入向背之曲折亦有所據以考焉然古之廟制不見於經且今士庶人之賤亦有所不得為者故特以祠堂名之而其制度亦多用俗禮云

07350 文公家禮儀節八卷 （明）丘濬撰　明正德十二年（1517）直隸太平府刻本

匡高18.2厘米，廣12.1厘米。半葉八行，行十六字，小字雙行同，黑口，四周雙邊。復旦大學圖書館藏。

07351 禮服釋名一卷 （清）孔廣森撰　稿本

山東省曲阜市文物管理委員會藏。

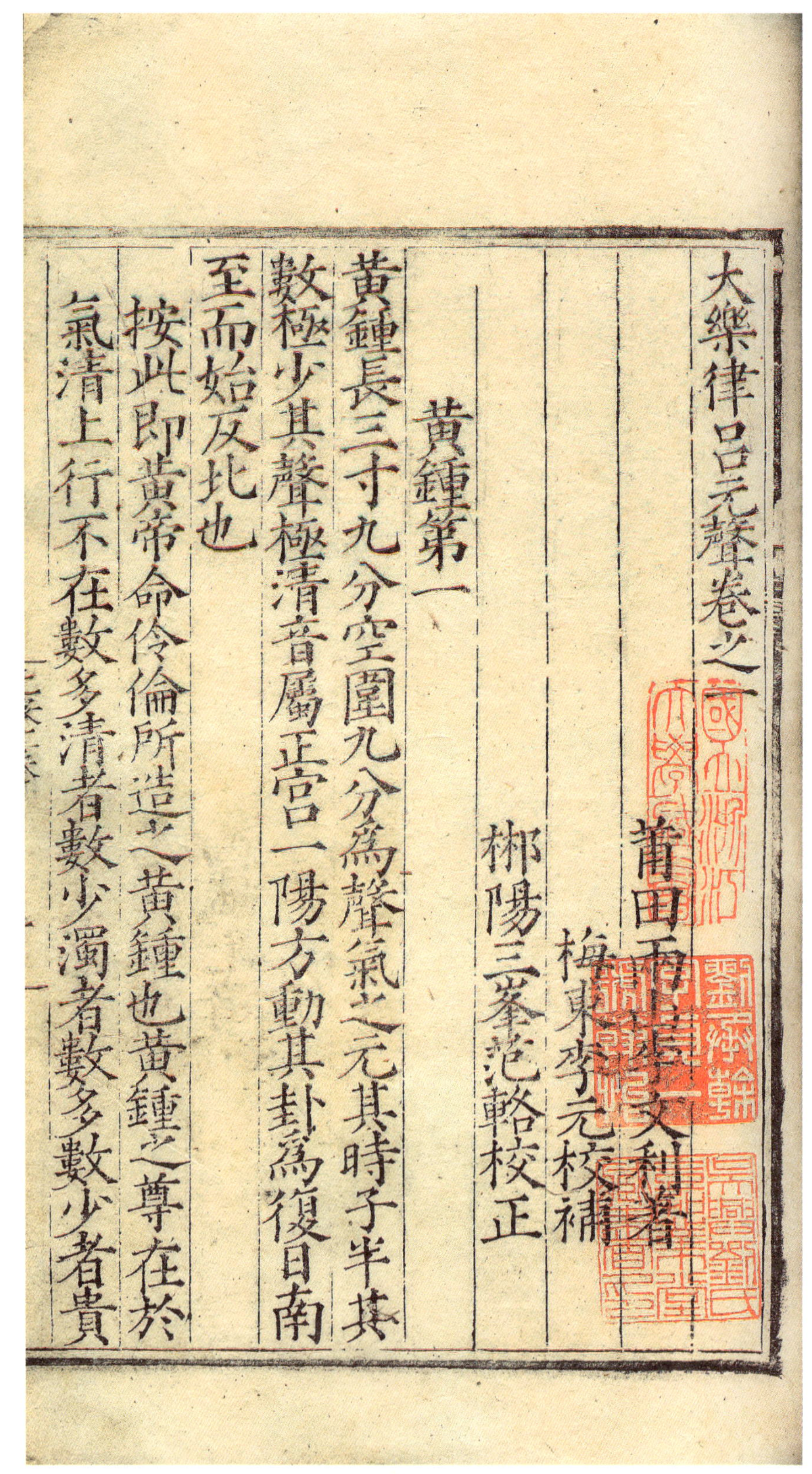

07352、07353 大樂律吕元聲六卷律吕考註四卷 （明）李文利撰 （明）李元校補 明嘉靖十四年（1535）浙江布政司刻本

匡高20.1厘米，廣14.5厘米。半葉十行，行二十一字，白口，四周雙邊。浙江圖書館藏；浙江大學圖書館藏，無律吕考註四卷，有"吴興劉氏嘉業堂藏書印"等印。

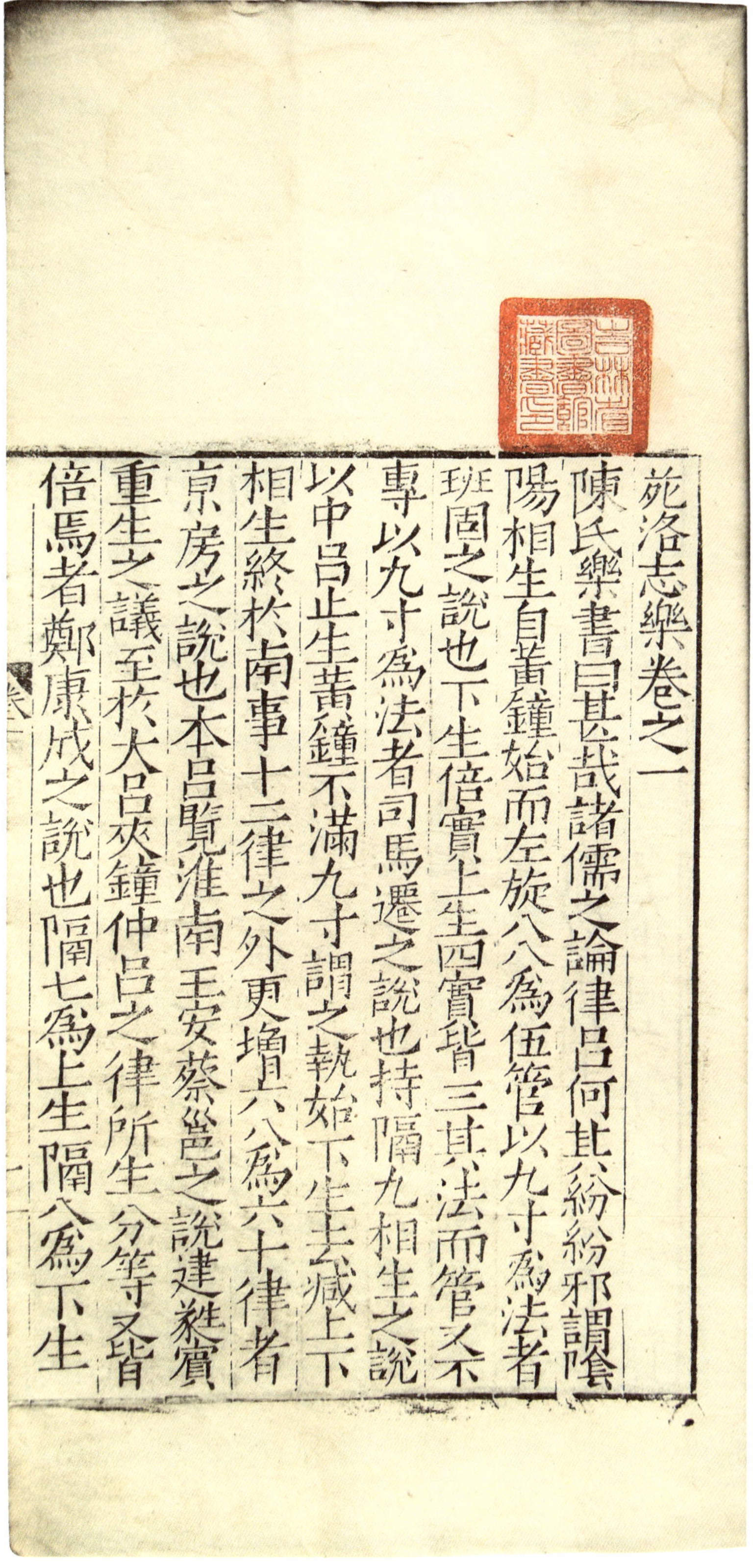

苑洛志樂卷之一

陳氏樂書曰甚哉諸儒之論律呂何其紛紛邪謂陰陽相生自黃鍾始而左旋八八爲伍管以九寸爲法者班固之說也下生倍實上生四實皆三其法而管不專以九寸爲法者司馬遷之說也持隔九相生之說以中呂止生黃鍾不滿九寸謂之執始下生去滅上下相生終於南事十二律之外更增六八爲六十律者京房之說也本呂覽淮南王安蔡邕之說建蕤賓重生之議至於大呂夾鍾仲呂之律所生分等又皆倍焉者鄭康成之說也隔七爲上生隔八爲下生

07354 苑洛志樂二十卷 （明）韓邦奇撰　明嘉靖刻本

匡高18厘米，廣13厘米。半葉十行，行十九至二十一字，白口，四周單邊。吉林省圖書館藏。

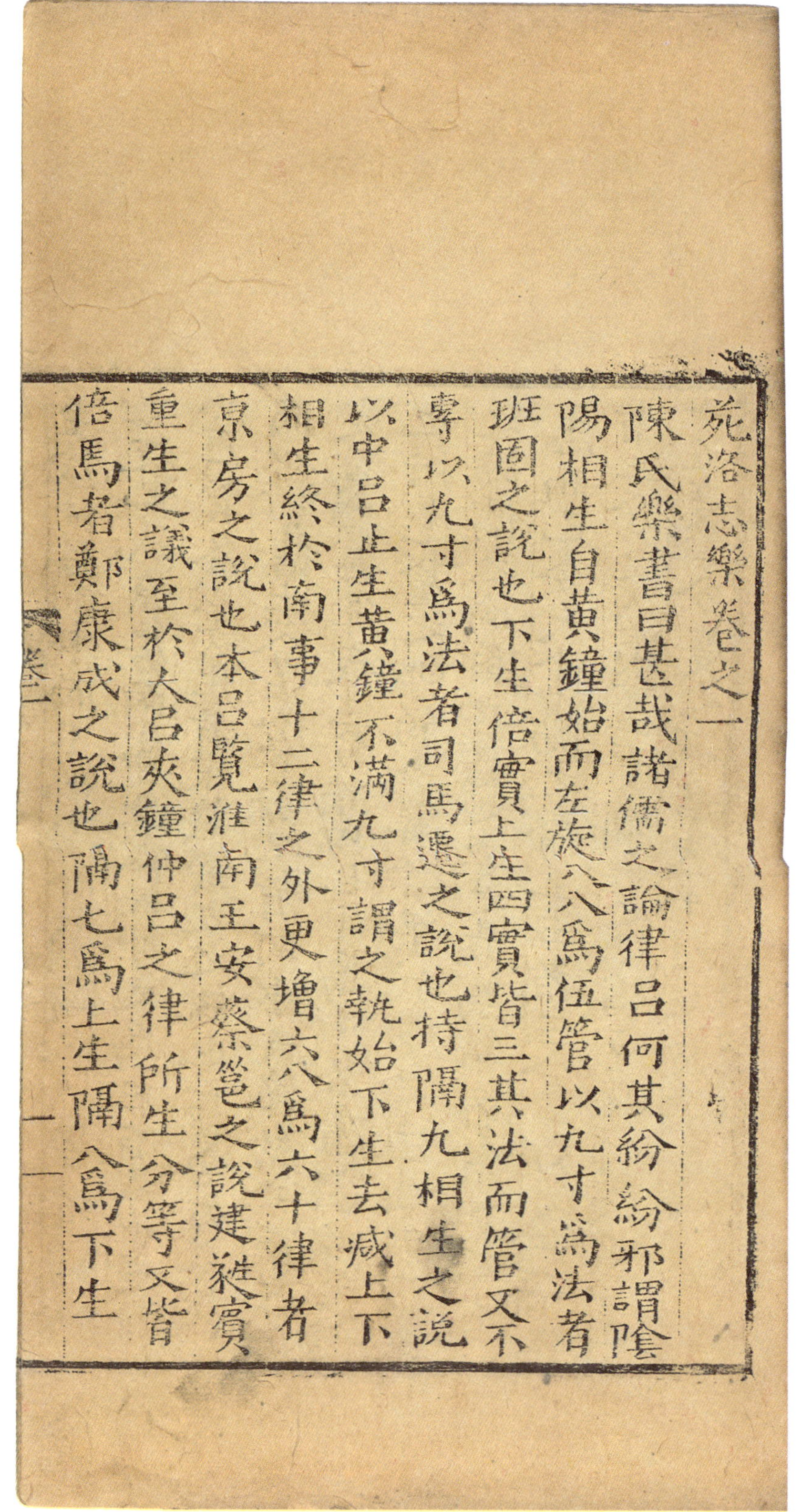

苑洛志樂卷之一

陳氏樂書曰甚哉諸儒之論律呂何其紛紛邪謂陰陽相生自黃鐘始而左旋八八爲伍管以九寸爲法者班固之說也下生倍實上生四實皆三其法而管又不專以九寸爲法者司馬遷之說也持隔九相生之說以中呂止生黃鐘不滿九寸謂之執始下生去滅上下相生終於南事十二律之外更增六八爲六十律者京房之說也本呂覽淮南王安蔡邕之說建蕤賓重生之議至於大呂夾鐘仲呂之律所生分等又皆倍焉者鄭康成之說也隔七爲上生隔八爲下生

卷一　一

07355 苑洛志樂二十卷 （明）韓邦奇撰　明嘉靖刻本

匡高17厘米，廣13.3厘米。半葉十行，行二十至二十二字，白口，四周單邊。遼寧大學圖書館藏。

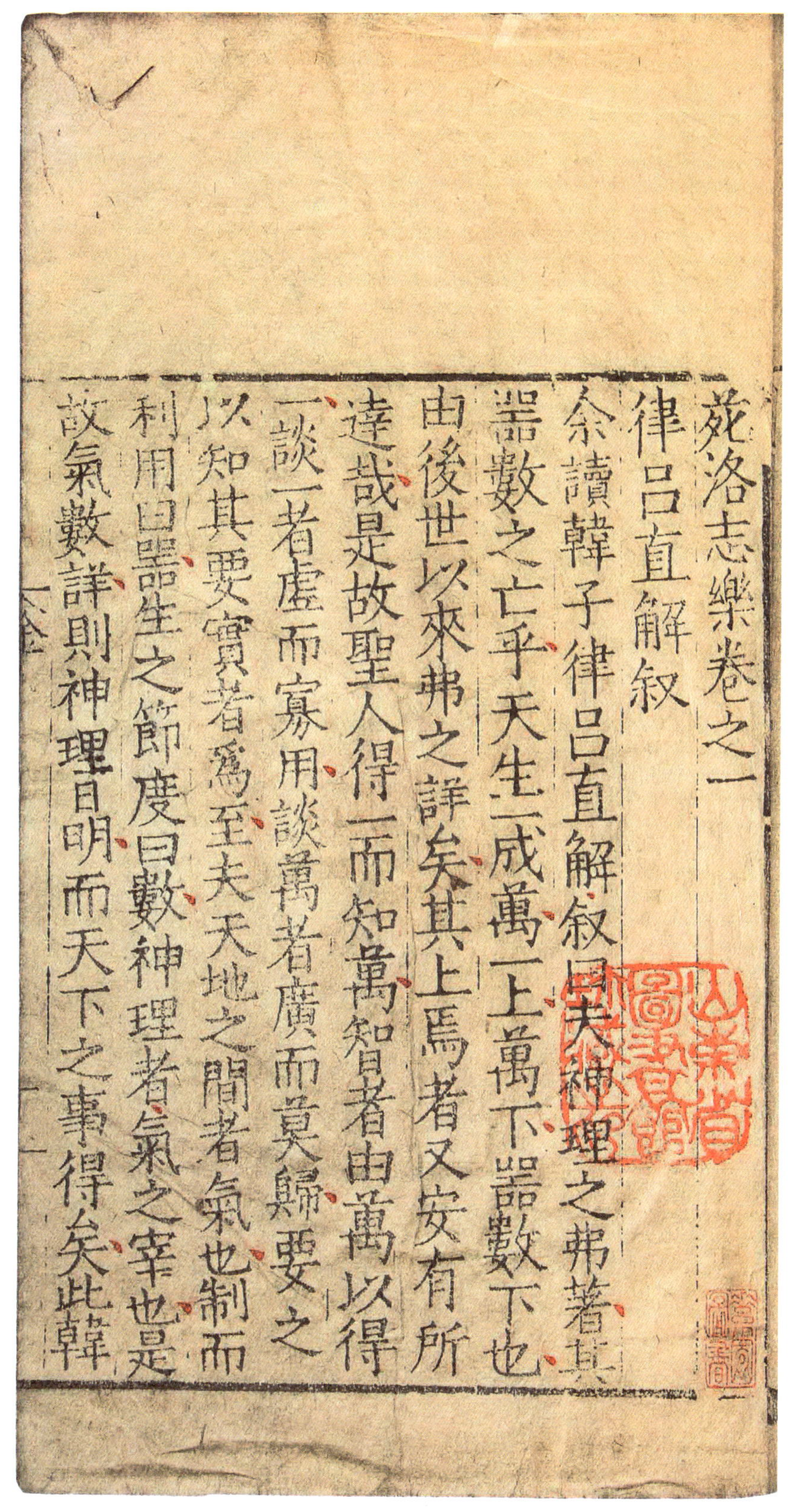

苑洛志樂卷之一

律呂直解叙

余讀韓子律呂直解叙曰夫神理之弗著其
器數之亡乎天生一成萬一上萬下器數下也
由後世以來弗之詳矣其上焉者又安有所
達哉是故聖人得一而知萬智者由萬以得
一談一者虛而寡用談萬者廣而莫歸要之
以知其要實者爲至夫天地之間者氣也制而
利用曰器生之節度曰數神理者氣之宰也是
故氣數詳則神理日明而天下之事得矣此韓

07356 苑洛志樂二十卷（明）韓邦奇撰　明嘉靖刻本

匡高17.5厘米，廣13.5厘米。半葉十行，行十七至十八字，白口，四周單邊。山東省圖書館藏。

樂律纂要

會稽季本纂

南充王廷校

夫作樂必諧聲諧聲必合律則聲律者樂之本原也蔡氏律呂書朱子鍾律解論此最爲詳密今述此篇盖本二書云其五聲十二律名義國語等書皆著其說然朱子以爲支離附合恐非本眞茲故弗錄也

求聲氣之元

季子曰律者自然之數先王之樂必須律以考其聲

07357 樂律纂要一卷 （明）季本撰　明嘉靖十八年（1539）宋楫刻本

匡高18.6厘米，廣12.5厘米。半葉十行，行二十字，白口，左右雙邊。浙江圖書館藏。

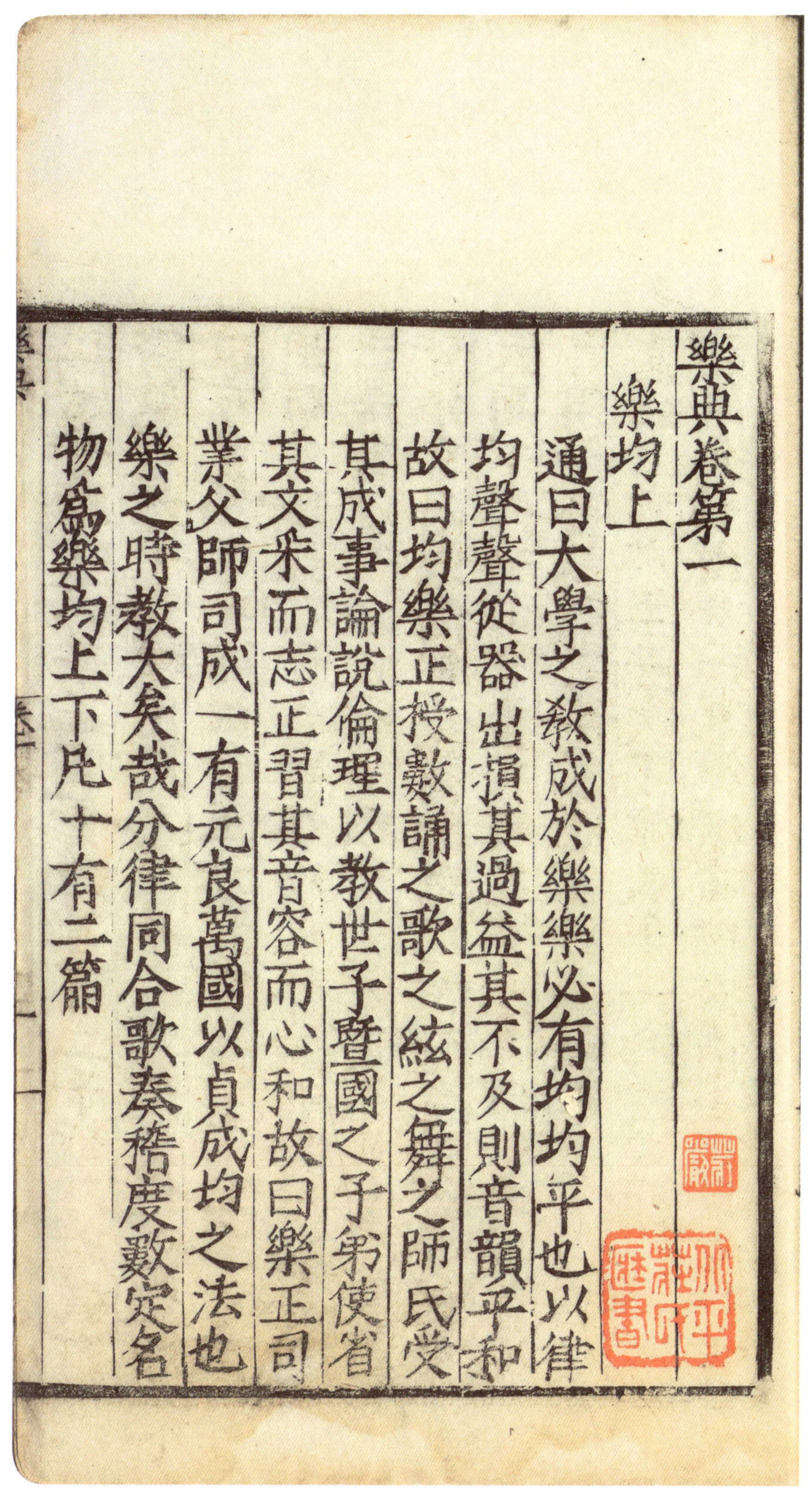

07358 樂典三十六卷 （明）黄佐撰　明嘉靖三十六年（1557）盧寧刻本

匡高19.1厘米，廣13.7厘米。半葉十行，行二十字，白口，四周單邊。故宫博物院藏。

樂經元義卷一

南宮徵山劉濂著

律呂篇

律元

書曰詩言志歌永言聲依永律和聲八音克諧無相奪倫神人以和此萬世詩樂之宗也夫人性本靜也喜怒哀樂之心感而呻吟謳嘆之事興凡詩篇歌曲莫不陳其情而敷其事故曰詩言志也歌生于言永生于歌引長其音而使之悠颺回翔累然而成節奏故曰歌永言也樂聲效歌非人歌效樂當歌之詩必和之以鍾磬琴

07359 樂經元義八卷 （明）劉濂撰　明嘉靖刻本

匡高18.5厘米，廣13.6厘米。半葉十行，行二十一字，白口，四周單邊。遼寧省圖書館藏。

樂經元義卷一

律呂篇

南宮微山劉濂著

律元

書曰詩言志歌永言聲依永律和聲八音克諧無相奪倫神人以和此萬世詩樂之宗也夫人性本静也喜怒哀樂之心感而呻吟謳嘆之事與凡詩篇歌曲莫不陳其情而敷其事故曰詩言志也歌生於言永生於歌引長其音而使之悠颺回翔累然而成節奏故曰歌永言也樂聲效歌非人歌效樂當歌之詩必和之以鍾磬琴

卷一　一

07360 樂經元義八卷　（明）劉濂撰　明嘉靖刻本

匡高19.3厘米，廣13.4厘米。半葉十行，行二十一字，白口，四周單邊。南京大學圖書館藏。

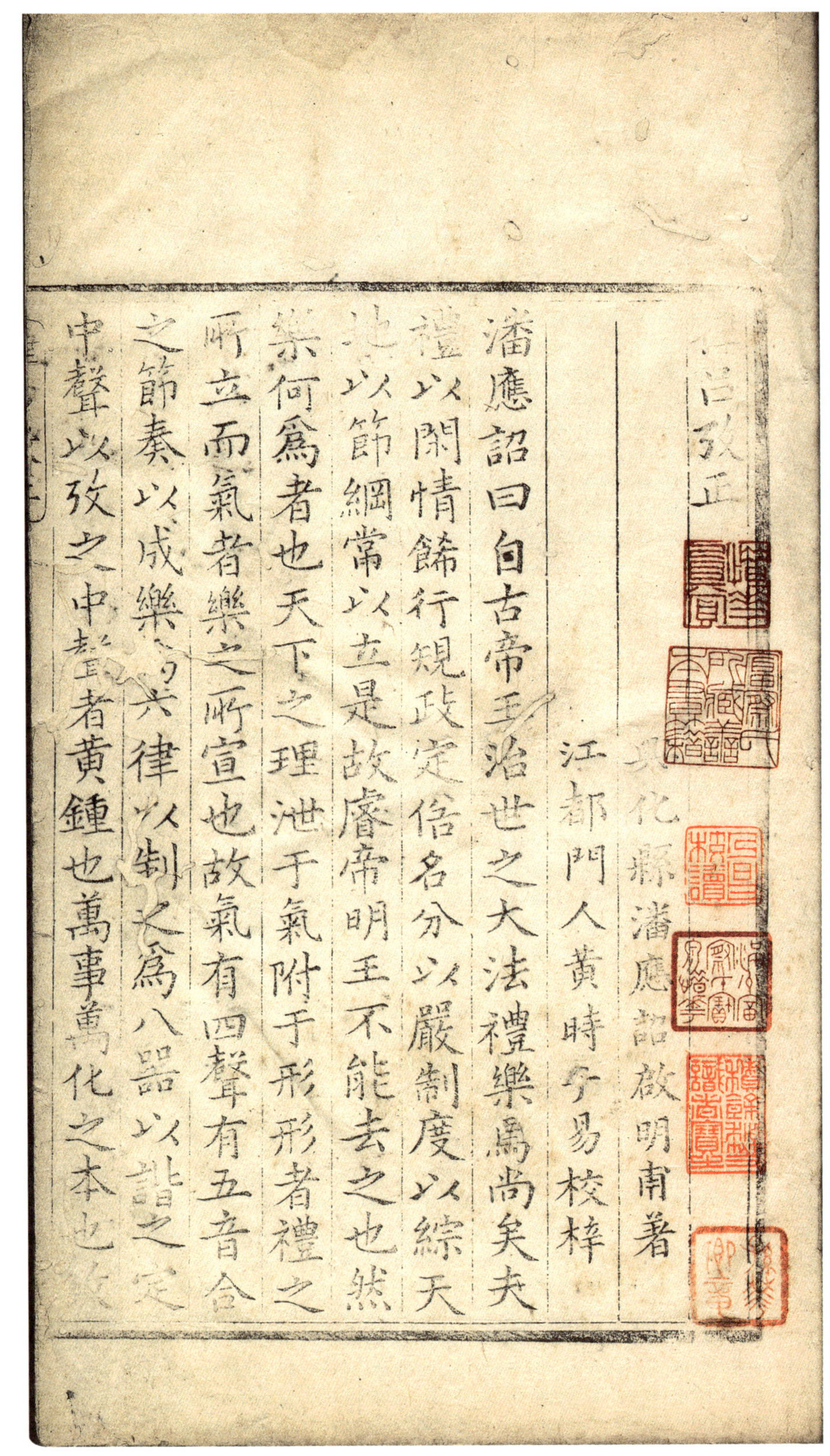

07361 律吕攷正一卷 （明）潘應詔撰　明刻本

匡高18.1厘米，廣12.7厘米。半葉十行，行十九字，白口，四周雙邊。有“積學齋徐乃昌藏書”等印。中國藝術研究院圖書館藏。

鄉飲詩樂譜卷一

鄭世子臣載堉謹撰

飲射二禮經文大同小異互相發明

鄉飲酒禮曰設席于堂廉東上工四人二瑟瑟先相者二人皆左何瑟後首挎越内弦右手相樂正先升立于西階東工入升自西階北面坐相者東面坐遂授瑟乃降

鄉射禮曰席工于西階上少東樂正先升北面立于其西工四人二瑟瑟先相者皆左何瑟面鼓執越内弦右手相入升自西階北面東上工坐相者坐授瑟乃降

鄉飲有瑟無琴有磬無鍾有笙無簫蓋樂之略者也鄉射曰間若一不鼓不釋鼓以幀應拊牘爲節經不言可知矣

鄉飲詩樂譜卷一

07362 樂律全書三十九卷 （明）朱載堉撰　明萬曆鄭藩刻本

匡高25厘米，廣20.2厘米。半葉十二行，行二十五字，黑口，四周雙邊。山東省圖書館藏。

卷一 此卷發明樂音之高低，八音相合不合之故，將八音互相合對分之之規論之

章邱　李人龍　雲林甫著

論聲音所以為高低之名

欲知八音内所有高低声音之由，宜先分别如何為高声，如何為低声。凡所云高声者，非謂滿大之声也；凡所云低声者，非謂虚小之声也。何則？凡不改一音之内，俱有滿大虚小声之故也。假如風之一琴音，錫管内有開管者，有塞管者。其開管之声，必然滿大聽之致遠；其塞管之声，必然虚小，聽之不遠。而其高低

07363　元律二卷附五聲二變旋宫起調圖譜一卷　（明）李人龍撰　明末抄本

匡高22.2厘米，廣14.8厘米。半葉九行，行二十一字，白口，四周雙邊。中國藝術研究院圖書館藏。

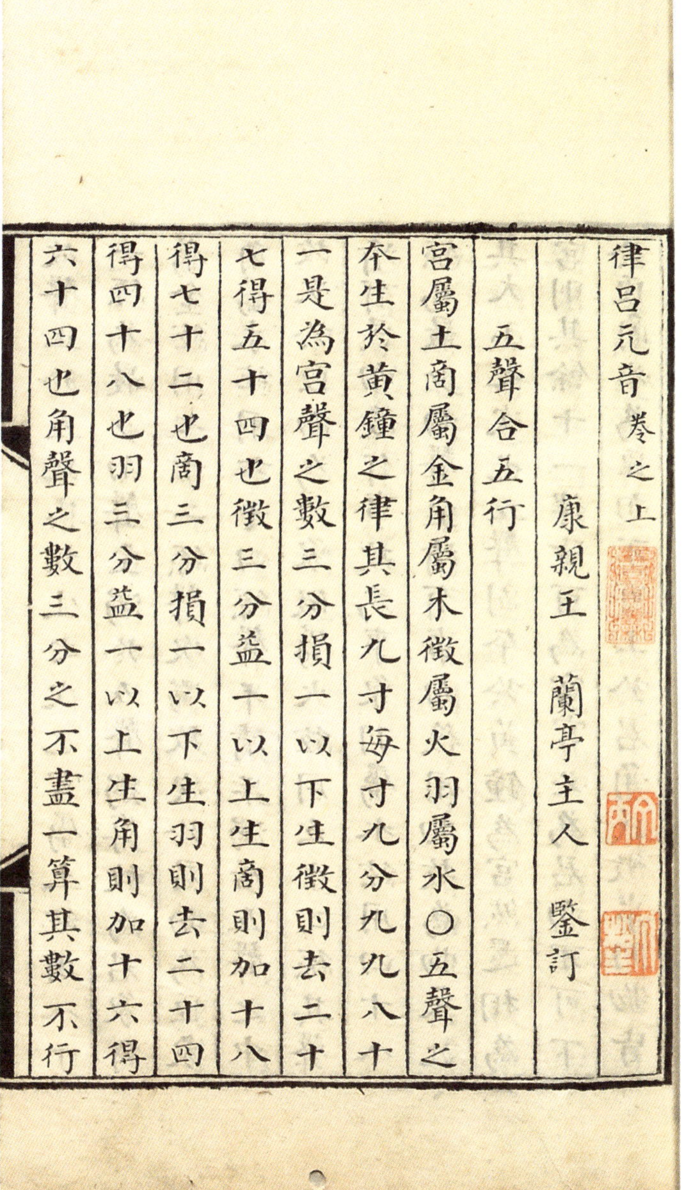
律呂元音卷之上　康親王　蘭亭主人鑒訂
五聲合五行
宫屬土商屬金角屬木徵屬火羽屬水〇五聲之本生於黄鐘之律其長九寸每寸九分九九八十一是為宫聲之數三分損一以下生徵徵則去二十七得五十四也徵三分益一以上生商商則加十八得七十二也商三分損一以下生羽羽則去二十四得四十八也羽三分益一以上生角角則加十六得六十四也角聲之數三分之不盡一算其數不行

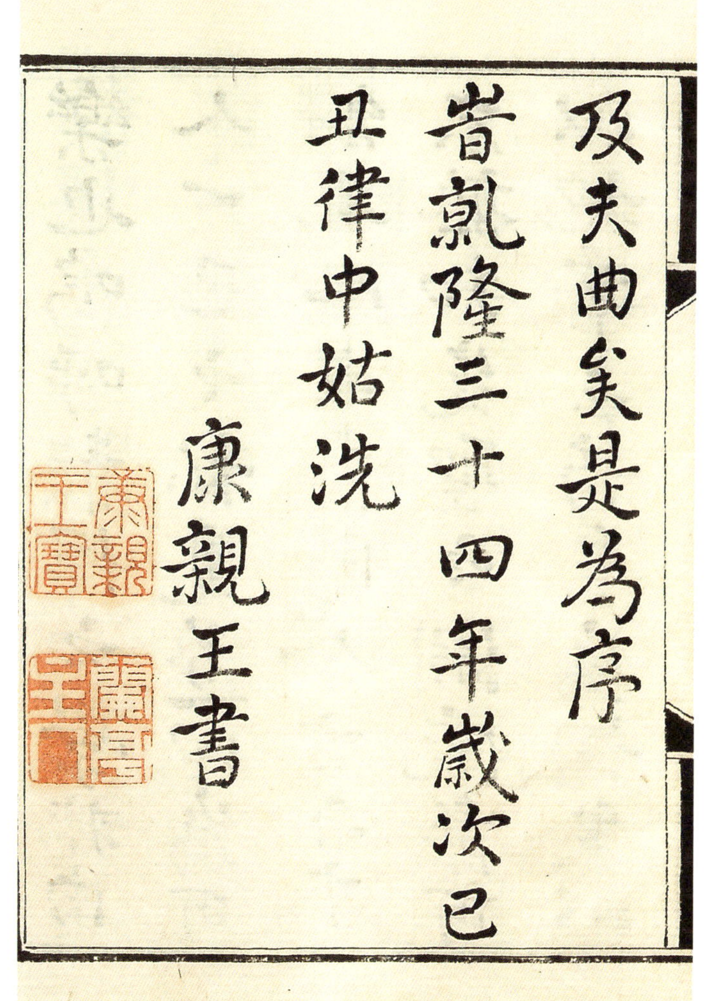
及夫曲矣是為序
旹乾隆三十四年歲次己丑律中姑洗　康親王書

07364　律吕元音二卷　（清）永恩撰　稿本

匡高17.1厘米，廣13.8厘米。半葉十行，行十九字，黑口，四周雙邊。丁丙跋。南京圖書館藏。

古今樂府聲律源流攷

樂府之名蓋起于漢魏自孝惠時夏侯寛為樂府令
始以名官至武帝乃立樂府采詩夜誦以李延年為
協律都尉則採歌謠被聲樂其所由来遠矣先是有
制氏以雅樂聲律世〻在大樂官但能紀其鏗鏘鼓
舞而不能言其義高祖時叔孫通因秦樂人制宗廟
樂一曰嘉至二曰永至三曰登歌四曰休成五曰永
安又有房中祠樂高祖唐山夫人所作也周有房中
樂至秦名曰壽人凡樂〻其所生禮不忘本高祖樂

涉則述公無渡河慶載誕乃引烏生八九子賦雉子班者
但美繡頸錦臆歌天馬者惟叙驕馳亂蹋其間有如劉猛
李餘輩賦出門行不言離別將進酒乃叙烈女事用古題
不用古義知此意者蓋鮮矣然使得其聲則義之同異又
不足道也自永嘉之亂禮樂日微日替暨隋平陳得其一
（也文帝聽而善之曰此華夏正聲也乃置清商府）
二則樂府之清商府博采舊章以為樂之所本在此自隋
之後復無正聲至唐能合于管絃者明君楊叛兒驍壺春
歌秋歌白雪堂堂春江花月夜八曲而已不幾其亡乎臣
謹考據古今編繫節奏庶正聲不墜於地矣

驍壺投壺樂也今隋煬帝所造

07365 古今樂府聲律源流攷一卷 （清）吴騫輯　稿本

半葉九行，行二十字。有“拜經樓”、“吴翼燕秘箧印”等印。上海圖書館藏。

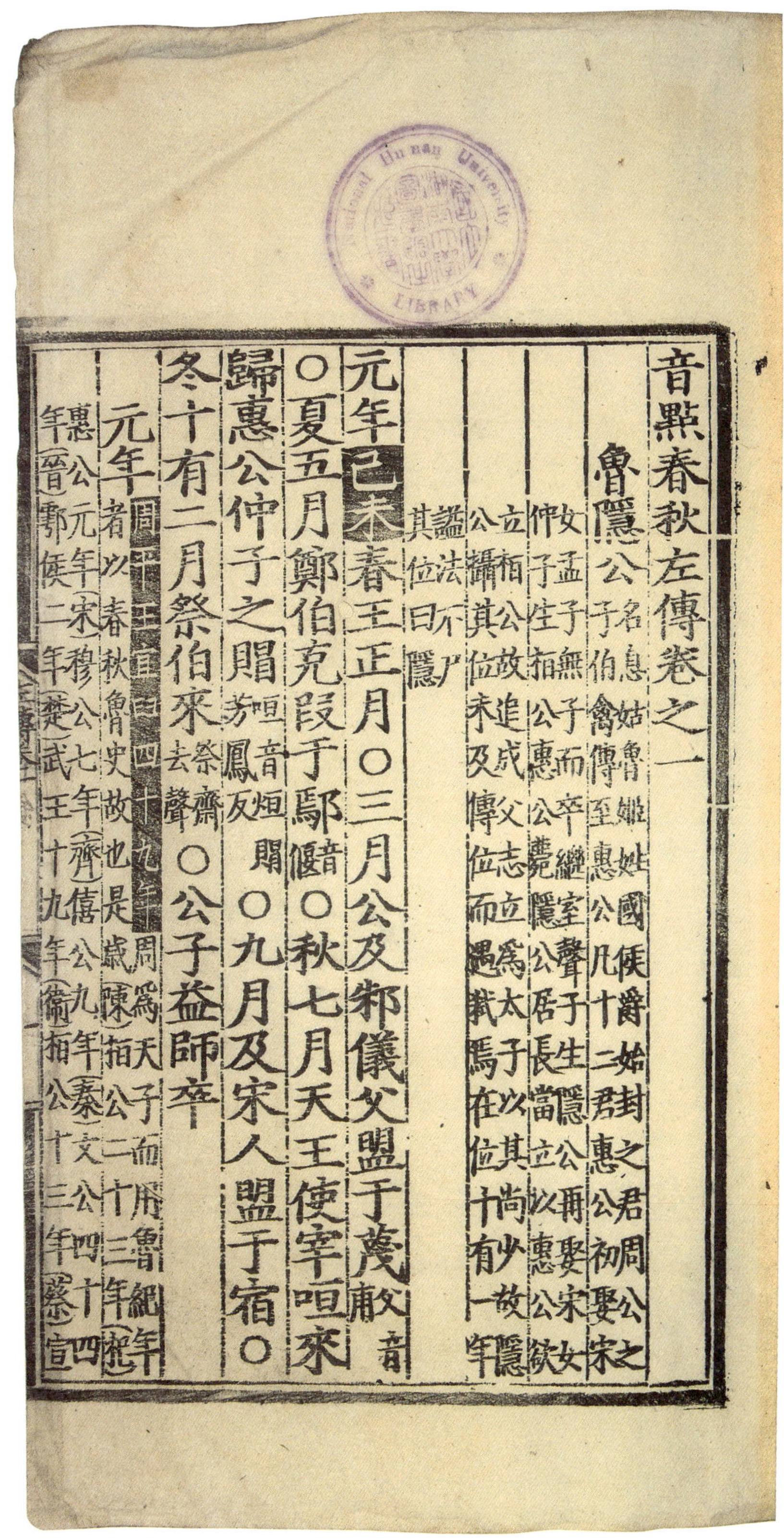

07366 音點春秋左傳十六卷 明弘治十五年（1502）陳理刻本

匡高19.2厘米，廣13厘米。半葉十一行，行二十一字，小字雙行同，黑口，四周雙邊。湖南師範大學圖書館藏。

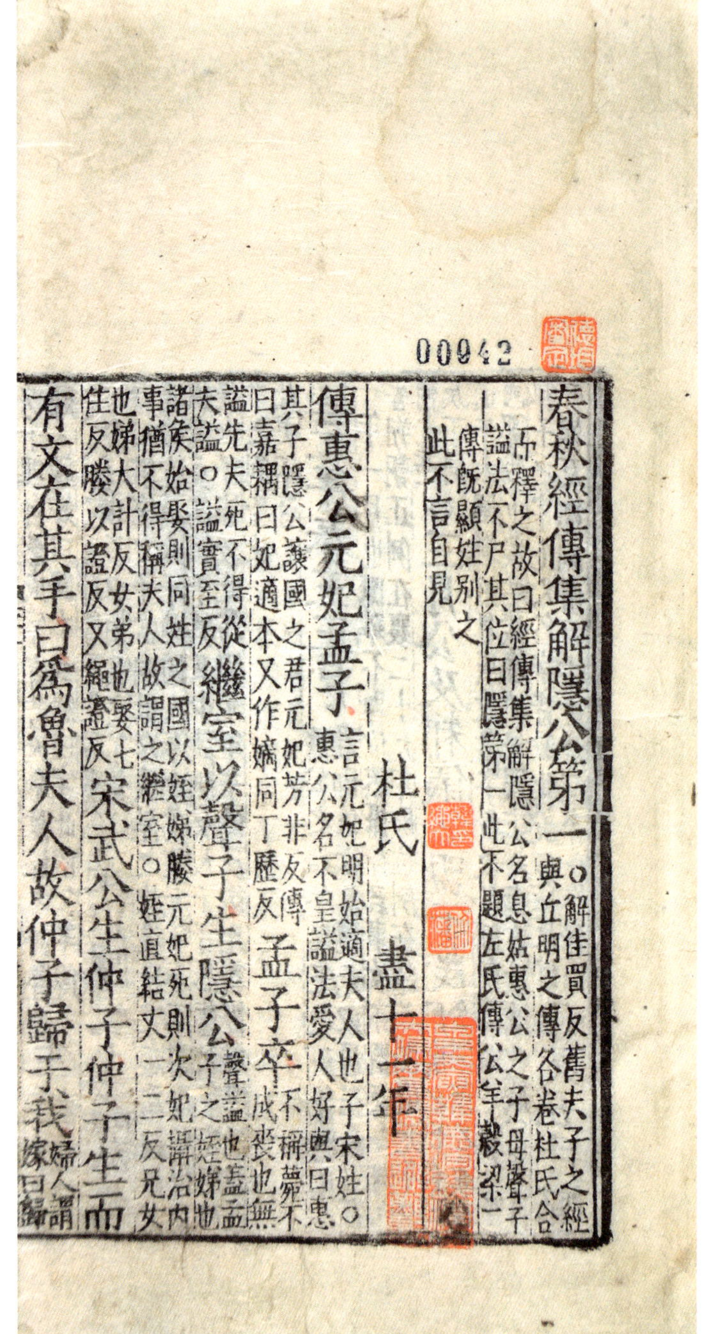
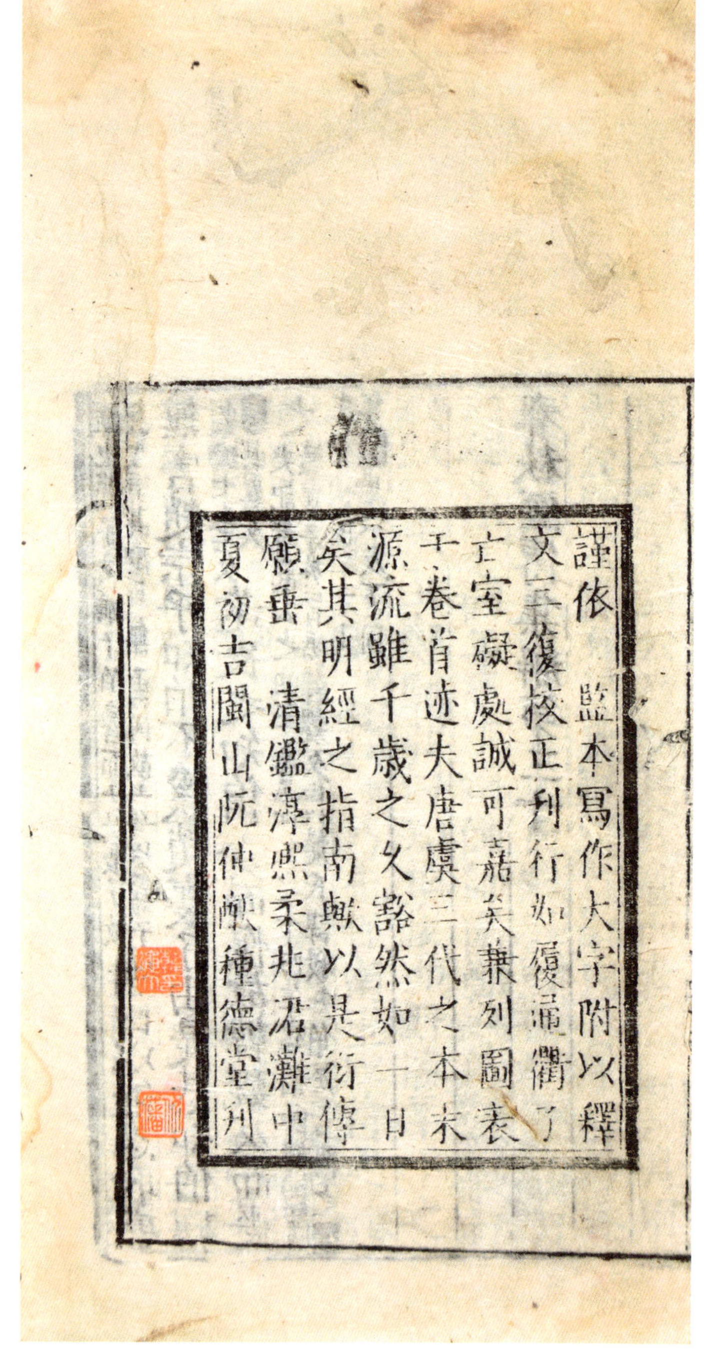

07367 春秋經傳集解三十卷 （晉）杜預撰　明刻本

匡高15厘米，廣10.6厘米。半葉十行，行十八字，小字雙行二十二字，白口，左右雙邊。青島市博物館藏。

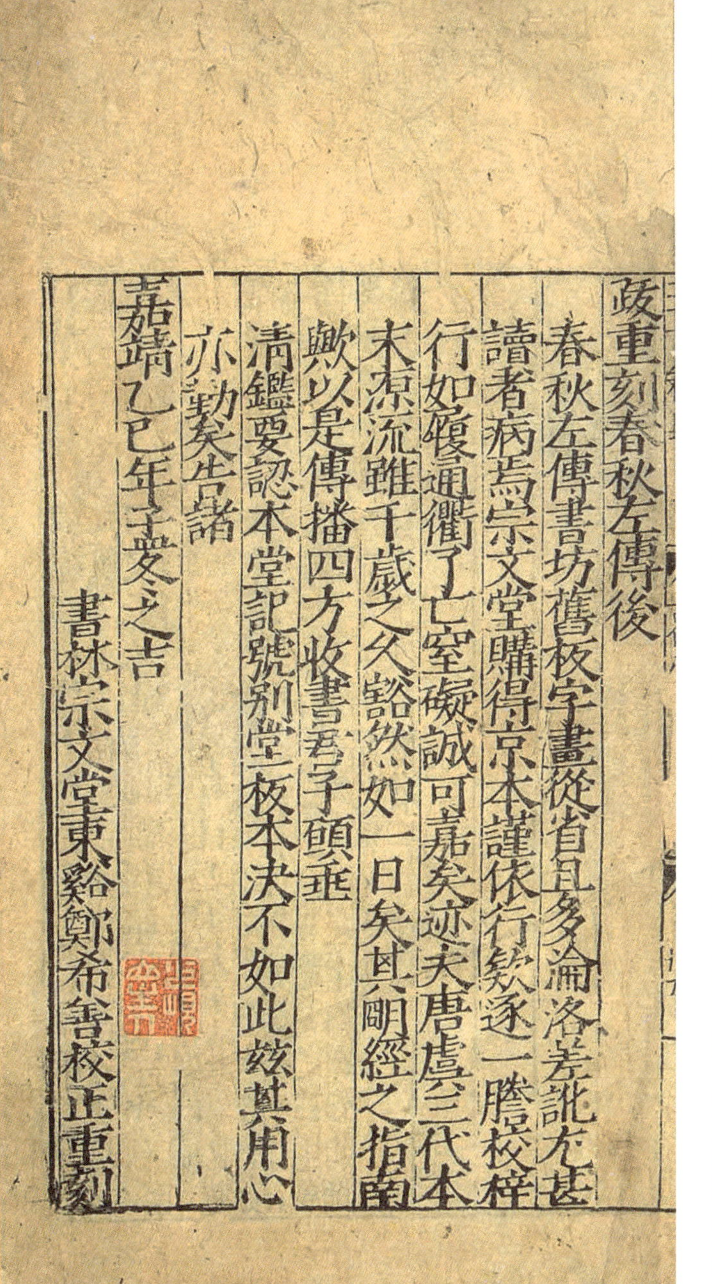

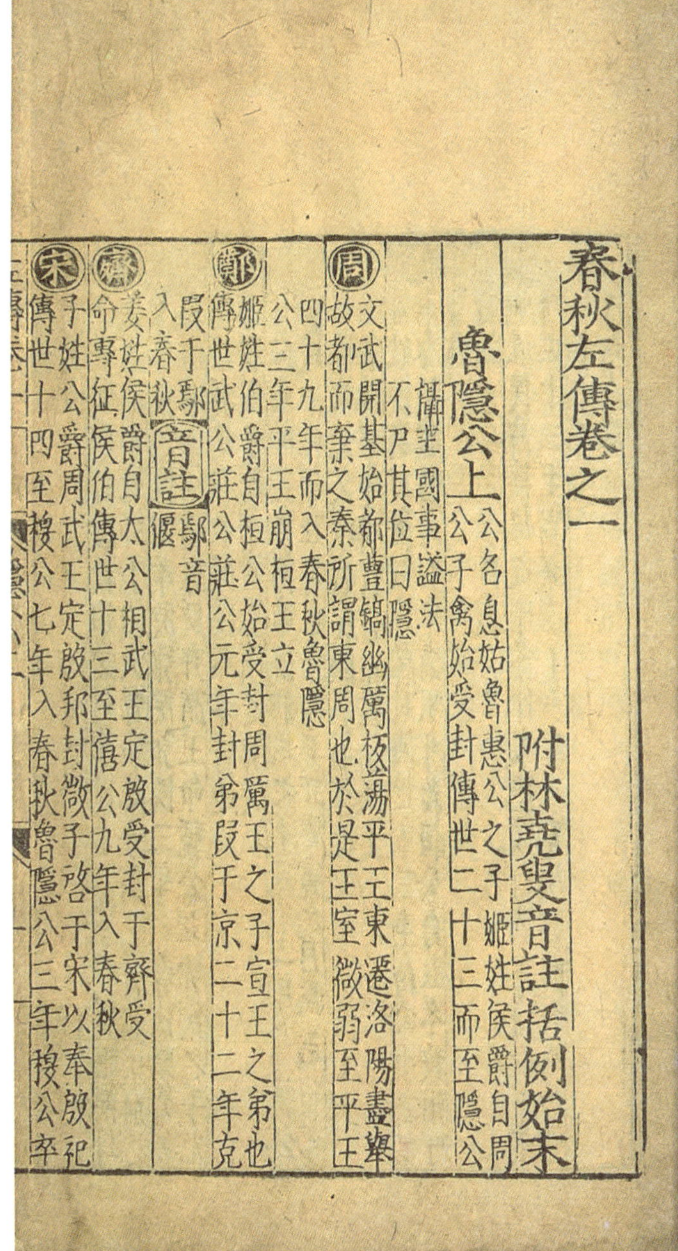

07368 春秋左傳三十卷 （晉）杜預注 （宋）林堯叟音注 明嘉靖二十四年（1545）書林宗文堂鄭希善刻本

匡高17.1厘米，廣11.8厘米。半葉十行，行二十一字，小字雙行同，白口，左右雙邊。浙江圖書館藏。

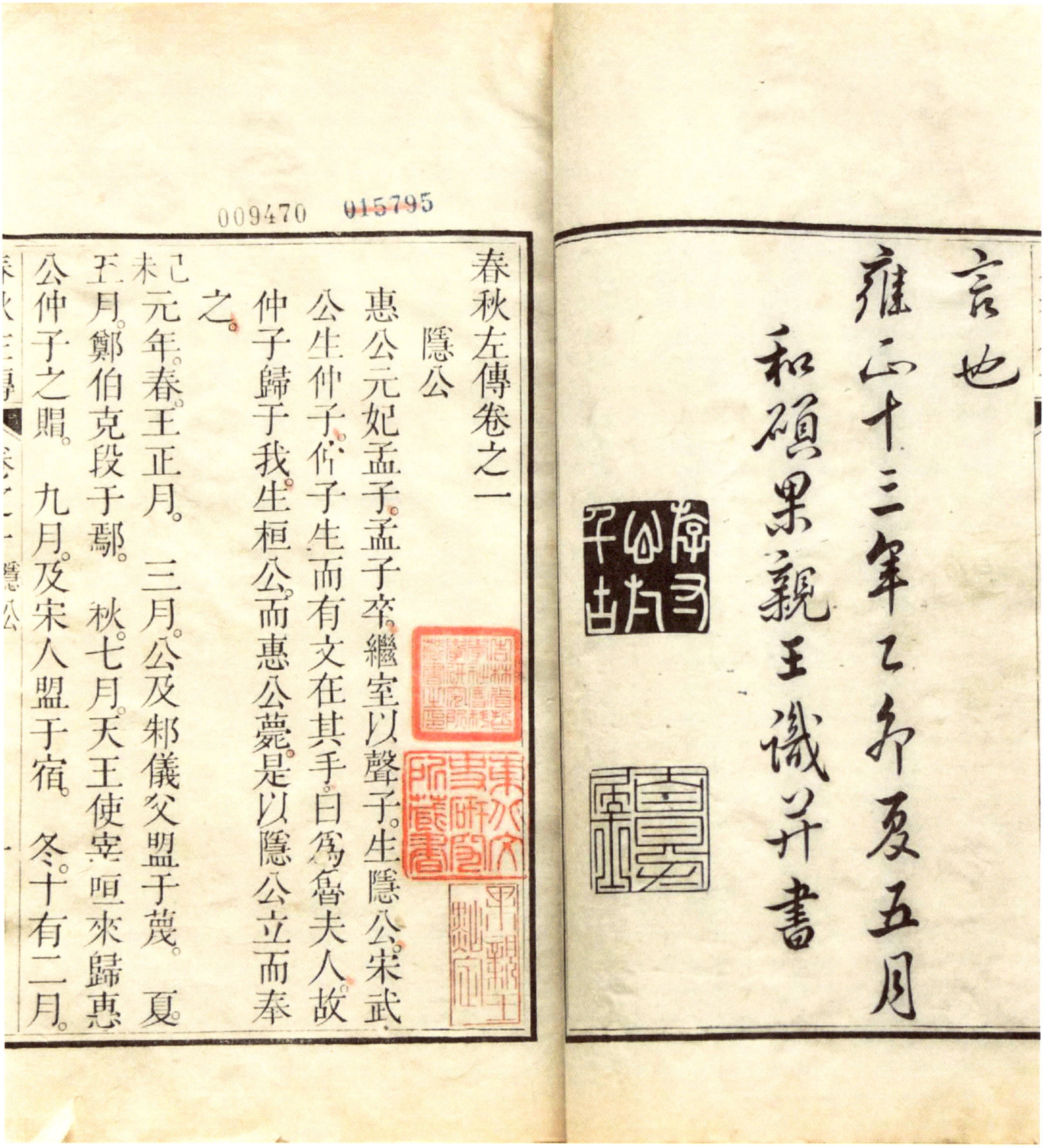

07369 春秋左傳十七卷 清雍正十三年（1735）果親王府刻四色套印本

匡高18.5厘米，廣12.5厘米。半葉九行，行二十字，白口，四周雙邊。有“果親王點定”等印。吉林省社會科學院圖書館藏。

叔曰吾聞致師者右入壘折馘執俘而還皆行其
所聞而復晉人逐之左右角之樂伯左射馬而右
射人角不能進矢一而已麋興于前射麋麗龜晉
鮑癸當其後使攝叔奉麋獻焉曰以歲之非時獻
禽之未至敢膳諸從者鮑癸止之曰其左善射其
右有辭君子也既免晉魏錡求公族未得而怒欲
敗晉師請致師弗許請使許之遂往請戰而還楚
潘黨逐之及熒澤見六麋射一麋以顧獻曰子有
軍事獸人無乃不給于鮮敢獻于從者叔黨命去

之趙旃求卿未得且怒于失楚之致師者請挑戰
弗許請召盟許之與魏錡皆命而往郤獻子曰二
憾往矣弗備必敗彘子曰鄭人勸戰弗敢從也楚
人求成弗能好也師無成命多備何爲士季曰備
之善若二子怒楚楚人乘我喪師無日矣不如備
之楚之無惡除備而盟何損于好若以惡來有備
不敗且雖諸侯相見軍衛不徹警也彘子不可士
季使鞏朔韓穿帥七覆于敖前故上軍不敗趙嬰
齊使其徒先具舟于河故敗而先濟潘黨既逐魏

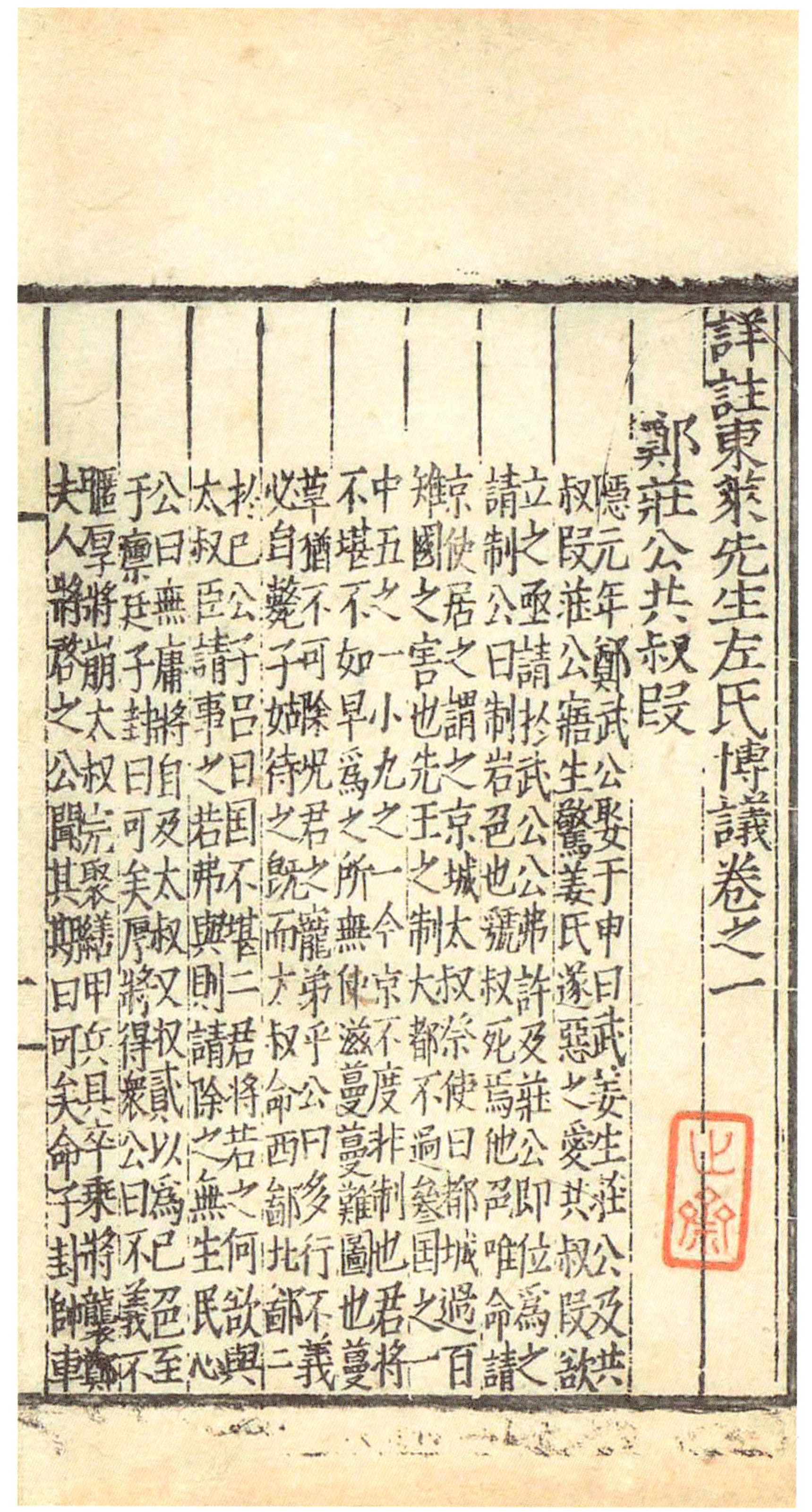

詳註東萊先生左氏博議卷之一
鄭莊公共叔段
隱元年鄭武公娶于申曰武姜生莊公及共
叔段莊公寤生驚姜氏遂惡之愛共叔段欲
立之亟請於武公公弗許及莊公即位爲之
請制公曰制岩邑也虢叔死焉他邑唯命請
京使居之謂之京城太叔祭仲曰都城過百
雉國之害也先王之制大都不過參国之一
中五之一小九之一今京不度非制也君將
不堪不如早爲之所無使滋蔓蔓難圖也蔓
草猶不可除況君之寵弟乎公曰多行不義
必自斃子姑待之既而大叔命西鄙北鄙二
於已公子呂曰国不堪二君將若之何欲與
太叔臣請事之若弗與則請除之無生民心
公曰無庸將自及太叔又收貳以爲已邑至
于廩延子封曰可矣厚將得衆公曰不義不
暱厚將崩太叔完聚繕甲兵具卒乘將襲鄭
夫人將啓之公聞其期曰可矣命子封帥車

07370 詳註東萊先生左氏博議二十五卷 （宋）呂祖謙撰　明刻本

匡高13.8厘米，廣9.3厘米。半葉十行，行二十字，小字雙行同，白口，左右雙邊。山東大學圖書館藏。

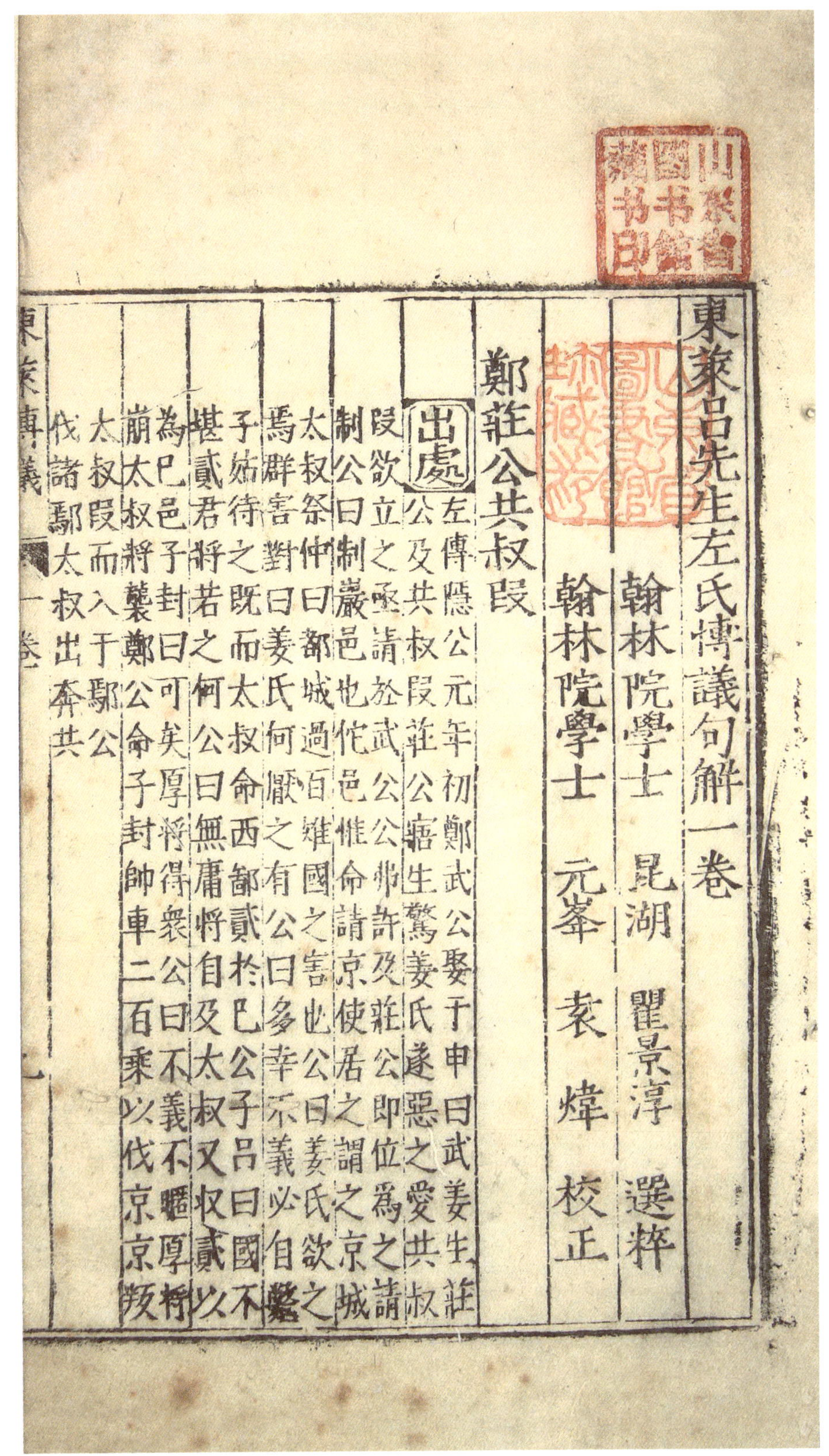

07371 精選東萊吕先生左氏博議句解十六卷 （宋）吕祖謙撰 （明）瞿景淳輯 明刻本

匡高19.6厘米，廣14厘米。半葉十行，行二十二字，小字雙行同，白口，四周雙邊。山東省圖書館藏。

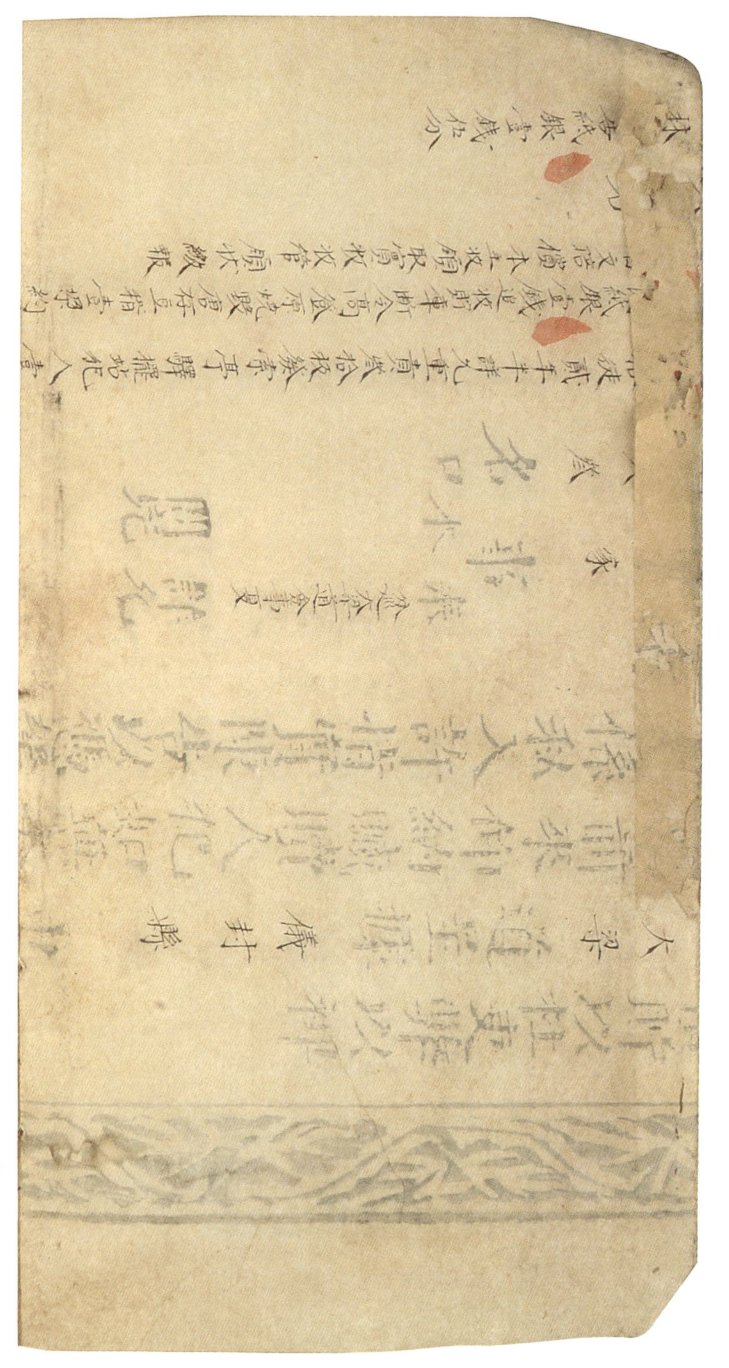

春秋左傳詳節句解卷之一

宋 魯齋朱 申 周翰 注釋

明 瑞岡顧梧芳 惪鳳 校正

隱公名息姑魯姬姓國侯爵始封之君周公之子伯禽傳至惠公九十二君惠公初娶宋女孟子無子而卒繼室聲子生隱公再娶宋女仲子生桓公惠公薨隱公居長當立以惠公欲立桓公故追成父志立爲太子以其尚少故隱公攝其位未及傳位而遇弑焉在位十有一年謚法不尸其位曰隱

己未 周平王宜臼四十九年 元年 周爲天子而用魯紀年者以春秋魯史故也是歲陳桓公二十三年杞惠公一年宋穆公七年齊僖公九年秦文公四十四年晉鄂侯二年楚武王十九年衛桓公十三年蔡

07372 春秋左傳詳節句解三十五卷 （宋）朱申撰　明刻本

匡高21.3厘米，廣13.3厘米。半葉九行，行二十一字，小字雙行同，白口，四周雙邊。書衣為公文紙，安徽省博物館藏。

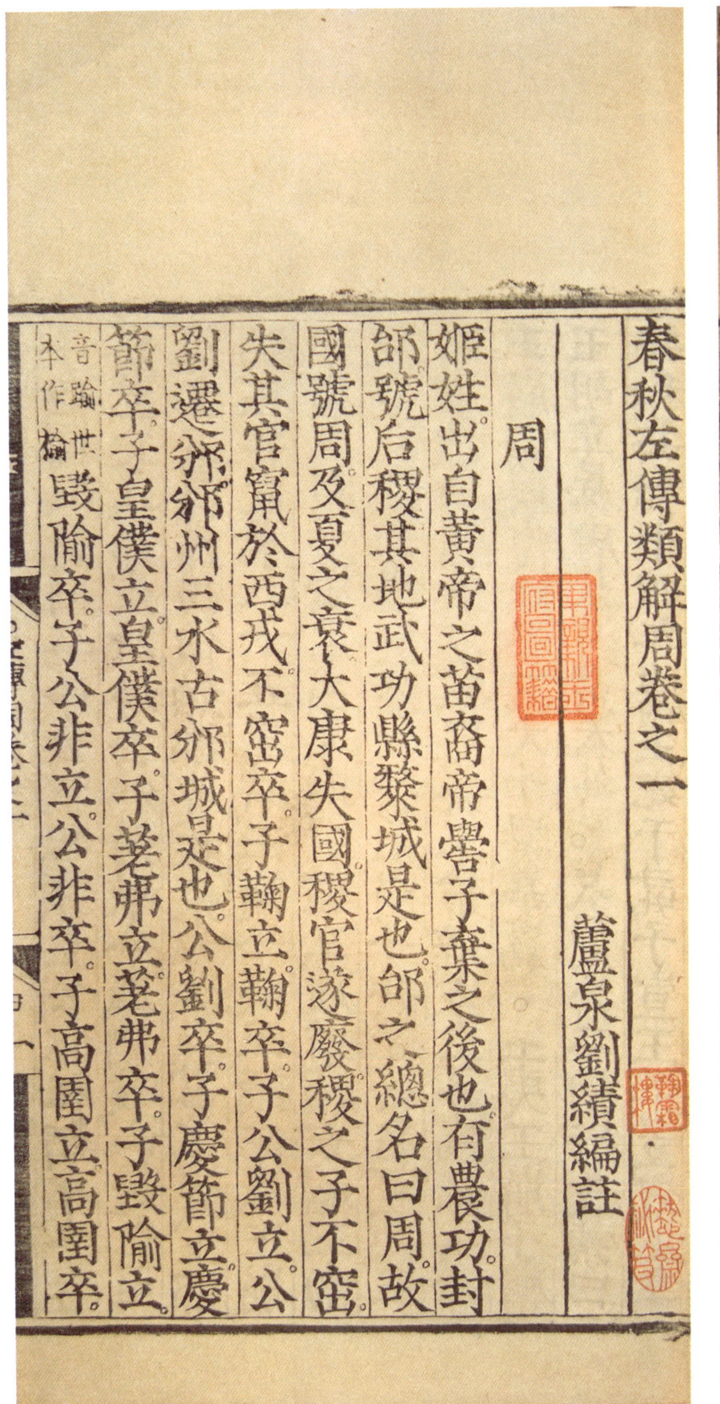

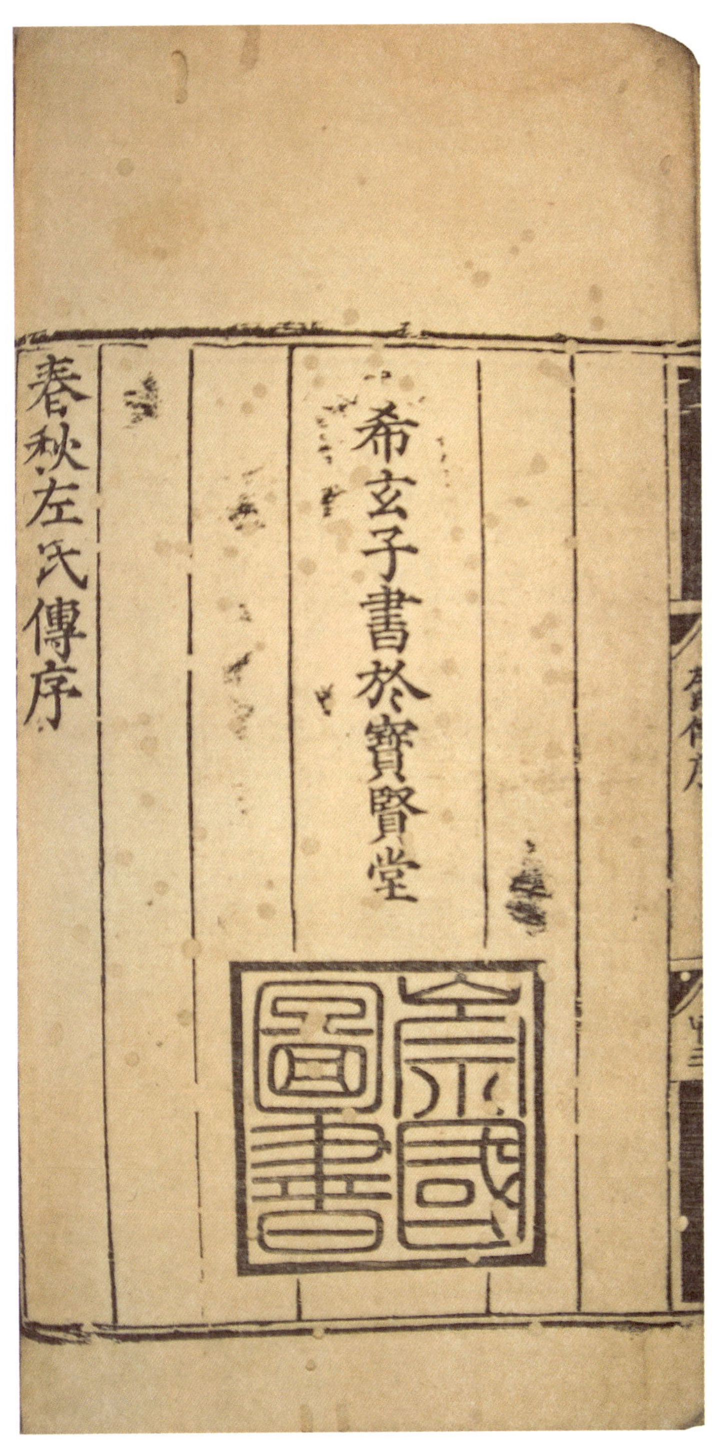

07373 春秋左傳類解二十卷地譜世系一卷 （明）劉績撰　明嘉靖七年（1528）崇藩寶賢堂刻本

匡高22厘米，廣16厘米。半葉十行，行二十字，小字雙行同，黑口，四周雙邊。有“果親王府圖籍”等印。湖南師範大學圖書館藏。

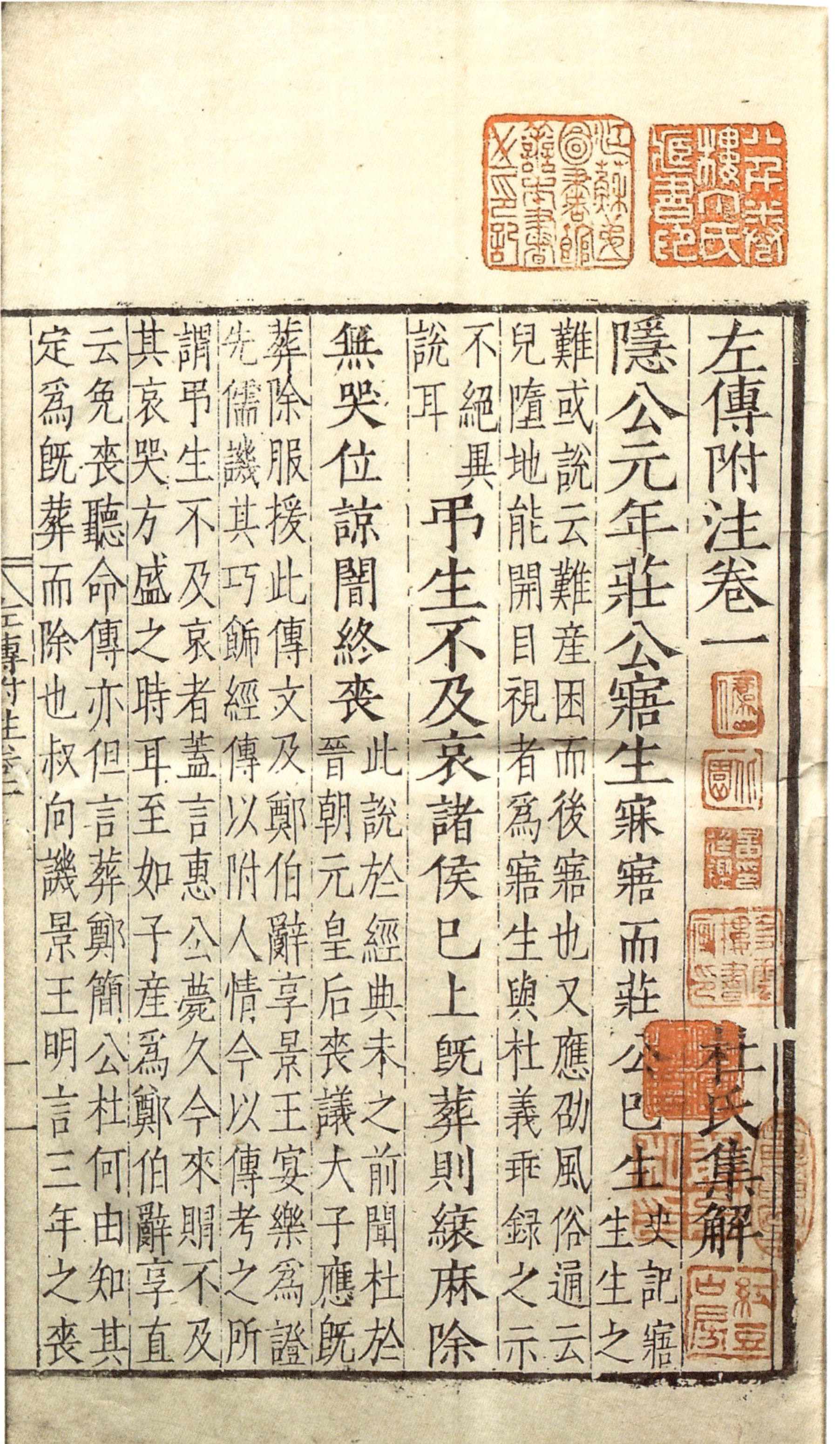

07374 左傳附注五卷後錄一卷 （明）陸粲撰　明嘉靖刻本

匡高19.2厘米，廣14.5厘米。半葉八行，行十八字，小字雙行同，白口，左右雙邊。有"紅豆山房"、"詒經堂張氏珍藏"、"八千卷樓丁氏藏書記"等印。丁丙跋。南京圖書館藏。

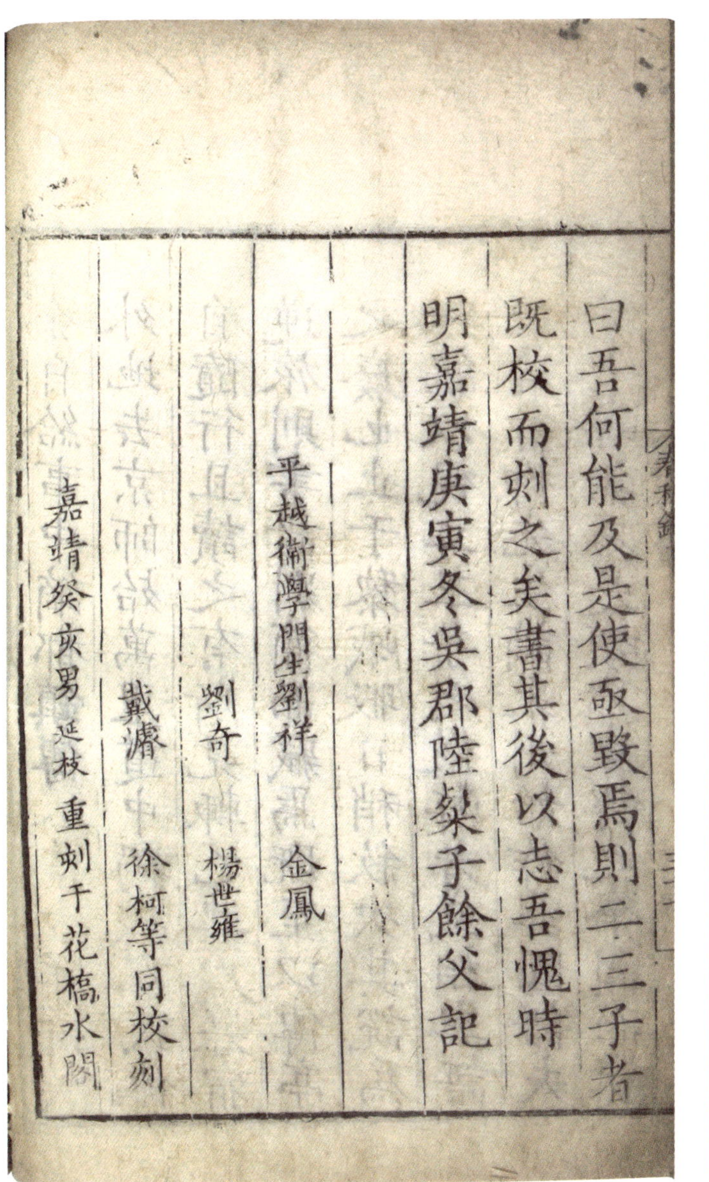

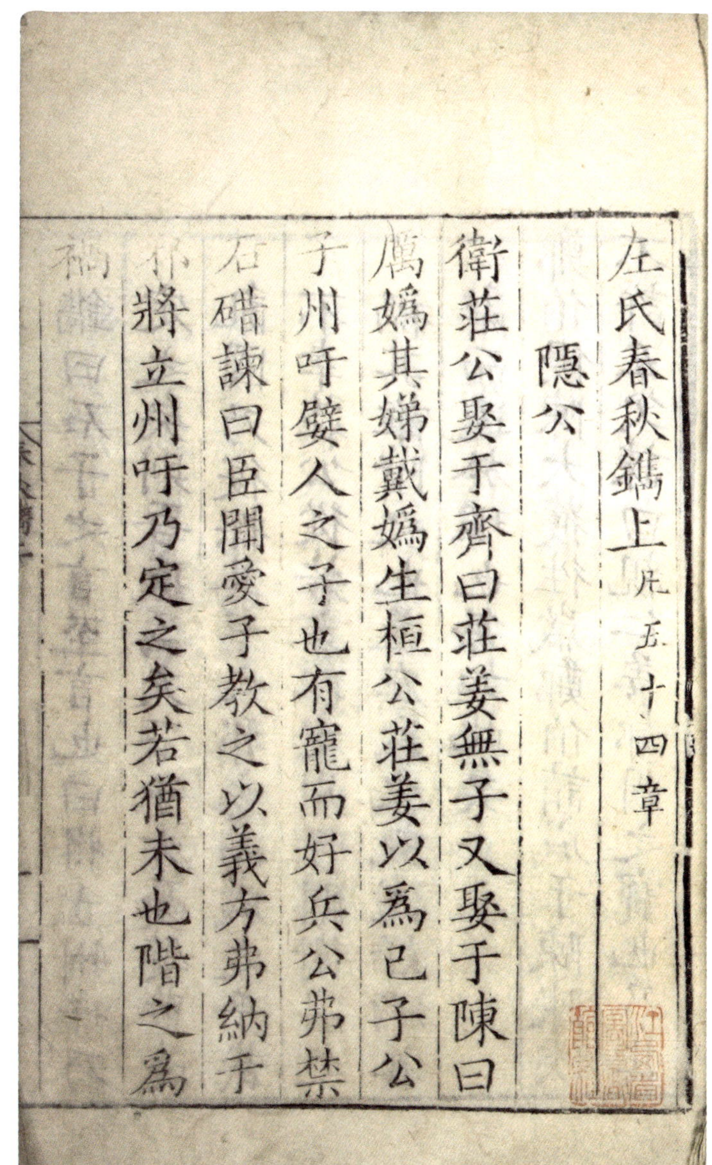

07375 左氏春秋鐫二卷春秋胡氏傳辨疑二卷 （明）陸粲撰　明嘉靖四十二年（1563）陸延枝刻本

匡高18.3厘米，廣14厘米。半葉八行，行十六字，小字雙行同，白口，左右雙邊。江西省圖書館藏。

唐荆川先生編纂左氏始末卷一

門人 金九皐

弟 唐正之 編次

後學 鄭漵

弟 唐立之 校正

后

周褒姒

宣王之時有童謡曰檿弧箕服實亡周國於是宣王聞之有夫婦鬻是器者王使執而戮之夏之衰也褒人之神化爲二龍以同于王庭而言曰余褒之二君也夏后卜殺之與去之與止之莫吉卜請其漦而藏

07376 唐荆川先生編纂左氏始末十二卷 （明）唐順之撰　明嘉靖四十一年（1562）唐正之刻本

匡高19.4厘米，廣13.8厘米。半葉十行，行二十字，白口，四周單邊。浙江圖書館藏。

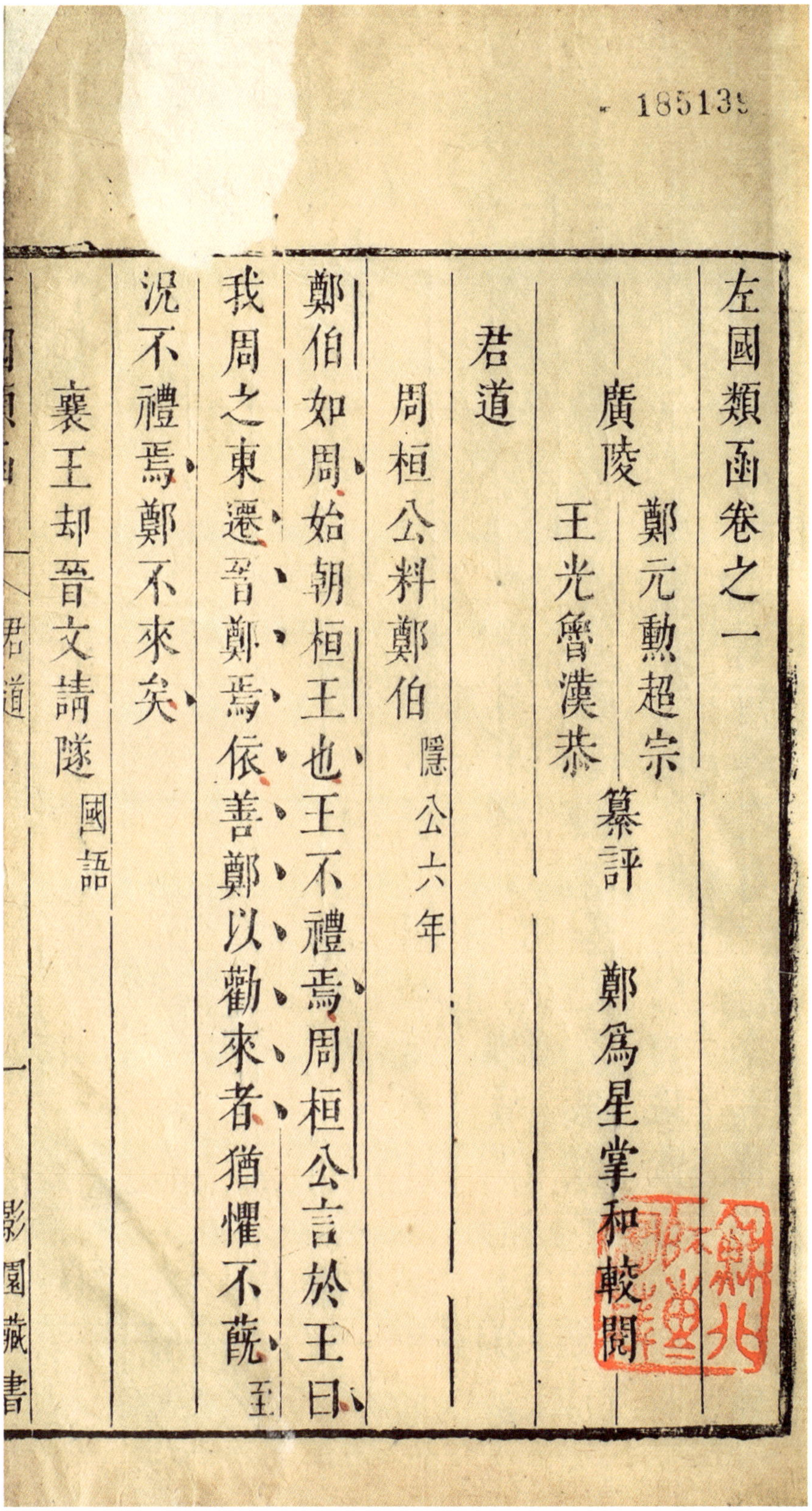

07377 左國類函二十四卷 （明）鄭元勳　王光魯輯　明崇禎刻本

匡高20.1厘米，廣14.1厘米。半葉九行，行二十字，小字雙行同，白口，四周單邊。揚州大學圖書館藏。

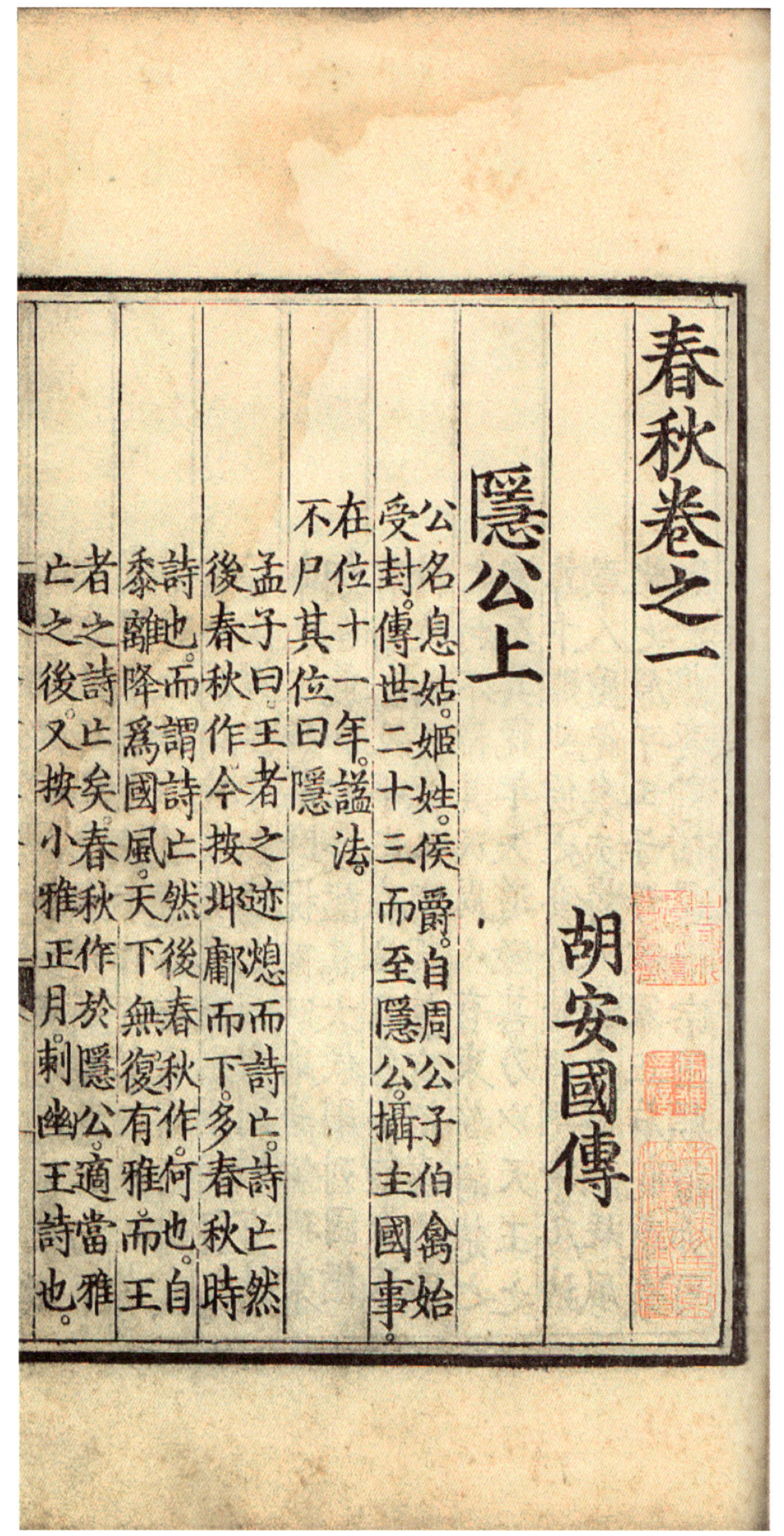

春秋卷之一　　胡安國傳

隱公上

公名息姑。姬姓。侯爵。自周公子伯禽始受封。傳世二十三而至隱公。攝主國事。在位十一年。謚法不尸其位曰隱

孟子曰。王者之迹熄而詩亡。詩亡然後春秋作。今按邶鄘而下多春秋時詩也。而謂詩亡然後春秋作。何也。自黍離降爲國風。天下無復有雅。而王者之詩亡矣。春秋作於隱公。適當雅亡之後。又按小雅正月。刺幽王詩也。

07378　春秋胡傳三十卷　（宋）胡安國撰　**諸國興廢説一卷列國圖説一卷**　明正統十二年（1447）司禮監刻本

匡高23.1厘米，廣16.5厘米。半葉八行，行十四字，小字雙行十七字，黑口，四周雙邊。中國科學院國家科學圖書館藏。

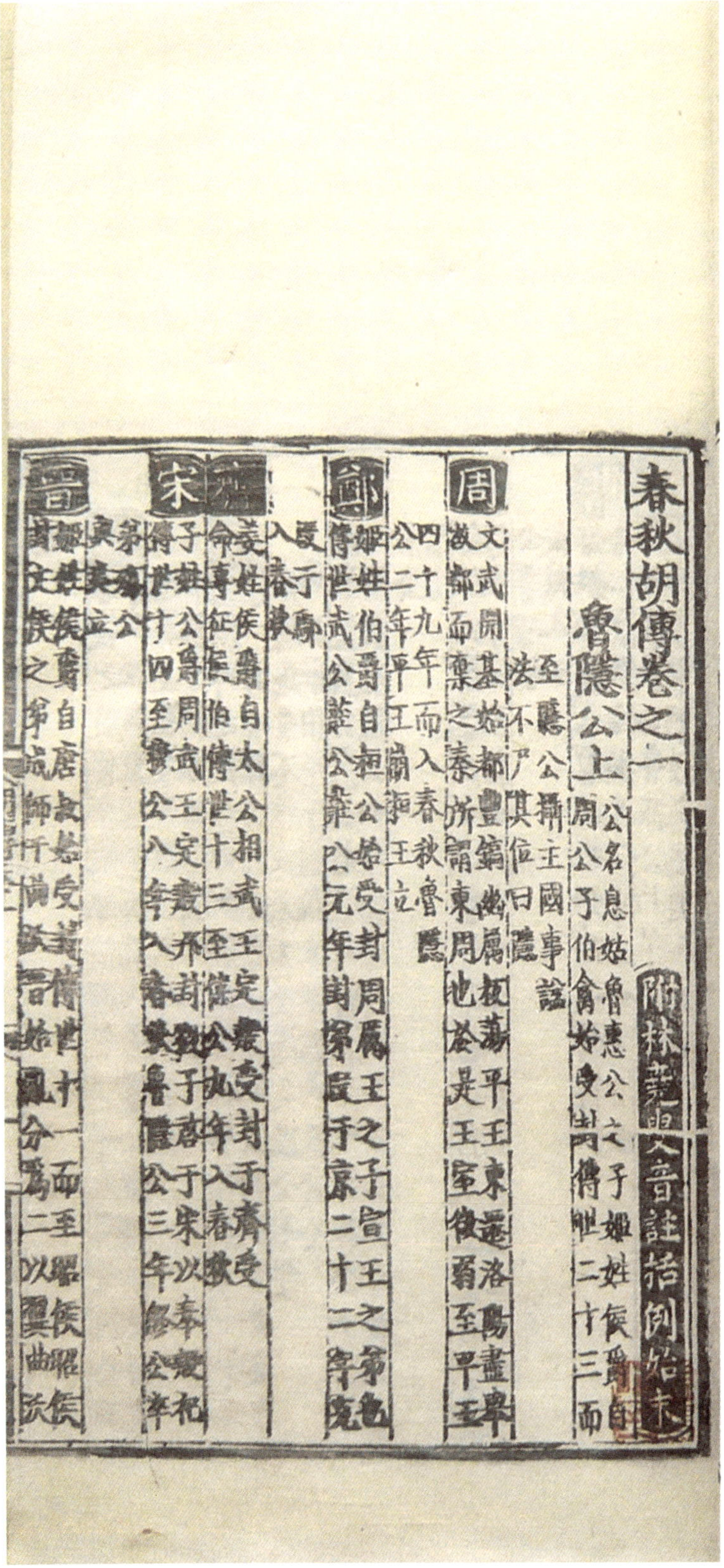

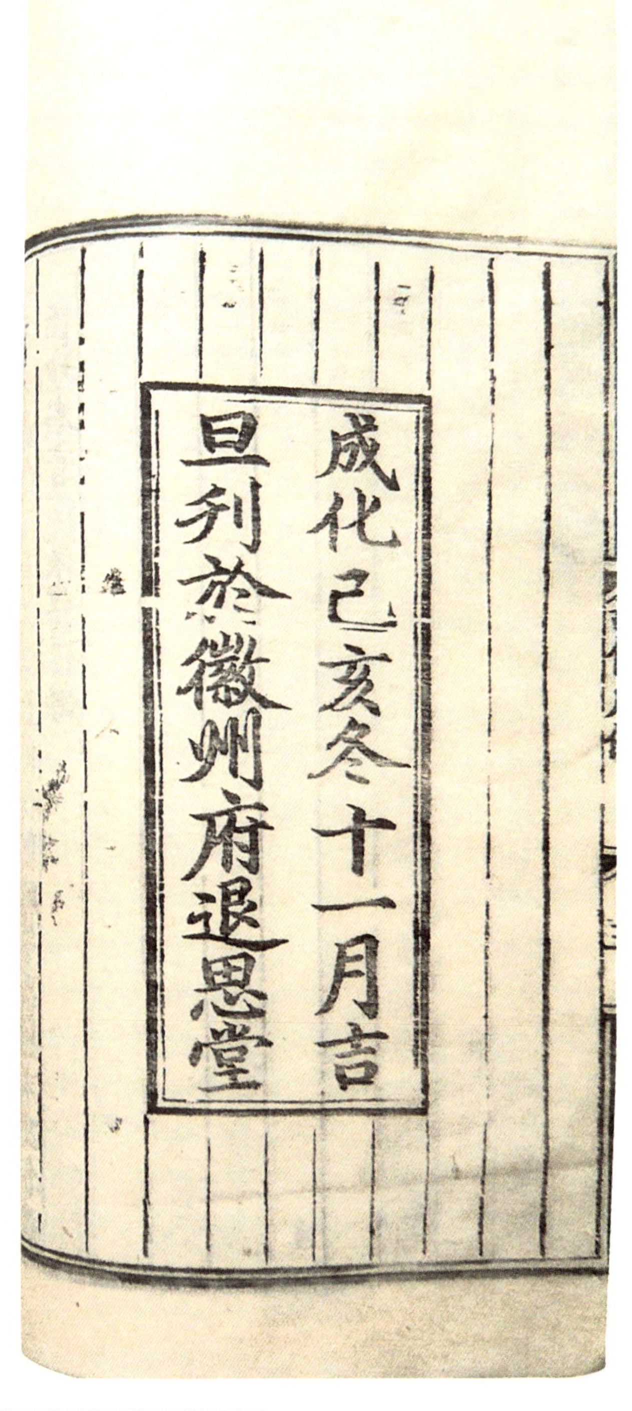
成化己亥冬十一月吉旦刊於徽州府退思堂

07379 春秋胡傳三十卷 （宋）胡安國撰 （宋）林堯叟音注 **綱領一卷提要一卷諸國興廢説一卷列國東坡圖説一卷正經音訓一卷** 明成化十五年（1479）徽州府退思堂刻本

匡高18.2厘米，廣12.9厘米。半葉十一行，行二十一字，小字雙行同，黑口，四周雙邊。河北大學圖書館藏。

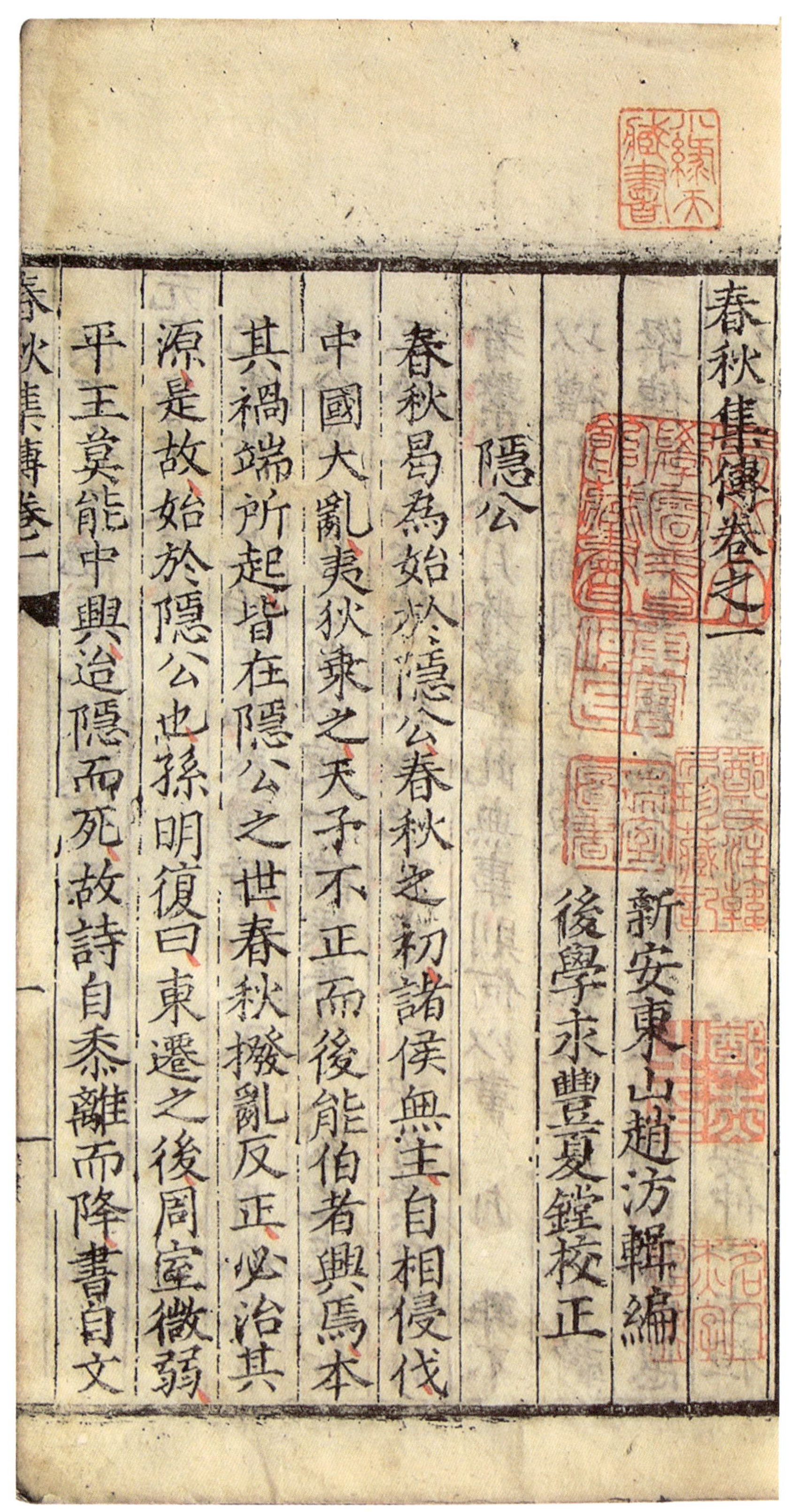

07380 春秋集傳十五卷 （元）趙汸撰　明刻本

匡高18.4厘米，廣12.6厘米。半葉九行，行二十一字，小字雙行同，白口，左右雙邊。有“一名人杰字昌英”、“鄭杰之印”、“鄭氏注韓居珍藏記”等印。西北大學圖書館藏。

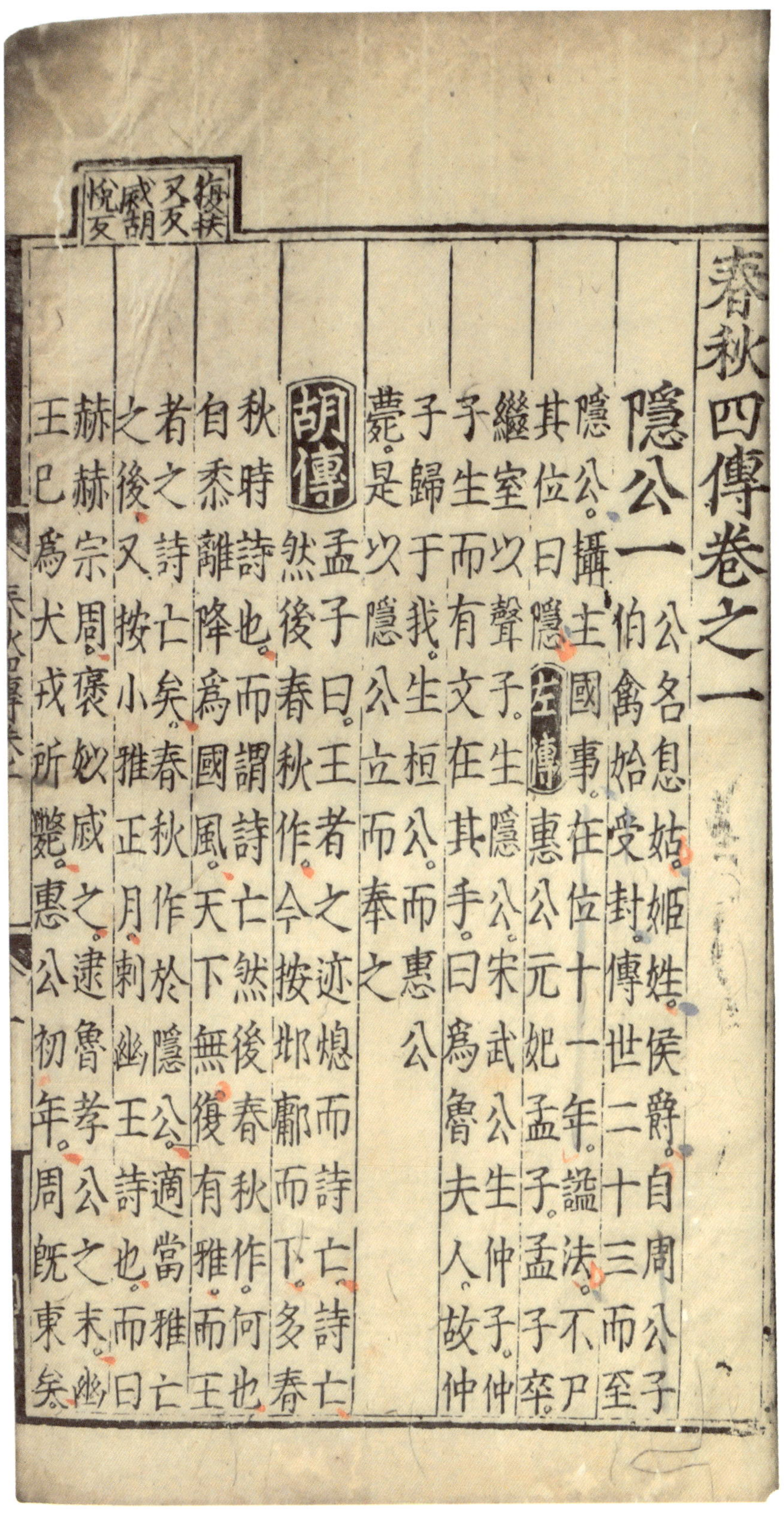

07381 春秋四傳三十八卷 明嘉靖十一年（1532）建寧府刻本

匡高21厘米，廣13.6厘米。半葉九行，行十七字，小字雙行同，黑口，四周雙邊。重慶市北碚圖書館藏。

春秋私考卷之一
起己未隱公元年
盡庚申隱公二年
會稽季本考義
隱公
魯國姬姓侯爵出自文王第四子周公旦有大功於
王室成王封於魯本奄故地今山東兗州府曲阜縣
也周公留周相天子使其長子伯禽之國是為魯公
伯禽子考公酋卒弟煬公熙立六傳而至武公敖又
再傳而至孝公稱孝公生惠公弗皇隱公者惠公之

春秋私考 卷之一 一 隱元

07382 春秋私考三十六卷首一卷 （明）季本撰　明嘉靖刻本

匡高19厘米，廣12.9厘米。半葉十行，行二十一字，小字雙行同，白口，左右雙邊。天津圖書館藏。

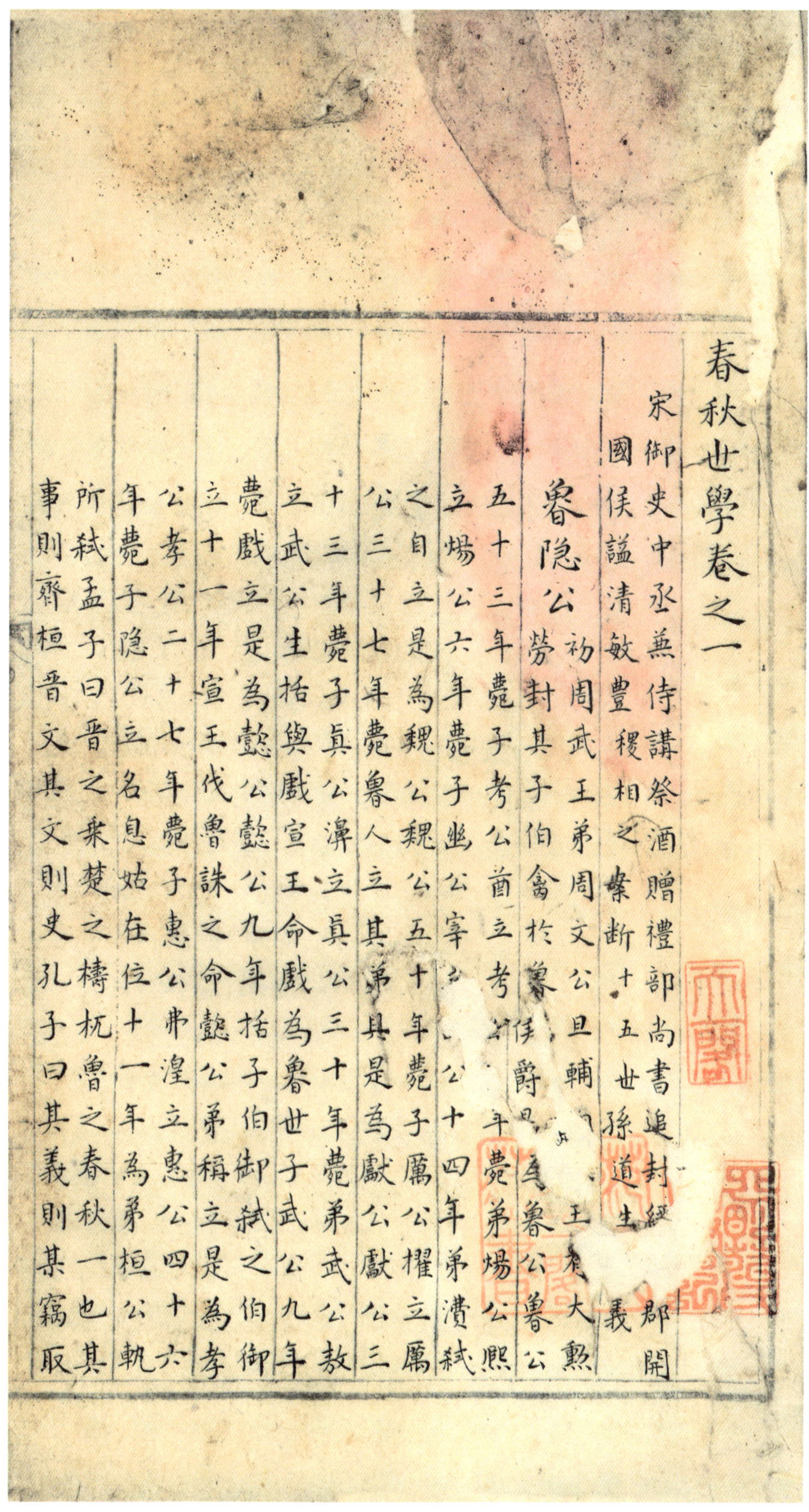

07383 春秋世學三十二卷（明）豐坊撰　明抄本

匡高22.6厘米，廣16.5厘米。半葉九行，行二十二字，小字雙行同，藍格，白口，四周雙邊。有“四明范氏圖書記”、“天一閣”等印。寧波市天一閣博物館藏，存二十七卷。

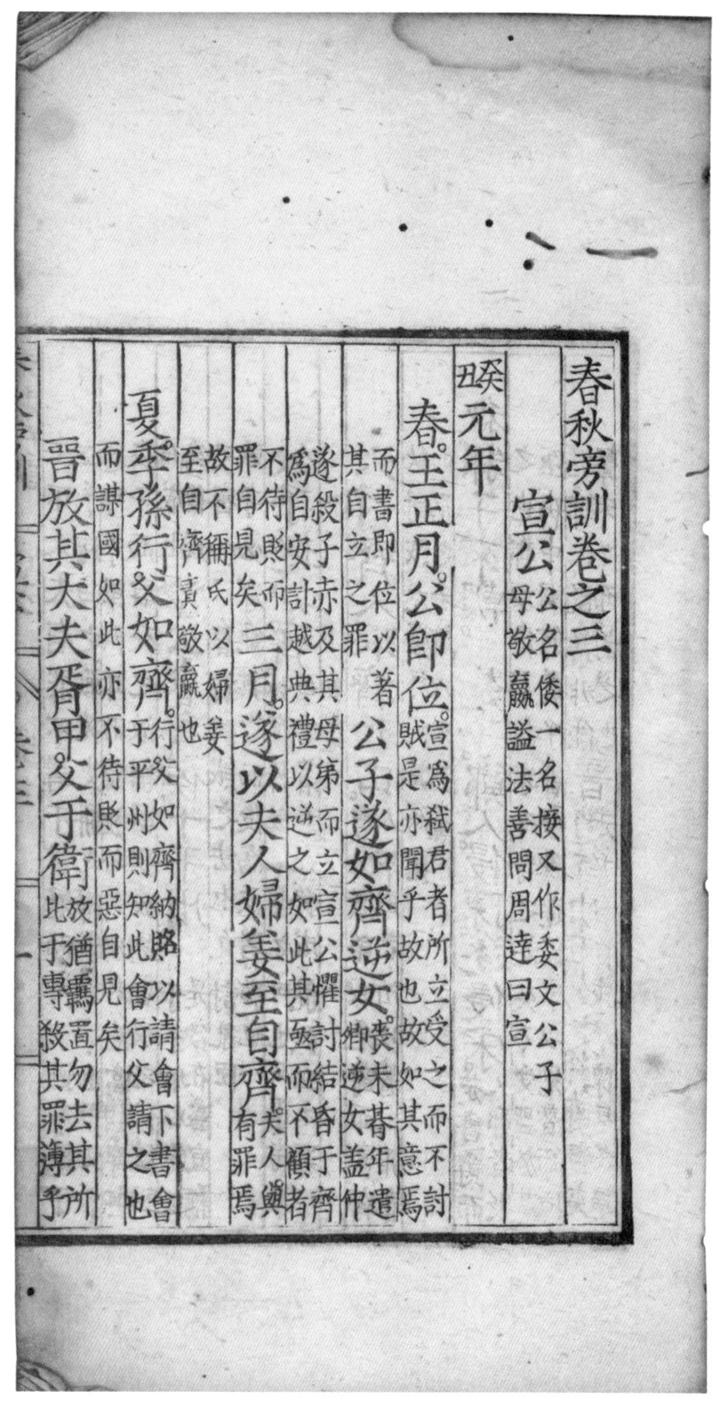

07384 春秋旁訓四卷 明嘉靖三十八年（1559）雲南刻本

匡高18.8厘米，廣13.1厘米。半葉十至十二行，行二十字，小字雙行同，白口，四周雙邊。寧波市天一閣博物館，存二卷。

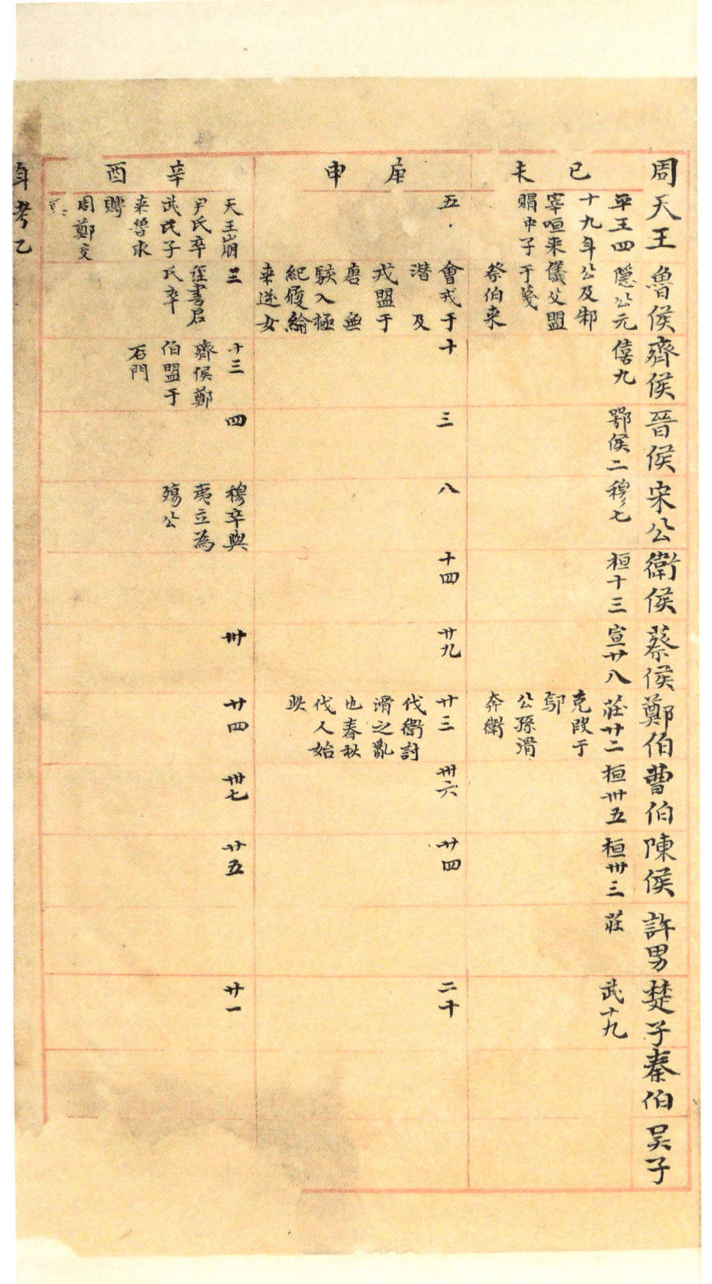

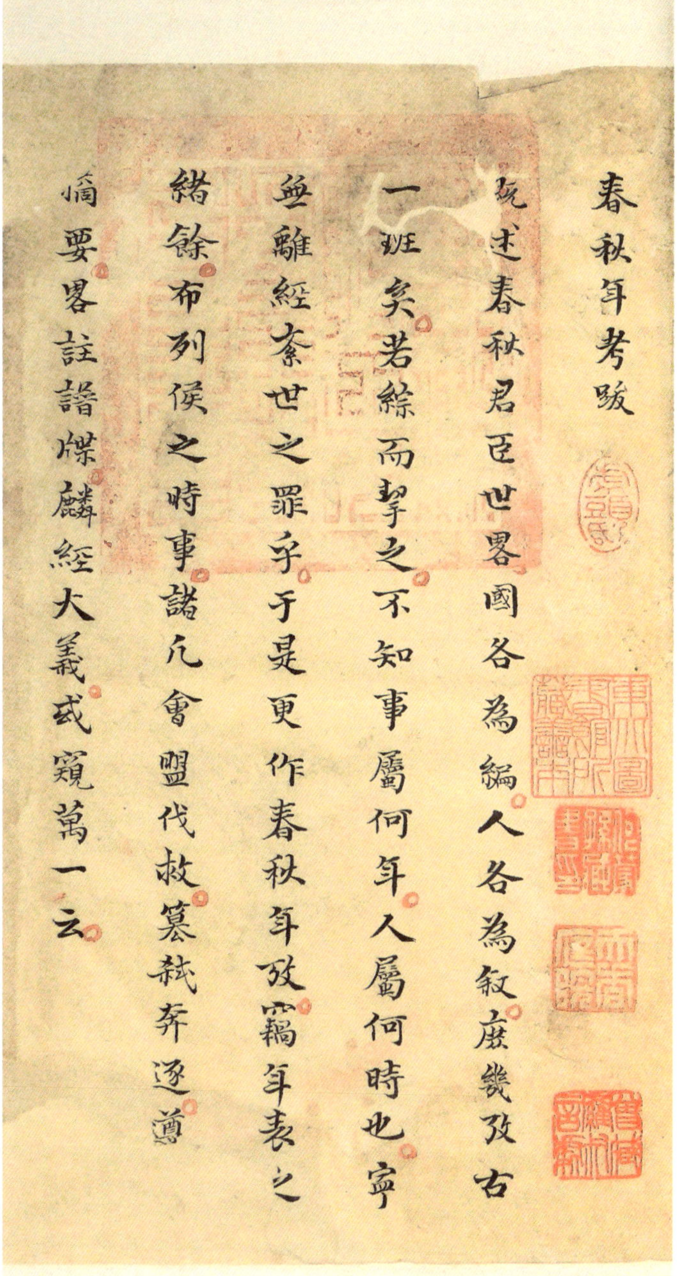

07385 春秋年考一卷 題天畸人撰 明末抄本[四庫進呈本]

匡高24厘米，廣15.8厘米。白口，四周單邊。有"翰林院印"、"曾藏羅叔言處"、"何蒙孫藏書印"等印。遼寧省圖書館藏。

公及邾儀父盟于蔑

左氏隱元年經公及邾儀父盟于蔑惠氏左傳補注曰
蔑本姑蔑定十二年傳費人北國人追之敗諸姑蔑是
也隱公名息姑而當時史官爲之諱猶定公名宋哀廿
四年傳宗人釁夏曰孝惠取于商不云宋也古人舍故
諱新故哀爲定諱定不爲隱諱汲郡古文云魯隱公及
邾莊公盟于姑蔑魏史不爲魯諱則此經爲隱諱明矣
紹蘭按惠説經傳爲隱定二公諱非也蔑與姑蔑一地
二名此經書蔑定十二年傳自偁姑蔑非經爲隱公諱
也猶鄗與鄗陵亦一地二名隱元年經書鄭伯克段于

07386 春秋說不分卷 （清）王紹蘭撰　稿本

匡高19.5厘米，廣14.4厘米。半葉十行，行二十一字，藍格，下黑口，四周雙邊。浙江圖書館藏。

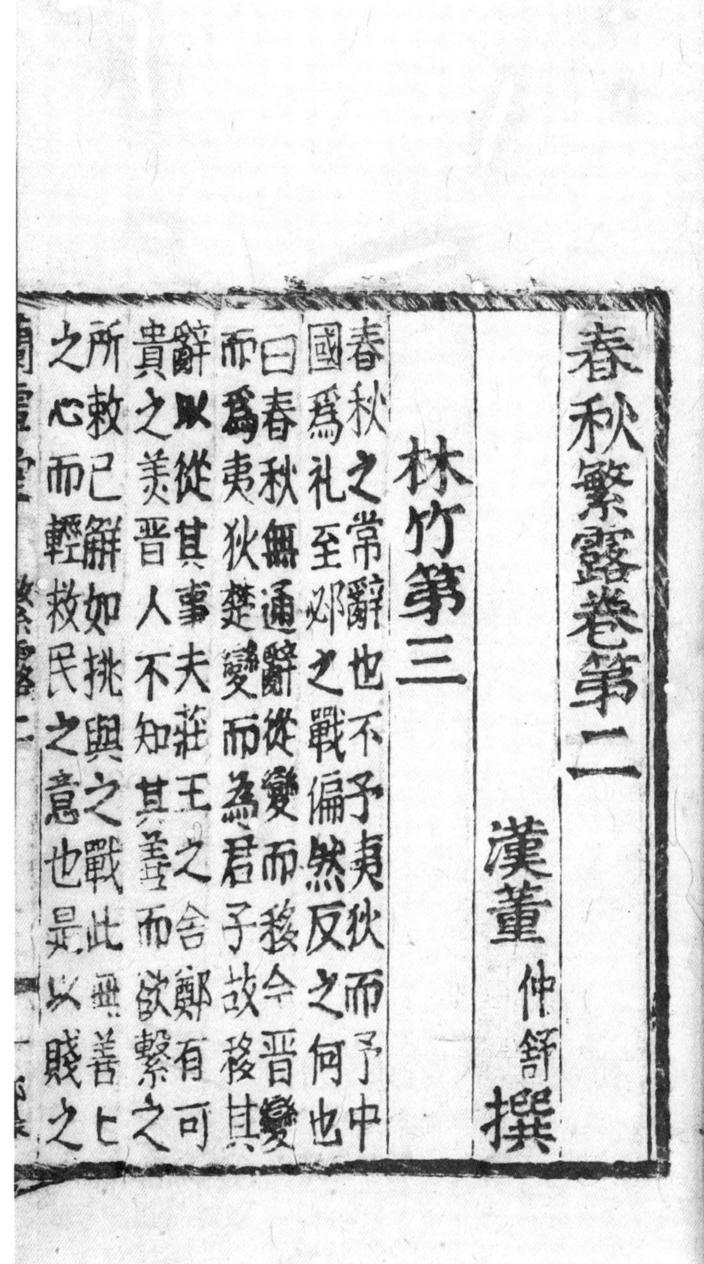

07387 春秋繁露十七卷 （漢）董仲舒撰　明正德十一年（1516）錫山華堅蘭雪堂銅活字印本

匡高16.3厘米，廣12.3厘米。半葉十四行，行十三字，白口，左右雙邊。國家圖書館藏。

07388 列國事語分類考釋一卷 （清）孔廣森撰　稿本

山東省曲阜市文物管理委員會藏。

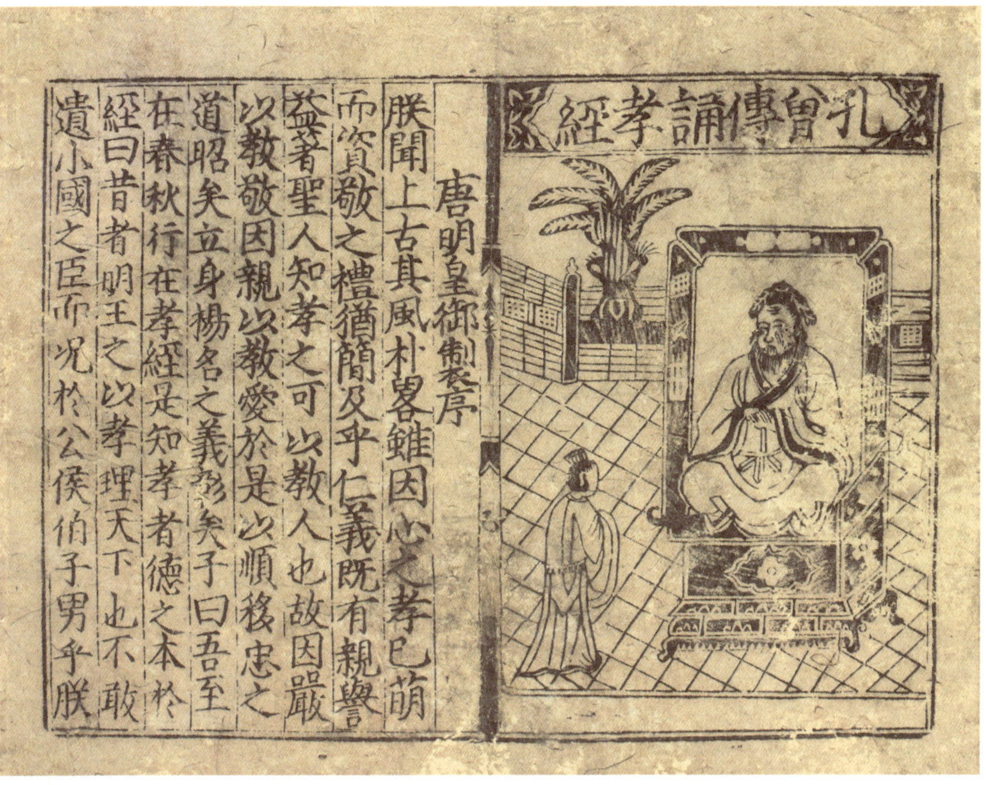

唐明皇御製序

朕聞上古其風朴畧雖因心之孝已萌
而資敬之禮猶簡及乎仁義既有親譽
益著聖人知孝之可以教人也故因嚴
以教敬因親以教愛於是以順移忠之
道昭矣立身揚名之義彰矣子曰吾志
在春秋行在孝經是知孝者德之本歟
經曰昔者明王之以孝理天下也不敢
遺小國之臣而况於公侯伯子男乎朕

嘗三復斯言景行先哲雖無德教加於
百姓庶幾廣愛刑于四海嗟乎夫子没
而微言絶異端起而大義乖况泯絶於
秦得之者皆煨燼之末濫觴於漢傳之
者皆糟粕之餘故魯史春秋學開五傳
國風雅頌分爲四詩去聖逾遠源流益
别近觀孝經舊註踳駁尤甚至於迹相
祖述殆且百家業擅專門猶將十室希
升堂者必自開户牖攀逸駕者必騁殊
軌轍是以道隱小成言隱浮僞且傳以
通經爲義義以必當爲主至當歸一精
義無二安得不翦其繁蕪而撮其樞要
也韋昭王肅先儒之領袖虞翻劉邵抑
又次焉劉炫明安國之本陸澄譏康成
之註在理或當何必求人今故特舉六
家之異同會五經之旨趣約文敷暢義
則昭然分註錯經理亦條貫寫之琬琰
庶有補於將來且夫子談經志取垂訓

07389 新刊明本大字孝經一卷 明刻本

匡高21.6厘米，廣15.7厘米。半葉九行，行十五字，黑口，四周雙邊。揚州市博物館藏，存九葉。

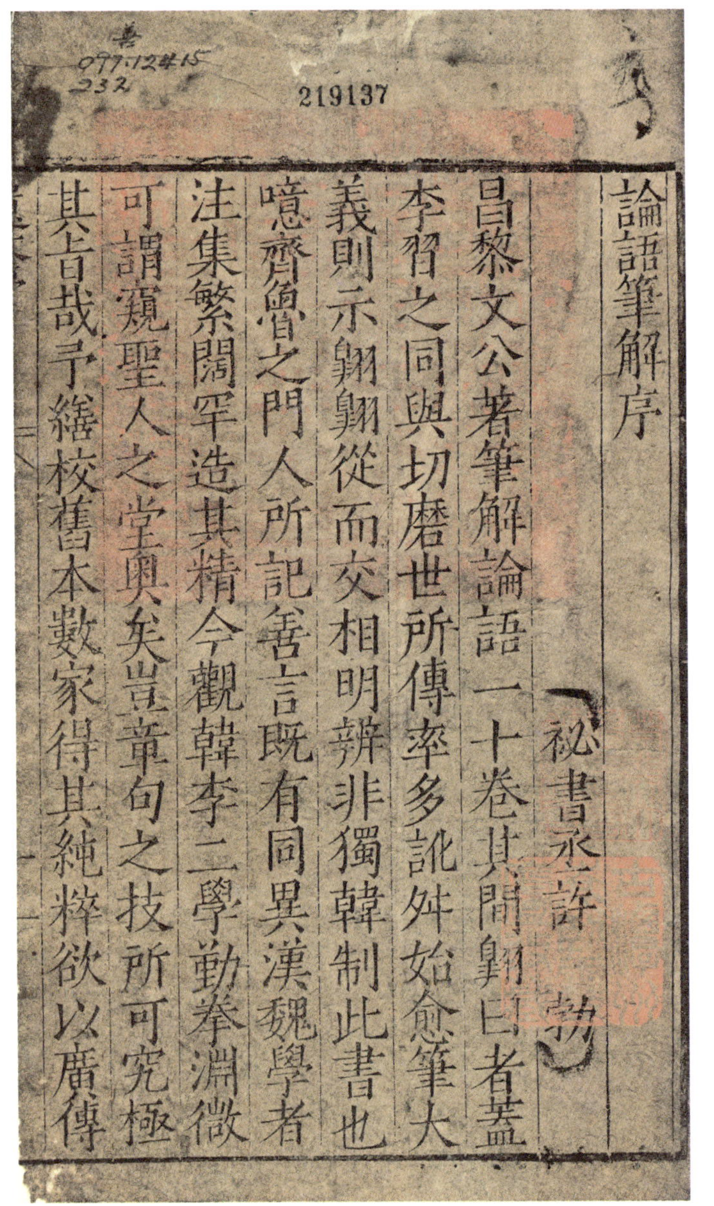

論語筆解序　〔秘書丞許勃〕

昌黎文公著筆解論語一十卷，其閒翱曰者，蓋李習之同與切磨，世所傳率多訛舛，始愈筆大義則示翱，翱從而交相明辨，非獨韓制此書也。噫，齊魯之門人所記善言，既有同異，漢魏學者注集繁闊，罕造其精。今觀韓李二學，勤拳淵微，可謂窺聖人之堂奧矣，豈章句之技所可究極其旨哉。予繕校舊本數家，得其純粹，欲以廣傳

論語筆解二卷明范氏天一閣二十種奇書之一也首有翰林院印蓋即乾隆間編纂四庫全書時所據之本中夾四庫鈔書款式一紙猶仍粘存福葉近日葉奐彬德輝所撰書林清話載有四庫發館校書之貼式此足以補所未備也　庚申七月嬰闇記

07390 論語筆解二卷　（唐）韓愈　李翱撰　明嘉靖范氏天一閣刻本[四庫進呈本]

匡高20.5厘米，廣14.5厘米。半葉九行，行十八字，小字雙行同，白口，左右雙邊。有“翰林院印”、“古潭州袁臥雪廬收藏”、“嬰闇秦氏藏書”等印。秦更年跋。南開大學圖書館藏。

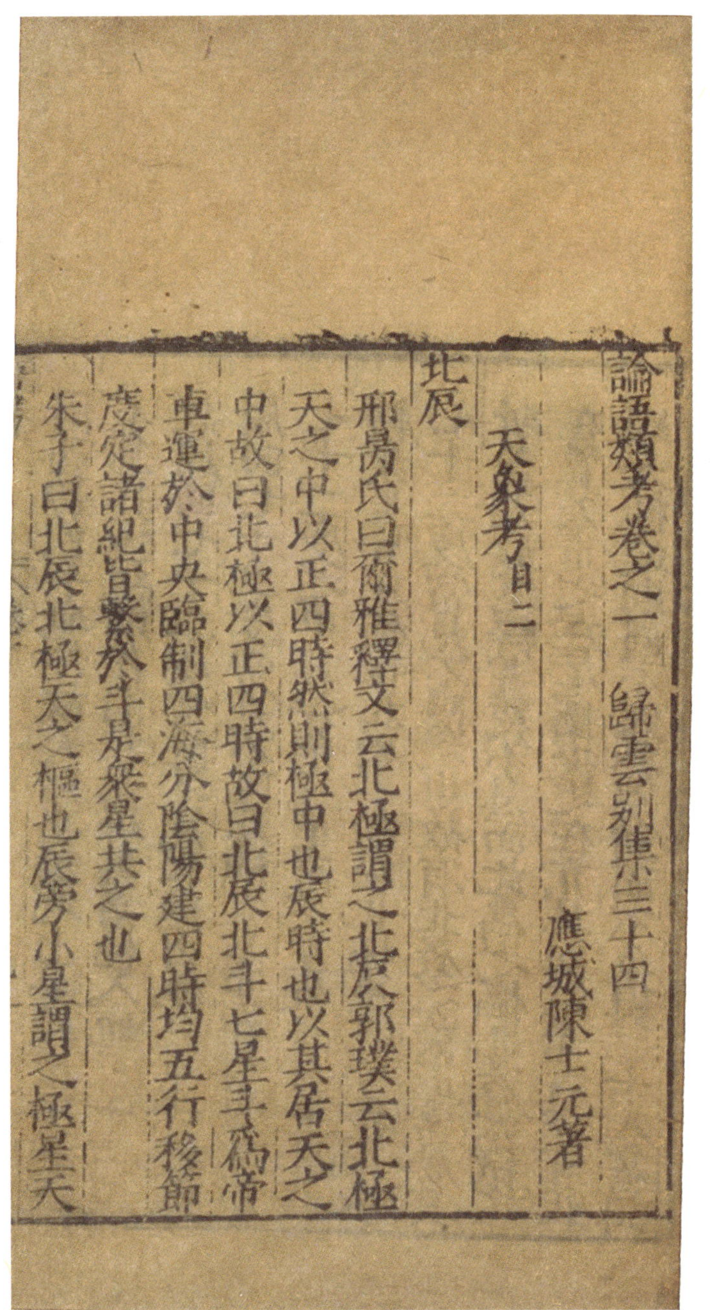

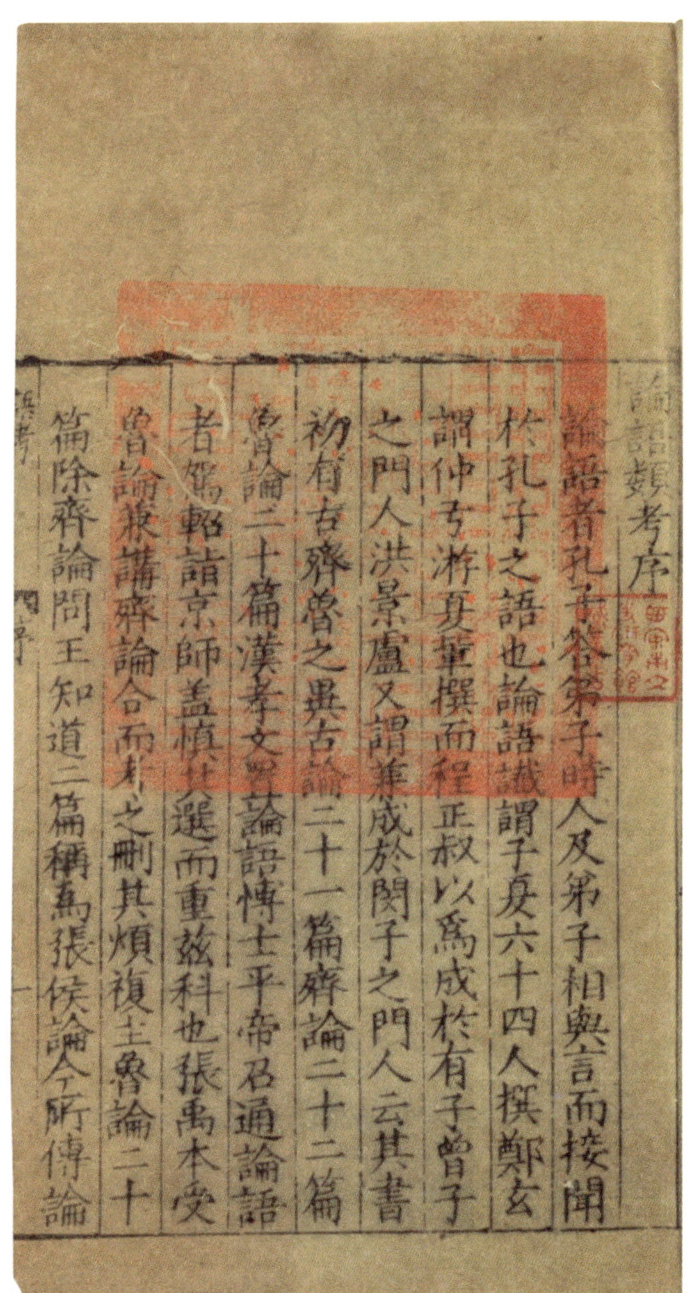

07391 論語類考二十卷 （明）陳士元撰　明嘉靖三十九年（1560）刻本

[四庫進呈本]

匡高17.7厘米，廣13.8厘米。半葉十行，行二十字，白口，四周單邊。有“翰林院印”等印。西安博物院藏。

論語外篇卷之一

豐城李栻彙輯

論學 四十四章

子曰丘少而好學晚而聞道此以慱矣 見申子

子曰中心安仁者天下一人而已矣大雅曰德

輶如毛民鮮克舉之我儀圖之惟仲山甫舉

之愛莫助之小雅曰高山仰止景行行止詩

之好仁如此鄉道而行中道而廢忘身之老

也不知年數之不足也俛焉日有孳孳斃而

07392 論語外篇十八卷 （明）李栻撰　明萬曆刻本

匡高20.2厘米，廣14.8厘米。半葉九行，行十八字，白口，左右雙邊。湖北省圖書館藏。

論語古訓卷一　　海鹽陳鱣述

學而第一　釋文凡十六章　漢石經每篇計章在後

子曰學而時習之不亦說乎　皇侃本說作悅

馬曰子者男子通稱也謂孔子也王曰時者學者以時誦習也誦習以時學無廢業所以爲說懌也　集解

有朋自遠方來不亦樂乎　釋文有或作友非　白虎通辟雍篇引作朋友自遠方來

包曰同門曰朋也　集解　文選古詩十九首注引作鄭曰

人不知而不慍不亦君子乎

鄭曰慍怨也　釋文何曰慍怒也凡人有所不知君子不

07393　論語古訓十卷　（清）陳鱣撰　清乾隆六十年（1795）簡莊刻本

匡高18.1厘米，廣14厘米。半葉十行，行二十一字，小字雙行同，黑口，左右雙邊。有“子勤”、“文烝”等印。鍾文烝校並跋。吉林大學圖書館藏。

梁惠王章句上
孟子見梁惠王王曰叟不遠千里而來亦將有以利
吾國乎孟子對曰王何必曰利亦有仁義而已矣王
曰何以利吾國大夫曰何以利吾家士庶人曰何以
利吾身上下交征利而國危矣萬乘之國弑其君者
必千乘之家千乘之國弑其君者必百乘之家萬取
千焉千取百焉不為不多矣苟為後義而先利不奪
不饜未有仁而遺其親者也未有義而後其君者也
王亦曰仁義而已矣何必曰利

賤丈夫始矣
孟子去齊宿於晝有欲為王留行者坐而言不應隱
几而卧客不悦曰弟子齊宿而後敢言夫子卧而不
聽請勿復敢見矣曰坐我明語子昔者魯繆公無人
乎子思之側則不能安子思泄柳申詳無人乎繆公
之側則不能安其身子為長者慮而不及子思子絕
長者乎長者絕子乎
繆公之待子思惟恐子思之不留也泄柳申詳之
事繆公惟恐公之見棄也孟子之進退則子思之
徒也而客之言不出於子思繆公之事故孟子不

07394 孟子解二卷 清抄本[四庫進呈本]

半葉十行，行二十字。有“翰林院印”等印。西安博物院藏。

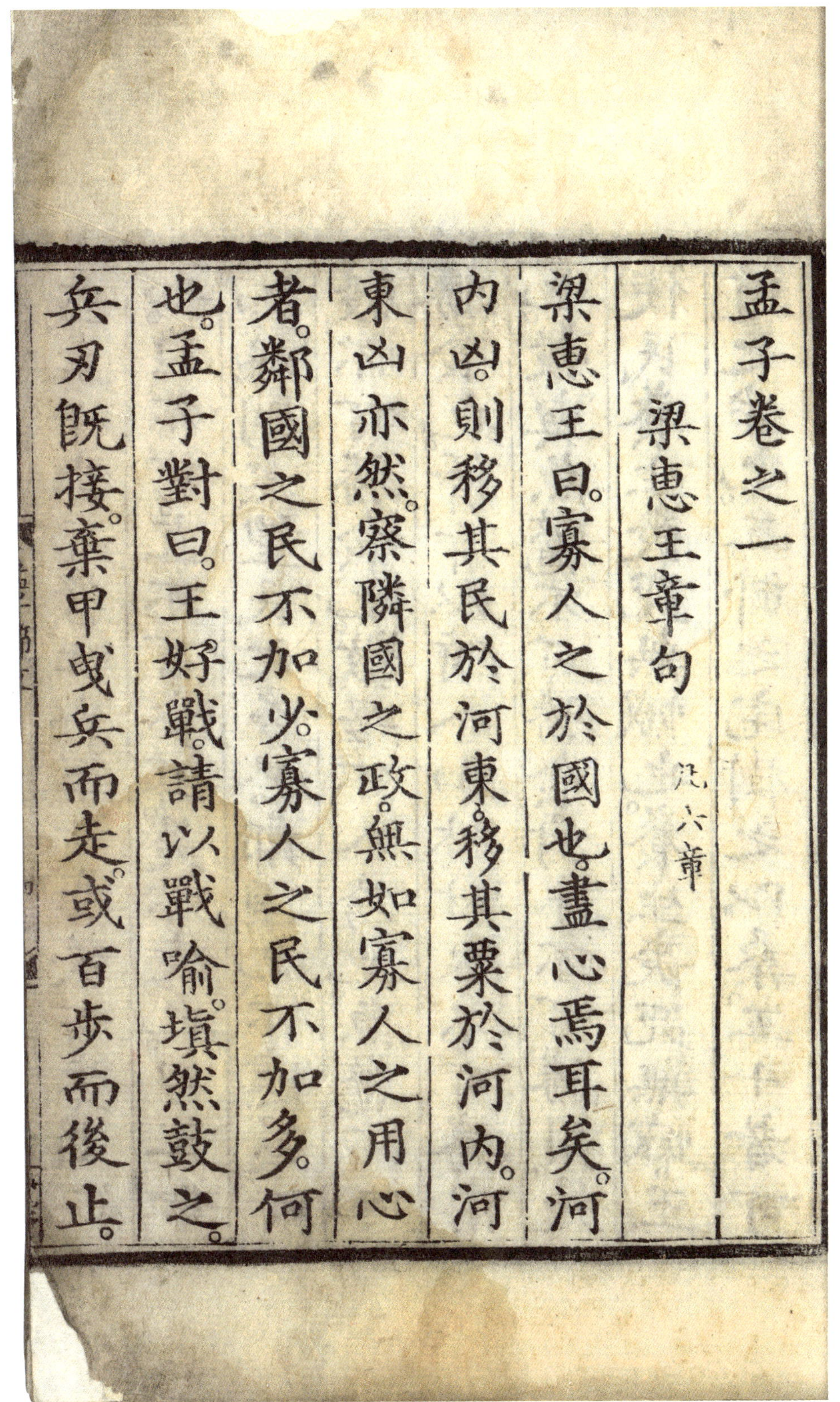

孟子卷之一

梁惠王章句　凡六章

梁惠王曰。寡人之於國也。盡心焉耳矣。河内凶。則移其民於河東。移其粟於河内。河東凶亦然。察隣國之政。無如寡人之用心者。鄰國之民不加少。寡人之民不加多。何也。孟子對曰。王好戰。請以戰喻。塡然鼓之。兵刃既接。棄甲曳兵而走。或百步而後止。

07395　孟子節文七卷　（明）劉三吾輯　明初刻本

匡高21.2厘米，廣17厘米。半葉八行，行十六字，黑口，四周雙邊。山東省博物館藏。

孟子雜記卷之一

系源

孟氏出魯桓公子慶父之後編古今氏元和姓纂諸書並同

孟子魯公族孟孫之後故孟子仕齊喪母而歸葬於

魯也趙岐孟子題辭

元按孟氏譜云軻父孟孫激公宜孟孫姓激公字

宜名或云激名公宜字也軻生三歲而激公宜卒

元延祐三年封邾國公　本朝嘉靖九年配享啓

聖祠稱先賢孟孫氏

孟子雜記　卷之一　一

07396　孟子雜記四卷　（明）陳士元撰　明隆慶浩然堂刻本

匡高20厘米，廣12.8厘米。半葉九行，行二十字，小字雙行同，白口，四周單邊。浙江圖書館藏。

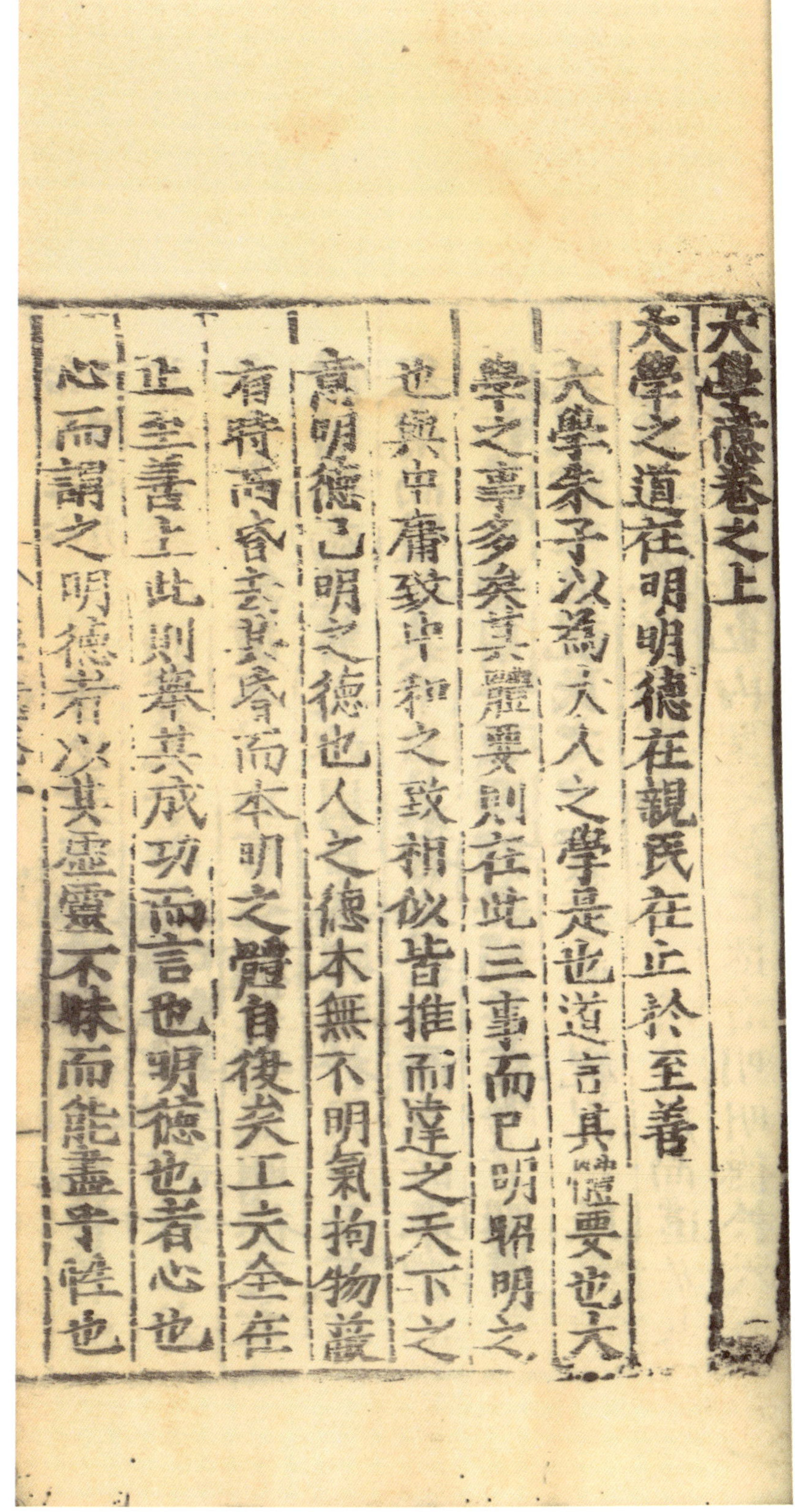

大學億卷之上
大學之道在明明德在親民在止於至善
大學朱子以爲大人之學是也道言其體要也大
學之事多矣其體要則在此三事而已明明之
也與中庸致中和之致相似皆推而達之天下之
意明德己明之德也人之德本無不明氣拘物蔽
有時而昏去其昏而本明之體自復矣工夫全在
止至善上此則舉其成功而言也明德也者心也
心而謂之明德者以其虛靈不昧而能盡乎性也

07397 大學億二卷釋疑一卷 （明）王道撰　明嘉靖二十三年（1544）錢楩刻本

匡高17厘米，廣12.5厘米。半葉九行，行二十字，白口，四周單邊。寧波市天一閣博物館藏。

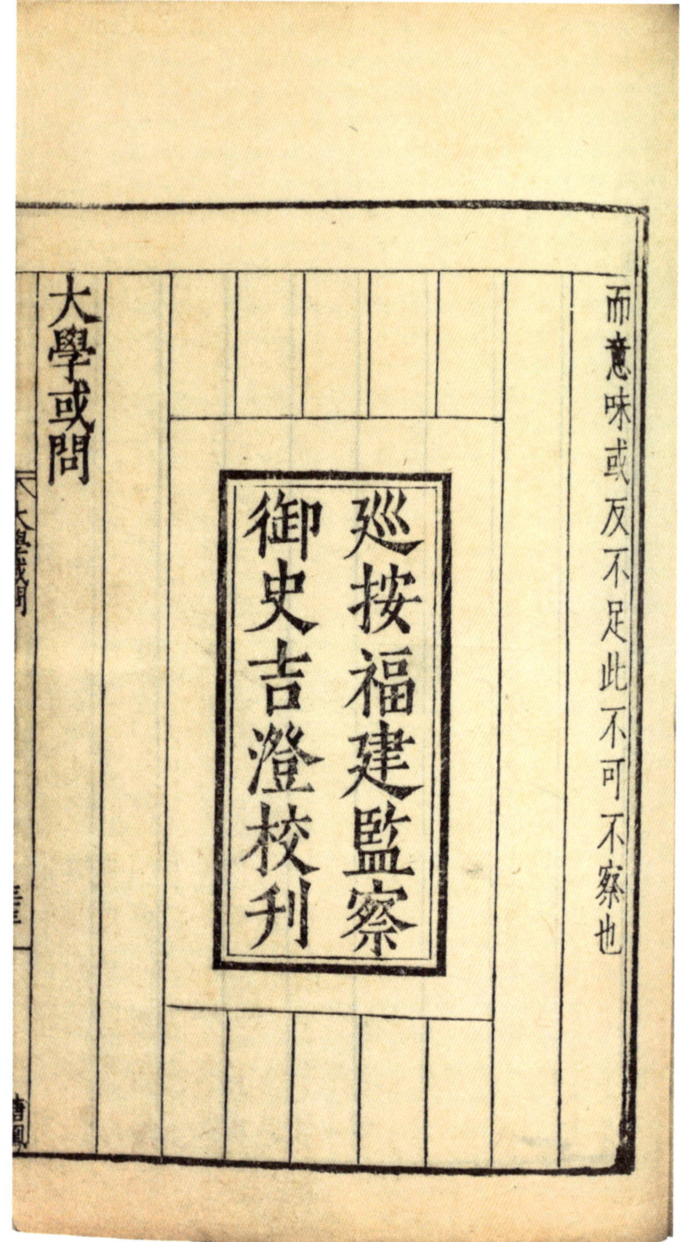

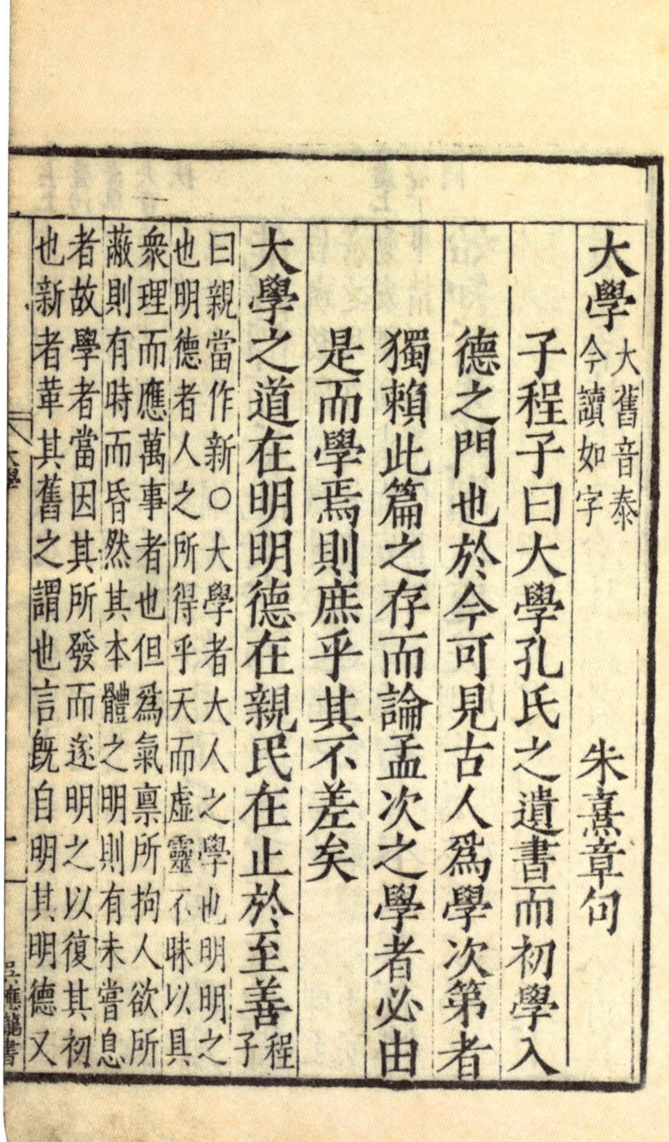

07398 大學章句一卷或問一卷中庸章句一卷或問一卷論語集註十卷孟子集註七卷 （宋）朱熹撰　明嘉靖吉澄刻本

匡高20.2厘米，廣14.5厘米。半葉九行，行十七字，小字雙行同，白口，左右雙邊。首都圖書館藏。

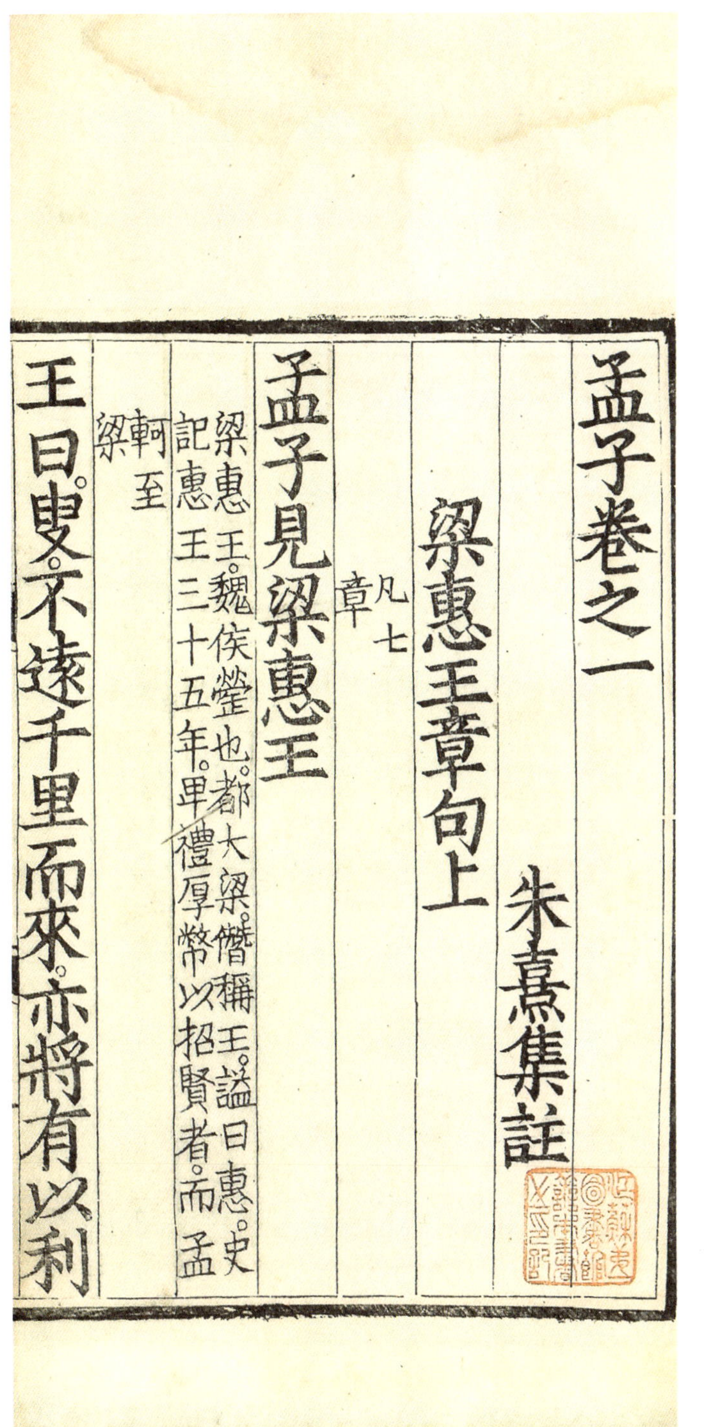

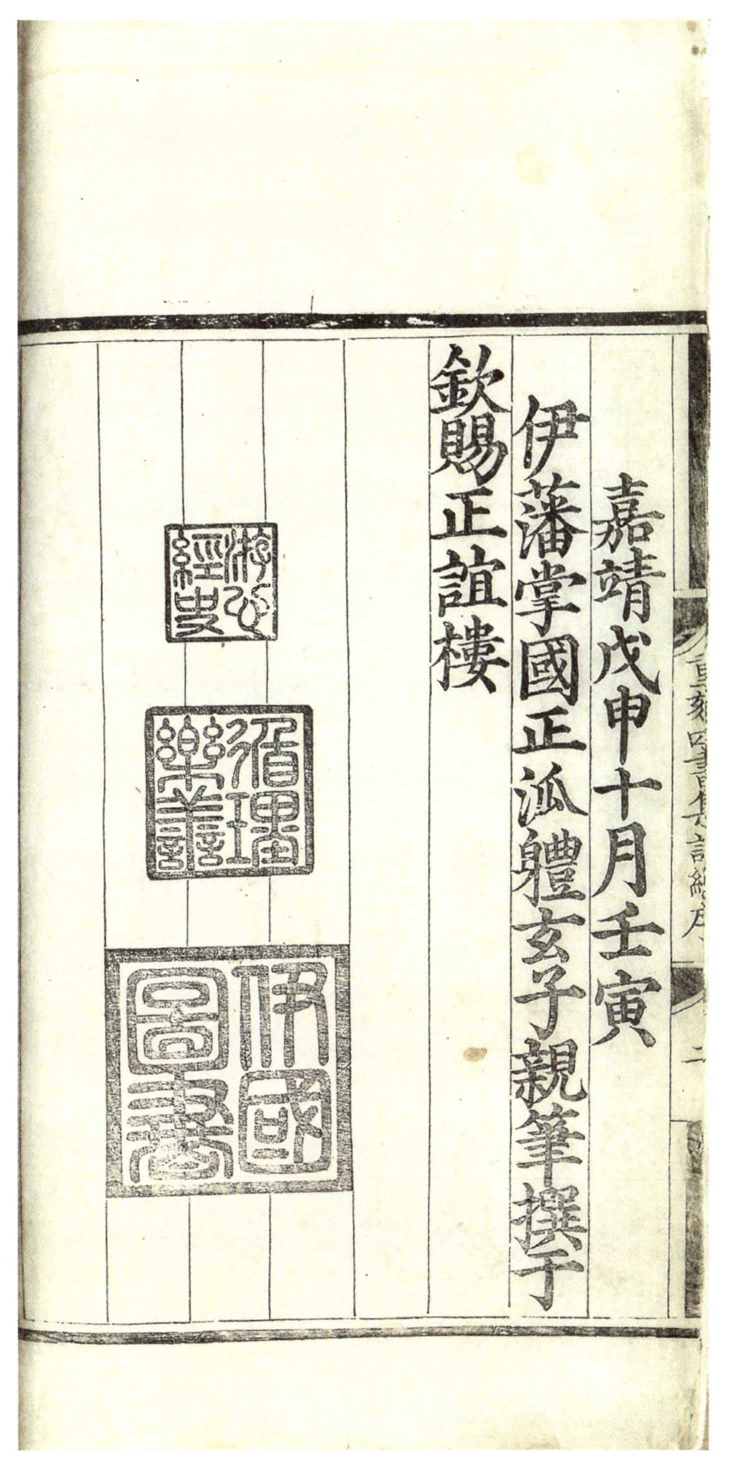

07399 四書集註二十八卷 （宋）朱熹撰　明嘉靖二十七年（1548）伊藩刻本

匡高23.5厘米，廣16.5厘米。半葉八行，行十四字，小字雙行十八字，黑口，四周雙邊。丁丙跋。南京圖書館藏。

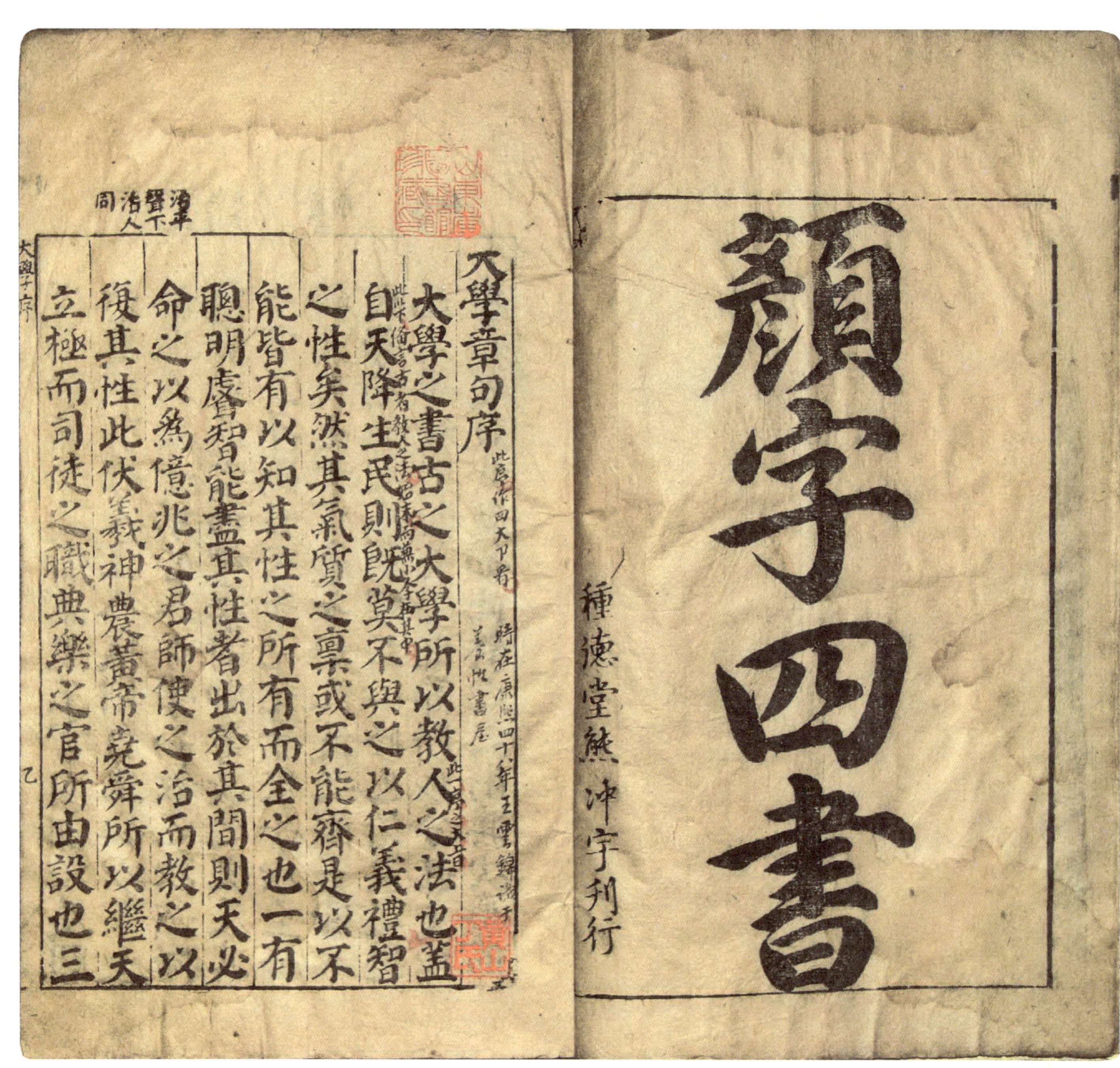

07400 顏字四書二十八卷（宋）朱熹撰　明書林種德堂熊沖宇刻本

匡高21.1厘米，廣14.4厘米。半葉九行，行十七字，小字雙行同，白口，四周單邊。王雲錦校並跋。山東省圖書館藏，存二十一卷。

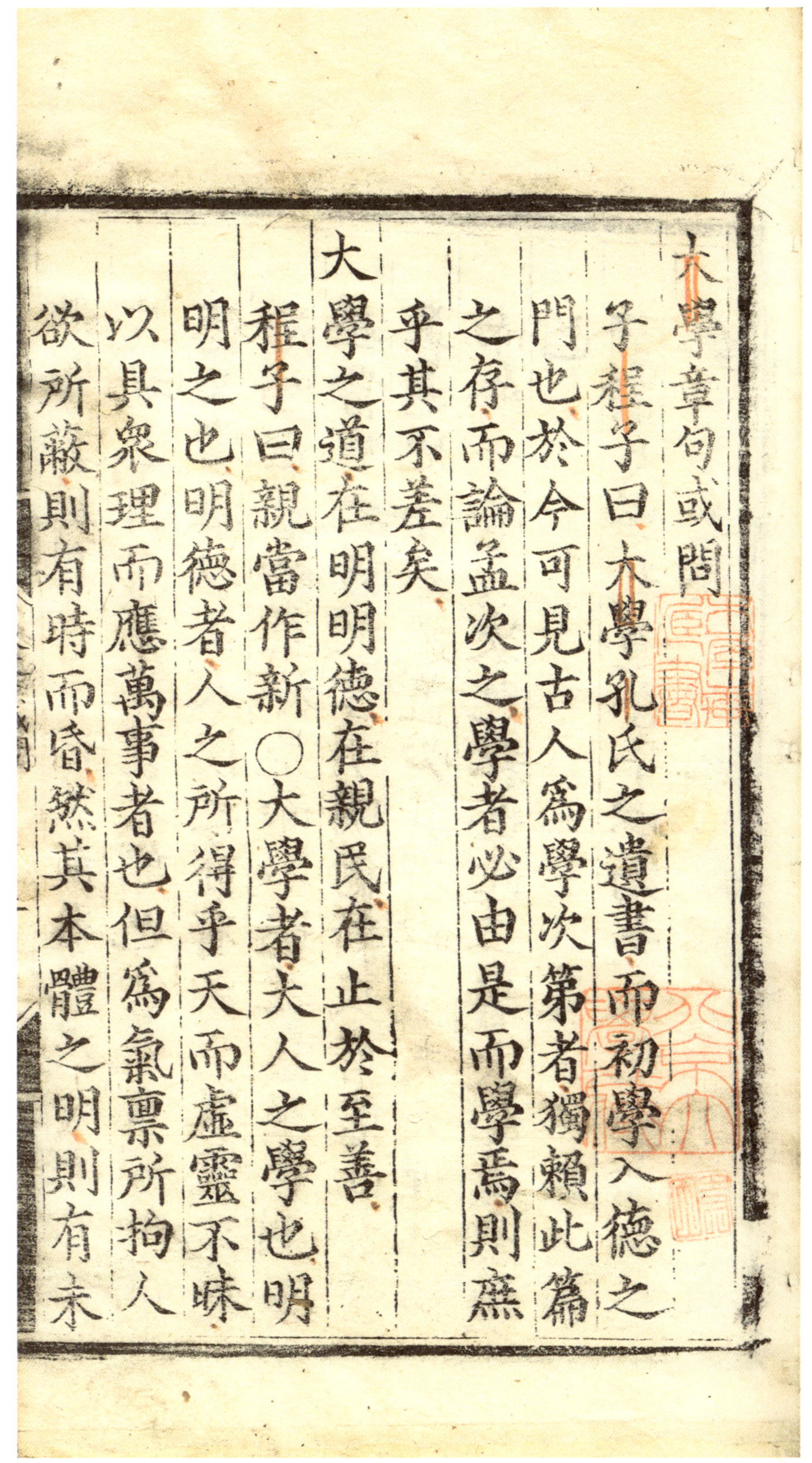

07401 四書或問三十七卷 （宋）朱熹撰　明弘治十七年（1504）刻本

匡高20.9厘米，廣13.7厘米。半葉十行，行十八字，黑口，四周雙邊。有“木犀軒藏書”等印。北京大學圖書館藏。

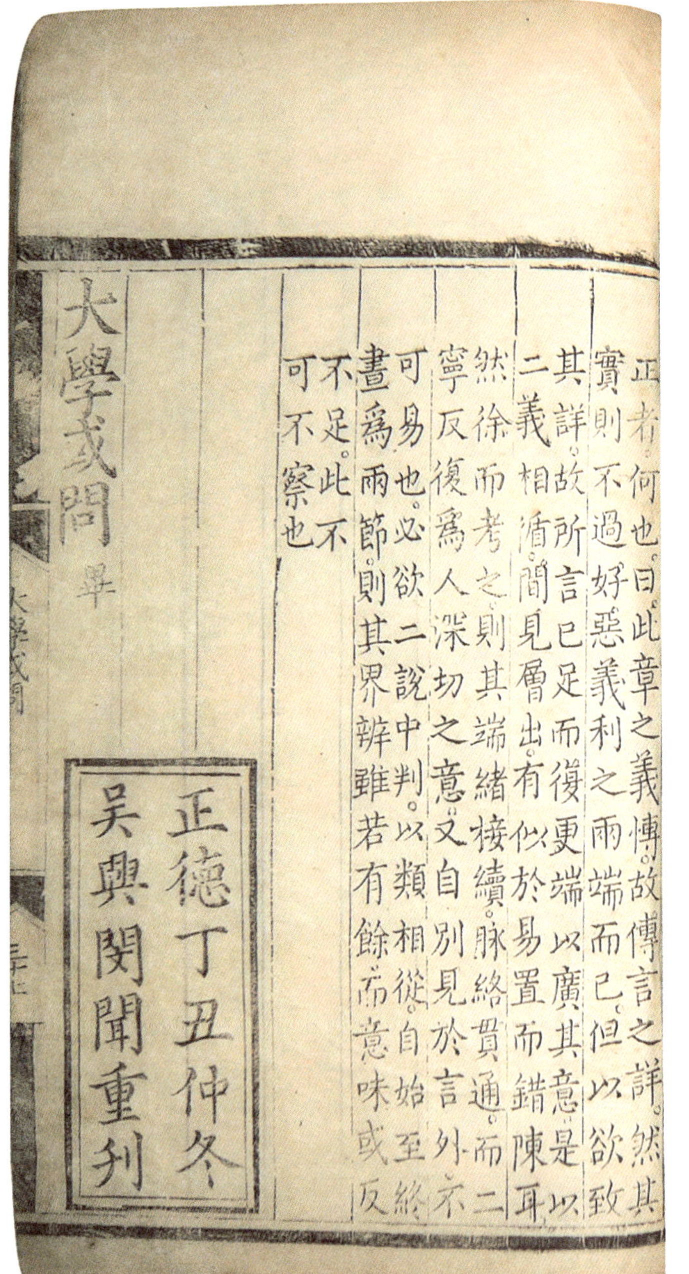

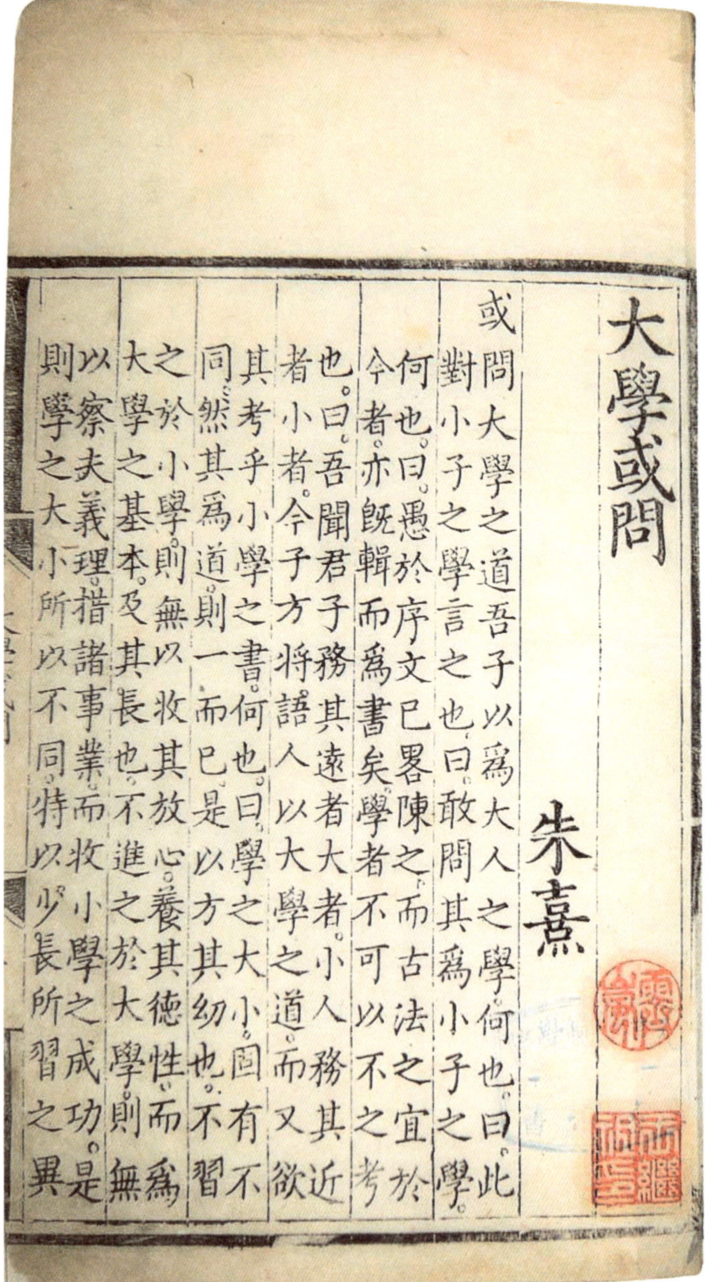

07402 四書或問三十六卷 （宋）朱熹撰　明正德十二年（1517）閔聞刻本

匡高22.9厘米，廣16.3厘米。半葉八行，小字雙行十八字，黑口，四周雙邊。河北大學圖書館藏。

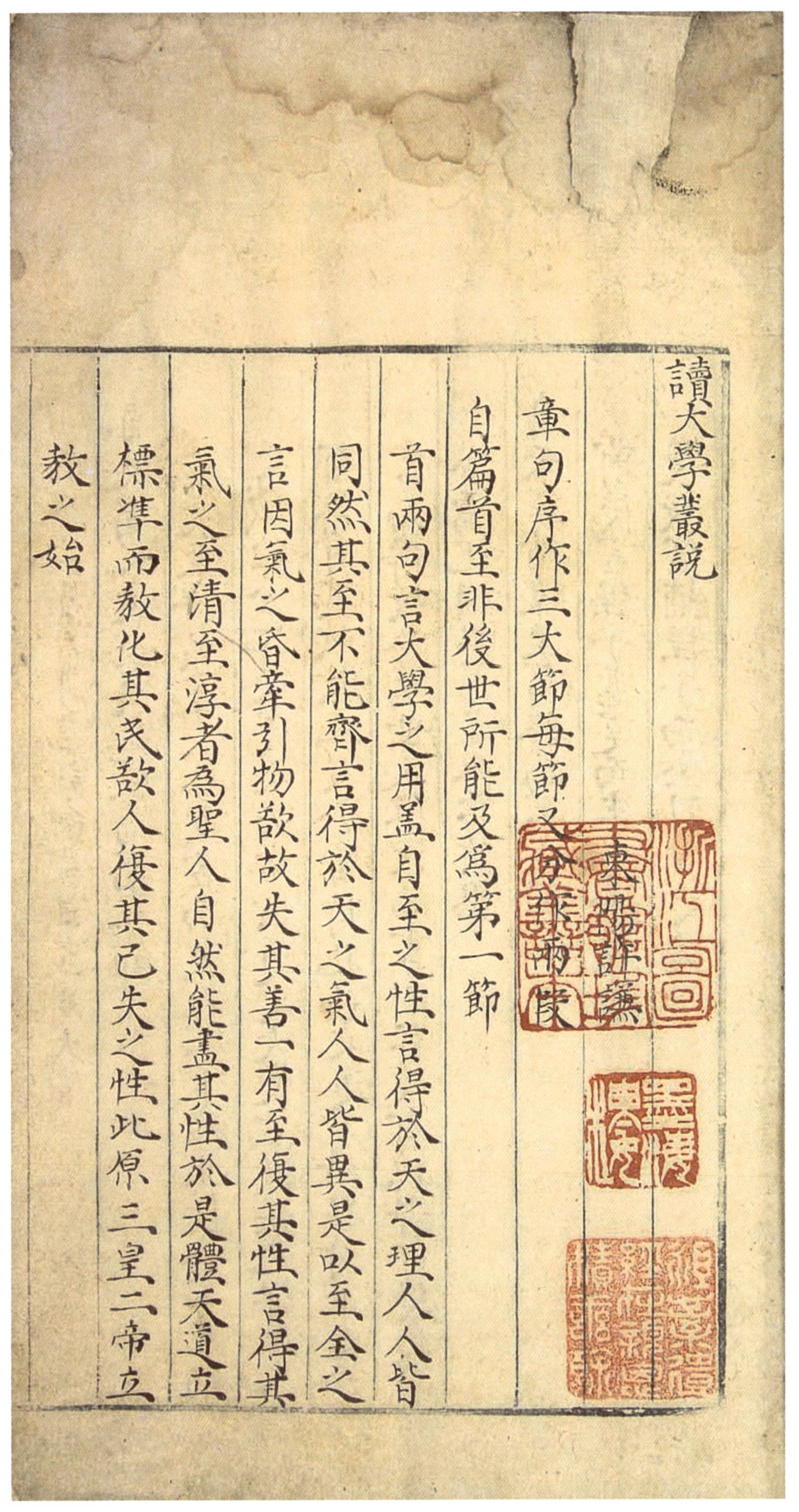

07403 讀四書叢說八卷 （元）許謙撰　明抄本

匡高21.4厘米，廣14.8厘米。半葉十行，行二十四字，藍格，白口，四周單邊。浙江圖書館藏。

論語集註大全卷之六

雍也第六

凡二十八章篇内第十四章以前大意與前篇同

胡氏曰此篇前一半與上篇大意同而八佾篇論禮樂亦與爲政末相接大抵記聖人之言多以其類而卷帙之分特以竹簡之編既盡而止其篇目則聊舉其首二字以爲之别爾○新安陳氏曰亦論古今人物賢否得失

子曰雍也可使南面

南面者人君聽治去聲之位○厚齋馮氏曰人君聽治之位必體天地陰陽之嚮背南面嚮明○言仲弓寬洪簡重有人君之度也○問寬洪簡重也是説仲弓資質恁地朱子曰夫子既許他南面則須是有人君之度這又無稽考須是將他言行來看如何○慶源輔氏曰惟

07404 論語集註大全二十卷 （明）胡廣等輯　明内府寫本

匡高26.2厘米，廣18.9厘米。半葉十行，行二十一字，紅格，紅口，四周雙邊。北京大學圖書館藏，存二卷。

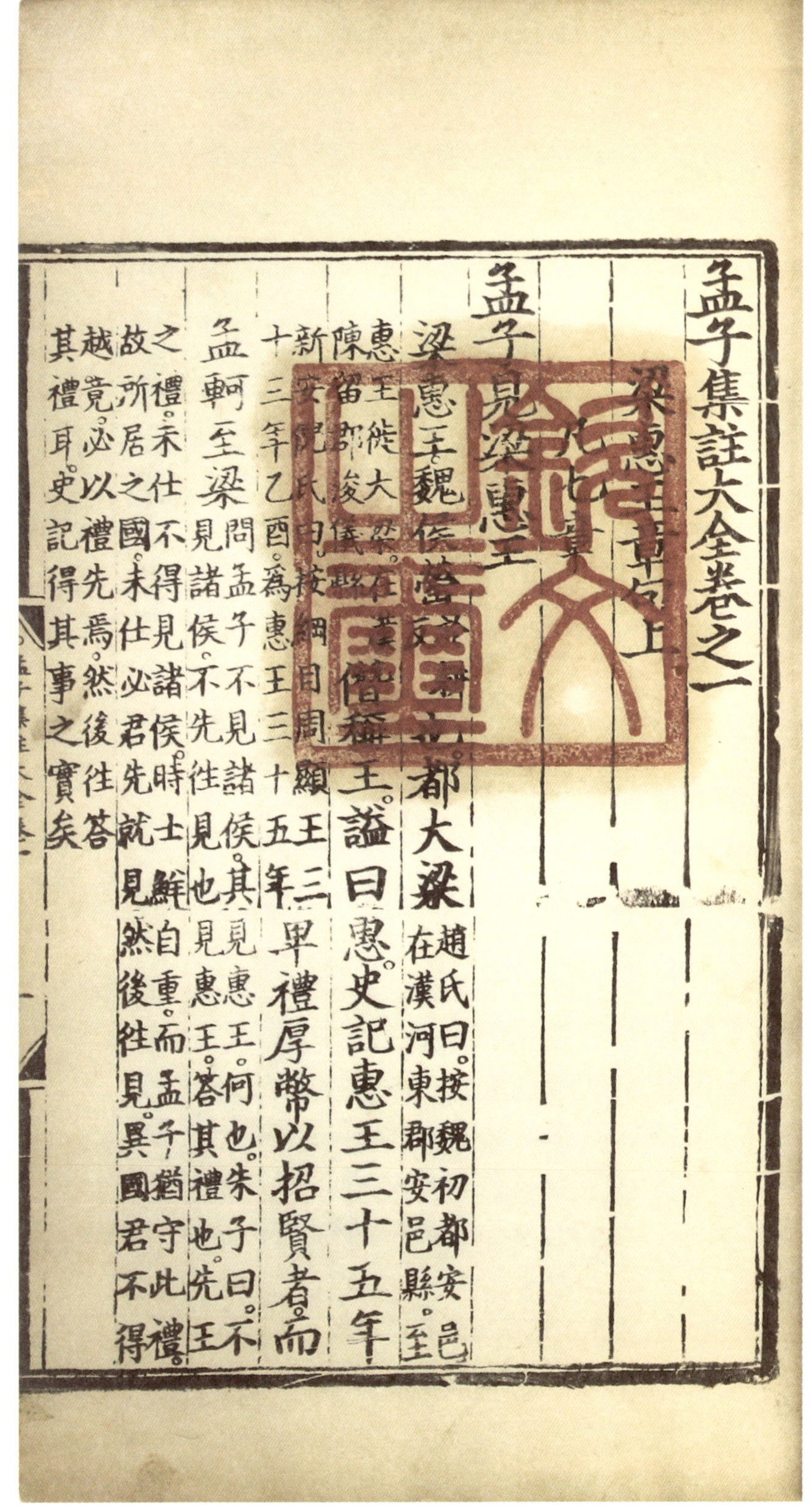

07405 四書集註大全四十三卷 （明）胡廣等輯　明内府刻本

匡高26.4厘米，廣18厘米。半葉十行，行二十二字，小字雙行同，黑口，四周雙邊。江西省圖書館藏。

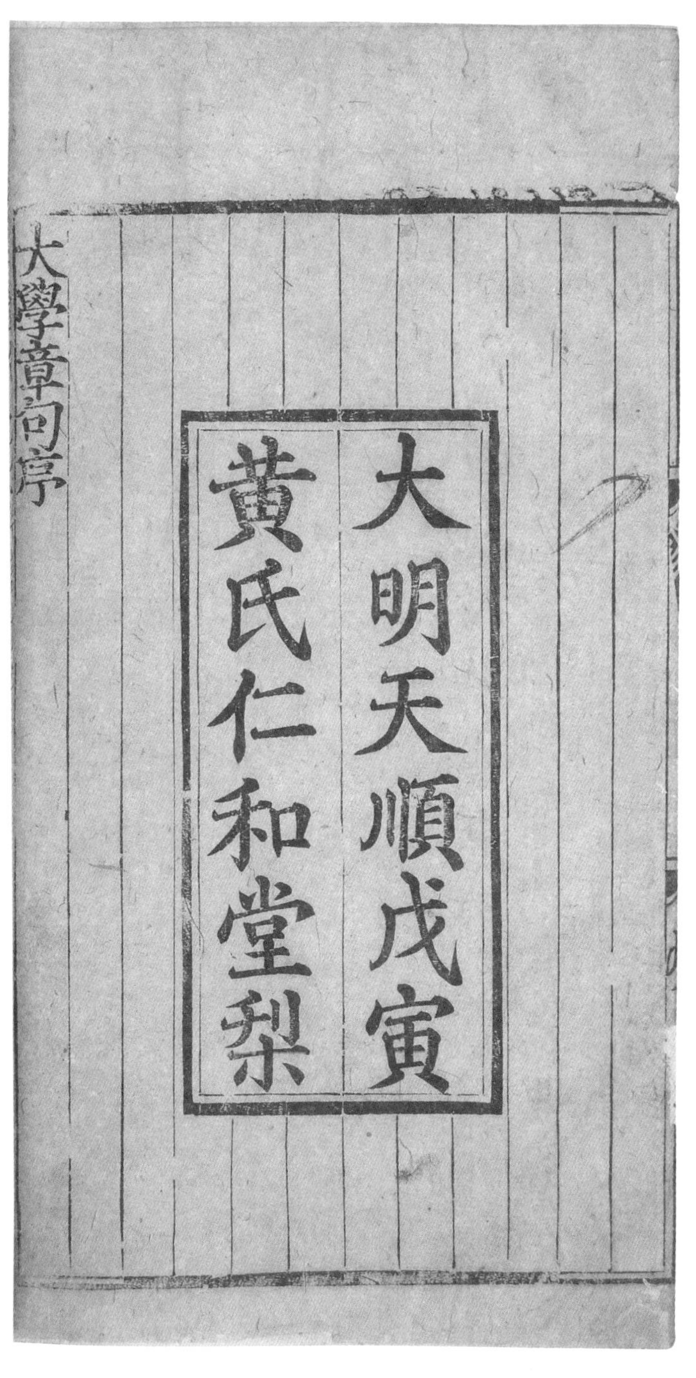

07406、07407 四書集註大全四十三卷 （明）胡廣等輯　明天順二年（1458）黄氏仁和堂刻本

匡高22.1厘米，廣13.4厘米。半葉十二行，行二十三字，小字雙行同，黑口，四周雙邊。天津圖書館藏，存五卷；浙江圖書館藏，存三卷。

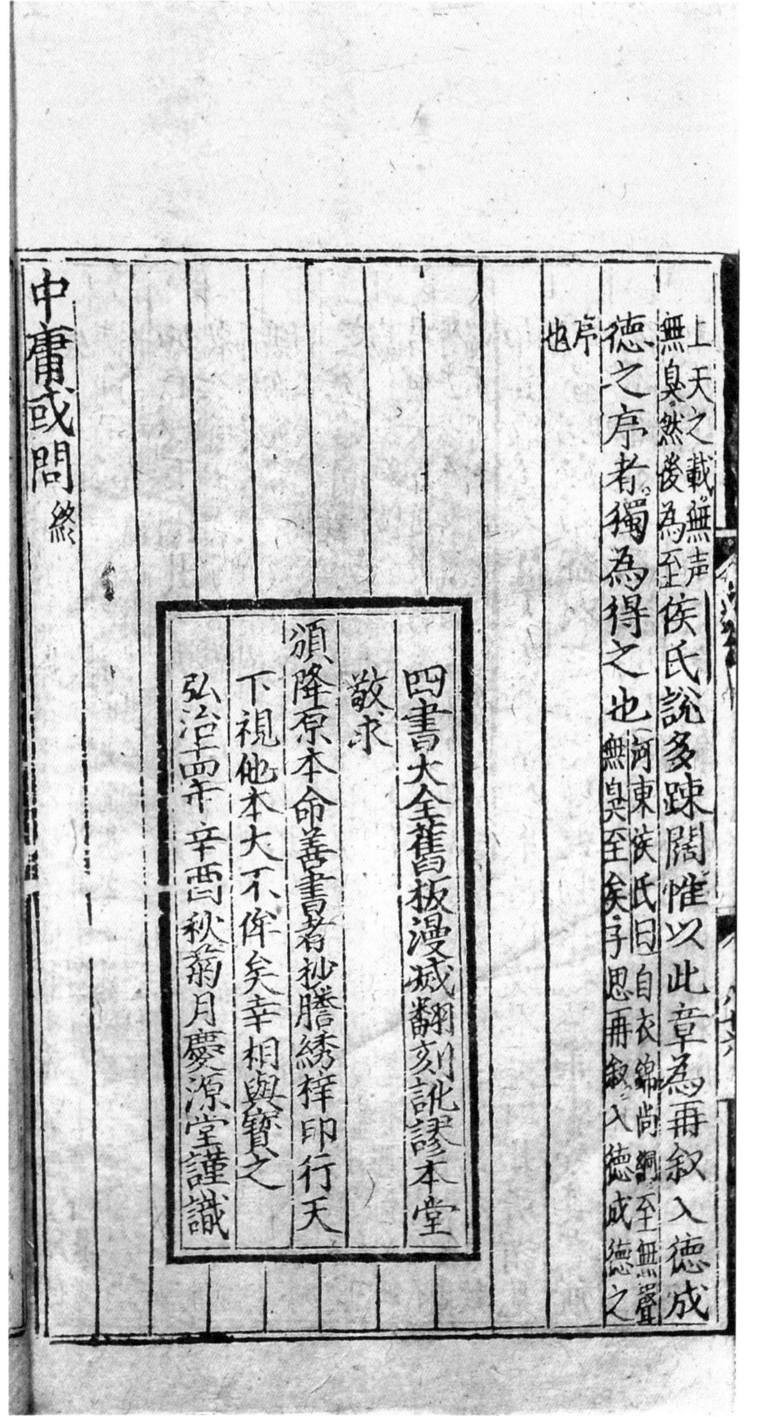

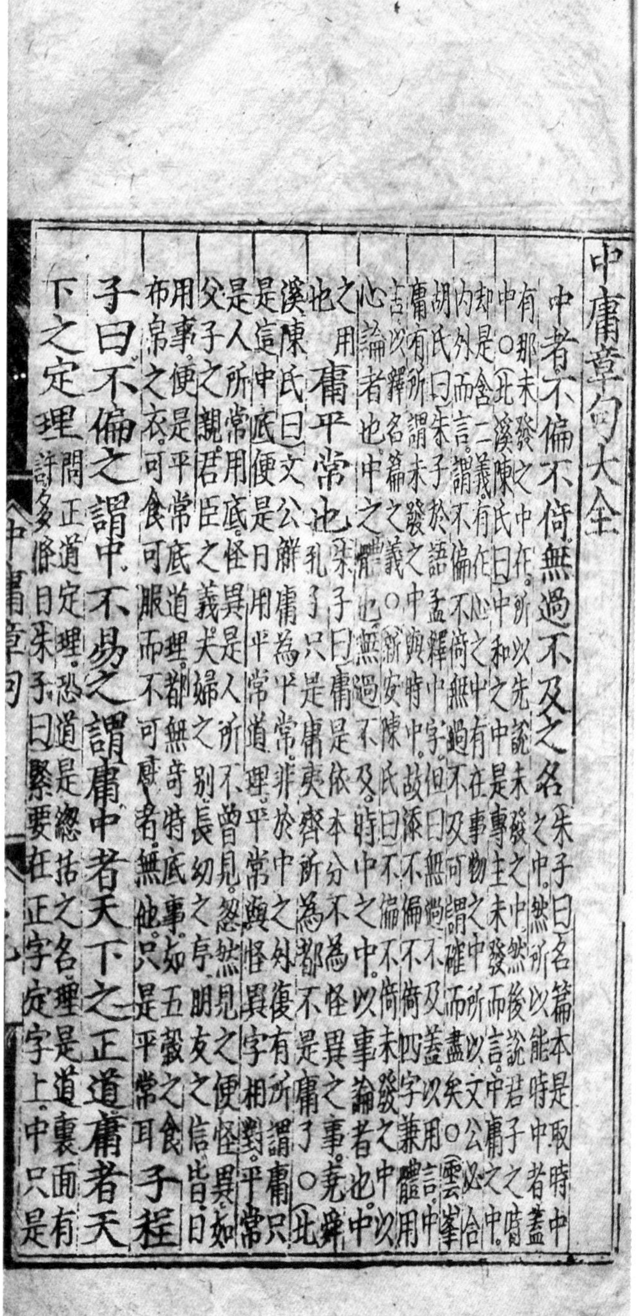

07408 四書集註大全四十三卷 （明）胡廣等輯　明弘治十四年（1501）劉氏慶源書堂刻本

匡高19.6厘米，廣13.5厘米。半葉十二行，大字行二十字，中字行二十三字，小字雙行同中字，黑口，四周雙邊。南京圖書館藏。

虛齋蔡先生大學蒙引初稿卷之一

門生李墀校刊

大學章句序

讀此序見得教法始於伏羲神農黃帝堯舜備於三代廢於周衰傳於孔子曾子失其傳於孟子之後而復得表章於程子發明透徹於朱子自三代而上其教行於天下自孔曾而下其法僅傳於天下而已○原聖賢之所以著是書者以是教法不行於天下故爲是書以傳是法於後世也夫法不行則天下無善治法不傳則萬世終無善治矣此聖賢之意將以爲萬世開太平者也○聖賢之所以明道立教者無他止是要人各自復其性而已天下豈有性外之事聖賢亦無性外之功性即明德也大學之法即修道之教也

07409 虛齋蔡先生四書蒙引初藁十五卷 （明）蔡清撰　明正德十五年（1520）李墀刻本

匡高20.6厘米，廣14厘米。半葉十二行，行二十四字，黑口，四周雙邊。寧波市天一閣博物館藏，存十三卷。

重刊增訂虚齋舊續四書蒙引大學卷之一

晉江 蔡 清 著

安福 伍希周

同安 林希元 校正

大學章句序

讀此序見得教法始於伏羲神農黃帝堯舜備於三代廢於周衰傳於孔子曾子失其傳於孟子之後而復得表章於程子發明透徹於朱子自三代而上其教行於天下自孔曾而下其法僅傳於天下而已○原聖賢之所以著是書者以是教法不行於天下故爲是書以傳

四書蒙引 大學卷之一 一

北京談惠遠寫

07410 重刊增訂虚齋舊續四書蒙引十五卷 （明）蔡清撰　明刻本

匡高22厘米，廣16厘米。半葉十行，行二十二字，白口，四周雙邊。山東省圖書館藏。

四書口義卷之一

江陰薛甲著

舊本大學篇

按大學一篇雜出戴記中至宋程子始表而出之別爲一書今云舊本本戴記所載而言也舊本凡六章聖經一章誠意正心修身齊家治國平天下五章韓子作原道引用經語而曰傳云古之欲明明德於天下至先誠其意據後傳而言也上不及綱領下不及致知格物蓋古誌相沿如此非韓子不知而遺之也今仍舊本分章如左

07411 四書口義十二卷 （明）薛甲撰　明隆慶二年（1568）刻本

匡高19.2厘米，廣14.3厘米。半葉十行，行二十字，白口，四周單邊。丁丙跋，南京圖書館藏。

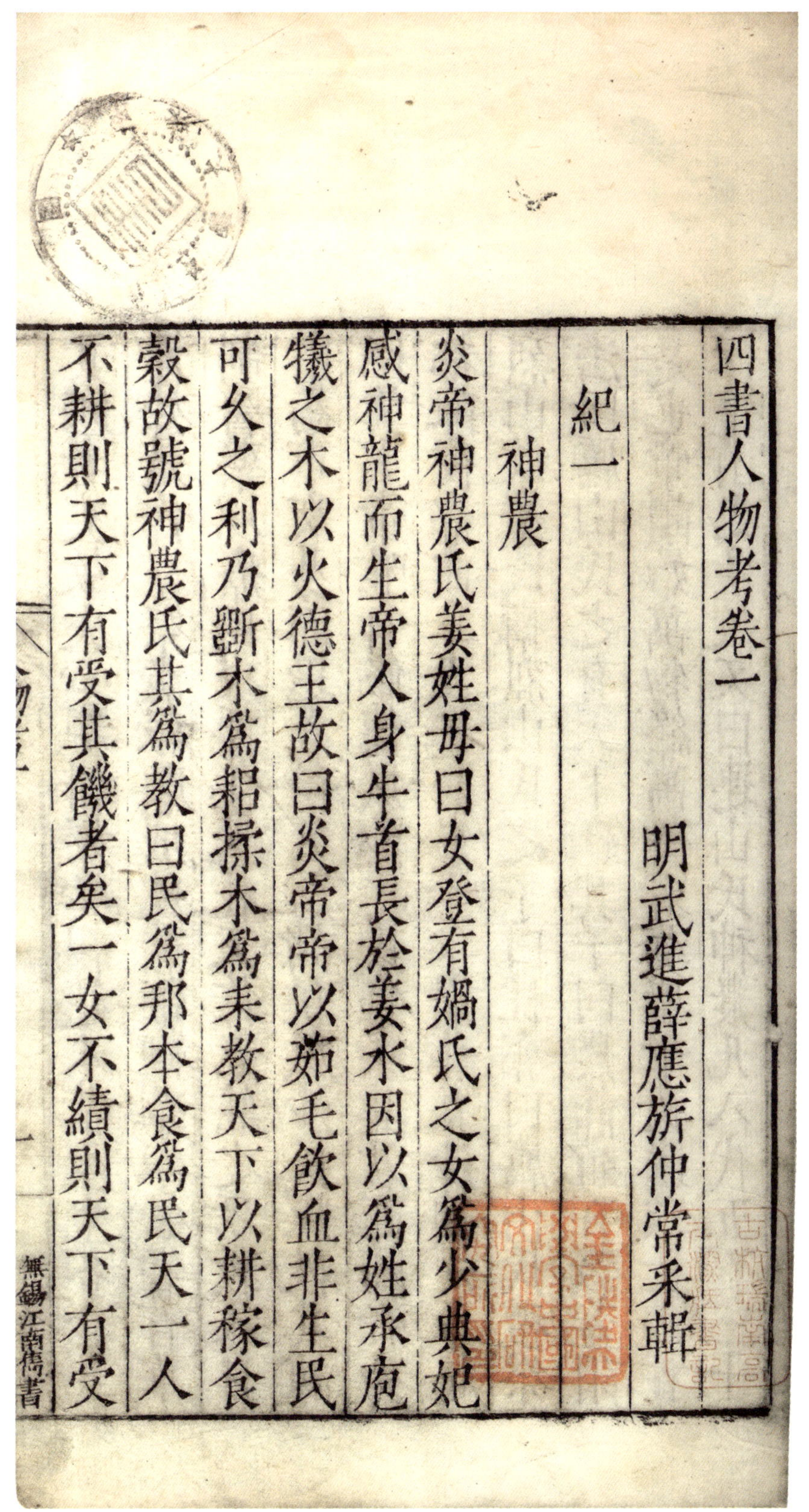

07412 四書人物考四十卷 （明）薛應旂輯　明嘉靖三十七年（1558）刻本

匡高19.6厘米，廣14.5厘米。半葉十行，行二十字，白口，四周單邊。南京大學圖書館藏。

麻沙新刊會通古今四書說筌卷之一
新安　立軒　游　遜　輯著
門人心印　汪同文　參校
賜進士　龍潭　李叔和　精閱
賜進士　新原　江一麟　同閱
建陽舉人浚渠　張　璿　訂刊
後學心湖　汪同武　復校
大學
大學之道在明明德在親民在止於至善○知止而后有定定而后能靜靜
而后能安安而后能慮慮而后能得○物有本末事有終始知所先後則近
道矣○古之欲明明德於天下者先治其國欲治其國者先齊其家欲齊其
家者先脩其身欲脩其身者先正其心欲正其心者先誠其意欲誠其意者
先致其知致知在格物○物格而后知至知至而后意誠意誠而后心正心

07413 麻沙新刊會通古今四書說筌二十卷　（明）遊遜輯　明刻本

匡高19厘米，廣12.4厘米。半葉十三行，行二十九字，小字雙行同，白口，四周單邊。西北大學圖書館藏。

疑思録卷一

讀大學　長安馮從吾仲好著

天地間惟有此道人生天地間惟有此學舍此更
有何事

問大學之道曰大字最當玩味天地之性人爲貴
人生天地間原都是大的只因不學便小了大
學之道三節道理已說完古之欲明明德於天
下至末不過發明前三節意耳其所厚者薄而
其所薄者厚未之有也正是其本亂而末不能

07414 疑思録六卷　（明）馮從吾撰　明萬曆武用望等刻本

匡高18.8厘米，廣13厘米。半葉九行，行十九字，白口，四周單邊。湖北省圖書館藏。

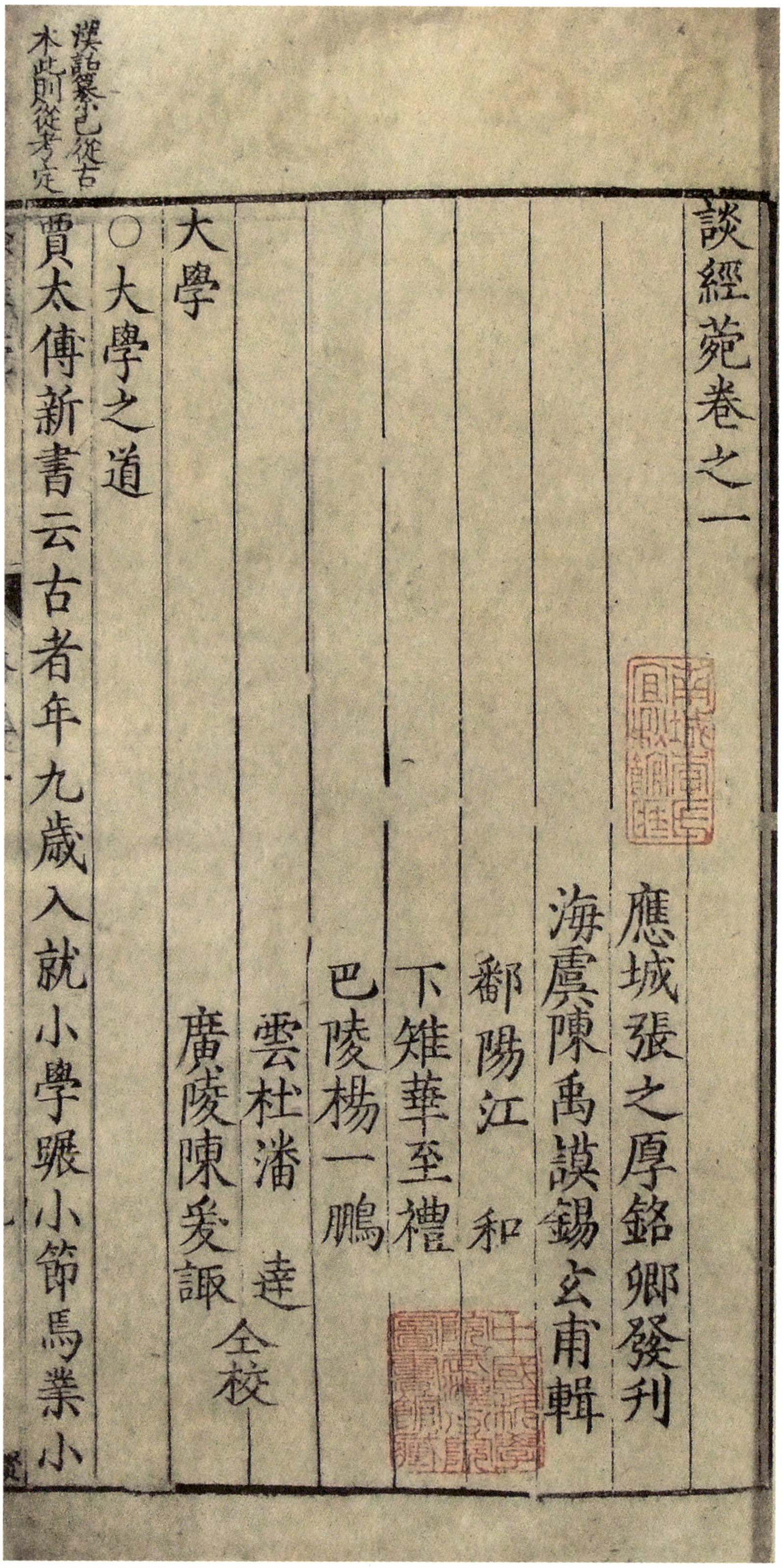
漢詁篆已從古
本此則從考定
談經菀卷之一
應城張之厚銘卿發刊
海虞陳禹謨錫玄甫輯
鄱陽江　和
下雉華至禮
巴陵楊一鵬
雲杜潘　達
廣陵陳爰諏　仝校
大學
○大學之道
賈太傅新書云古者年九歲入就小學蹍小節焉業小

07415 談經菀四十卷 （明）陳禹謨輯　明萬曆張之厚刻本

匡高23.3厘米，廣15厘米。半葉十行，行二十一字，白口，左右雙邊。湖北省圖書館藏。

07416 荷珠録六卷 （明）張汝霖撰　明刻本

匡高21厘米，廣14.1厘米。半葉十行，行二十四字，白口，四周雙邊。蘇州圖書館藏。

07417 四書疏記四卷 （清）陳鱣撰　手稿本

匡高20.2厘米，廣17厘米。半葉十二行，行字不等，藍格，黑口，四周雙邊。浙江圖書館藏。

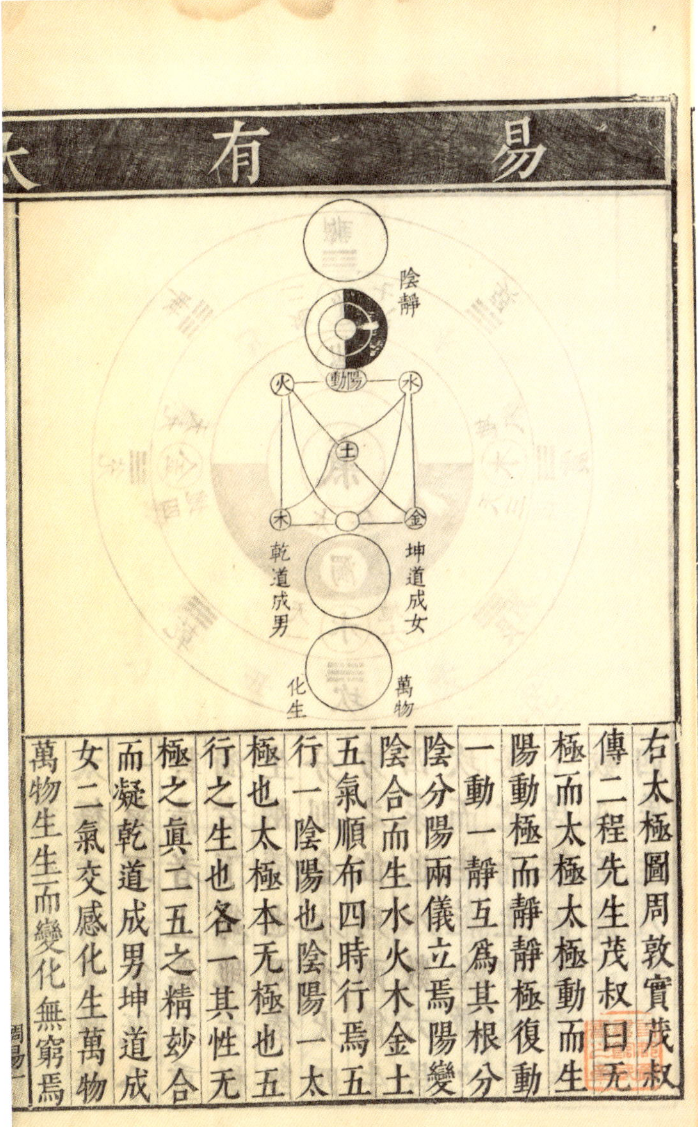

右太極圖周敦實茂叔傳二程先生茂叔曰无極而太極太極動而生陽動極而靜靜極復動一動一靜互爲其根分陰分陽兩儀立焉陽變陰合而生水火木金土五氣順布四時行焉五行一陰陽也陰陽一太極也太極本无極也五行之生也各一其性无極之眞二五之精妙合而凝乾道成男坤道成女二氣交感化生萬物萬物生生而變化無窮焉

周易一

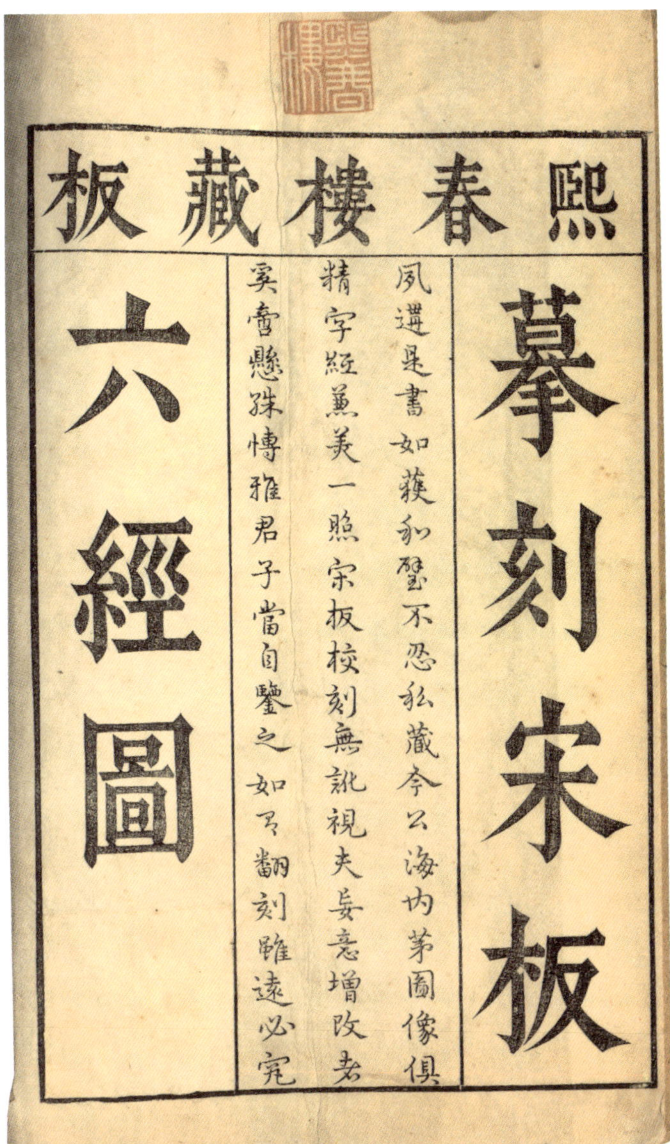

熙春樓藏板

摹刻宋板

六經圖

夙遘是書如獲和璧不忍私藏今公海內第圖像俱精字經兼美一照宋板校刻無訛視夫妄意增改者奚啻懸殊博雅君子當自鑒之如有翻刻雖遠必究

07418 六經圖六卷 （宋）楊甲撰 （宋）毛邦翰補 明萬曆四十三年（1615）吳繼仕熙春樓刻本

匡高35.9厘米，廣24.7厘米。白口，四周單邊。首都圖書館藏。

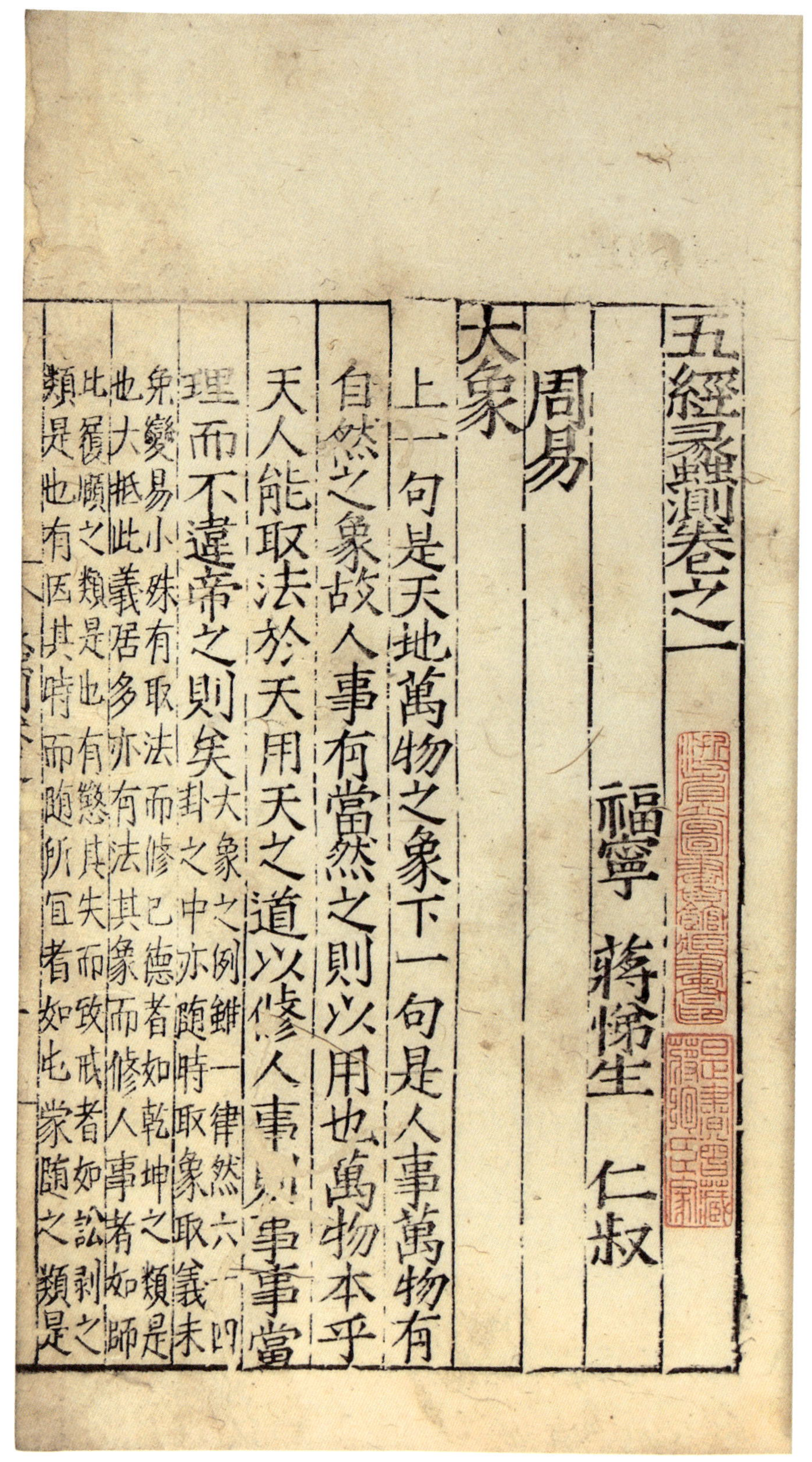

07419 五經蠡測六卷 （明）蔣悌生撰　明嘉靖十七年（1538）蔣宗雨刻本

匡高17.6厘米，廣12.3厘米。半葉十行，行二十字，小字雙行同，白口，四周單邊。有“徐𤊹之印”、“蔣玢之印”、“是書曾藏蔣絢臣家”等印，浙江圖書館藏。

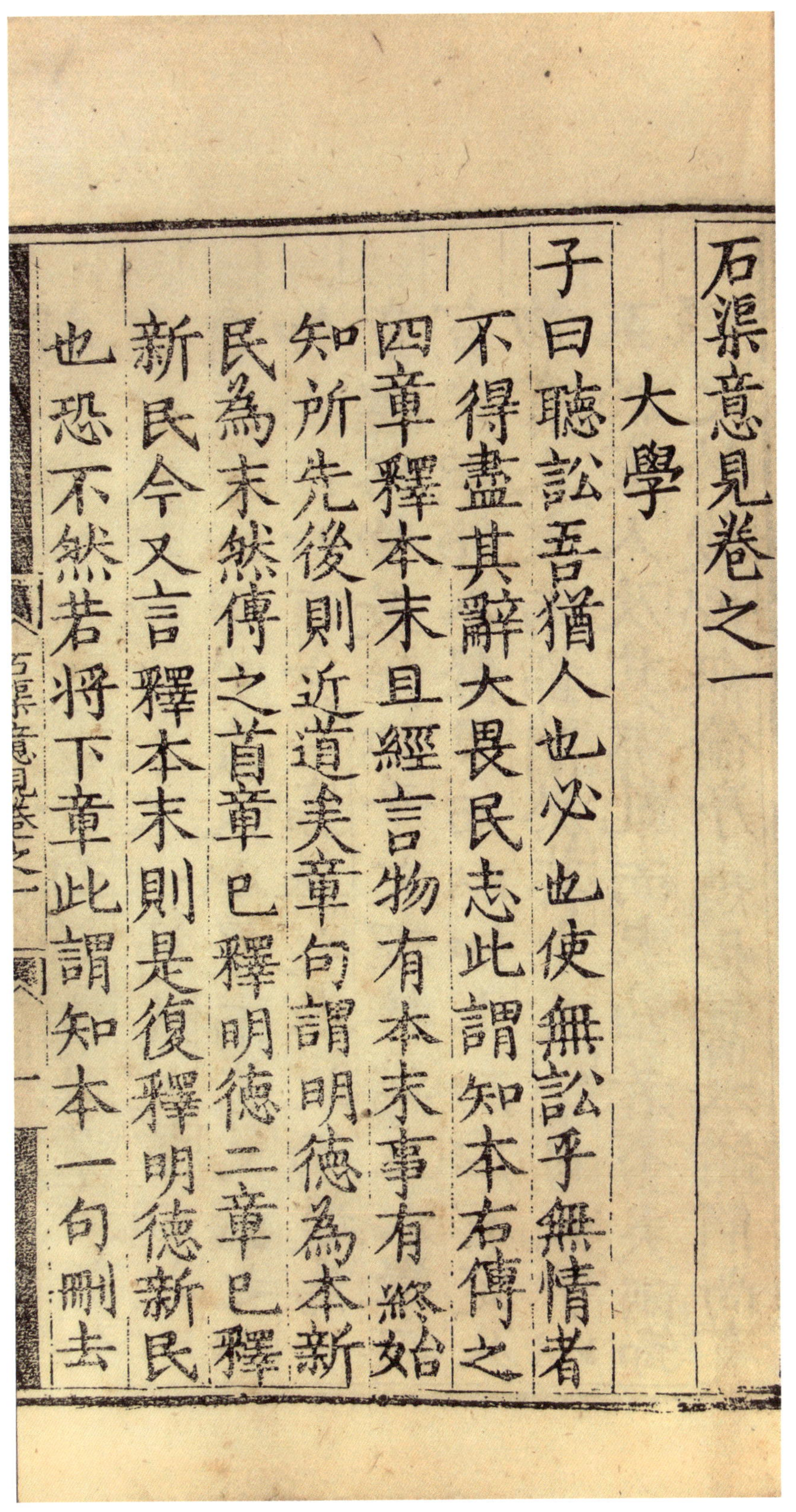

07420、07421 石渠意見四卷拾遺二卷補缺一卷玩易意見二卷 （明）王恕撰　明正德刻本

匡高20.3厘米，廣13.5厘米。半葉九行，石渠意見行十七字，其餘行二十字，黑口，四周雙邊。吉林省圖書館藏；天津師範大學圖書館藏。

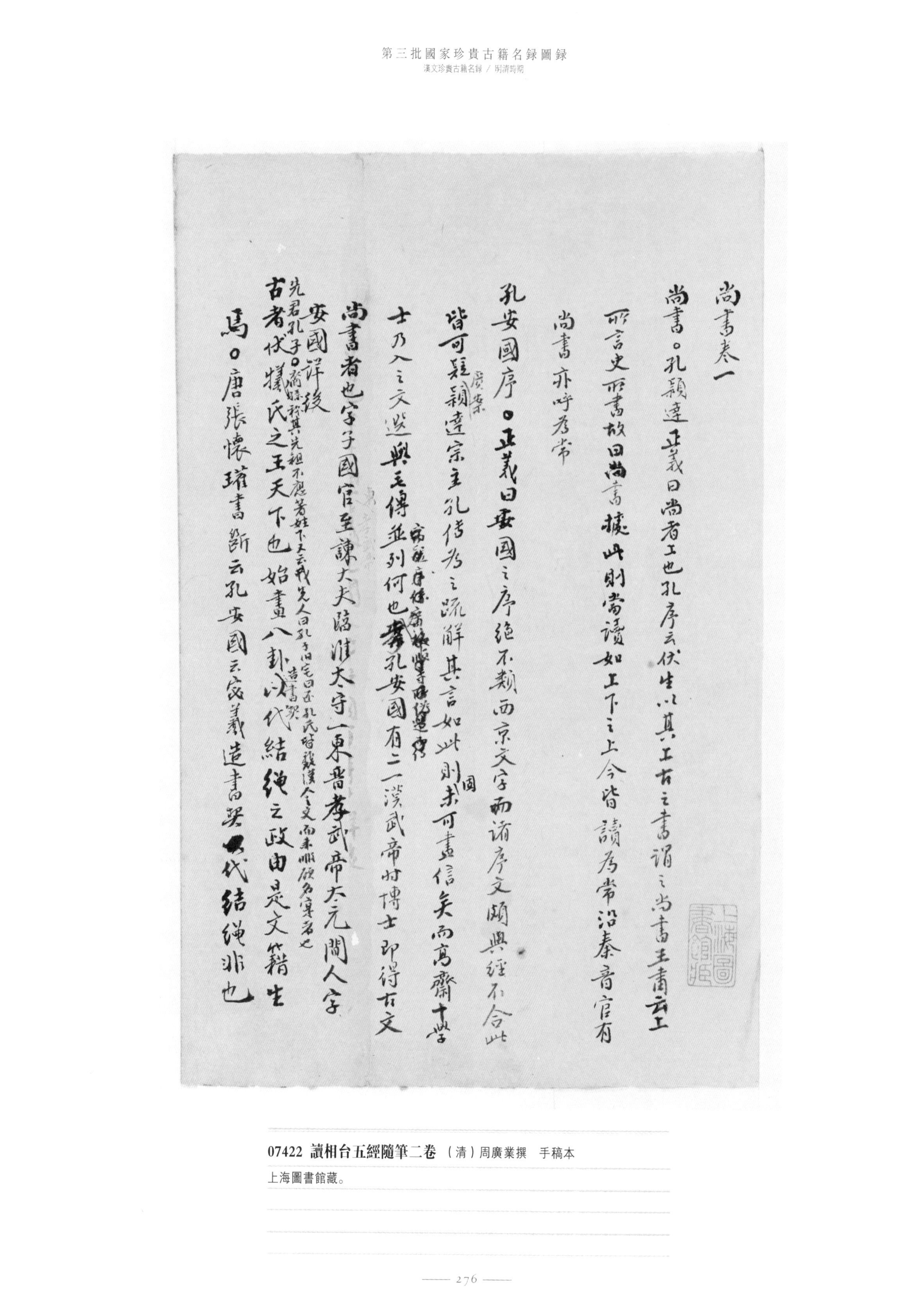

07422 讀相台五經隨筆二卷 （清）周廣業撰　手稿本

上海圖書館藏。

07423 師伏堂經學雜記不分卷 （清）皮錫瑞撰　稿本

匡高18.1厘米，廣12.3厘米。半葉九行，行字不等，紅格，白口，四周雙邊。湖南師範大學圖書館藏。

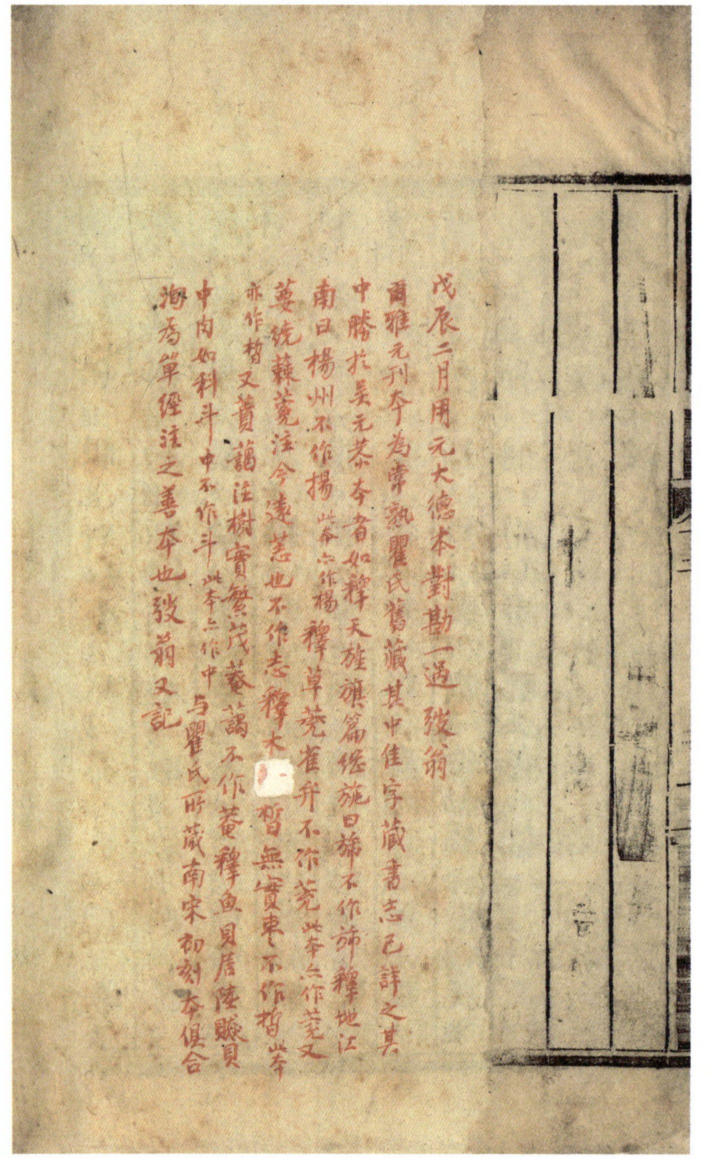
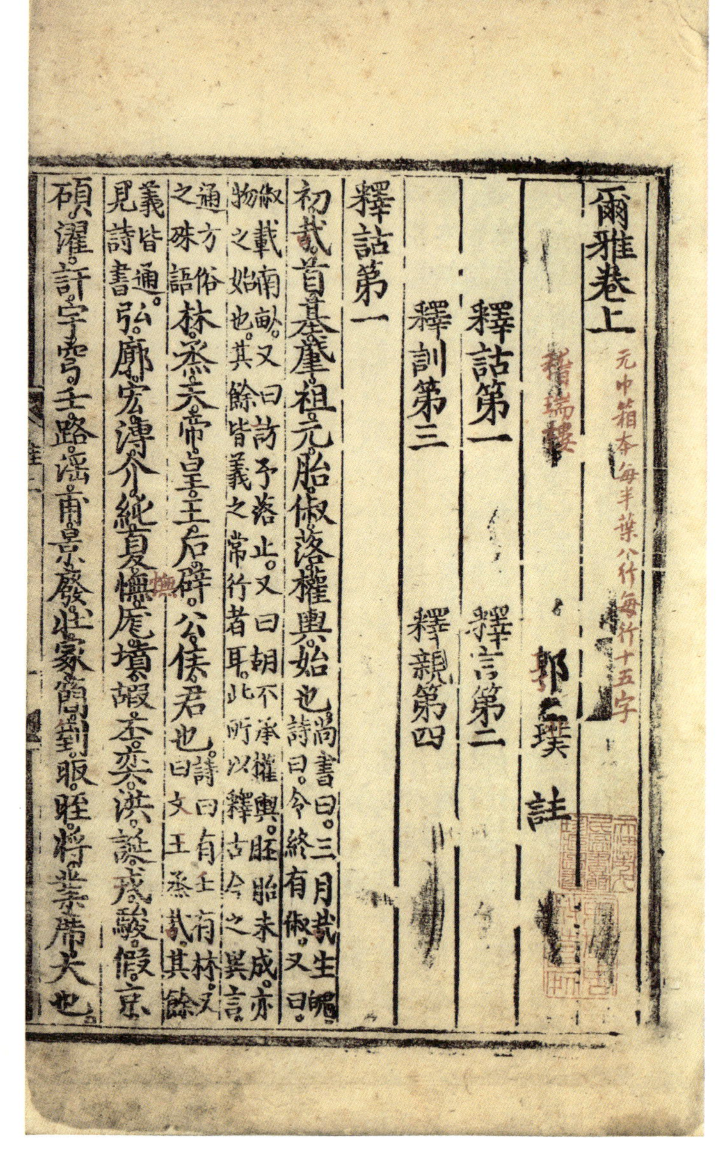

07424 爾雅三卷 （晋）郭璞注 **音釋三卷** 明景泰七年（1456）馬諒刻本

匡高21.1厘米，廣15.5厘米。半葉十行，行二十三字，小字雙行同，黑口，四周雙邊。有“曾在周叔弢處”等印。周叔弢校並跋。天津圖書館藏。

校刊爾雅序

東海吳元恭述

夫龍馬出河三極之文斯顯神龜呈洛五行之質㠯彰書契之來良有自矣天地之心見乎時聖人之情見乎辭六經其濫觴哉竊聞不可俄而曉者經之常也是故睎聖之徒不怠于詁訓窮經之士每費于討論童習白紛殊可慨者匪有先覺訦啓後生爾雅之作姬

校刊爾雅序 一

07425 爾雅三卷 （晉）郭璞注　明嘉靖十七年（1538）吳元恭刻本

匡高19.8厘米，廣14.2厘米。半葉八行，行十七字，小字雙行同，白口，四周雙邊。有“雙鑒樓藏書記”、“九峰舊廬珍藏書畫之記”等印。北京師範大學圖書館藏。

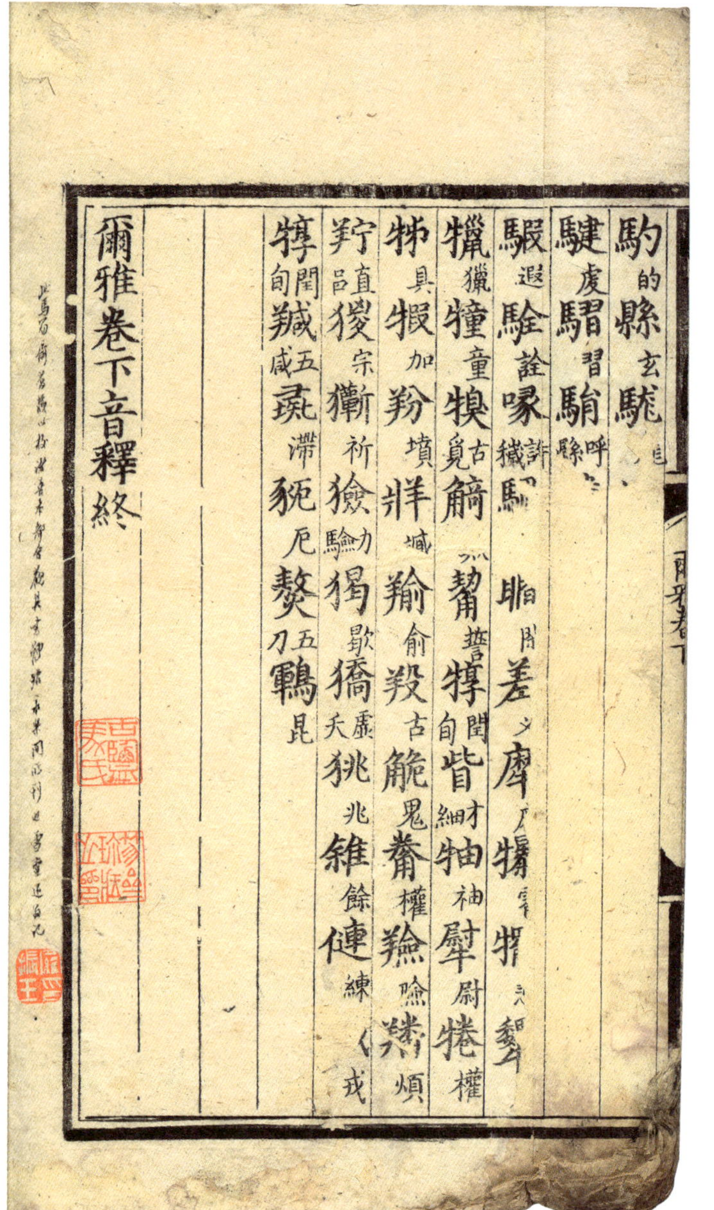
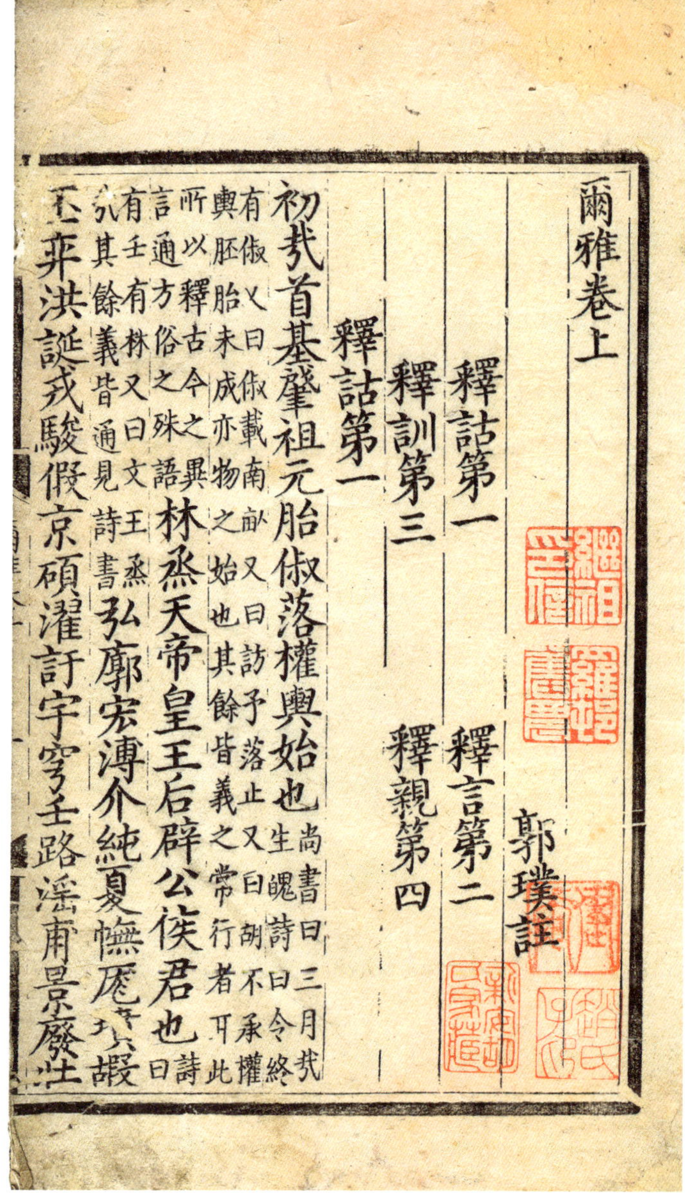

07426 爾雅三卷 （晉）郭璞注　明刻本

匡高22厘米，廣14.5厘米。半葉十行，行二十字，小字雙行同，黑口，左右雙邊。王國維、羅振玉跋。遼寧省旅順博物館藏。

07427 爾雅義疏三卷 （清）郝懿行撰　稿本

匡高17厘米，廣13厘米。半葉十行，行二十四字，小字雙行同。王念孫批注。遼寧省旅順博物館藏。

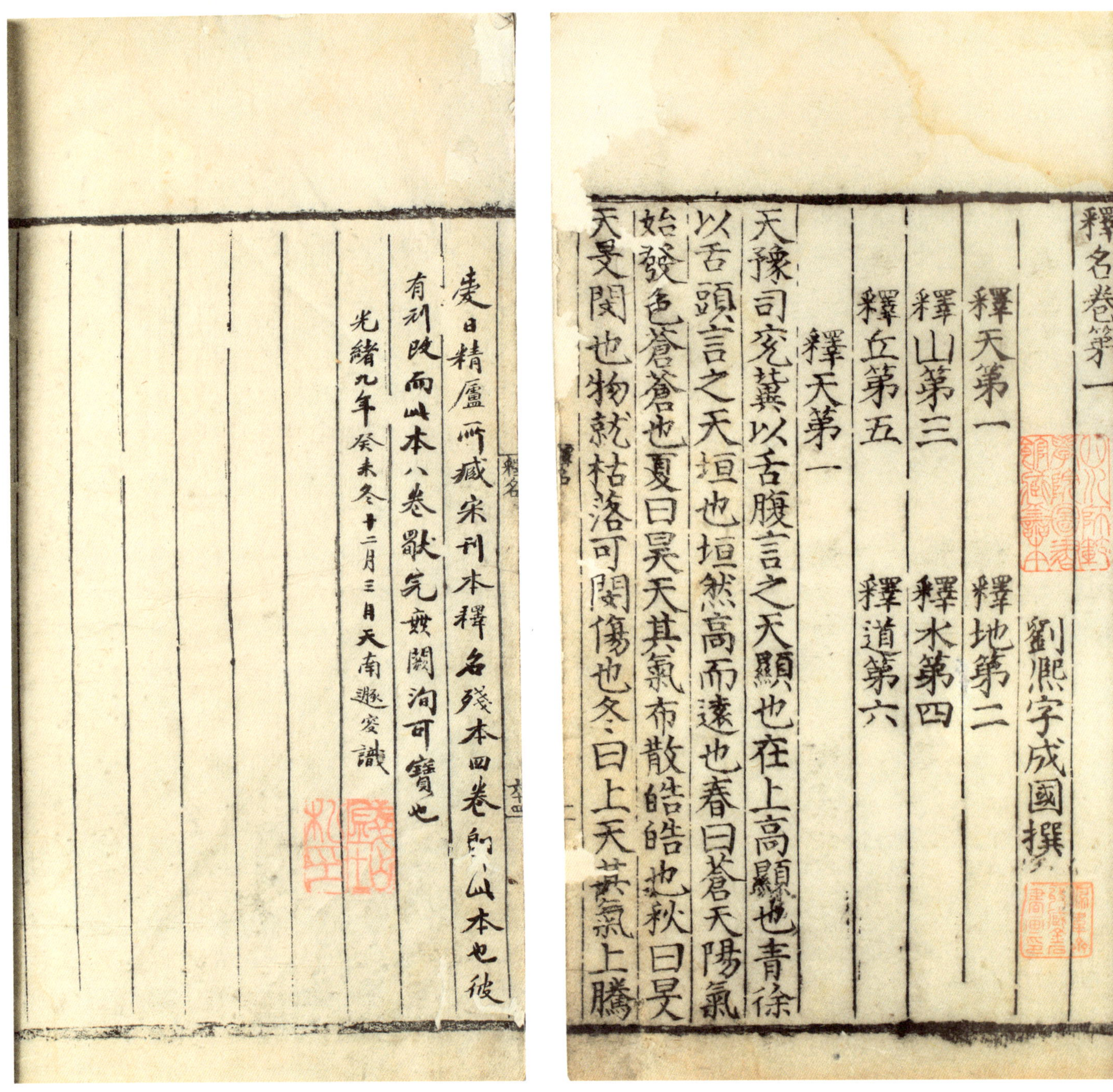

07428 釋名八卷（漢）劉熙撰　明刻本

匡高21.3厘米，廣15.2厘米。半葉十行，行二十字，白口，四周單邊。王韜跋。四川師範大學圖書館藏。

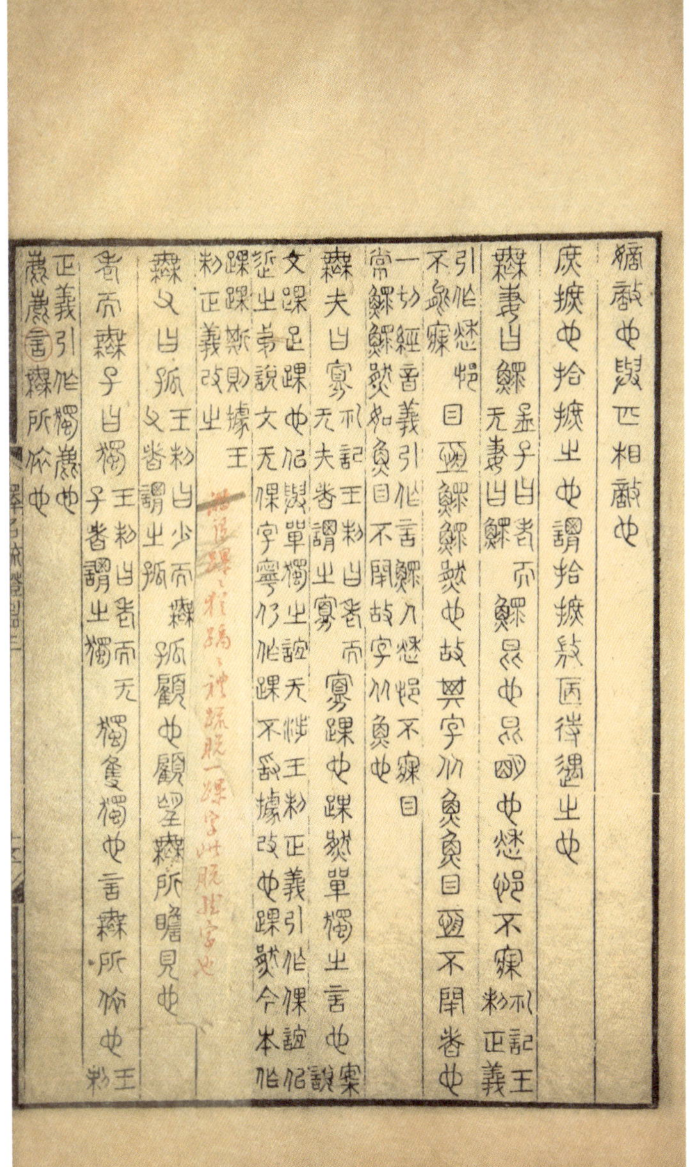

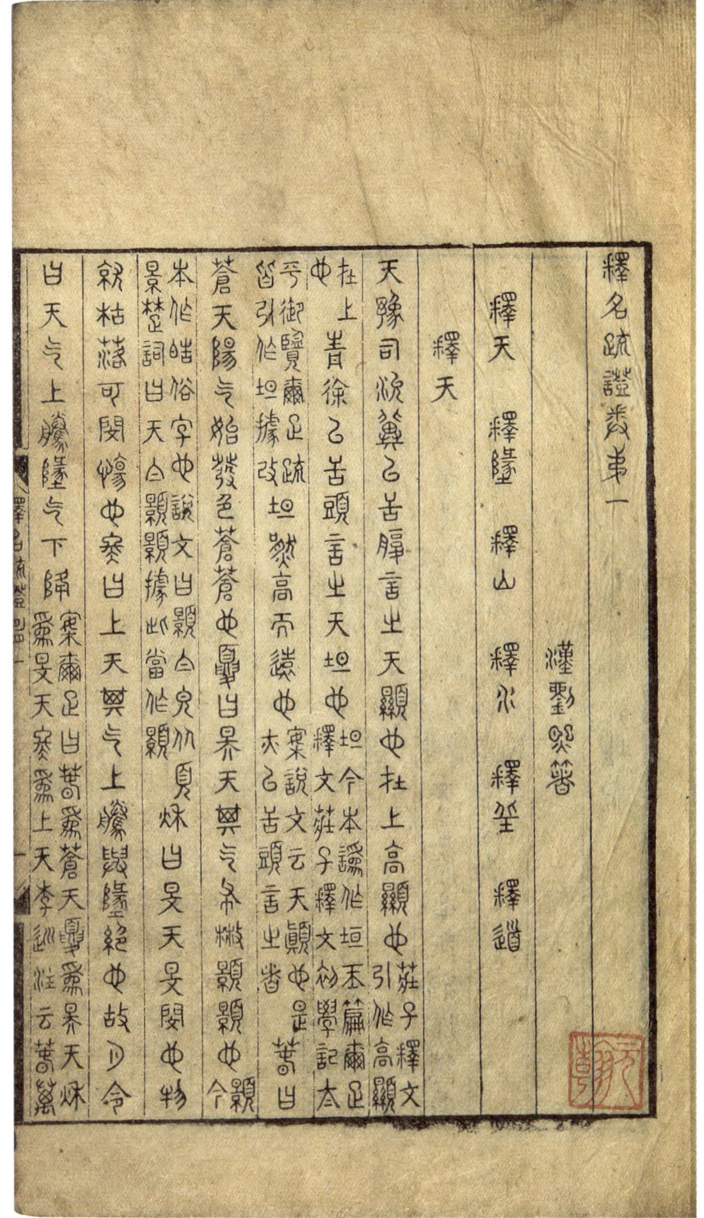

07429 釋名疏證八卷補遺一卷續釋名一卷 （清）畢沅撰　清乾隆五十四年（1789）畢氏靈巖山館刻本

匡高19.5厘米，廣14.8厘米。半葉十一行，行二十二字，黑口，四周單邊。有“印林”、“王筠私印”等印。許瀚批校並跋。山東省圖書館藏。

07430 博雅十卷 （魏）張揖撰 （隋）曹憲音解 明正德十五年（1520）皇甫録世業堂刻本

匡高18.4厘米，廣13.5厘米。半葉八行，行十五字，小字雙行同，黑口，左右雙邊。有"涵芬樓"等印。黃丕烈校並跋。國家圖書館藏。

埤雅卷第一
中大夫守尚書左丞上柱國吴郡開國公賜紫金魚袋陸佃撰
釋魚
龍 鯉 魴 鰽
鱧 鰋 鱒 鮪
鱣 魦 鰷 鮒
鱮 鮫 鰌 蛟
龍
龍八十一鱗具九九之數九陽也鯉三十六鱗具六
六之數六陰也龍亦卵生思抱雄鳴上風雌鳴下風

07431 埤雅二十卷（宋）陸佃撰　明刻本

匡高22.2厘米，廣14.8厘米。半葉十行，行二十字，黑口，四周雙邊。山東省曲阜市文物管理委員會藏。

埤雅卷第一

中大夫守尚書左丞上柱國吳郡開國公賜紫金魚袋陸佃撰

釋魚

龍　鯉　魴　鱨

鱧　鰋　鱒　鮪

鱣　魦　鰷　鮒

鱮　鮫　鰌　蛟

龍

龍八十一鱗具九九之數九陽也鯉三十六鱗具六六之數六陰也龍亦卵生思抱雄鳴上風雌鳴下風而風

07432 埤雅二十卷 （宋）陸佃撰　明刻本

匡高18.3厘米，廣13.7厘米。半葉十行，行二十一字，白口，四周雙邊。徐州市圖書館藏，存十八卷。

增修埤雅廣要卷之第一

中大夫守尚書左丞上柱國吴郡開國公賜紫金魚袋陸佃撰

蜀府承奉正吉安林吴從政奉 教音註重校梓行

蜀府護衛百户昭信校尉張[illegible]牛衷奉 教增修廣要

天道門

太極

無極而太極。太極本無極也。廓然太虚。既無方所形狀之可見。又無聲臭影響之可夢。惟理而已。理乃氣之始。氣乃動靜之始。動靜乃陰陽之始。陰陽乃天地之始。天地乃萬物之始。原夫混

07433 增修埤雅廣要四十二卷 （明）牛衷撰 明天順蜀府刻本

匡高23.3厘米，廣16.9厘米。半葉十行，行十八字，黑口，四周雙邊。中共中央黨校圖書館藏。

爾雅翼卷第一　釋草一

黍　稷　稻　粱　麥　麰

麻　菽　秬　秠　苽

黍

禾屬而黏者也以大暑而種故謂之黍從禾雨省聲孔子曰黍可爲酒禾入水也然則又以禾入水三字合而爲黍不但從雨而已黍以大暑而種故農家以三月上旬爲上時四月上旬爲中時五月上旬爲下時然月令仲夏之月農旣登黍矣天子以雛嘗黍羞與含桃先薦寢廟爲鄭說者以爲黍

爾雅翼卷一　一　十

07434 爾雅翼三十二卷　（宋）羅願撰　明正德十四年（1519）羅文殊刻本

匡高19.6厘米，廣14.6厘米。半葉十行，行十九字，白口或細黑口，左右雙邊。有“邵氏二雲”、“沈氏粹芬閣所得善本書”、“研易樓藏書印”等印。山東師範大學圖書館藏。

恆言錄卷一

嘉定錢大昕及之纂

吉語類

吉祥

易繫辭吉事有祥莊子吉祥止止戰國策聖人所謂吉祥善事淮南主術訓儼然亍默而吉祥受福

吉利

易林蒙之姤舉家蒙歡吉利無殃曹操小字吉利

長生案吉利見易大有爻辭

歡喜

07435 恒言廣證六卷 （清）陳鱣撰　手稿本

匡高17.6厘米，廣12.8厘米。半葉十行，行二十字，黑口，左右雙邊。有"陳仲魚讀書記"、"仲魚手校"、"仲魚"、"武林葉式藏書印"等印。上海圖書館藏。

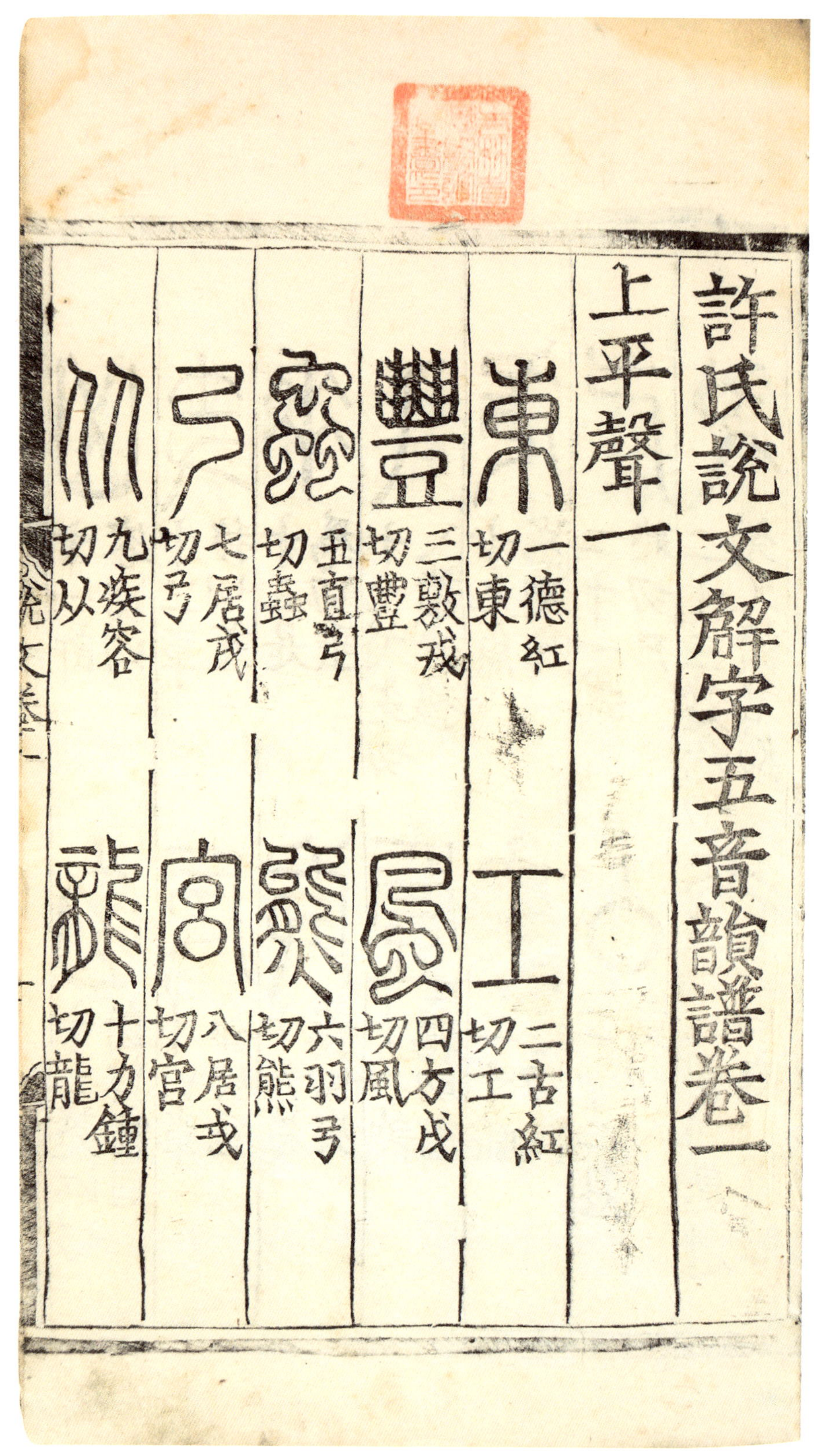

許氏說文解字五音韻譜卷一

上平聲一

東 一德紅切東　工 二古紅切工

豐 三敷戎切豐　風 四方戎切風

蟲 五直弓切蟲　熊 六羽弓切熊

弓 七居戎切弓　宮 八居戎切宮

从 九疾容切从　龍 十力鍾切龍

07436 許氏說文解字五音韻譜十二卷 （宋）李燾撰　明嘉靖十一年（1532）孫甫刻本

匡高24.5厘米，廣17.5厘米。半葉七行，大小字不等，黑口，四周雙邊。吉林省圖書館藏。

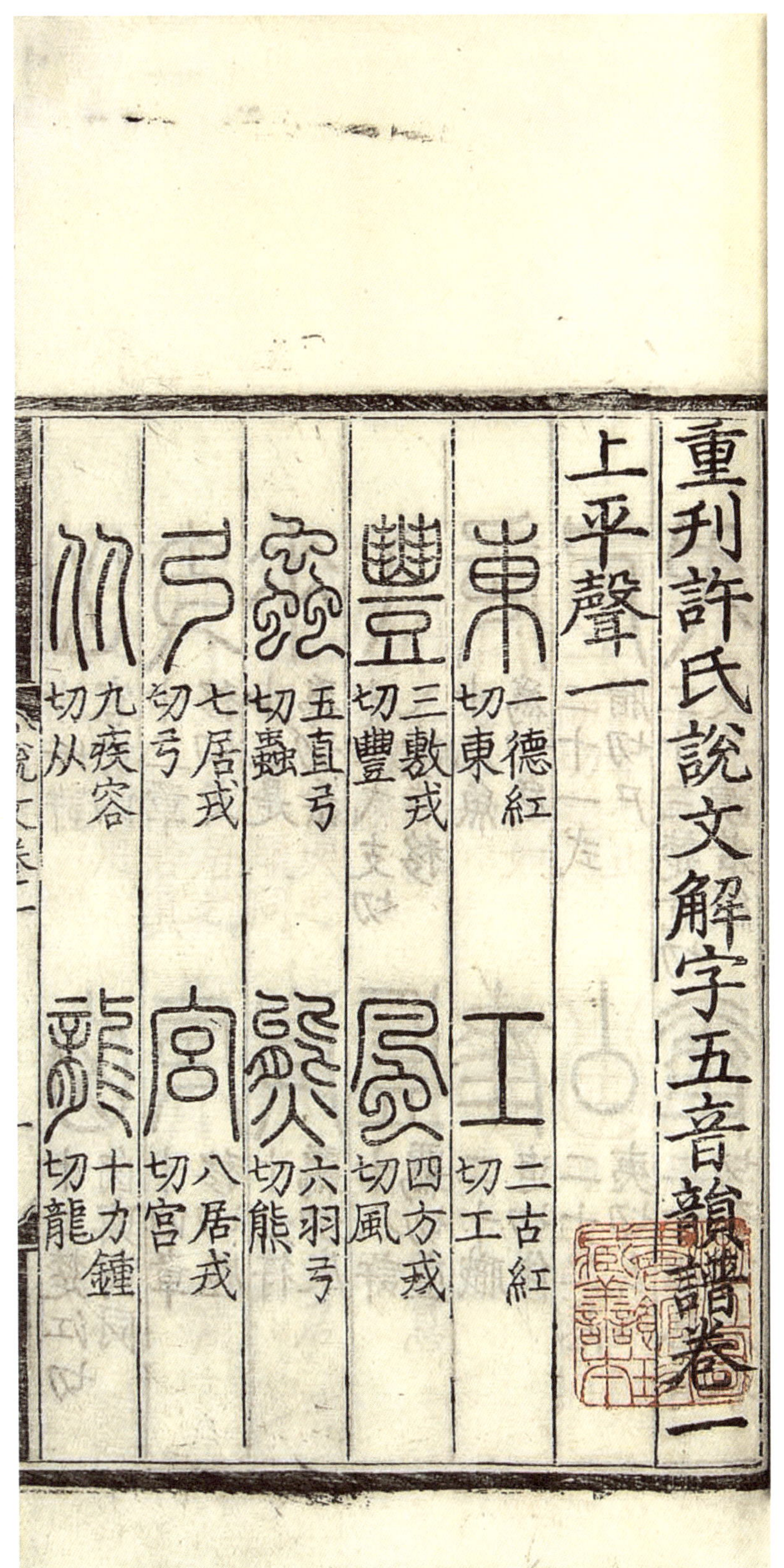

07437 重刊許氏說文解字五音韻譜十二卷 （宋）李燾撰　明弘治十四年（1501）車玉刻本

匡高24.5厘米，廣17.9厘米。半葉七行，大小字不等，黑口，四周雙邊。浙江圖書館藏。

段氏說文注訂卷第一

吳縣鈕樹玉著

丄改爲二注云各本誤以丄爲古文則不得不改篆文云上爲丄而用爲部首使下文从二之字皆無所統今正丄爲二丄爲丄樹玉按丄次一部凡从丨者皆本於丄今改丄丅作二二則指事晦上下作丄丅則篆文亡且二二之古文已具於丄丅中豈宜紛更如此

祜注云此書之例當是不書其字但書上諱二字按古人臨文不諱若不書其字後人安得知

07438 段氏說文注訂八卷 （清）鈕樹玉撰　手稿本

有“張薦粢讀過”、“景葵所得善本”等印。上海圖書館藏。

07439 汪刻繫傳攷正四卷 （清）王筠撰　手稿本

上海圖書館藏。

說文鈔

古文弟一

說文敘曰倉頡之初作書蓋依類象形故謂之文其後形聲相益即謂之字竊案作書之旨元所以別異分理正名百物故前聖未及作者後聖踵而增之一物一字一事一字視而可識無勞推求及乎孳乳浸多通儒固能識之而俗儒懵焉則多通用矣或曰今經典多通用而子守一家之書欲破羣儒所祖述不亦拘墟而鮮通乎曰否今之經典豈皆通儒故本哉中郎石經其存於隸釋者多不同於今文即以注疏與列於學官之本校之洪範作晳蔡傳則作哲商頌降予卿士朱子集傳作降于卿士乃至豳風不可畏也康熙中坊刻本猶然而今皆作亦可畏也諸如此類更僕難終然此所改之字猶古所有至於俗字自古

07440 說文鈔十五卷 （清）王筠撰　稿本

半葉十二行，行二十六字。有“菉友”、“王筠”等印。黑龍江大學圖書館藏。

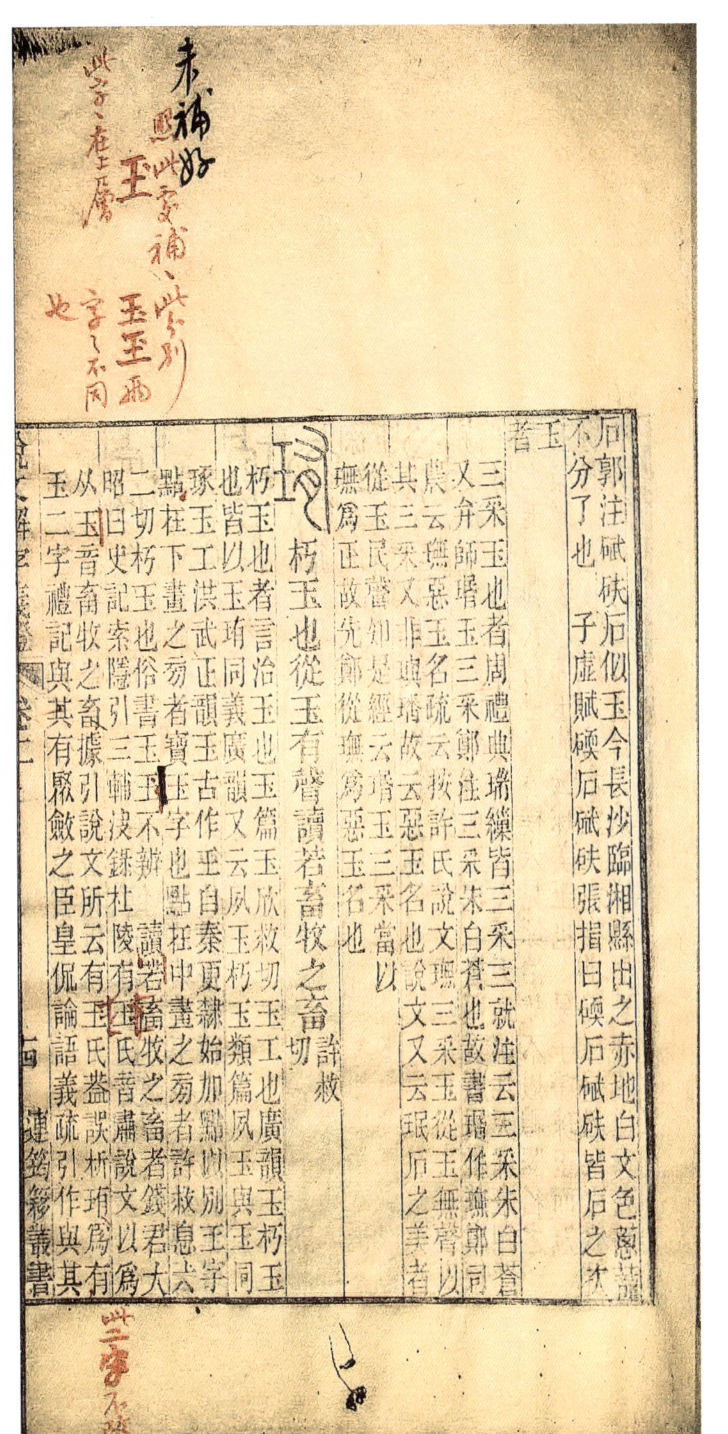
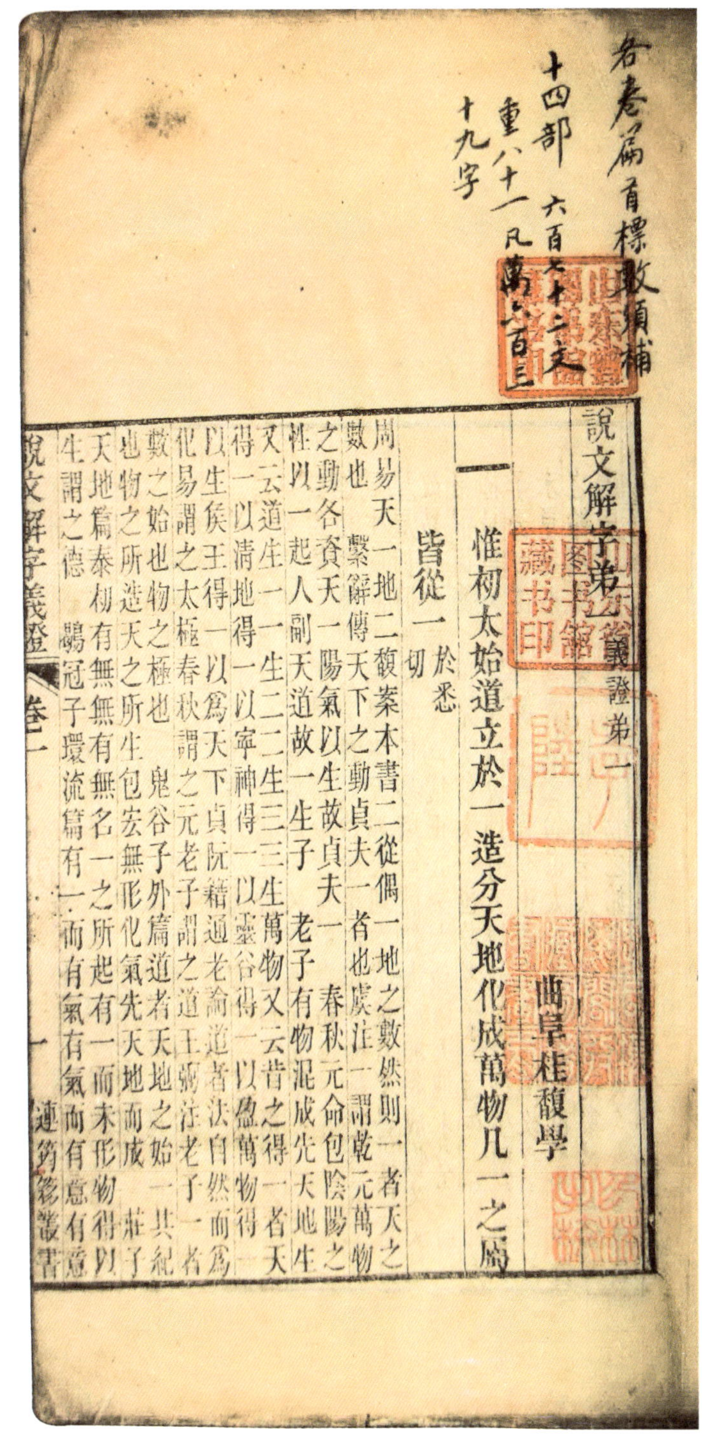

07441 說文解字義證五十卷 （清）桂馥撰　清道光楊氏刻連筠簃叢書本

匡高18.4厘米，廣13.5厘米。半葉十行，行二十三字，小字雙行同，白口，左右雙邊。有“印林手校”、“趙氏模㐁閣收藏圖籍書畫印”、“孝陸”等印。許瀚批校。山東省圖書館藏。

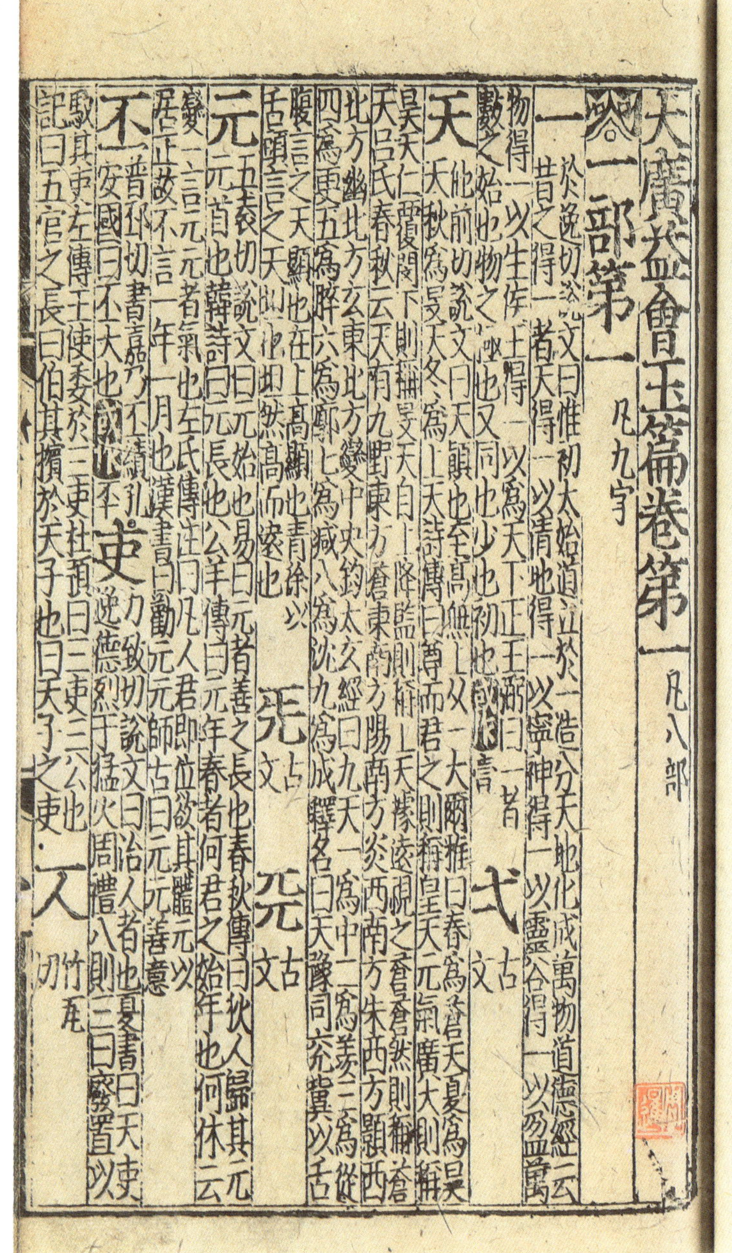

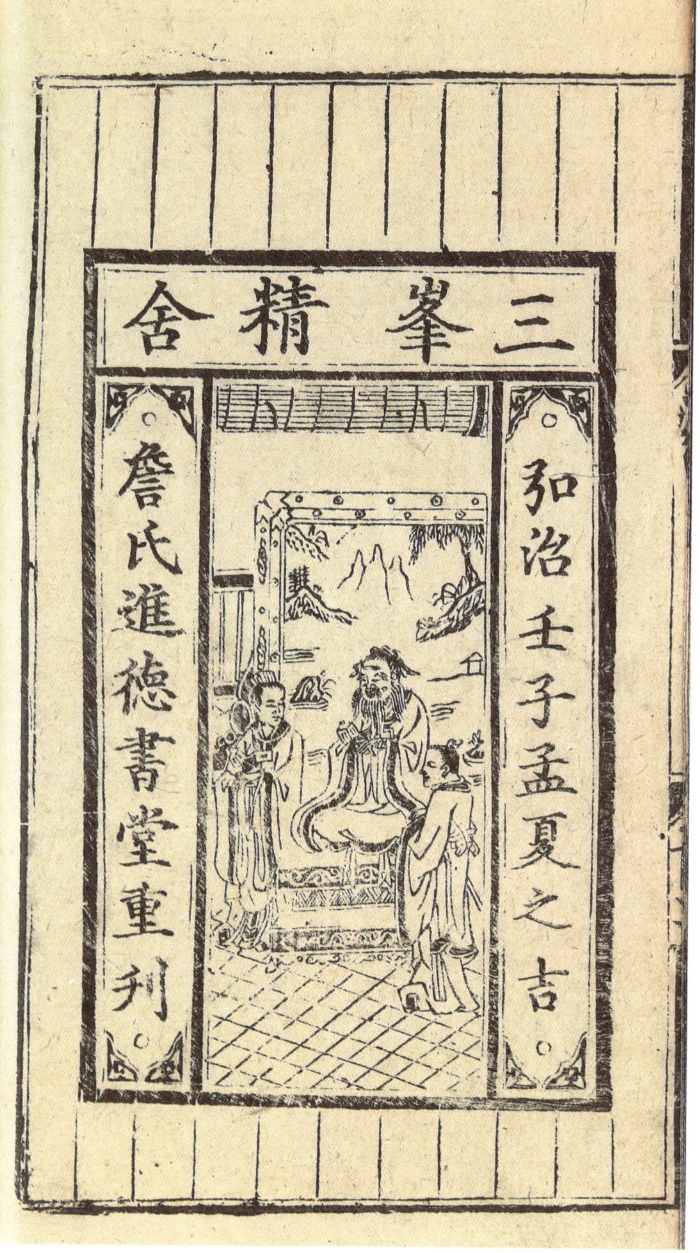

07442 大廣益會玉篇三十卷 （梁）顧野王撰 （唐）孫強增字 （宋）陳彭年等重修 **玉篇廣韻指南一卷** 明弘治五年（1492）詹氏進德書堂刻本

匡高21.7厘米，廣13.5厘米。半葉十二行，行二十一字，小字雙行二十八字，黑口，四周雙邊。有"周暹"等印。國家圖書館藏。

大廣益會玉篇卷第一 凡八部

一部第一 凡九字

一 於逸切說文曰惟初太始道立於一造分天地化成萬物道德經云昔之得一者天得一以清地得一以寧神得一以靈谷得一以盈萬物得一以生侯王得一以為天下正王弼曰一者數之始也物之極也又同也少也初也或作壹

弌 古文

天 他前切說文曰天顛也至高無上从一大爾雅曰春為蒼天夏為昊天秋為旻天冬為上天詩傳曰尊而君之則稱皇天元氣廣大則稱昊天仁覆閔下則稱旻天自上降監則稱上天據遠視之蒼蒼然則稱蒼天呂氏春秋云天有九野東方蒼東南方陽南方炎西南方朱西方顥西北方幽北方玄東北方變中央鈞太玄經曰九天一為中二為羨三為從四為更五為睟六為廓七為滅八為沈九為成釋名曰天豫司兗冀以舌腹言之天顯也在上高顯也青徐以舌頭言之天坦也坦然高而遠也

兲 古文 𠑹 古文

元 五袁切說文曰元始也易曰元者善之長也春秋傳曰狄人歸其元元首也韓詩曰元長也公羊傳曰元年春者何君之始年也何休云變一言元元者氣也左氏傳注

07443 大廣益會玉篇三十卷 （梁）顧野王撰 （唐）孫強增字 （宋）陳彭年等重修 **玉篇廣韻指南一卷** 明刻本

匡高24.5厘米，廣17.9厘米。半葉九行，行十七字，小字雙行三十二字，黑口，四周雙邊。山東省博物館藏。

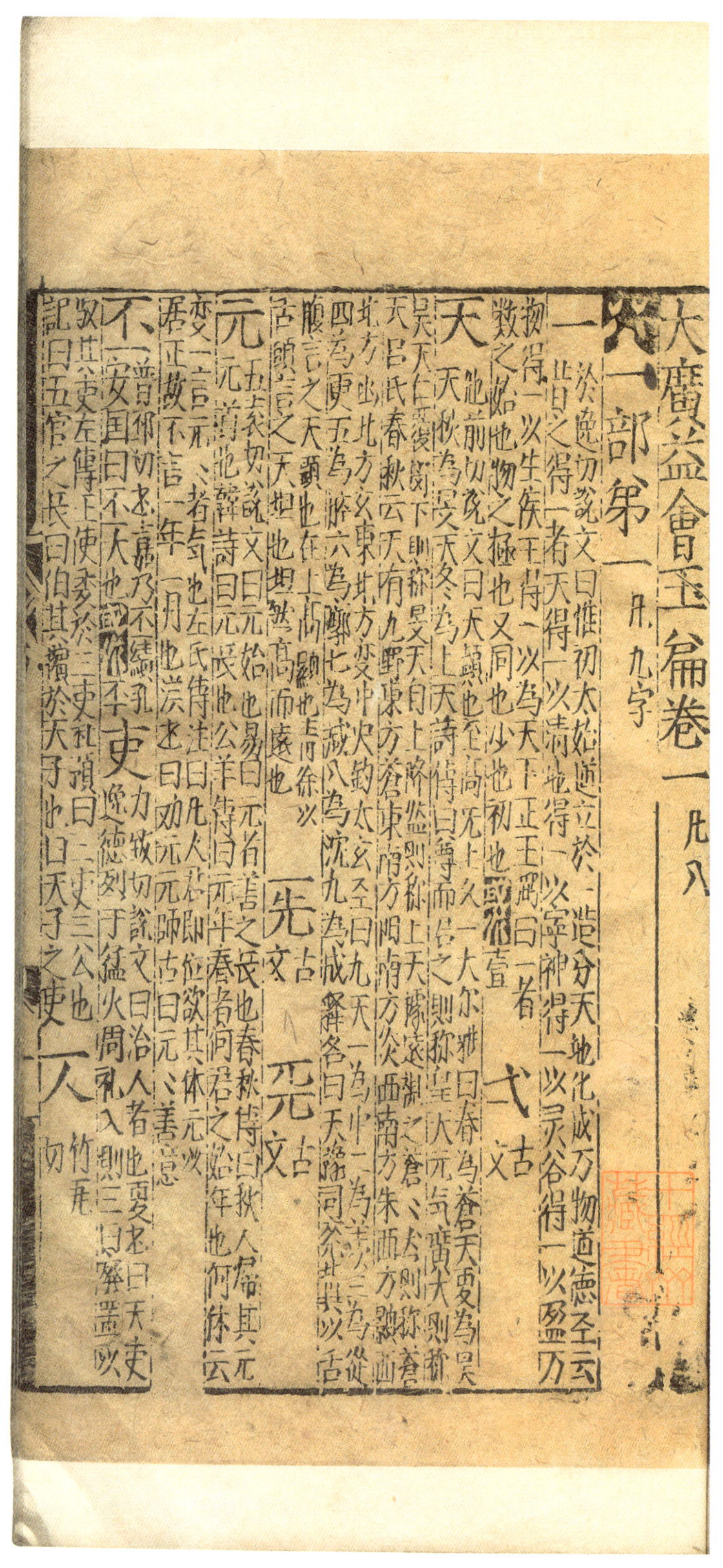

07444、07445 大廣益會玉篇三十卷 （梁）顧野王撰 （唐）孫強增字 （宋）陳彭年等重修 **玉篇廣韻指南一卷** 明刻本

匡高20.1厘米，廣13.2厘米。半葉十二行，行字不等，黑口，四周單邊。北京師範大學圖書館藏，有“十經齋藏書”等印；重慶市北碚圖書館藏，存二十五卷，有“八千卷樓藏書印”等印。

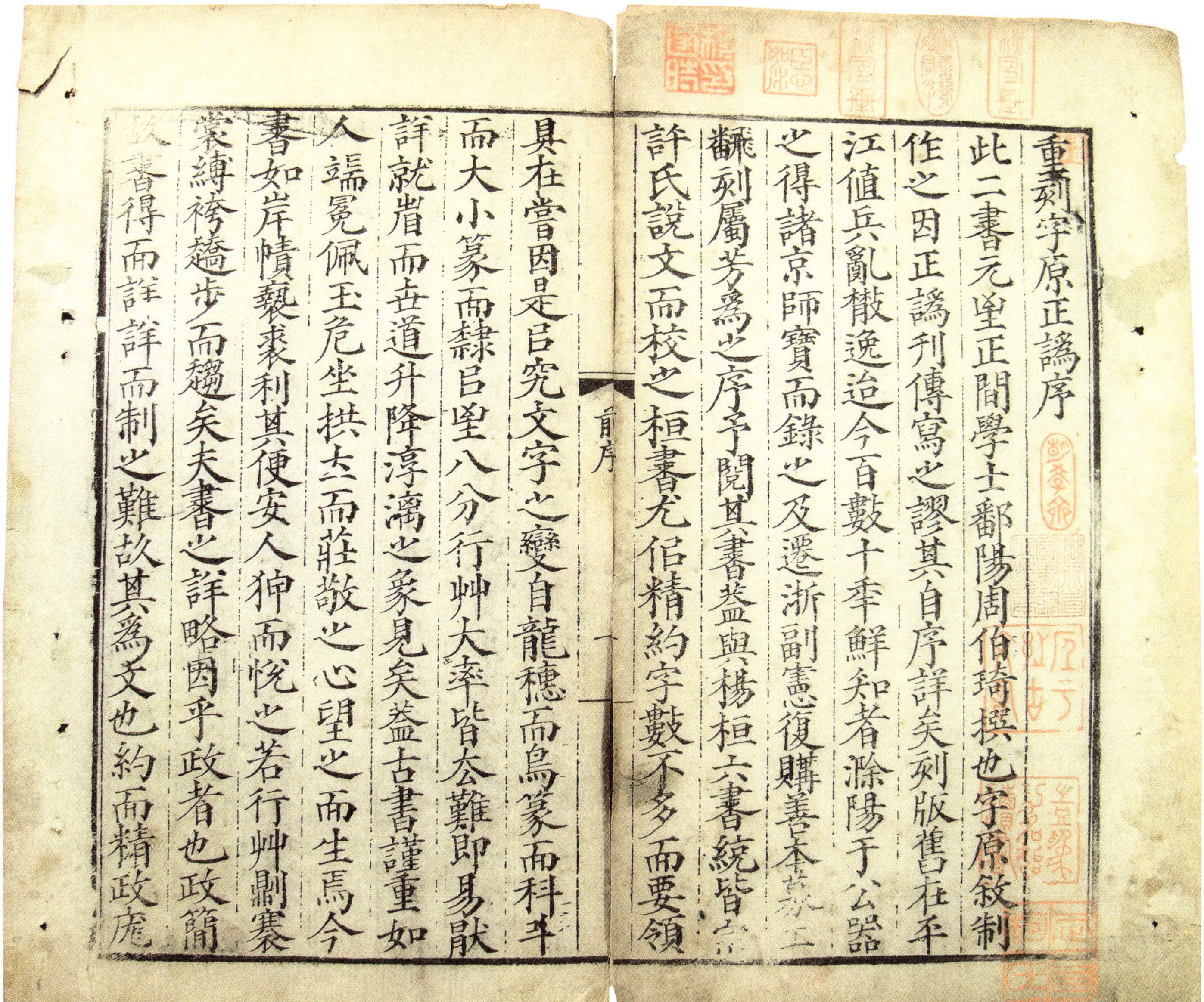
重刻字原正譌序
此二書元至正間學士鄱陽周伯琦撰也字原敘制作之因正譌刊傳寫之謬其自序詳矣刻版舊在平江值兵亂散逸迨今百數十季鮮知者滁陽于公器之得諸京師寶而錄之及遷浙副憲復購善本募工翻刻屬芳爲之序予閱其書蓋與楊桓六書統皆宗許氏說文而校之桓書尤似精約字數不多而要領具在嘗因是以究文字之變自龍穗而鳥篆而科斗而大小篆而隸以至八分行艸大率皆去難即易猒詳就省而世道升降淳漓之象見矣蓋古書謹重如人端冕佩玉危坐拱立而莊敬之心望之而生焉今書如岸幘褻裘利其便安人狎而悅之若行艸則褰裳縛袴趨步而趍矣夫書之詳略因乎政者也政簡故書得而詳詳而制之難故其爲文也約而精政庬

前序　一

07446、07447 說文字原一卷　（元）周伯琦撰　明嘉靖元年（1522）于鏊刻本

匡高25厘米，廣15.3厘米。半葉五行，行字不等，黑口，左右雙邊。天津圖書館藏，有“南陵徐乃昌審定善本”、“乃昌校讀”等印；湖北省圖書館藏。

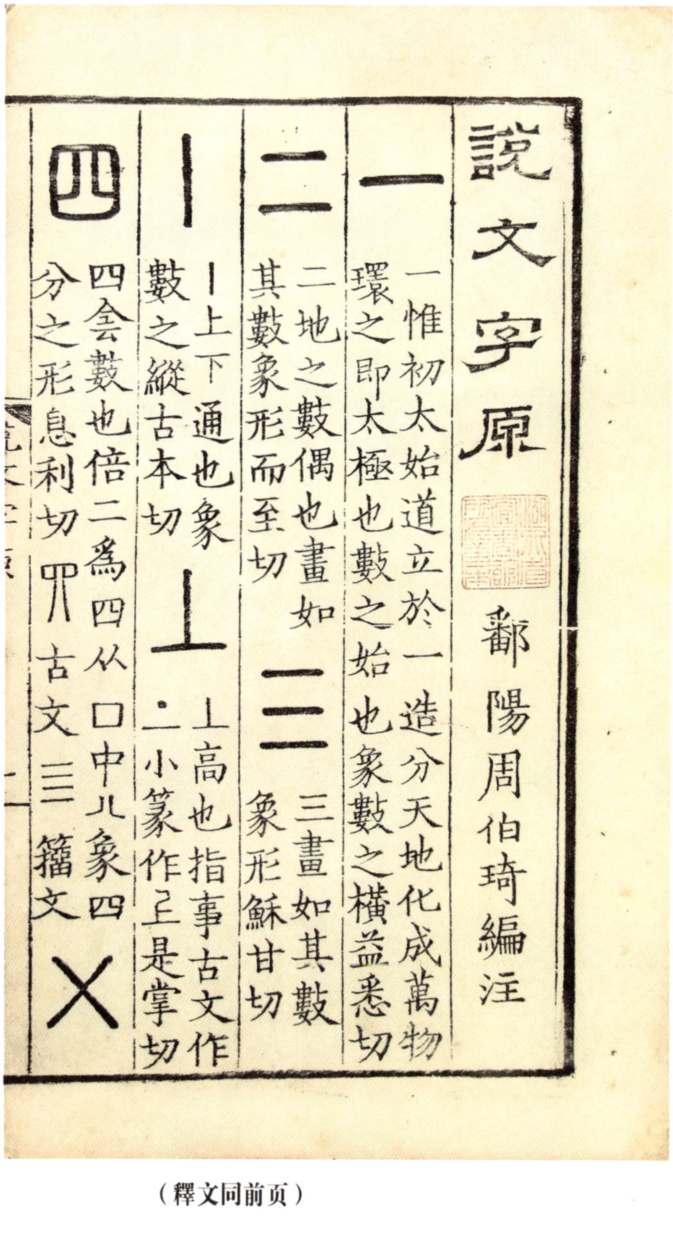
說文字原
鄱陽周伯琦編注
一 一惟初太始道立於一造分天地化成萬物環之即太極也數之始也象數之橫益悉切
二 二地之數偶也畫如其數象形而至切
三 三畫如其數象形穌甘切
丨 丨上下通也象數之縱古本切
丄 丄高也指事古文作丄小篆作上是掌切
四 四会數也倍二為四从口中儿象四分之形息利切 𠃢古文 亖籀文
㐅

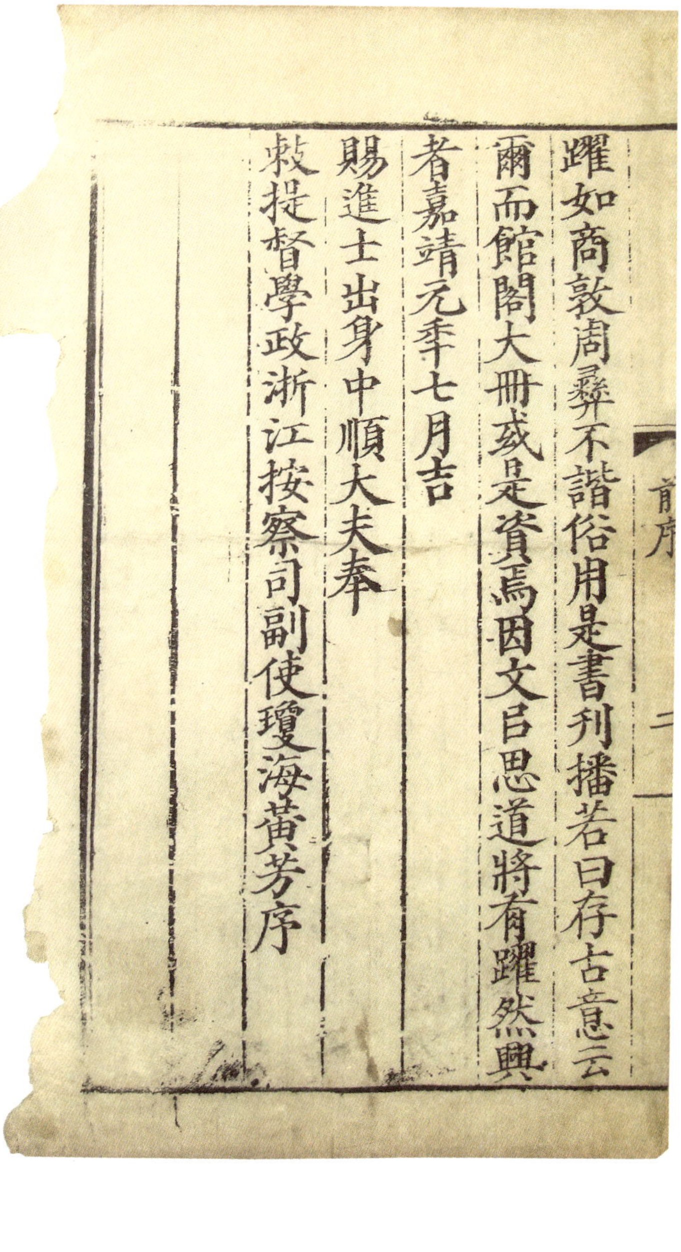
躍如商敦周彝不諧俗用是書刊播若曰存古意云爾而館閣大冊或是資焉因文日思道將有躍然興者嘉靖元季七月吉
賜進士出身中順大夫奉
敕提督學政浙江按察司副使瓊海黄芳序
前序 二

（釋文同前頁）

漢隸分韻卷之一

天下碑録

濟陰太守孟郁修堯廟碑威宗永康元年

帝堯碑靈帝熹平四年在曹州濟陰縣

成陽靈臺碑建寧四年濟陰縣

靈臺碑陰

益州太守高眹修周公禮殿記獻帝初平五年在成都府府學

07448 漢隸分韻七卷 明正德十一年（1516）刻本

匡高21.5厘米，廣14厘米。半葉六至八行，行字不等，白口，四周單邊。有“安樂堂藏書記”、“明善堂覽書畫印記”、“松珊收藏”、“南陵徐氏”等印。上海博物館藏。

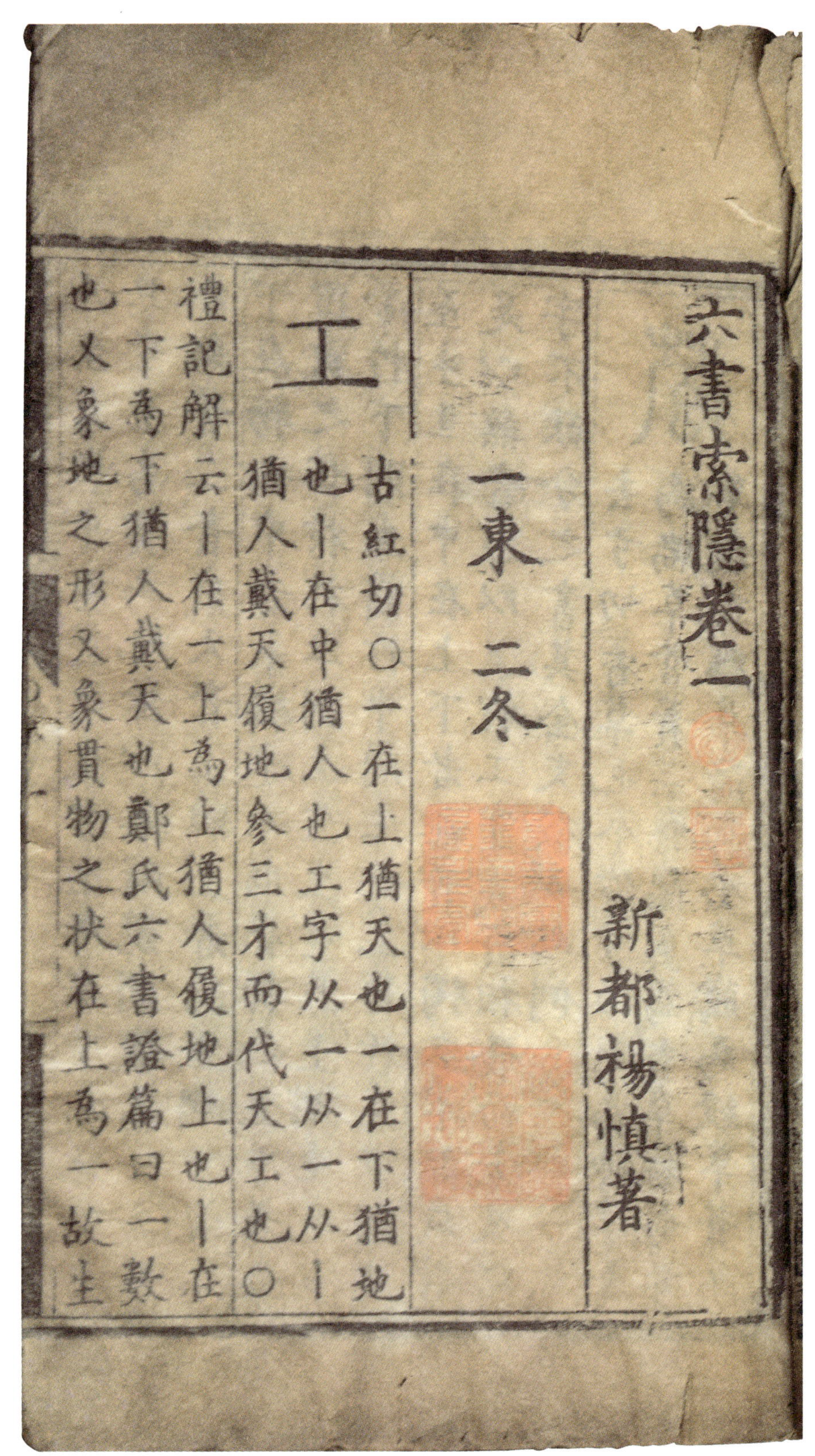

六書索隱卷一

新都楊慎著

一東　二冬

工

古紅切○一在上猶天也一在下猶地
也丨在中猶人也工字从一从一从丨
猶人戴天履地參三才而代天工也○
禮記解云丨在一上為上猶人履地上也丨在
一下為下猶人戴天也鄭氏六書證篇曰一數
也乂象地之形又象貫物之狀在上為一故生

07449 六書索隱五卷　（明）楊慎撰　明嘉靖刻本

匡高20.5厘米，廣14.5厘米。半葉四行，大字不等，小字三行十八字，黑口，四周雙邊。河北省武安市圖書館藏。

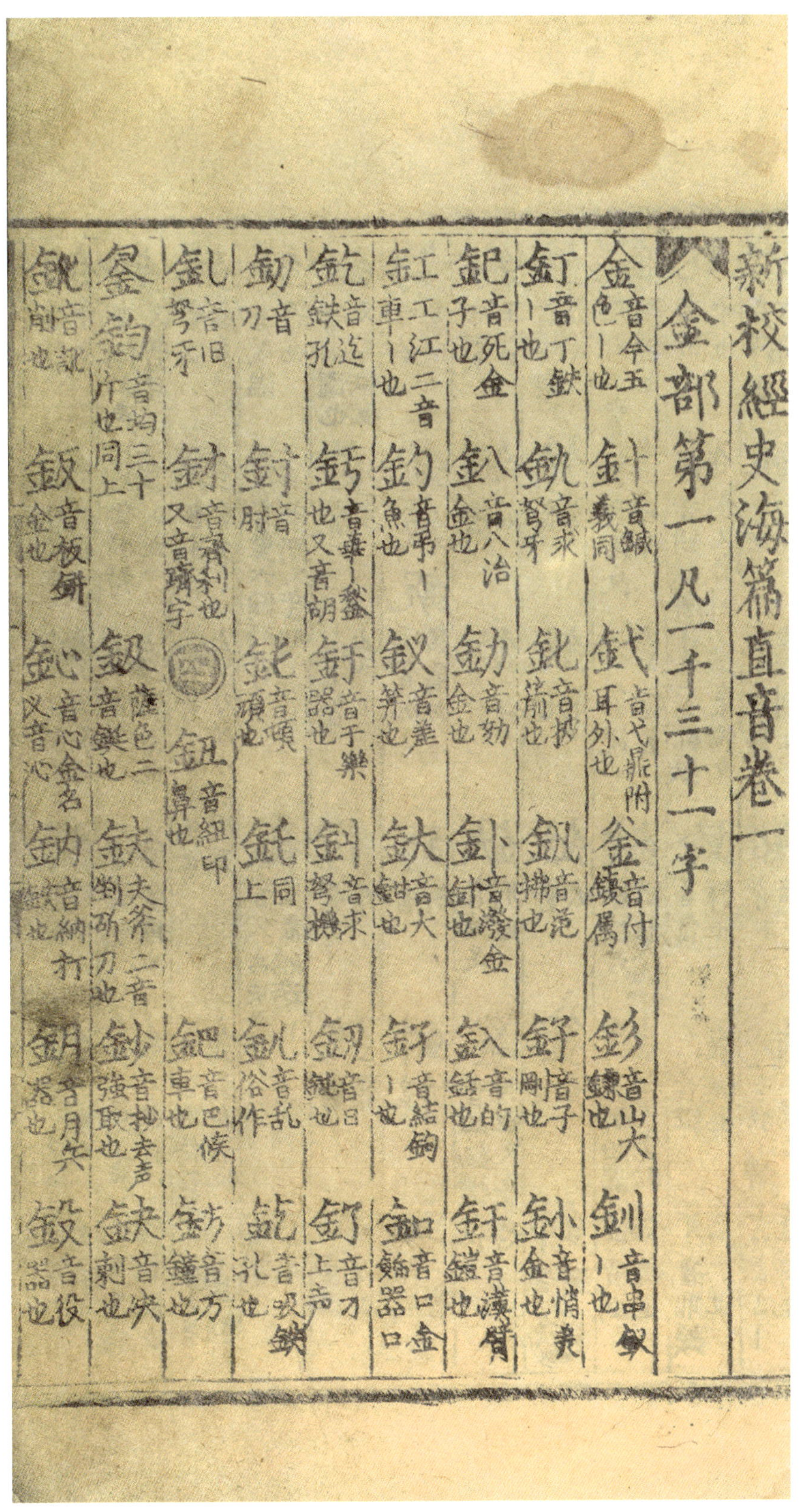

07450、07451 新校經史海篇直音五卷 明刻藍印本

匡高23.3厘米，廣16.5厘米。半葉十一行，行字不等，藍口，四周雙邊。中山大學圖書館藏；陝西省圖書館藏。

皮等語其實隨手變體漢世已然六朝三唐尤趨
筆勢烏滑擽六書為繩削山舟盖觀其大意而已
蘇君保成係園公先生後裔寶藏此蹟於兵燹之
後可謂識真吾嘗求園公遺集未獲今亦於保成
處得讀舊家世澤元氣斯在保成其勉之哉
光緒二十六年八月後學翁同龢觀并記
蘇君字保臣令訛書成字愧悚悚

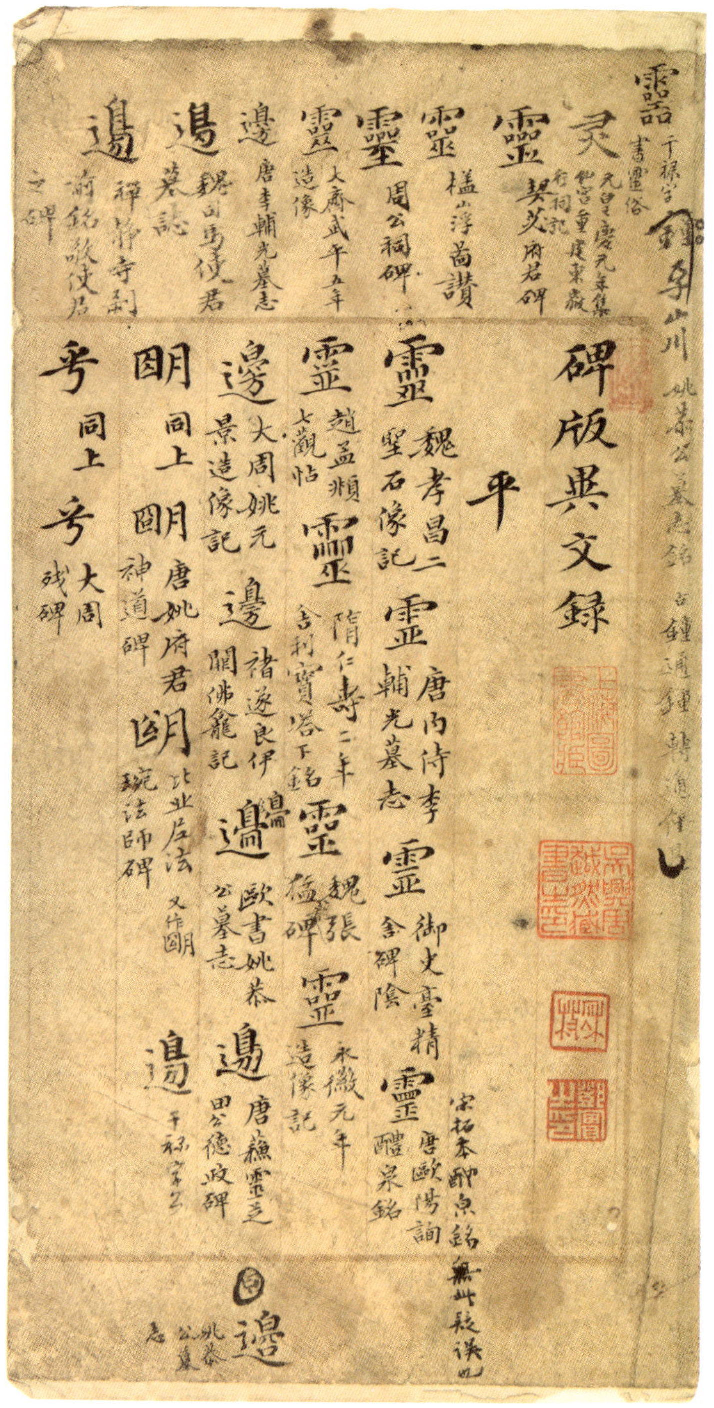
碑版異文録

平

07452 碑版異文録一卷 （清）梁同書撰　手稿本

匡高19.9厘米，廣12.9厘米。半葉七行，行字不等，紅格，白口，左右雙邊。翁同龢跋。上海圖書館藏。

莊氏心法

武進莊述祖箸　龔定盦自珍鈔本

光緒壬午陳郡太守吳仲飴倩書來言及是書因假其手寫本鈔存之　莊先生令濰時　先文慤公尚未成童即受知旋受知於　阮文達公年甫十三是書名曰心法當是家塾所傳未栞有成書否再訪求之龔説古文見于南海吳氏筠清館集中未免好異矣七月初三日丁亥陳介祺謹記時年七十

07453 莊氏心法一卷　（清）莊述祖撰　清抄本

匡高18.9厘米，廣13.7厘米。半葉十行，行二十二字，黑口，四周單邊。陳介祺批校。山東省博物館藏。

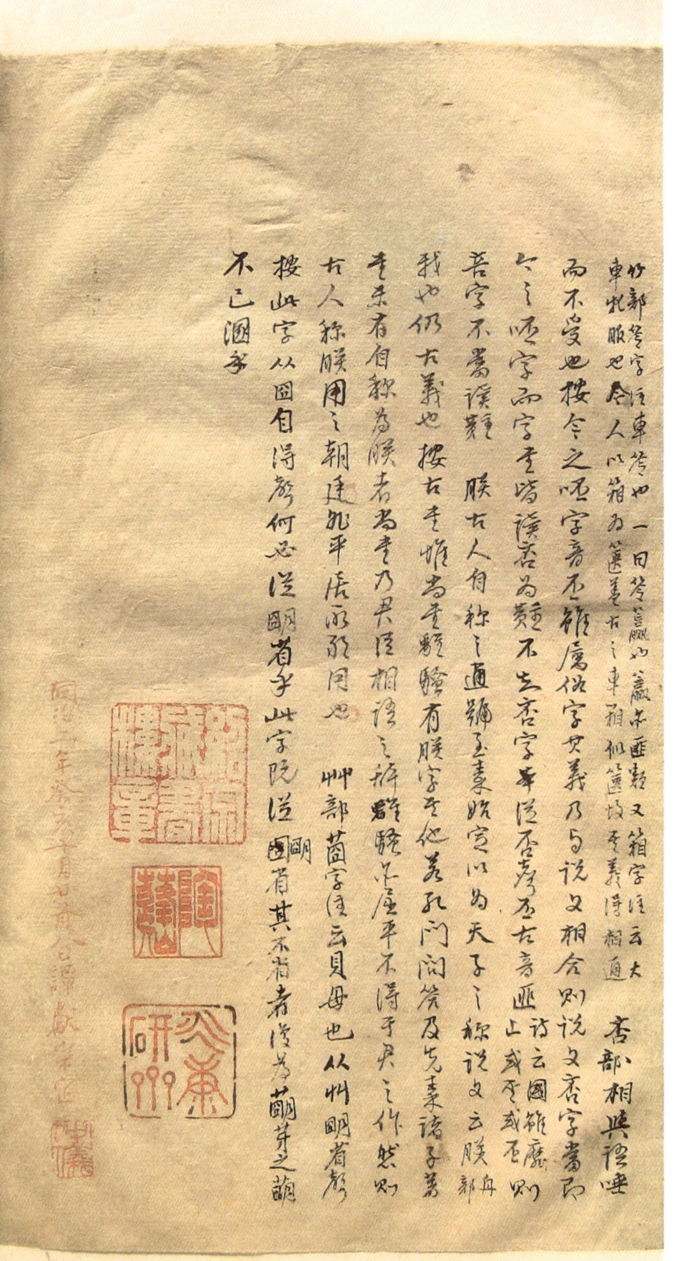

07454 檀園字說一卷外篇一卷 （清）徐養原撰 稿本

譚獻校並題識。鎮江市圖書館藏。

07455 契文舉例二卷 （清）孫詒讓撰　稿本

匡高16.9厘米，廣11.8厘米。半葉十二行，行二十三字，藍格，細藍口，左右雙邊。浙江大學圖書館藏。

07456 小學答問一卷 章炳麟撰 稿本

匡高19.1厘米，廣13.1厘米。半葉十行，行二十二字，藍格，白口，四周雙邊。四川大學圖書館藏。

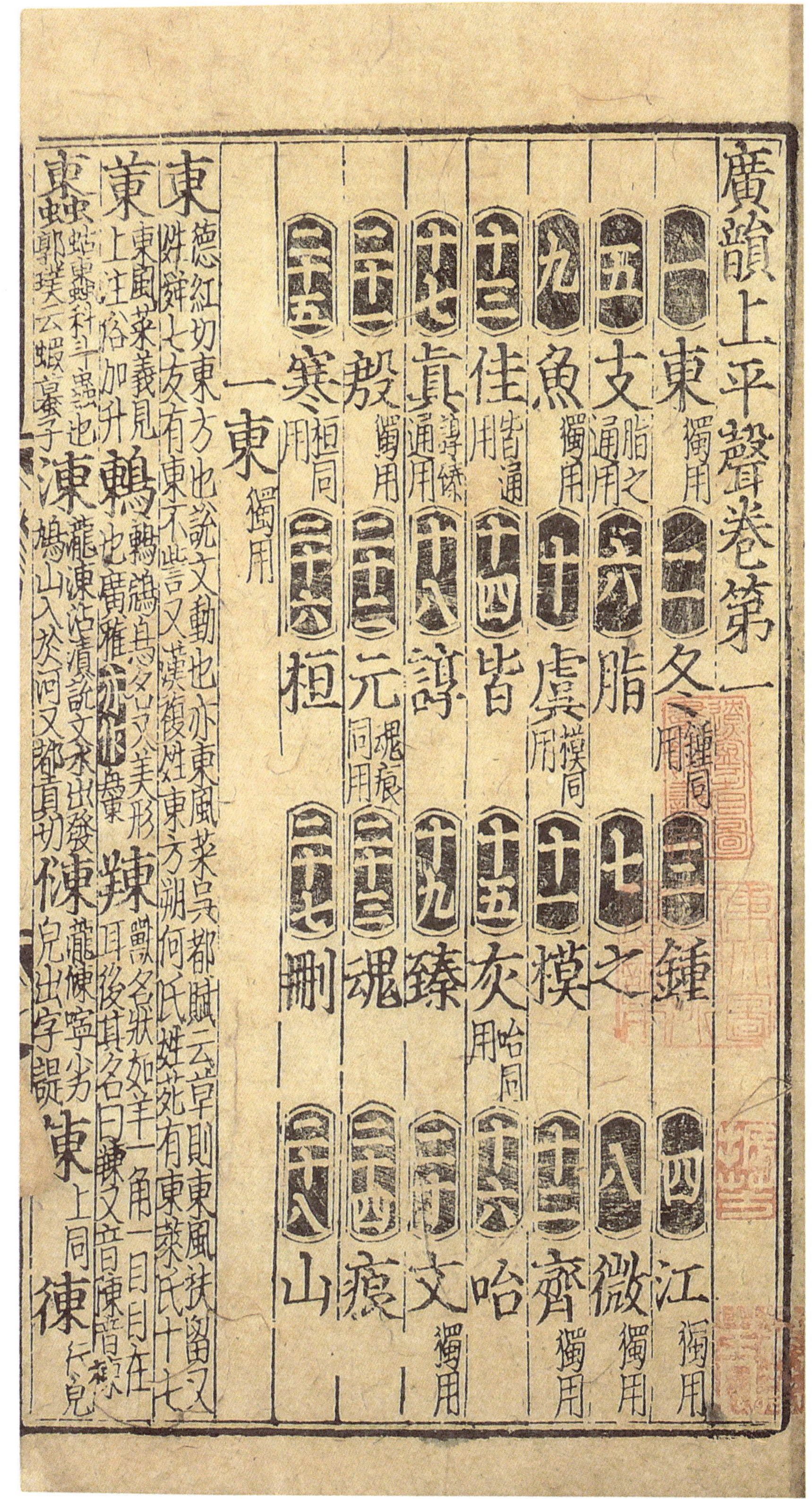

07457 廣韻五卷 明刻本

匡高21.9厘米，廣13.3厘米。半葉十二行，行字不等，黑口，四周雙邊。有"葉氏菉竹堂藏書"、"五福五代堂寶"、""八徵耄念之寶"、"太上皇帝之寶"、"乾隆御覽之寶"、"天禄繼鑑"等印。遼寧省圖書館藏。

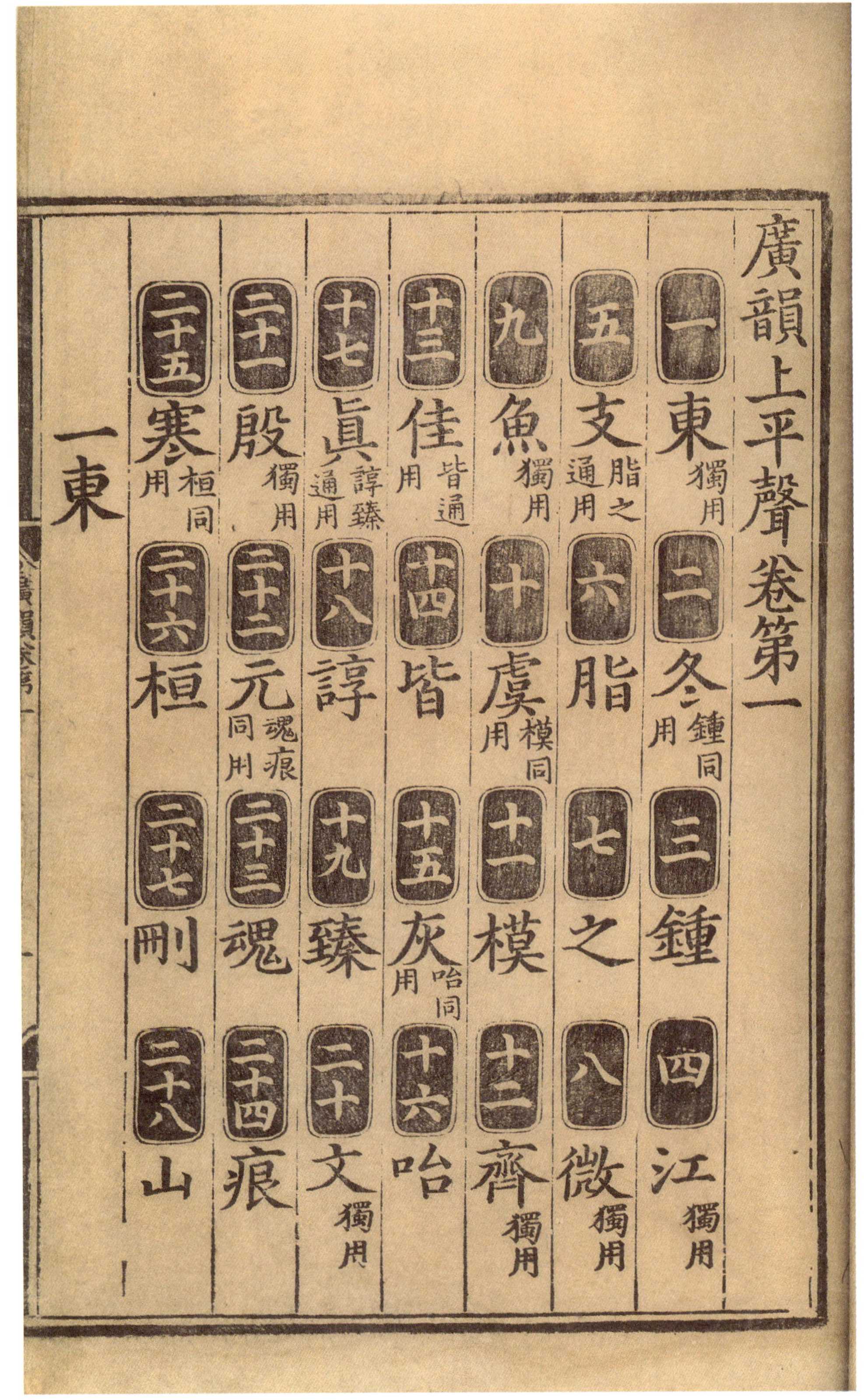

廣韻上平聲卷第一

一東獨用 二冬鍾同用 三鍾 四江獨用
五支脂之通用 六脂 七之 八微獨用
九魚獨用 十虞模同用 十一模 十二齊獨用
十三佳皆通用 十四皆 十五灰咍同用 十六咍
十七眞諄臻通用 十八諄 十九臻 二十文獨用
二十一殷獨用 二十二元魂痕同用 二十三魂 二十四痕
二十五寒桓同用 二十六桓 二十七刪 二十八山

一東

07458 廣韻五卷 明刻本

匡高24.4厘米，廣18厘米。半葉九行，行字不等，黑口，四周雙邊。北京師範大學圖書館藏。

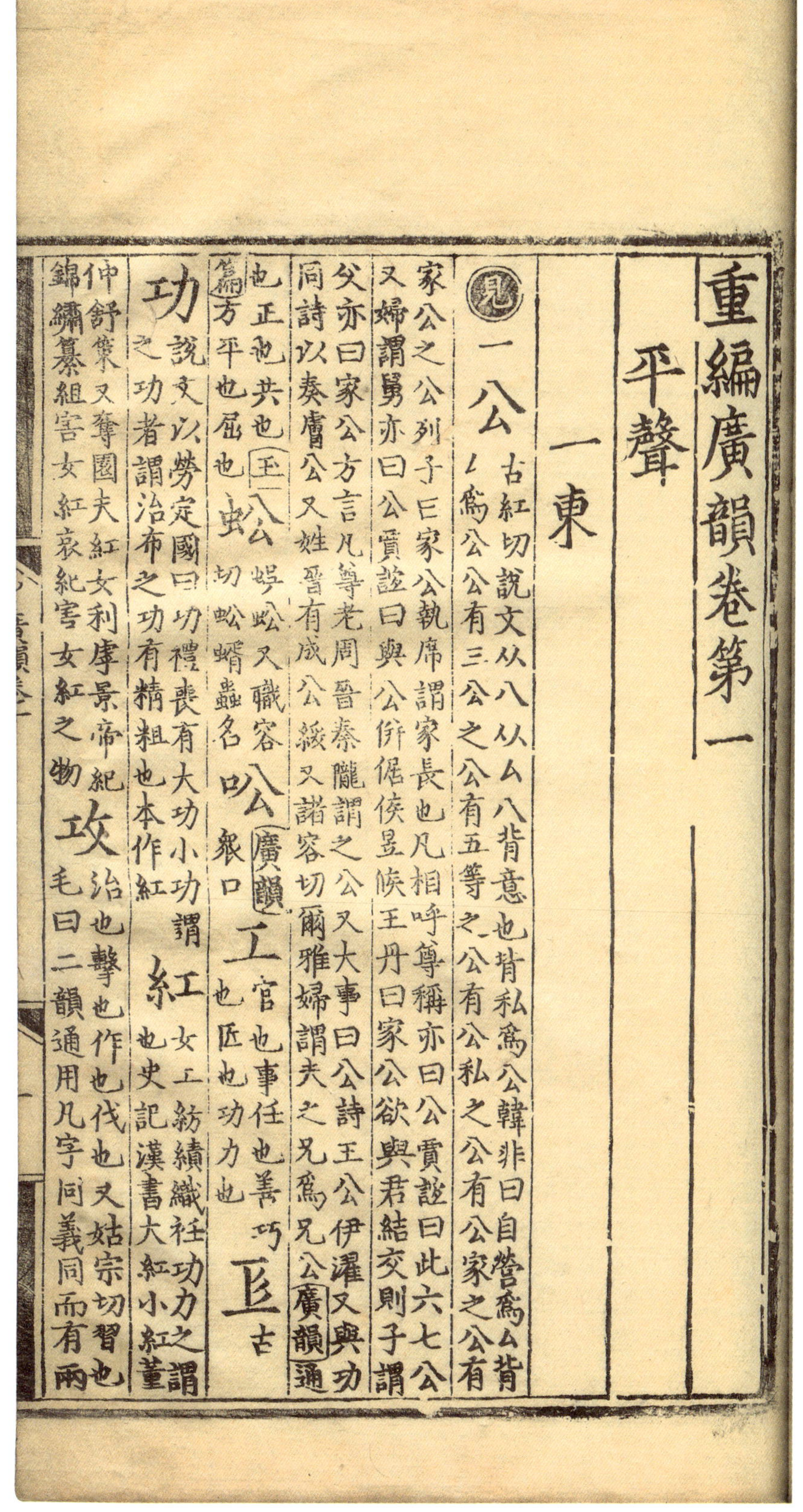

07459 重編廣韻五卷 （宋）陳彭年等撰 （明）朱祐檳重編 明嘉靖二十八年（1549）益藩刻本

匡高23.6厘米，廣15.5厘米。半葉九行，小字雙行三十字，黑口，四周雙邊。北京師範大學圖書館藏。

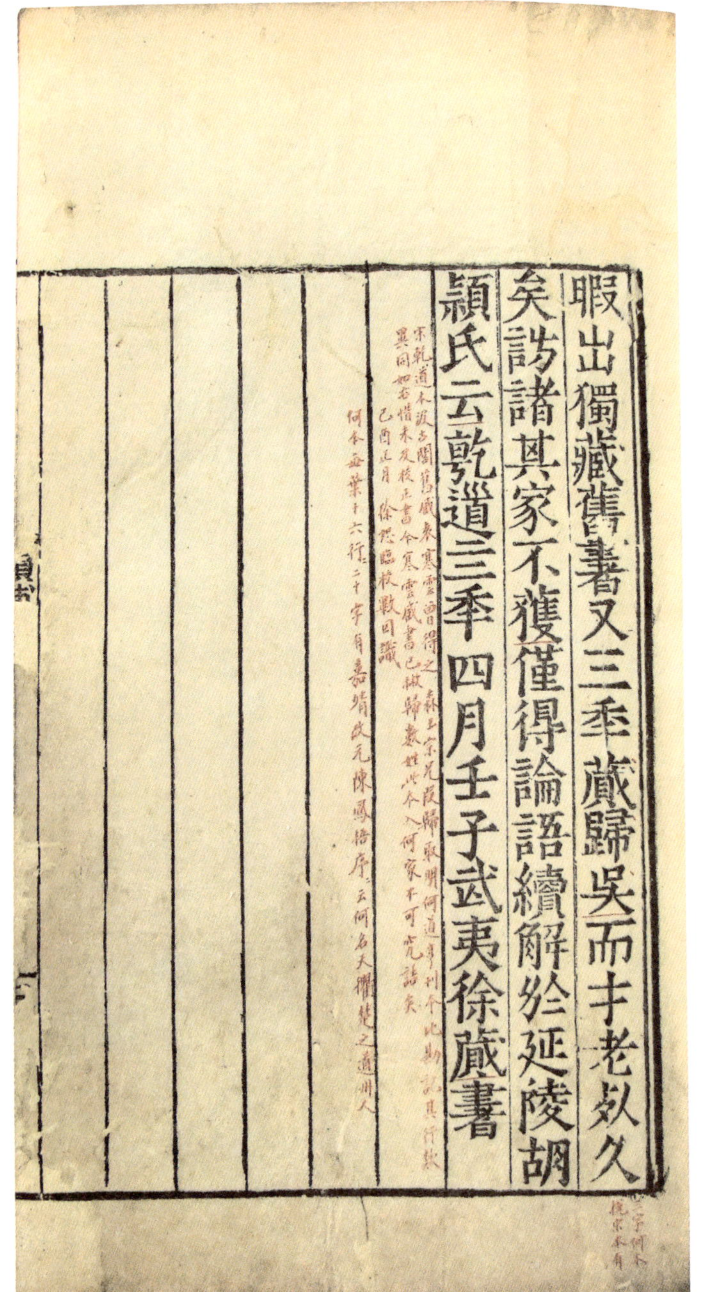

暇出獨藏舊書又三季蔵歸吴而予老矣久
矣訪諸其家不獲僅得論語續解於延陵胡
穎氏云乾道三季四月壬子武夷徐蔵書

07460、07461 韻補五卷 （宋）吴棫撰　明嘉靖許宗魯刻本

匡高18.7厘米，廣13.4厘米。半葉九行，行十七字，小字雙行同，白口，左右雙邊。吉林省圖書館藏；湖北省圖書館藏，徐恕校並題識。

改併五音類聚四聲篇卷第二

滹陽松水昌黎郡韓孝彥次男韓道昭改併重編

牙音見溪二母 凡收五十九部

見母第一 凡收四十六部

平声

金居吟部第一 斤古銀部第二 高古豪部第三

戈古和部第四 交古稍部第五 弓古崇部第六

干古寒部第七 瓜古華部第八 巾居勤部第九

龜居帷部第十 甘古談部第十一 冂古熒部第十二

工古紅部第十三 丩居周部第十四 乖公懷部第十五

京居英部第十六 光古黄部第十七

上声

己居喜部第十八 菫居隱部第十九 癸古揆部第二十

韭居有部第二十一 古高虎部第二十二 久古柳部第二十三

鬼居尾部第二十四 九沽酒部第二十五 鼓居魯部第二十六

07462 改併五音類聚四聲篇十五卷 （金）韓道昭撰 明成化十年（1474）内府刻本

匡高31.6厘米，廣22.3厘米。半葉十三行，行字不等，黑口，四周雙邊。吉林大學圖書館藏。

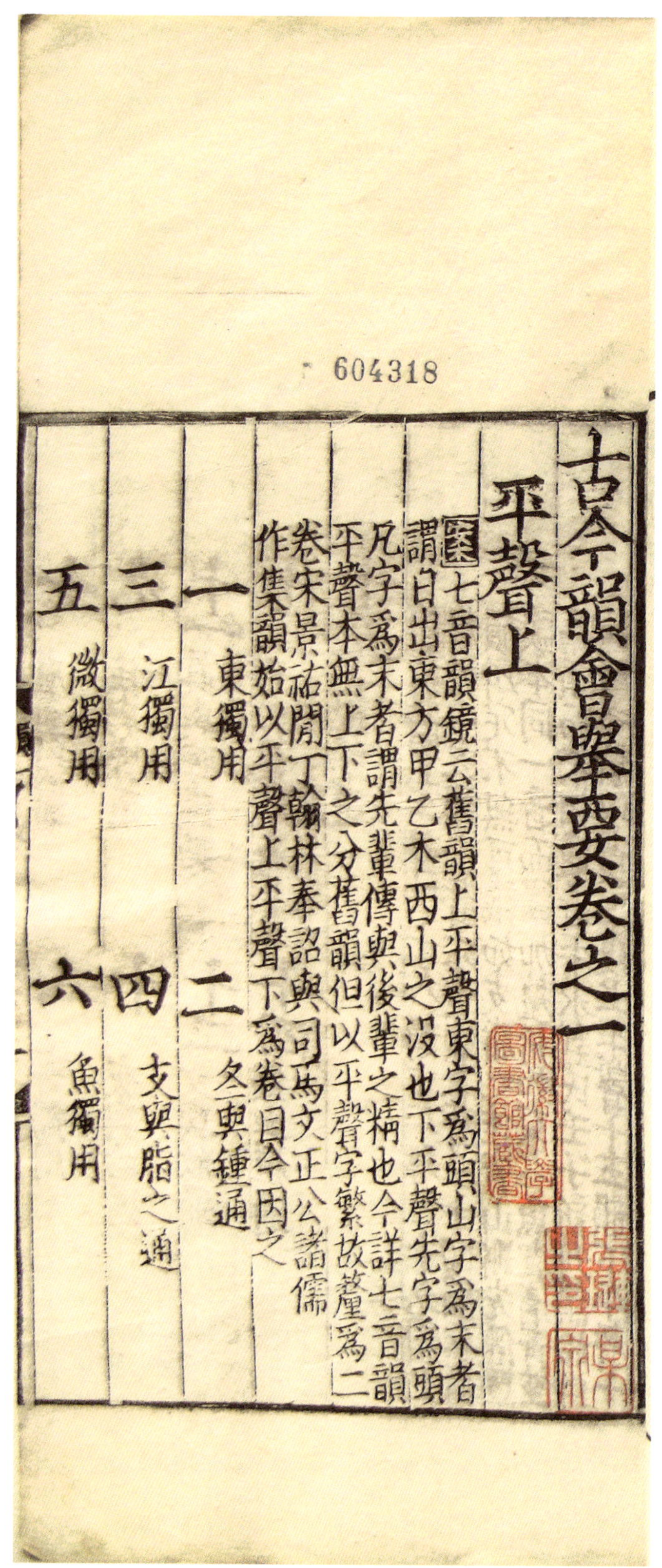

07463 古今韻會舉要三十卷禮部韻略七音三十六母通考一卷（元）

熊忠撰　明刻本

匡高19厘米，廣13厘米。半葉八行，小字雙行二十三字，黑口，左右雙邊。

安徽大學圖書館藏。

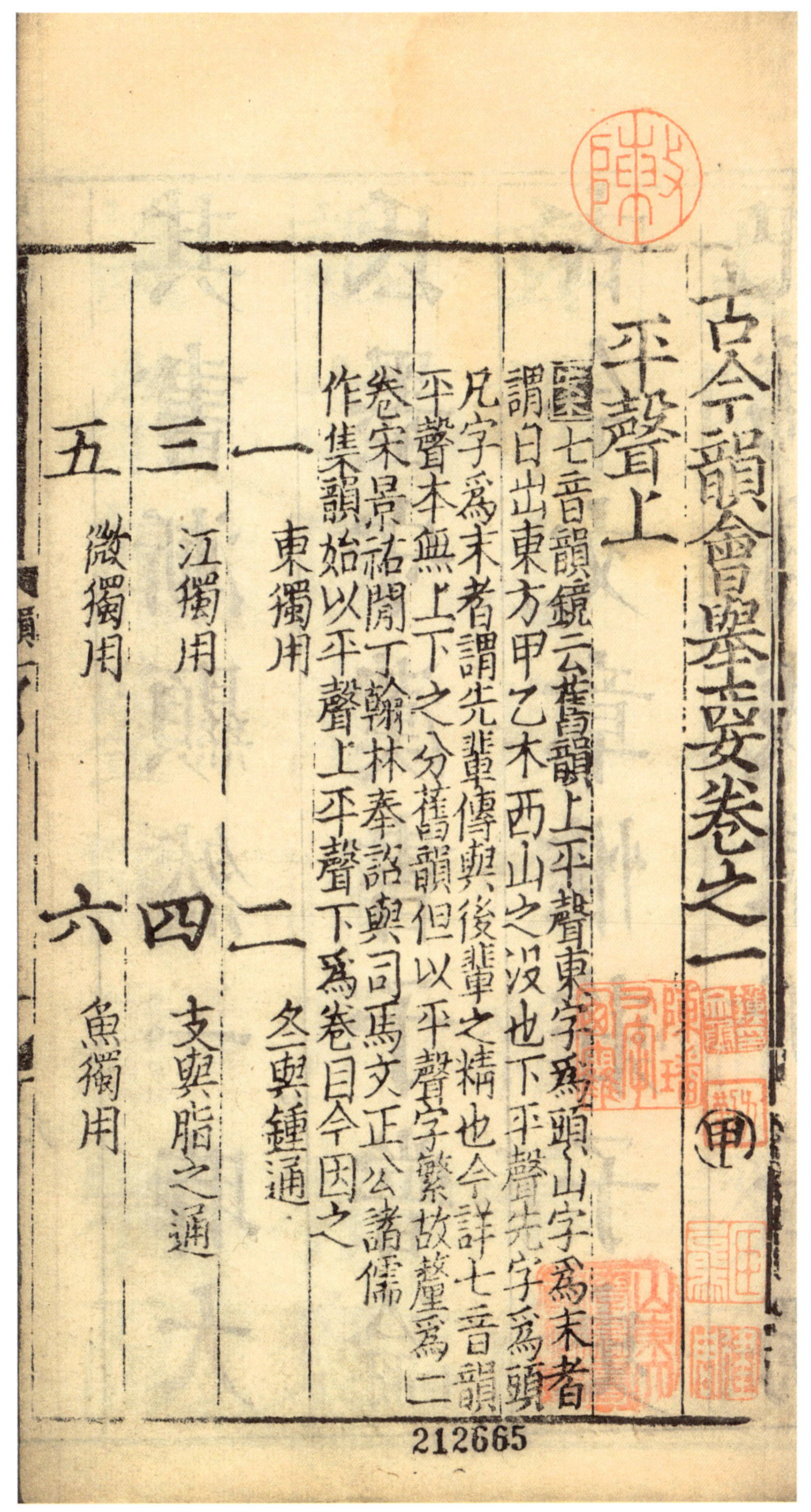

07464 古今韻會舉要三十卷禮部韻略七音三十六母通考一卷（元）

熊忠撰　明刻本

匡高20.4厘米，廣12.8厘米。半葉八行，小字雙行二十三字，黑口，左右雙邊。山東大學圖書館藏。

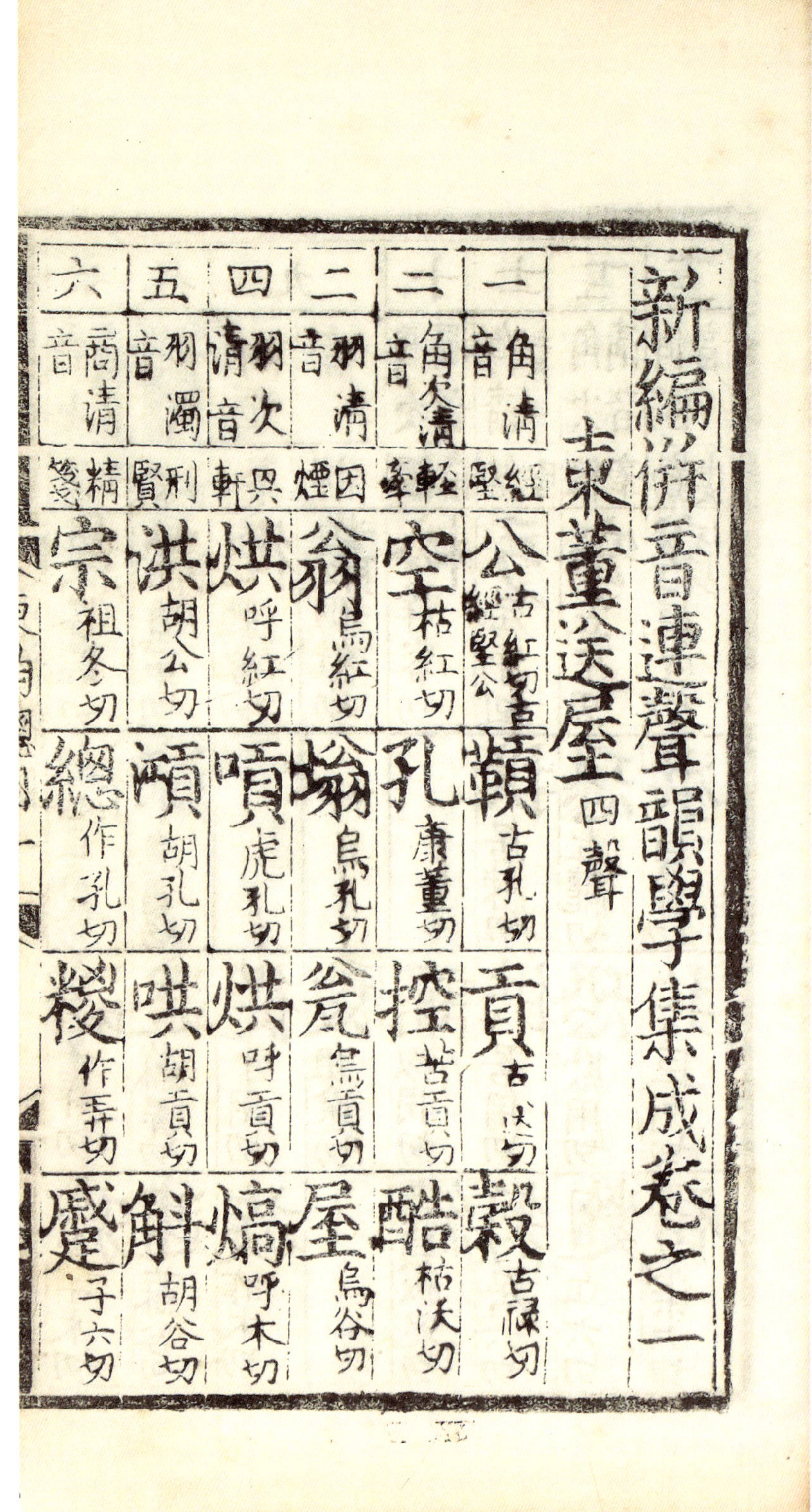

07465 新編併音連聲韻學集成十三卷 （明）章黼撰　明成化十七年（1481）刻重修本

匡高22厘米，廣14.5厘米。半葉八行，行字不等，黑口，四周雙邊。南京師範大學圖書館藏。

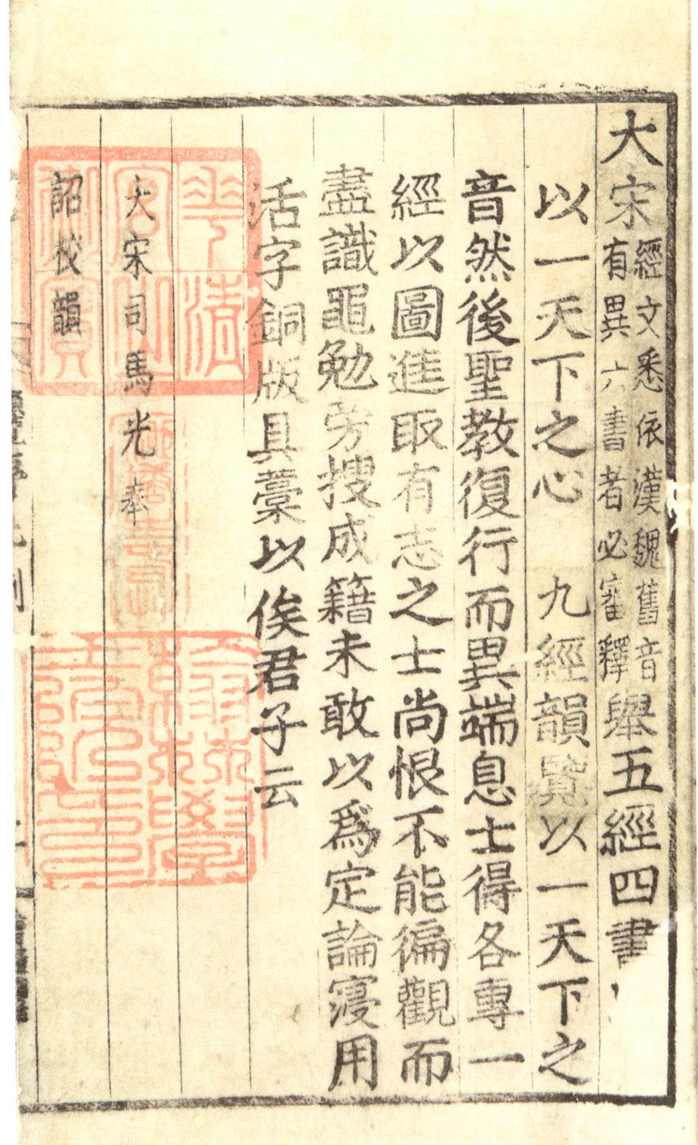

大宋經文悉依漢魏舊音有異六書者必審釋舉五經四書，以一天下之心　九經韻覽以一天下之音然後聖教復行而異端息士得各專一經以圖進取有志之士尚恨不能徧觀而盡識黽勉勞搜成籍未敢以爲定論寖用活字銅版具稾以俟君子云

大宋司馬光奉

詔校韻

會通館集九經韻覽卷第一

一東

見公古紅切無私也共也正也事也諡法立志及衆曰ㄧ又爵名王者之後稱ㄧ爲侯伯子男之首亦稱上ㄧ天子三ㄧ曰太師太傅太保亦稱王ㄧ五等諸侯通稱辟ㄧ亦稱君ㄧ失國而託於諸侯稱寄ㄧ亦稱寓ㄧ諸侯於其國大夫於其家稱ㄧ臣子之詞也楚爲縣者稱ㄧ僭也周稱王而於宗廟先君稱宗ㄧ亦稱先ㄧ不敢以巳之爵加於親也尸曰ㄧ尸謂先ㄧ之尸也舊說蓋因其舊如秦巳稱皇帝而其男女猶稱ㄧ子ㄧ主也ㄧ社祭社以上ㄧ配之古有五行之官亦封上ㄧ又ㄧ餗ㄧ上之餗也ㄧ廟諸侯之廟也祭於ㄧ助君之祭也堂君所居之堂也在ㄧ謂在ㄧ所及ㄧ家也ㄧ館ㄧ車及ㄧ田ㄧ祭

07466　會通館集九經韻覽□□卷　（明）華燧輯　明弘治十一年（1498）華氏會通館銅活字印本

匡高23.5厘米，廣16厘米。半葉九行，小字雙行十七字，白口，四周單邊。

國家圖書館藏，存十四卷。

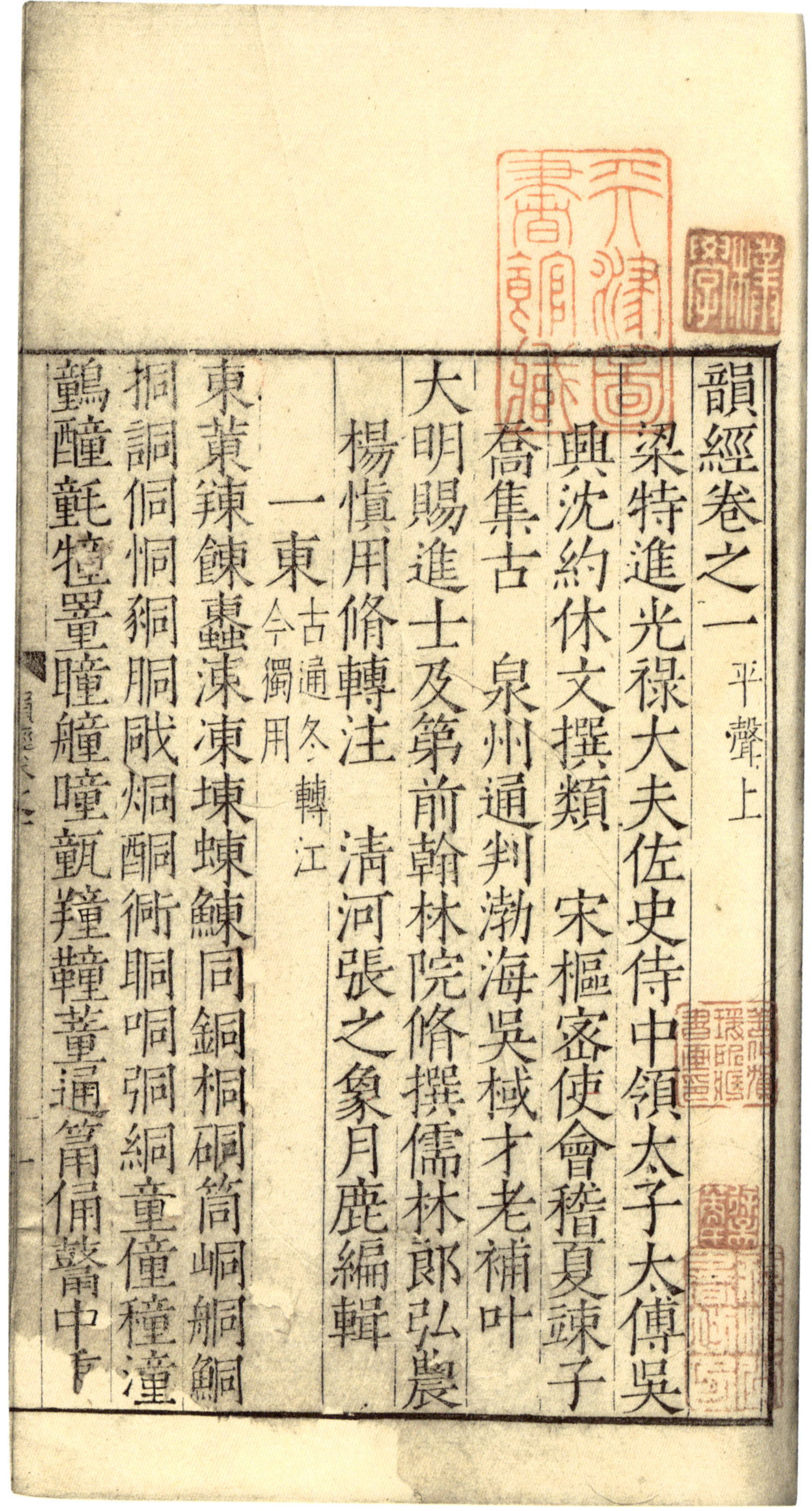

07467 韻經五卷 （明）張之象撰　明嘉靖十八年（1539）長水書院刻本

匡高17.3厘米，廣12.5厘米。半葉十行，行十八字，白口，左右雙邊。天津圖書館藏。

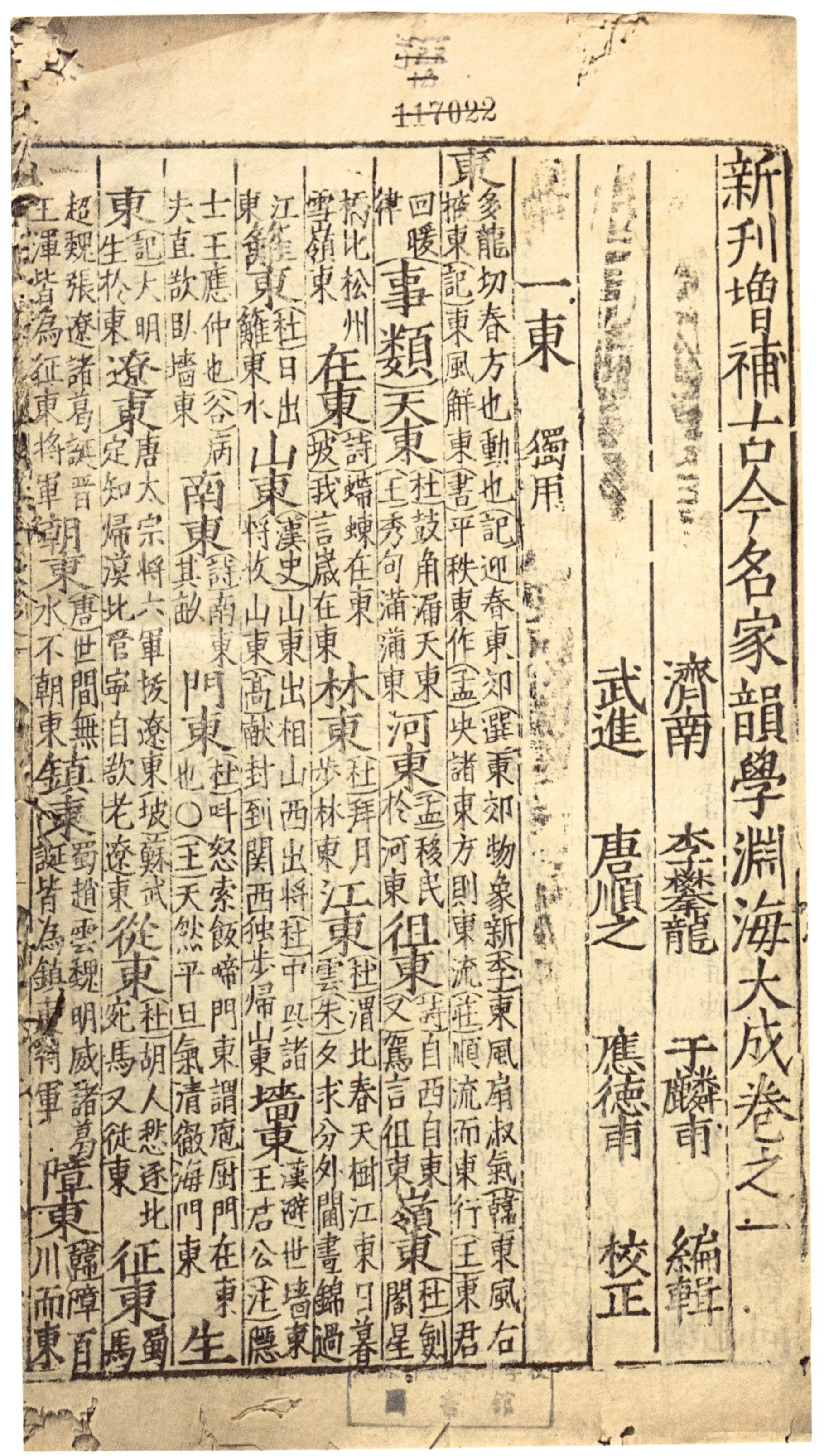

07468、07469 新刊增補古今名家韻學淵海大成十二卷 （明）李攀龍撰　明刻本

匡高22厘米，廣14.6厘米。半葉十一行，行二十字，白口，四周單邊。徐州師範大學圖書館藏；山東省圖書館藏。

07470 六藝綱目二卷附字原一卷 （元）舒天民撰　清抄本

半葉九行，行二十、二十一字不等。有“葉氏啟發”等印。何紹基校，葉啟發跋。湖南圖書館藏。

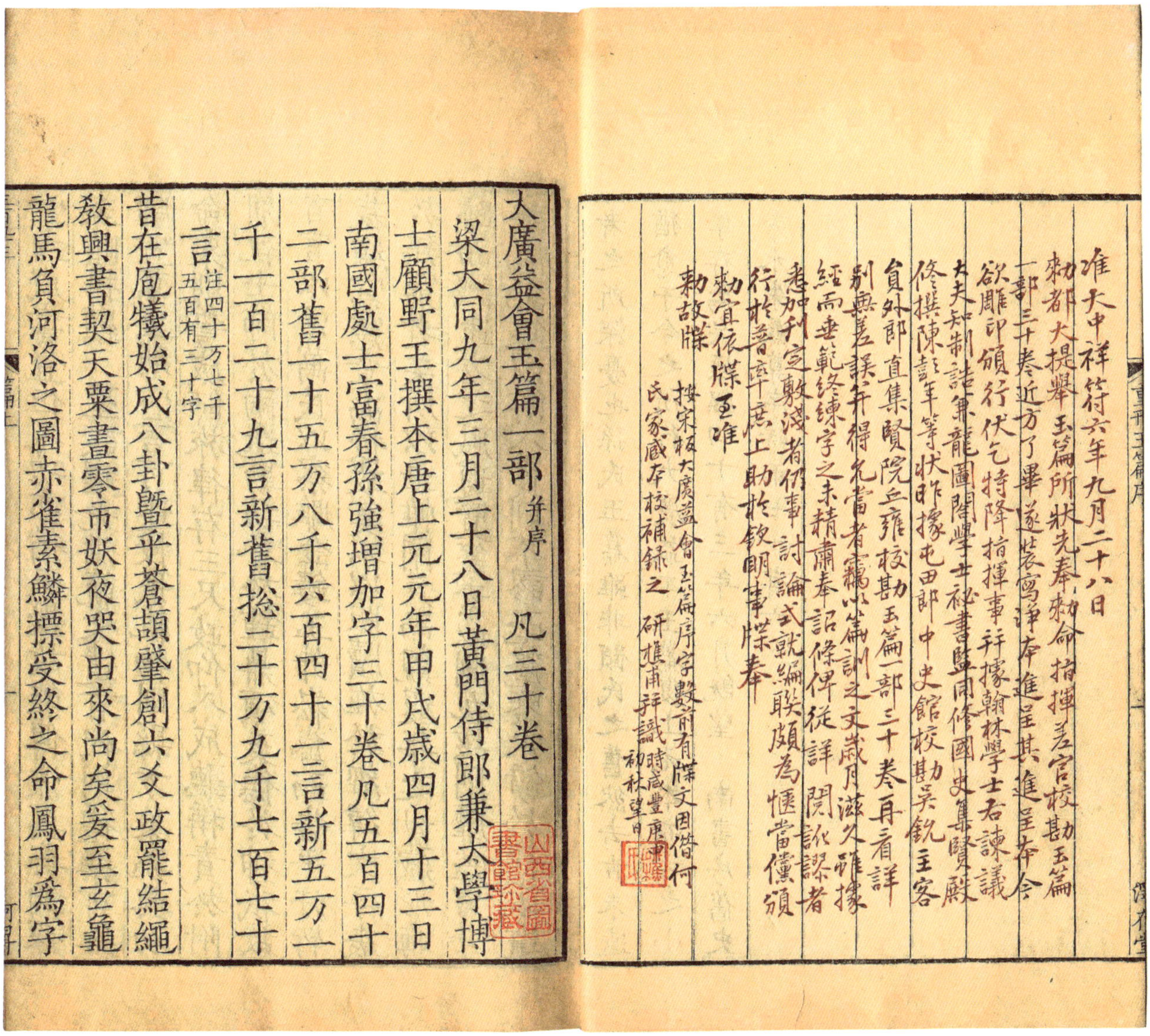

大廣益會玉篇一部 并序 凡三十卷
梁大同九年三月二十八日黃門侍郎兼太學博
士顧野王撰本唐上元元年甲戌歲四月十三日
南國處士富春孫強增加字三十卷凡五百四十
二部舊一十五万八千六百四十一言新五万一
千一百二十九言新舊捴二十万九千七百七十
言 注四十万七千五百有三十字
昔在庖犧始成八卦暨乎蒼頡肇創六爻政罷結繩
教興書契天粟晝零市妖夜哭由來尚矣爰至玄龜
龍馬負河洛之圖赤雀素鱗標受終之命鳳羽爲字

准大中祥符六年九月二十八日
勅都大提舉玉篇所狀先奉勅命指揮差官校勘玉篇
一部三十卷近方了畢遂裝寫淨本進呈其進呈本今
欲雕印頒行伏乞特降指揮事幷據翰林學士右諫議
大夫知制誥兼龍圖閣學士祕書監同修國史集賢殿
修撰陳彭年等狀昨據屯田郎中史館校勘吳銳王客
員外郎直集賢院丘雍校勘玉篇一部三十卷再看詳
別無差誤并得允當者竊以篇訓之文歲月滋久雖據
經而垂範然練字之未精肅奉詔條俾從詳閱訛謬者
悉加刊定敷淺者仍事討論式就編聯頗為愜當儻頒
行於普率庶上助於欽明事牒奉
勅宜依牒至准
勅故牒
按宋板大廣益會玉篇序字數前有牒文因倩何氏家藏本校補錄之 研樵甫并識 時咸豐庚申初秋望日

07471 澤存堂五種五十卷 清康熙張士俊澤存堂刻本

匡高20.9厘米，廣15.3厘米。半葉十行，行二十字，小字雙行二十六字，白口，左右雙邊。董文渙跋。山西省圖書館藏。